面向 *21* 世纪课程教材

信息管理与信息系统专业教材系列

电子商务运营管理

张建勇　李军◎编著

清华大学出版社

北　京

内 容 简 介

本书是高等院校电子商务与信息管理类专业教材。本书密切结合企业实际,系统地阐述了电子商务运营管理的基本概念、基本理论和方法。全书共分 4 篇 12 章,在对电子商务运营管理的基本概念和电子商务运营战略进行介绍的基础上,将电子商务运营管理丰富的内容从电子商务运营系统设计、运行、维护与改进的视角组织起来。本书内容充实、体系规范、案例丰富,编写逻辑性强,语言深入浅出、通俗易懂。

本书可以作为高等学校电子商务专业、信息管理与信息系统专业及其他相关专业的本科生、研究生教材,也可作为管理类各专业学生和广大电子商务或运营管理领域从业人员的参考书。

本书封面贴有清华大学出版社防伪标签,无标签者不得销售。

版权所有,侵权必究。举报:010-62782989,beiqinquan@tup.tsinghua.edu.cn。

图书在版编目(CIP)数据

电子商务运营管理/张建勇,李军编著. —北京:清华大学出版社,2016(2024.8重印)
(面向 21 世纪课程教材. 信息管理与信息系统专业教材系列)
ISBN 978-7-302-44267-7

Ⅰ. ①电… Ⅱ. ①张… ②李… Ⅲ. ①电子商务-运营管理-高等学校-教材 Ⅳ. ①F713.36

中国版本图书馆 CIP 数据核字(2016)第 153179 号

责任编辑:高晓蔚
封面设计:常雪影
责任校对:宋玉莲
责任印制:刘 菲

出版发行:清华大学出版社
　　　网　　　址:https://www.tup.com.cn, https://www.wqxuetang.com
　　　地　　　址:北京清华大学学研大厦 A 座　　　邮　　编:100084
　　　社 总 机:010-83470000　　　邮　　购:010-62786544
　　　投稿与读者服务:010-62776969, c-service@tup.tsinghua.edu.cn
　　　质量反馈:010-62772015, zhiliang@tup.tsinghua.edu.cn
　　　课件下载:https://www.tup.com.cn, 010-62770175-4506
印 装 者:三河市君旺印务有限公司
经　　销:全国新华书店
开　　本:185mm×230mm　　印　张:21.75　　插 页:1　　字　数:453 千字
版　　次:2016 年 7 月第 1 版　　印　次:2024 年 8 月第 8 次印刷
定　　价:55.00 元

产品编号:068513-03

前 言 PREFACE

　　近年来,随着互联网技术的迅猛发展及其对社会经济生活的巨大影响,电子商务已经成为企业获取竞争优势,甚至谋求生存与发展所必不可少的一种重要手段。但是在电子商务的发展历程中,我们看到过很多激动人心的时刻,也看到过很多令人伤心的时刻。一些企业在电子商务的大潮中迅猛成长,在很短时间内创造出惊人的业绩;而更多的电子商务企业却在此潮流中走向破产倒闭,为什么不同企业的经营业绩会存在如此大的差异?本书试图从对电子商务运营管理问题的探讨中寻找线索。

　　针对电子商务的运营管理问题,本书系统介绍了其理论知识和应用方法。首先,本书对电子商务运营管理的基本概念,以及与企业长远发展相关的运营战略和电子商务竞争策略进行了介绍。然后,从电子商务运营系统的设计、运行和维护改进三个方面分别进行了探讨。其中,在电子商务运营系统的设计方面,介绍了电子商务网站规划与设计、电子商务物流配送网络设计以及电子商务运营流程设计;在电子商务运营系统的运行方面,介绍了电子商务需求预测、电子商务采购与供应商管理、电子商务库存管理、电子商务物流配送管理;在电子商务系统的维护与改进方面,介绍了电子商务安全管理、电子商务服务质量管理以及电子商务网站维护管理与性能优化。

　　与其他同类教科书相比,本书在编写体例与内容组织上所体现的特点主要有以下几个方面。

　　(1) 结构新颖。与现有教材注重电子商务系统的开发、运行、维护管理不同,本教材体系结构上更加注重突出电子商务企业,而非电子商务系统;更加注重突出运营管理的基本内容(如库存、质量、供应链、物流等)在电子商务企业的应用。

　　(2) 内容充实。本教材除了注意内容组织的系统性以外,还特别注重将电子商务和运营管理相关理论、方法和技术的最新进展融入本书中。以有助于读者了解国内外电子商务运营管理的发展前沿和趋势。

　　(3) 案例丰富。对于初学者来说,结合实践来认识电子商务运营管理是非常必要的。本教材结合大量案例,以更加生动、形象的形式向读者展示相关内容。

　　(4) 复习引导。我们在各章结尾处都以"本章小结"和"思考题"的形式对本章知识点进行汇总,引导读者对本章所学知识内容加以复习巩固。同时,每章最后还给出一个"案例分析"供读者分析讨论,以进一步增强读者对所学知识的实际应用能力。

　　本书在侧重对电子商务运营管理理论知识进行阐述的同时,还介绍了大量电子商务运营管理的实务知识,同时,在本书的编写中还充分注意了相关知识在企业实践中的运用。因此,本书不仅可以作为高等院校相关专业学生的教材,也可作为广大电子商务领域与运营管理领域从业人员的有益参考读物。

本书由南开大学张建勇和天津职业大学李军负责总体策划,张建勇、李军、秦凡负责统稿和定稿。其中,第1、2、4、5、6、7、8、9、10、11章由张建勇、李军编写,第3章和第12章由张建勇、秦凡编写。

在本书的编写过程中,我们参阅了大量国内外专家、学者的相关论著和文献,以及一些企业、机构的报告和案例,作者尽可能在参考文献中列出,并对这些研究者和相关机构表示诚挚的感谢。百密一疏,如有遗漏或缺憾,深致歉意。同时,本书的编写也得到了有关部门、领导和专家学者的大力支持,以及清华大学出版社的热心帮助,在此一并表示衷心的感谢。

电子商务兴起时间不长,对电子商务运营管理的认识还在逐步积累、研究和深化之中,与此相关的很多概念和观点尚未成形或尚未形成共识,更由于作者水平有限、时间仓促,书中不妥与疏漏之处在所难免,敬请读者批评指正。

张建勇　李军

2016 年 5 月于天津南开园

目 录 CONTENTS

第一篇 绪 论

第二篇 电子商务运营系统的设计

第三篇　电子商务运营系统的运行

第四篇　电子商务运营系统的维护与改进

Part 1

第一篇

绪论

第一篇

绪论

CHAPTER 1
第一章

电子商务运营管理导论

本章导读

- 电子商务的定义、分类与特征
- 运营管理的概念与研究对象
- 电子商务运营管理的定义
- 电子商务运营管理的内容
- 电子商务运营管理的作用

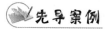 先导案例

双十一购物狂欢节

"双十一"指每年的 11 月 11 日,是指由电子商务为代表的,在全中国范围内兴起的大型购物促销狂欢日。"双十一"购物狂欢节起源于 2009 年 11 月 11 日淘宝商城举办的促销活动。此后,每年的 11 月 11 日,以天猫、京东、苏宁易购为代表的大型电子商务网站一般会利用这一天来进行一些大规模的打折促销活动,以提高销售额度,逐渐成为中国互联网最大规模的商业促销狂欢活动。

"双十一"不仅让电商热衷于促销,就连运营商也开始搞促销活动了。阿里巴巴集团控股有限公司于 2011 年 11 月 1 日向国家商标局提出了"双十一"商标注册申请,2012 年 12 月 28 日取得该商标的专用权,2014 年 10 月末,阿里巴巴集团发出通告函,称其已经取得了"双十一"注册商标。

下面简单罗列一下近年来"双十一"当日阿里巴巴的交易记录。

2009 年,淘宝商城"双十一"销售额为 0.5 亿元。

2010 年,淘宝商城"双十一"销售额为 9.36 亿元。

2011 年,淘宝"双十一"的销售额跃升到 33.6 亿元。

2012 年,"双十一"当日支付宝交易额实现飞速增长,达到 191 亿元,其中包括天猫商城 132 亿元,淘宝 59 亿元;订单数达到 1.058 亿笔。

2013 年 11 月 11 日,数据显示,淘宝"双十一"交易额突破 1 亿元只用了 55 秒;达到 10 亿元用了 6 分 7 秒;50 亿元用了 38 分钟;凌晨 5:49 阿里当日交易额突破 100 亿元;

13:39 达 200 亿元;17:31 突破 250 亿元;11 月 11 日总交易额为 350.19 亿元。

2014 年 11 月 11 日凌晨,活动开场仅到第 3 分钟,阿里的平台成交额已突破 10 亿元;14 分钟 02 秒,突破 50 亿元;38 分钟 28 秒,交易额冲上 100 亿元;13 时 31 分,天猫"双十一"成交额突破 362 亿元,打破 2013 年 11 月 11 日全天的成交纪录;21 时 12 分,成交总额突破 500 亿元。2014 年 11 月 12 日凌晨,阿里巴巴公布了"双十一"全天的交易数据:支付宝全天成交金额为 571 亿元,移动占比为 42.6%。

2015 年 11 月 11 日,4 万多个全球商家带着 3 万多个品牌 600 多万种货品,在水立方的数字大屏上不断刷新纪录。1 分 12 秒,2015 天猫"双十一"交易额超过 10 亿元。12 分 28 秒,交易额超过 100 亿元,其中无线交易额占比为 74.83%,181 个国家地区已成交。9 小时 52 分 22 秒,交易额超过 500 亿元,无线占比为 72.93%。17 小时 28 分,天猫"双十一"交易额突破 719 亿元。2015 天猫"双十一"全球狂欢节全天交易额达 912.17 亿元,其中无线交易额为 626.42 亿元,无线成交占比为 68.67%。

资料来源:百度百科,有改动。

第一节 电子商务概述

电子商务作为一种新型的商业形态,一经兴起,便得以迅猛发展,成为拉动经济发展的重要动力,同时也迅速改变了人们的生活方式与行为习惯,给经济和社会带来了巨大影响。

一、电子商务的概念

(一) 什么是电子商务

电子商务源于英文 electronic commerce,简写为 EC。顾名思义,其内容包含两个方面,一是电子方式,二是商贸活动。电子商务指的是利用简单、快捷、低成本的电子通信方式,买卖双方不见面地进行各种商贸活动。

电子商务可以通过多种电子通信方式来完成。简单的,比如通过打电话或发传真的方式来与客户进行商贸活动,似乎也可以称作电子商务;但是,现在人们所探讨的电子商务主要是以电子数据交换(electronic data interchange,EDI)和因特网(Internet)来完成的。尤其是随着 Internet 技术的日益成熟,电子商务真正的发展是建立在 Internet 技术上的。所以也有人把电子商务简称为 IC(Internet commerce)。

实际上,电子商务是伴随着信息技术的发展以及市场全球化趋势的发展而出现和发展起来的,它可以使销售商与供应商更紧密地联系起来,更好地满足客户的需求,也可以让商家在全球范围内选择最佳供应商,在全球市场上销售产品。

（二）电子商务的定义

事实上,目前还没有一个关于电子商务较为全面、确切的定义。各种组织、政府、公司、学术团体都是依据自己的理解和需要来给电子商务下定义的,下面是一些有代表性的定义。

定义1:电子商务是通过电子方式,并在网络基础上实现物资、人员过程的协调,以实现商业交换活动。

定义2:电子商务是数据(资料)电子装配线(electronic assembly line of data)的横向(horizontal)集成。

定义3:电子商务是由 Internet 创造的电脑空间(cyber space)超越时间和空间的制约,以极快的速度实现电子式商品交换。

定义4:电子商务是在计算机与通信网络的基础上,利用电子工具实现商业交换和行政作业的全部过程。

定义5:电子商务是一组电子工具在商务中的应用。这些工具包括:电子数据交换(electronic data interchange,EDI)、电子邮件(E mail)、电子公告系统(BBS)、条码(bar code)、图像处理、智能卡等。

定义6:《中国电子商务蓝皮书:2001 年度》认为,电子商务指通过 Internet 完成的商务交易。交易的内容可分为商品交易和服务交易,交易是指货币和商品的易位,交易要有信息流、资金流和物流的支持。

定义7:加拿大电子商务协会给电子商务的定义是:电子商务是通过数字通信进行商品和服务的买卖以及资金的转账,它还包括公司间和公司内利用 E-mail、EDI、文件传输、传真、电视会议、远程计算机联网所能实现的全部功能(如:市场营销、金融结算、销售以及商务谈判)。

定义8:美国政府在其《全球电子商务纲要》中比较笼统地指出:电子商务是指通过 Internet 进行的各项商务活动,包括:广告、交易、支付、服务等活动,全球电子商务将会涉及全球各国。

定义9:欧洲经济委员会在比利时首都布鲁塞尔举办了全球信息社会标准大会,会上明确提出了电子商务的定义:电子商务是各参与方之间以电子方式而不是以物理交换或直接物理接触方式完成任何形式的业务交易。这里的电子方式包括电子数据交换(EDI)、电子支付手段、电子订货系统、电子邮件、传真、网络、电子公告系统、条码、图像处理、智能卡等。

定义10:世界贸易组织(WTO)认为,电子商务是通过电子方式进行货物和服务的生产、销售、买卖和传递。这一定义奠定了审查与贸易有关的电子商务的基础,也就是继承关税贸易总协定(General Agreement on Tariffs and Trade,GATT)的多边贸易体系框架。

定义 11：IBM 提出了一个电子商务的定义公式，即：电子商务 ＝ Web ＋ IT。它所强调的是在网络计算机环境下的商业化应用，是把买方、卖方、厂商及其合作伙伴在因特网（Internet）、企业内部网（Intranet）和企业外部网（Extranet）结合起来的应用。

定义 12：惠普提出电子商务以现代扩展企业为信息技术基础结构，电子商务是跨时域、跨地域的电子化世界（E-world，EW），EW ＝ EC（electronic commerce）＋ EB（electronic business）＋ EC（electronic consumer）。惠普电子商务的范畴按定义包括所有可能的贸易伙伴：用户、商品和服务的供应商、承运商、银行、保险公司以及所有其他外部信息源的受益人。

定义 13：电子商务是指在技术、经济高度发达的现代社会里，掌握信息技术和商务规则的人，系统化地运用电子工具，高效率、低成本地从事以商品交换为中心的各种活动的总称。电子商务可划分为广义和狭义的两种。广义的电子商务是指使用电话、电报、网络以及国家信息通信基本建设（NII）、全球信息基础设施（GII）等电子工具从事的商务活动。狭义电子商务是指利用互联网从事的商务或活动。

以上定义分别出自中外专家、知名公司、电子商务协会、国际组织和政府部门，从中不难看出，这些定义是人们从不同角度各抒己见。从宏观上讲，电子商务是计算机网络的第二次革命，是通过电子手段建立一个新的经济秩序，它不仅涉及电子技术和商业交易本身，而且涉及诸如金融、税务、教育等社会其他层面；从微观的角度说，电子商务是指各种具有商业活动能力的实体（生产企业、商贸企业、金融机构、政府机构、个人消费者等）利用网络和先进的数字化传媒技术进行的各项商业贸易活动。一次完整的商业贸易过程是复杂的，包括交易前了解商情、询价、报价，发送订单、应答订单，发送接收送货通知、取货凭证、支付汇兑过程等，此外还有涉及行政过程的认证等行为。电子商务涉及资金流、物流、信息流的流动。严格地说，只有上述所有贸易过程都实现了无纸贸易，即全部是非人工介入，使用各种电子工具完成，才能称之为一次完整的电子商务过程。

从广义上讲，电子商务不仅包括企业间的商务活动，还包括企业内部的商务活动，如生产、管理、财务等，它不仅仅是硬件和软件的结合，而且是把买家与卖家、厂家与合作伙伴在 Internet、Intranet 和 Extranet 上利用 Internet 技术与原有的系统结合起来进行业务活动，在网络化的基础上重塑各类业务流程，实现电子化、网络化的运营方式。从这个意义上讲，电子商务所指的商务不仅包含交易，而且涵盖了贸易、经营、管理、服务和消费等各个业务领域，其主题是多元化的，功能是全方位的，涉及社会经济活动的各个层面。从最初的电话、电报，到电子邮件以及多年前就开始应用的电子数据交换技术，都可以说是电子商务的某种形式。发展到今天，人们提出了通过网络实现包括从原材料的查询、采购、产品的展示、订购到产品制造、储运以及电子支付一系列贸易活动在内的完整电子商务的概念。

一般而言，电子商务应包含以下 5 点内涵：

（1）采用多种电子方式，特别是通过 Internet；

（2）实现商品交易、服务交易（其中含人力资源、资金、信息服务等）；

（3）包含企业间的商务活动，也包含企业内部的商务活动（生产、经营、管理、财务）；

（4）涵盖交易的各个环节，如询价、报价、订货、售后服务等；

（5）采用电子方式是形式，跨越时空、提高效率是主要目的。

综合以上分析，我们可以为电子商务做出如下定义：电子商务是各种具有商业活动能力和需求的实体（生产企业、商贸企业、金融企业、政府机构、个人消费者……）为了跨越时空限制，提高商务活动效率，而采用计算机网络和各种数字化传媒技术等电子方式实现商品交易和服务交易的一种商业形式。

二、电子商务的分类

电子商务的业务涵盖十分广泛，从不同角度划分，可将电子商务划分为不同的类型。

（一）按照参与交易的主体分类

按照参与交易的主体分类，电子商务主要可以分为 B2C、B2B、C2C 等类型，下面介绍几种主要的类型。

1. 企业与消费者之间的电子商务（business to customer，B2C）

B2C 就是企业通过网络销售产品或服务给个人消费者。企业厂商直接将产品或服务推上网络，并提供充足的信息与便利的接口吸引消费者选购，这也是目前最常见的作业方式，例如网络购物、证券公司网络下单作业、一般网站的资料查询作业等，都是属于企业直接接触顾客的作业方式。

B2C 是消费者利用互联网直接参与经济活动的形式，类同于商业电子化的零售商务。目前，在互联网上遍布各种类型的商业中心，提供的商品有实体化的商品，如书籍、服装、鲜花、食品、汽车、电视等；数字化的商品，如新闻、音乐、电影、软件及各类基于知识的商品；还有各类服务，如旅游服务、在线医疗诊断和远程教育等。

2. 企业与企业之间的电子商务（business to business，B2B）

B2B 是指以企业为主体，在企业之间进行的电子商务活动。B2B 是电子商务的主流，也是企业面临激烈的市场竞争，改善竞争条件、建立竞争优势的主要方法。开展电子商务，将使企业拥有一个商机无限的发展空间，这也是企业谋生存、求发展的必由之路，它可以使企业在竞争中处于更加有利的地位。B2B 电子商务将会为企业带来更低的价格、更高的生产率、更低的劳动成本以及更多的商业机会。B2B 主要是针对企业内部以及企业与上下游厂商之间的信息整合，并在互联网上进行的企业与企业间交易。借由企业内部网（Intranet）建构信息流通的基础，通过外部网络（Extranet）结合产业的上、中、下游厂商，达到供应链整合的目的。因此通过 B2B 的商业模式，不仅可以简化企业内部信息流通的成本,更可使企业与企业之间的交易流程更快速、交易成本更低廉。

3. 消费者与消费者之间的电子商务(customer to customer,C2C)

C2C 是消费者之间通过某个电子商务平台直接进行交易的电子商务模式,通过 C2C 商务平台,个人消费者可以直接把商品或服务卖给其他的消费者。现在互联网上很多的拍卖网站允许个人拍卖商品就属于 C2C 模式。

4. 线上与线下相结合的电子商务(online to offline,O2O)

O2O 即将线下商务的机会与互联网结合在一起,让互联网成为线下交易的前台。O2O 通过网购导购机,把互联网与地面店完美对接,实现互联网落地。让消费者在享受线上优惠价格的同时,又可享受线下贴心的服务。中国较早转型 O2O 并成熟运营的企业代表为家具网购市场领先的"美乐乐",其 O2O 模式具体表现为线上家具网与线下体验馆的双平台运营。

(二)按商务活动内容分类

按照商务活动的内容分类,电子商务可分为直接电子商务和间接电子商务两大类。

1. 直接电子商务

直接电子商务,即无形货物和服务的电子商务,如计算机软件、娱乐内容的联机订购、付款和交付,或者是全球规模的信息服务。直接电子商务能使交易双方越过地理界限直接进行交易。

2. 间接电子商务

间接电子商务,即有形货物的电子订货,如书籍、鲜花、食品、汽车等,交易的商品仍然需要利用传统渠道(如邮政业的服务和商业快递服务)来完成送货。

(三)按使用网络类型分类

根据开展电子商务业务的企业所使用的网络类型不同,电子商务可以分为三类。

1. 电子数据交换(electronic data interchange,EDI)电子商务

按照国际标准组织的定义,EDI 电子商务是"将商务或行政事务按照一个公认的标准,形成结构化的事务处理或文档数据格式,从计算机到计算机的电子传输方式"。简单地说,EDI 商务就是按照协议,将商业文件标准化和格式化,并通过计算机网络,在贸易伙伴的计算机网络系统之间进行数据交换和自动处理。

EDI 主要应用于企业与企业、企业与批发商、批发商与零售商之间的批发业务。相对于传统的订货和付款方式,EDI 大大节约了时间和费用。相对于 Internet,EDI 较好地解决了安全保障问题。EDI 电子商务在 20 世纪 90 年代已得到较大的发展,技术上也较为成熟,但是由于开展 EDI 需要租用网络专线,费用较高,对企业在管理、资金和技术上有较高要求,因此至今尚不太普及。

2. 互联网（Internet）电子商务

互联网电子商务是指利用连通全球的 Internet 网络开展的电子商务活动。它突破了传统商业生产、批发、零售及进、销、存、调的流转程序与营销模式，真正实现了少投入、低成本、零库存、高效率，避免了商品的无效搬运，从而实现了社会资源的高效运转和最大结余。Internet 商务涉及领域广泛，全世界各个企业和个人都可以参与，正以飞快的速度在发展，前景十分诱人，是目前电子商务的主要形式。

3. 内部网络（Intranet）电子商务

Intranet 是在 Internet 基础上发展起来的企业内部网。它在原有的局域网上附加了一些特定的软件，将局域网与 Internet 连接起来，从而形成企业内部的虚拟网络。Intranet 将大、中型企业分布在各地的分支机构及企业内部有关部门和各种信息通过网络予以连通，使企业各级管理人员能够通过网络读取自己所需的信息，用在线业务的申请和注册代替纸张贸易和内部流通的形式，从而有效地降低了交易成本，提高了经营效益。

三、电子商务的特征

从电子商务的含义可以看出，电子商务具有如下基本特征。

1. 普遍性

电子商务作为一种新型的交易方式，将生产企业、流通企业以及消费者和政府带入了一个网络经济、数字化生存的新天地。

2. 方便性

在电子商务环境中，人们不再受地域的限制，客户能以非常简捷的方式完成过去较为繁杂的商业活动。例如，通过网络银行能够全天候地存取账户资金、查询信息等，同时使企业对客户的服务质量得以大大提高。

3. 整体性

电子商务能够规范事务处理的工作流程，将人工操作和电子信息处理集成为一个不可分割的整体，这样不仅能提高人力和物力的利用率，也可以提高系统运行的严密性。

4. 安全性

在电子商务中，安全性是一个至关重要的核心问题，它要求网络能提供一种端到端的安全解决方案，如加密机制、签名机制、安全管理、存取控制、防火墙、防病毒保护等，这与传统的商务活动有着很大的不同。

5. 协调性

商业活动本身是一种协调过程，它的顺利开展需要参与各方的有效协调，如企业与上游供应商以及下游批发商、零售商甚至最终客户之间的协调。在电子商务环境中，它更要求银行、配送中心、通信部门、技术服务等多个部门的通力协作。

6. 经济性

电子商务可通过减少交易环节、加速资金周转、降低库存以及降低文件处理费用、宣传广告费用、店面租金等使买卖双方的交易成本大大降低。

7. 均等性

网络的应用,实现信息资源的共享,对大、中、小企业都产生机遇与挑战,带来的机会是均等的。"入网"后的中、小企业能像大企业一样,可以通过网络及时掌握市场供求状况及各种数据资料,并对原材料、市场、期货、汇率等诸多因素进行深入、全面、准确和快捷的分析、预测和判断,从而能对企业的项目决策及经营战略迅速做出应变。中、小企业不仅能成为电子贸易的技术、产品、系统和软硬件的供应商,还可以创造更多的网上就业机会和盈利机会,轻松地进行制造、营销、管理,从而更有效地参与竞争。

此外,电子商务能够弱化企业生产和销售所受地理限制,创造新的市场机会和新兴服务产业。

四、电子商务的发展和未来趋势

(一)电子商务的发展

按照各个时期代表性技术的不同,可以将电子商务的发展划分为两个阶段。

1. 第一阶段:EDI 及其之前阶段的电子商务

20 世纪 70 年代,银行间电子资金转账(EFT)开始在安全的专业网络上推出,它改变了金融业的业务流程。电子资金转账是指通过企业间通信网络进行的账户交易。由于它以电子方式提供汇款信息,从而使电子结算实现了最优化。这是电子商务最原始的形式之一,也是最普遍的形式。

从 20 世纪 70 年代后期到 80 年代早期,EDI 技术使电子商务在企业之间得到快速发展。电子数据交换技术减少了文字工作并提高了自动化水平,从而简化了业务流程。EDI 使企业能够用标准化的电子格式与供应商之间交换商业单证(如订单)。到了 20 世纪 80 年代晚期至 90 年代早期,EDI 成为工作流技术或协作计算系统中不可分割的部分。EDI 电子商务对技术、设备、人员要求较高,且 EDI 电子商务是在专用网络上实现的,其专用网络的使用费用极为昂贵,因此 EDI 电子商务仅仅局限在发达国家和地区的大型企业中使用,难以在世界范围内普及发展,大多数中小型企业难以应用 EDI 参与电子商务活动。

2. 第二阶段:互联网电子商务

20 世纪 90 年代早期至今,商业化了的互联网走向社会,互联网上出现了万维网应用,这是电子商务的转折点,这时互联网已不仅仅是一个信息共享工具,而成为信息传播工具,万维网为信息发布和传播提供了简单易用的解决方案。万维网带来的规模效应降低了业务成本,它所带来的范围效应则增加了企业业务活动的多样性。万维网也为小企业创造了机会,使它们能够与资源雄厚的跨国公司在平等的技术基础上竞争。

基于此,20 世纪最后 10 年电子商务迅速膨胀,涌现出一大批著名的电子商务公司,诸如亚马逊、eBay、新浪、网易、阿里巴巴等,同时很多传统企业也积极利用互联网开展电子商务业务,电子商务给企业发展带来机遇和利益的同时,风险资本大量涌入电子商务领域,营造了巨大的互联网泡沫。2000 年以科技股为代表的纳斯达克股市崩盘使互联网泡沫破灭。

之后人们对互联网电子商务的发展进行了理性的思考,认识到互联网电子商务仅仅是经济实体的一个工具,不是经济实体的主体,电子商务开始被脚踏实地应用到各种经济组织中,并开始与科学、教育、医疗、卫生等领域结合应用,互联网电子商务的形式随着经济和技术的发展不断创新,互联网电子商务的交易额也呈几何级数增长。

(二) 电子商务的趋势

近几年电子商务的总体发展趋势主要表现在以下几个方面[①]。

1. 国际化

互联网最大的优势之一,就是超越时间和空间的限制,能够有效地打破国家和地区之间各种有形和无形的障碍。这对促进每个国家和地区对外经济、技术、资金、信息等的交流,将起到重要作用。

2. 纵深化

电子商务的基础设施将日益完善,支撑环境逐步趋向规范,企业发展电子商务的广度和深度进一步拓展,个人参与电子商务的广度和深度也将得到拓展。图像通信网、多媒体通信网将建成使用,三网合一潮流势不可当,高速宽带互联网将扮演越来越重要的角色。

3. 个性化

互联网的出现、发展和普及,本身就是对传统经济社会组织中个性的一种解放,使个性的张扬和创造力的发挥有了一个更加有利的平台,也使消费者权利的实现有了一个更有效的技术基础。在这方面,个性化定制信息需求和个性化商品需求将成为发展方向。对所有面向个人消费者的电子商务活动来说,提供多样化的、比传统商业更具个性化的服务,是决定今后电子商务发展的关键。

4. 专业化

面向消费者的垂直型网站和专业化网站前景看好,面向行业的专业电子商务平台发展潜力很大。面向个人消费者的专业化趋势,要求满足消费者个性化的要求,提供专业化的产品和具有专业水准的服务。面向行业的专业电子商务平台应以建立专业性较强、信

---

① 方磊. 电子商务物流管理[M]. 北京:清华大学出版社,2013.

息服务便利的行业电子商务交易网作为应用起步,将商务网站与行业优势特色业务紧密结合。

5. 引入多元化服务

随着像美国在线(AOL)与时代华纳的媒体互动合作形式的诞生,电子商务已向多元化服务的方向发展。同时,电子商务的发展也形成了一种传统产业与网络产业结合的新型发展模式。

第二节　运营管理概述

一、运营活动

对于任何一家企业来说,运营活动都是其核心内容。企业的产品生产或服务提供正是通过运营活动来实现的,即通过投入一定的资源,经过一系列、多种形式的变换,使其价值增值,最终以某种形式的产出提供给社会的"投入—转换—产出"的过程。为确保运营活动的顺利进行,必须对整个过程进行有效控制,并对实施与产出情况进行信息反馈,以决定是否需要对运营过程进行必要的修订,具体过程如图 1-1 所示。

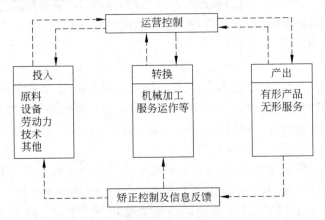

图 1-1　运营活动及其过程示意图

图中虚线代表的是信息流动,整个运营活动过程受到统一控制。企业根据运营计划,确定要生产何种产品或提供何种服务,决定投入相应的资源,为生产转换做好准备。根据产品的质量、规格要求或服务标准,控制转换过程严格按规程进行运营。在运营过程中或用户使用产品、接受服务后,对存在的问题或满意程度进行信息反馈,企业根据反馈信息决定是否对投入的各种资源进行调整,或对转换过程进行必要的修订。

进行这样的运营活动的主体是各种各样的社会组织,其中既包括各行各业的众多企业组织,也包括各种非营利性的事业组织和政府部门。社会正是由这些形式多样的组织而构成的。这些组织虽然形式、性质各不相同,但都在以某种形式从事着某种运营活动。典型社会组织的"投入—转换—产出"如表 1-1 所示。

表 1-1 典型社会组织的投入、转换与产出

社会组织	主要投入	转换	主要产出
工厂	原材料	加工制造	产品
医院	病人	诊断、治疗	康复的人
大学	高中毕业生	教学	大学毕业生
运输公司	产地的物资	位移	销地的物资
修理站	损坏的机器	修理	修复的机器
咨询中心	情况、问题	咨询	建议、方案、办法

二、运营管理

(一)运营管理的定义

运营管理指对运营过程的计划、组织、实施和控制,是与产品生产和服务创造密切相关的各项管理工作的总称。

(二)运营管理的目标

运营管理的目标可用一句话来概括:"在需要的时候,以适宜的价格,向顾客提供具有适当质量的产品和服务。"具体而言,就是要使输出的产品或服务在质量、成本、时间、柔性等方面都取得最好的效果[①]。

质量(quality):产品质量高,服务质量好。质量是一切企业的生存之本,企业不仅要为用户提供优质产品,而且要提供优质的售后服务。这样才能赢得用户的信赖。

成本(cost):企业能以最低的成本向用户提供产品和服务。成本目标不仅要求产品或服务形成过程中的成本要低,而且要求在用户使用过程中的成本也要低。只有这两方面的成本都低,企业才能盈利,才能在激烈的市场竞争中赢得竞争优势。

时间(time):时间目标包括生产周期和交货期两个方面的含义。一是指生产周期短。生产周期短才能赢得时间上的优势,时间优势转化为竞争优势,可以争取到更多的用户。二是指交货准时。企业要在向用户承诺的交货期内准时交货,才能维护企业的商业信誉,这样不仅能留住老用户,而且能吸引新用户。

柔性(flexibility):在当今社会,企业只在产品质量和交货期上满足用户要求是不够

---

① 马士华. 现代生产与作业管理[M]. 北京:经济管理出版社,1997.

的，还必须能在品种和产量上满足用户千变万化的要求，能在最短的时间内响应市场需求的变化，这就要求企业的生产系统必须具有较高的柔性，能将效率与适应性统一起来。

（三）运营管理的基本职能

管理的基本职能是计划、组织与控制，运营管理的基本职能就是对运营过程进行计划、组织与控制。

1．计划职能

运营计划是企业未来开展运营管理活动的依据和基础，它是对未来行动方案的一种说明，是企业运营部门及其各分支机构和所属人员在未来一定时期内，关于行动方向、内容和方式安排的管理文件。运营计划包括企业的运营目标以及实现目标所采取的措施和手段。

正如哈罗德·孔茨所言："计划工作是一座桥梁，它把我们所处的这岸和我们要去的对岸连接起来，以克服这一天堑。"运营计划必须包括"5W1H"，即 what（做什么）、why（为什么做）、who（谁去做）、when（何时做）、where（何地做）以及 how（怎么做）。只有明确回答以上问题，计划才具有可操作性，其实施过程才能顺利。

2．组织职能

组织职能是指企业根据经营的需要，将运营过程所涉及的各个环节按合理分工和协作的要求设立各个职能部门，以有效地从事运营活动，完成企业经营目标。

运营管理的组织职能不仅要根据需要进行组织设计，还要建立各职能单位的管理制度，规定各职能单位的责任和权力，确定各职能单位的分工与协作关系。

3．控制职能

控制职能就是对计划执行情况进行检查，确定企业运营活动是否按既定的计划、标准和方法进行，发现偏差，通过分析产生的原因，进行调整和纠正，以确保组织目标的实现。

三、运营管理的研究对象

运营管理的研究对象包括运营过程和运营系统两个方面。

（一）运营过程

运营过程是指通过投入一定的资源，经过一系列、多种形式的变换，使其价值增值，最终以某种形式的产出提供给社会的"投入—转换—产出"过程。运营过程是运营管理的第一大研究对象，是考虑如何对这样的运营活动进行计划、组织与控制。

（二）运营系统

按照系统的观点，可以将企业中从事运营活动的子系统称为运营系统，它是上述转换过程得以实现的手段。运营系统是运营管理的第二大对象,是考虑如何对运营系统进行设计、改造与升级。

第三节　电子商务运营管理概述

一、电子商务运营管理的定义

电子商务运营管理(E-commerce operations management)是运营管理活动和运营管理工作在电子商务中的应用,它是指一切与企业电子商务运营相关的管理活动的总称。如前所述,电子商务运营管理的研究对象包括电子商务运营系统与电子商务运营过程两个方面。

二、电子商务运营管理的内容

针对运营系统与运营过程两大方面,电子商务运营管理的研究内容主要包括以下几个方面。

(一)电子商务运营系统战略决策

从如何高质量地满足社会和用户的需求出发,根据企业营销系统对市场需求情况的分析以及企业发展的条件和因素限制,从总的原则方面解决"提供什么、提供多少"和"如何提供"的问题。换言之,是从企业竞争优势的要求出发对电子商务运营系统进行战略定位,明确运营系统的结构形式和运营机制的指导思想。

(二)电子商务运营系统的设计

根据电子商务运营系统的定位,具体进行运营系统的设计和建设。一般包括两个方面的内容:一是产品开发管理,包括产品或服务的选择与设计、产品或服务提供流程的选择与设计等;二是运营系统构建管理,包括电子商务系统的开发与建设、电子商务服务设施的选址与布局等,目的是以最快的速度和最少的投资构建最适宜的电子商务运营系统主体框架。

(三)电子商务运营系统的运行

运营系统的运行,就是根据社会和市场的需求以及企业的经营目标,在设计好的运营系统内对运营系统的运行进行计划、组织和控制。具体而言,就是在设计好的运营系统框架下,不断进行综合平衡,合理分配人、财、物等各种资源,科学安排运营系统各环节、各阶段的运营任务,妥善协调运营系统各方面的复杂关系,使企业运营系统中的物资流、信息流、价值流畅通,对运营过程进行有效控制,确保运营系统正常运行。

1. 电子商务运营计划

计划方面解决提供什么、提供多少和何时提供的问题。包括预测对本企业产品和服务的需求,确定产品和服务的品种与数量,设置产品交货期和服务提供方式,编制运营计划,做好人员班次安排,统计运营进展情况等。

2. 电子商务运营组织

组织方面解决如何合理组织各种要素,使有限的资源得到充分而合理的利用问题。运营要素包括劳动者(技术人员、管理人员和服务人员等),劳动资料(设施、机器、装备、工具、能源等),劳动对象(原材料、零部件、产成品、商品等)和信息(市场信息、订单、计划、统计资料、工作指令等)。劳动者、劳动资料、劳动对象和信息的不同组合与配置,构成了不同的运营方式。

3. 电子商务运营系统控制

控制方面解决如何保证按计划完成任务的问题。主要包括接受订货控制、运营进度控制、库存控制和成本控制等。对订货型企业,接受订货控制是很重要的。是否接受订货,订多少货,是一项重要决策,它决定了企业经营活动的效果。运营进度控制的目的是保证产品按期完工或到货,产品按期装配和配送。库存控制包括对各种库存的合理控制,其主要目标是以最低的库存保证供应。

(四)电子商务运营系统的维护与改进

任何系统都有生命周期,如果不加以维护和改进,系统就会终止。电子商务运营系统的维护与改进包括对电子商务系统的维护与可靠性管理、质量的保证、整个运营系统的不断改进和各种先进的运营方式和管理模式的采用。

三、电子商务运营管理的作用

电子商务改变了所有企业和个人的工作和生活方式。在现实中,即使一家企业不采用任何电子商务模式,也不可避免地会和采用电子商务的企业发生商务往来。因此,电子商务运营管理不是可有可无的,而是那些期望在现代商务运营中获得成功的运营管理人员所必需的。电子商务运营管理的作用或其对企业而言的收益表现如表 1-2 所示。

表 1-2　电子商务运营管理收益

电子商务运营管理收益	解释说明
服务可用性的提高	方便顾客在家中或任何可联机的地方进行购物。
信息处理成本的降低	降低处理与检索订单和客户信息的成本。
服务及时性的提高	在线运营保证顾客 24 小时都可以购买商品以及获得服务。

续表

电子商务运营管理收益	解释说明
更好的消费者市场接入 初始运营成本的降低 运营成本的降低	在线运营遍及世界各地,开辟了新的、超越传统运营的市场。 电子商务运营的资本投入远远小于传统运营的资本投入。 虚拟或电了商务运营的花费远远小于传统运营的花费;更少的人员,更少的机器设备,更少的日常文书工作等。
从供应商得到更优的价格 产品研发的改进	电子商务竞争环境的特征使得生产者得到更多的信息,从而降低成本。 在线研发能力使得遍及全球的研发人员能够缩短新产品上市的时间,并且降低了设计成本。
生产调度的改进	追踪产品和服务活动的联机能力使调度人员能够更准确、及时地安排以及调整生产活动,降低成本。
供应商质量的提高	电子商务的信息驱动环境使购买者更容易了解生产厂商产品的原材料和零部件的质量。

资料来源:Marc J. Schniederjans. 电子商务运营管理[M]. 曹青,王强译. 北京:中国人民大学出版社,2005.

本 章 小 结

电子商务作为一种新型的商业形态,一经兴起,便得以迅猛发展,成为拉动经济发展的重要动力,同时也迅速改变了人们的生活方式与行为习惯,给经济和社会带来了巨大影响。

本章首先对电子商务的概念进行了介绍,在此基础上对电子商务的分类、特征以及电子商务的发展历程及未来趋势进行了简要描述;然后对运营活动的概念、运营管理的定义、目标以及研究对象进行了分析说明;最后,对电子商务运营管理的概念、内容以及电子商务运营管理对企业的重要作用进行了阐述。

思 考 题

1. 什么是电子商务?电子商务有哪些特征?
2. 什么是运营管理?运营管理的研究对象有哪些?
3. 电子商务运营管理的内容是什么?
4. 简述电子商务运营管理的作用。

案例分析

亚马逊(Amazon)——电子商务的成功典范

一、公司简介

亚马逊(Amazon)公司是一家财富500强公司,总部位于美国华盛顿州的西雅图。它创立于 1995 年,目前已成为全球商品品种最多的网上零售商和全球第二大互联网公司。亚马逊为客户提供数百万种独特的全新、翻新及二手商品,如图书、影视、音乐和游戏、数码下载、电子和电脑、家居园艺用品、玩具、婴幼儿用品、食品、服饰、鞋类和珠宝、健康和个人护理用品、体育及户外用品、玩具、汽车及工业产品等。

2004 年 8 月亚马逊全资收购卓越网,使亚马逊全球领先的网上零售专长与卓越网深厚的中国市场经验相结合,进一步提升客户体验,并促进中国电子商务的成长。至今已经成为中国网上零售的领先者。

二、公司发展

亚马逊公司是在 1995 年 7 月 16 日由杰夫·贝佐斯(Jeff Bezos)创立的。它一开始叫 Cadabra,性质是基本的网络书店。然而具有远见的贝佐斯看到了网络的潜力和特色,当实体的大型书店提供 20 万本书时,网络书店能够给读者提供比 20 万本书更多的选择。因此贝佐斯将 Cadabra 以地球上孕育最多种生物的亚马逊河重新命名,于 1995 年 7 月以新的面目出现,并在 1997 年 5 月 15 日股票上市。

目前,亚马逊公司正朝着多元化的产品销售发展。

2011 年 10 月,卓越亚马逊正式更名为亚马逊中国,同时启用了为中国消费者量身定做的世界最短域名 z. cn,帮助消费者能够更快、更便捷地访问亚马逊中国网站,也大大便利了移动设备用户的访问。亚马逊中国发展迅速,每年都保持了高速增长,用户数量也大幅增加。目前,已拥有 28 大类、近 600 万种的产品。

2013 年 3 月,亚马逊在欧洲超越了当地其他在线零售商,成为欧洲最受欢迎、访问量最大的网络零售商。此外,由于亚马逊提供的亚马逊云服务在 2013 年来的出色表现,著名 IT 开发杂志 SD Times 将其评选为 2013 SD Times 100,位于"API、库和框架"分类排名的第二名,"云方面"分类排第一名,"极大影响力"分类排第一名!

2014 年 5 月 5 日,推特与亚马逊联手,开放用户从旗下微网志服务的推文直接购物,以增加电子商务的方式保持会员的黏着度。

2014 年 8 月 13 日,亚马逊推出了自己的信用卡刷卡器 Amazon Local Register,进一步向线下市场扩张。

三、亚马逊的定位转变

第一次转变:成为"地球上最大的书店"(1994—1997 年)

1994 年夏天,从金融服务公司 D. E. Shaw 辞职出来的贝佐斯决定创立一家网上书店,贝佐斯认为书籍是最常见的商品,标准化程度高;而且美国书籍市场规模大,十分适合创业。经过大约 1 年的准备,亚马逊网站于 1995 年 7 月正式上线。为了和线下图书巨头 Barnes&Noble、Borders 竞争,贝佐斯把亚马逊定位成"地球上最大的书店"(Earth's biggest bookstore)。为实现此目标,亚马逊采取了大规模扩张策略,以巨额亏损换取营业规模。经过快跑,亚马逊从网站上线到公司上市仅用了不到两年的时间。1997 年 5 月

Barnes&Noble 开展线上购物时,亚马逊已经在图书网络零售上建立了巨大优势。此后亚马逊和 Barnes&Noble 经过几次交锋,亚马逊最终完全确立了自己是最大书店的地位。

第二次转变:成为最大的综合网络零售商(1997—2001 年)

贝佐斯认为和实体店相比,网络零售很重要的一个优势在于能给消费者提供更为丰富的商品选择,因此扩充网站品类、打造综合电商以形成规模效益成为了亚马逊的战略考虑。1997 年 5 月亚马逊上市,尚未完全在图书网络零售市场中树立绝对优势地位的亚马逊就开始布局商品品类扩张。经过前期的供应和市场宣传,1998 年 6 月亚马逊的音乐商店正式上线。仅一个季度亚马逊音乐商店的销售额就已经超过了 CDnow,成为最大的网上音乐产品零售商。此后,通过品类扩张和国际扩张,到 2000 年的时候亚马逊的宣传口号已经改为"最大的网络零售商"(the Internet's No.1 retailer)。

第三次转变:成为"最以客户为中心的企业"(2001 年至今)

2001 年开始,除了宣传自己是最大的网络零售商外,亚马逊同时把"最以客户为中心的企业"(the world's most customer-centric company)确立为努力的目标。此后,打造以客户为中心的服务型企业成为了亚马逊的发展方向。为此,亚马逊从 2001 年开始大规模推广第三方开放平台(marketplace)、2002 年推出网络服务(AWS)、2005 年推出 Prime 服务、2007 年开始向第三方卖家提供外包物流服务(Fulfillment by Amazon,FBA)、2010 年推出 KDP(Kindle Direct Publishing,Kindle 出版服务)的前身自助数字出版平台(Digital Text Platform,DTP)。亚马逊逐步推出这些服务,使其超越网络零售商的范畴,成为一家综合服务提供商。

资料来源:百度百科,有改动。

【案例讨论】

1. 亚马逊的哪些理念和做法体现了电子商务运营管理的发展趋势?
2. 亚马逊的做法给了你哪些启示?

CHAPTER 2
第二章
运营战略与电子商务竞争策略

本章导读

- 运营战略、运营竞争优势要素和运营竞争战略分类
- 电子商务运营的竞争要素
- 电子商务运营竞争战略的制定思路
- 电子商务运营竞争的一般策略
- 电子商务运营竞争的特殊策略

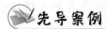 先导案例

京东商城的产品质量策略

产品质量策略是企业为了设计和生产出顾客所需要的质量特性、达到顾客所要求的质量水平、满足其需要，所做出的长远性谋划和方略。产品质量策略是企业战略体系中处于关键地位的职能战略，是企业总体战略的战略重点之一，对企业的生存和发展起着决定性作用。

在当今这个信息高度发达的社会，不论是传统企业还是电子商务企业，要想在日益激烈的市场竞争中生存下来，就必须高度重视产品质量，否则就会被市场淘汰。因此，注重提高产品质量是一个成功企业发展的必由之路。

"从赝品里挑正品，不如从正品里挑精品。叫你亲不如质量精。"京东商城代言人孙红雷的这句广告词曾在各大电视台播放。保证所有产品都是行货是京东商城的一大亮点。发票、全国联保和京东推出的"延保"活动给所有消费者吃了一颗定心丸。

产品是一切的基础，只有优质的产品才能吸引消费者的眼球。产品的优势给京东带来了大量的回头客。根据京东商城官方数据，截至 2013 年 4 月，京东商城注册用户数突破 1 亿个。

资料来源：http://wenku.baidu.com/view/56e7e3dff61fb7360b4c654e.html? from＝search.

第一节　运营战略的基本概念

运营战略决策是企业运营管理中最重要的一部分。其基本任务与作用是使企业在其生产(制造或服务)领域内为企业获得竞争优势，如多品种、高质量、低成本、及时响应等诸

方面或一个方面的优势,保证企业总体战略的实现。

一、运营战略的定义

战略,这个词原本是个军事名词。在军事上,对战略的定义是:"对战争全局的策划和指导,依据国际、国内形势和敌对双方政治、军事、经济、科学技术、地理等因素来确定。"现在这个词已用得非常广泛,尤其是在企业经营管理中。在一般运用中,战略"泛指重大的、带全局性的或决定全局的谋划"。

运营战略是运营管理中最重要的一部分,传统企业的运营管理并未从战略的高度考虑运营管理问题,但是在今天,企业的运营战略具有越来越重要的作用和意义。运营战略是指在企业经营战略的总体框架下,如何通过运营管理活动来支持和完成企业的总体战略目标。运营战略可以视为使运营管理目标和更大的组织目标协调一致的规划过程的一部分。运营战略涉及对运营管理过程和运营管理系统的基本问题所做出的根本性谋划。

由此可以看出,运营战略是为支持和完成企业的总体战略目标服务的。运营战略的研究对象是运营过程和运营系统的基本问题。所谓基本问题是指包括产品选择、设施选址、设施布置、运营的组织形式、竞争优势要素等。运营战略的性质是对上述基本问题进行根本性谋划,包括运营过程和运营系统的长远目标、发展方向和重点、基本行动方针、基本步骤等一系列指导思想和决策原则。

另外,运营战略作为企业整体战略体系中的一项职能战略,它主要解决运营管理职能如何支持和配合企业在市场中获得竞争优势的问题。运营战略一般分为两大类:一类是结构性战略——包括设施选址、运营能力、纵向集成和流程选择等长期的战略决策问题;另一类是基础性战略——包括劳动力的数量和技能水平、产品的质量问题、运营计划和控制以及企业的组织结构等时间跨度相对较短的决策问题。

二、运营战略的基本特征

运营战略在企业的经营活动中处于承上启下的地位。向上要遵循企业的经营战略,通过运营战略环节把经营战略细化、具体化;向下要推动运营管理系统贯彻执行具体的实施计划,以实现经营战略的目标。

运营战略在企业经营管理中的这种位置决定了它的如下一些特点。

1. 贡献性。强调对企业竞争优势的贡献,通过构造卓越的运营系统来为企业的长期稳定发展提供扎实的基础保障。

2. 一致性。强调与企业整体要求相一致,同时运营系统内部结构也要与非结构要求相一致、协调。此外,运营战略与营销战略、财务战略等紧密相关。一方面运营战略不能脱离财务与营销战略等自我发展、自我实现,在它的运营过程中要受到这两大管理行为的约束;另一方面它又是实现营销与财务战略的必要保证。

3. 从属性。运营战略从属于企业整体战略,为实现企业的整体战略服务。

4. 可操作性。它强调战略既是一种计划的思想,又便于贯彻实施,因此它注重各个决策之间的目标分解、传递和转化过程,以形成各级人员的共识和参与,同时注重各项决策的内涵及其相互一致性,以保证决策实施的明确、可行。

三、竞争优势要素

运营战略成功的关键是明确竞争的重点优势要素。了解每个竞争重点优势要素的选择后果,做出必要的权衡。竞争力是指企业在经营活动中超过其竞争对手的能力,是一个企业能够长期地以比其他企业(或竞争对手)更有效的方式提供市场所需要的产品和服务的能力。竞争力是决定一个企业生存、发展、壮大的重要因素,是企业取得竞争优势的保证条件。

斯金纳等人最初定义的"四种基本竞争优势要素"为:成本、质量、快速交货和柔性。随后,服务、环保等要素也成为企业为获取竞争优势而选择的重要竞争优势要素。

1. 成本——低成本

价格是顾客必须对产品或服务支付的金额。显然,在质量、功能相同的条件下,顾客将选择价格较低的产品或服务。价格竞争的实质是成本竞争,运营成本越低,企业在价格上就越有竞争优势。

2. 产品质量和可靠性——提供优质产品

质量分为两类:产品(服务)质量和过程质量。产品质量包括产品的功能、耐用性、可靠性、外观造型、产品的合格率等,质量的好坏反映产品满足顾客需要的程度。过程质量的目标是生产没有缺陷的产品,可以预防性地解决产品的质量问题。

质量的竞争力表现在两个方面:一是保持产品的高质量水平;二是提供更好的产品或服务。

3. 时间——快速交货、交货可靠性和新产品的开发速度

顾客对交付产品或提供服务在时间上的要求,包括快速或按时的交货能力。在同一质量水平下,企业间竞争优势差异的重要表现就是时间性。据国外资料分析表明:高质量、高功能在国际竞争中的作用逐步下降,而代之以呈上升趋势的是准时或快速交货的竞争能力。

4. 柔性——灵活响应外界环境以及客户需求的变化

从战略的观点看待企业的竞争力,柔性是由与企业运营过程设计直接相关的两个方面构成的。

一是企业为客户提供多种产品和服务的能力,最大的柔性意味着为满足顾客独特的需求而提供顾客化的产品与服务的能力,这常被称为"定制"。

二是企业快速转换工艺生产新产品的能力或者快速转换服务流程提供服务的能力。

5. 服务——高水平服务

在当今的企业环境中,为获取竞争优势,企业开始为客户提供"增值"服务。这不论是对提供产品还是提供服务的企业都是重要的。原因很简单,正如范德墨菲说:"市场力来源于服务,因为服务可以增加客户的价值。"

6. 环保——环境友好

消费者对环境越来越敏感,更倾向于购买对环境无害的产品。越来越多的企业意识到绿色制造对提高自身利益的竞争机制的深远意义。

四、运营竞争理论及运营竞争战略分类

(一)运营竞争理论

运营战略竞争理论是研究如何使运营系统的各要素有机结合,形成整体优势的思想体系。20世纪90年代起运营战略指导思想与传统观点相比,有了很大的差异。

第一,传统的观点认为运营战略应以成本和效率为中心,强调规模经济和高产出;而新的战略竞争理论则强调对产品竞争实力的保障,以保障和发展竞争优势为出发点来实现企业的竞争优势。

第二,现代竞争理论是从保持竞争优势出发,把运营系统各要素(如生产类型、技术、管理系统等)有机地结合起来形成整体优势;而不是像传统观点那样,过分强调品种少、批量大、技术高、质量好,注重某个要素的优势。

总之,运营战略竞争理论是以竞争为导向并以取得竞争优势为基础来拟订和实施运营战略决策的。

(二)运营竞争战略分类

按照迈克尔·波特(Michael Porter)的竞争战略理论观点,运营竞争战略可以分为三种基本类型。

1. 总成本领先战略

这是在某一产业领域内使成本低于竞争对手而取得领先地位的战略,其着眼点是取得价格竞争优势。在这种战略下,一般是运营系统具有一定的规模优势和技术高、产量大等优势。成本领先战略要求企业加强对费用的控制,以及最大限度地减小研究开发、服务、推销、广告等方面的成本。为了达到这些目标,有必要在管理方面对成本控制给予高度重视。尽管质量、服务以及其他方面也不容忽视,但贯穿于整个战略中的主题是使成本低于竞争对手。显然,处于低成本地位的企业可以获得高于行业平均水平的收益。因为它的低成本意味着当别的企业在竞争过程中已失去利润时,这家公司仍然可以获取利润。

2. 差异化战略

当技术的发展、行业的垂直分工以及信息的公开性、及时性,使越来越多的产品出现同质化时,寻求差异化成为企业生存与发展的一件必备武器。迈克尔·波特是这样描述差异化战略的:当一家公司能够向客户提供一些独特的、其他竞争对手无法替代的商品,同时对客户来说这种商品的价值又不仅仅是一种廉价商品时,这家公司就把自己与竞争对手区别开来了。

也就是说,差别化战略是将产品或公司提供的服务差别化,树立起一些全产业范围中具有独特性的东西;或者说,差异化战略是指通过提供与众不同的产品或服务,满足顾客特殊的需求,从而获取竞争优势的一种战略。实现差别化战略可以有许多方式:设计名牌形象、技术上的独特、性能特点、顾客服务、商业网络及其他方面的独特性。最理想的情况是公司在几个方面都有其差别化特点。例如履带拖拉机公司(caterpillar)不仅以其商业网络和优良的零配件供应服务著称,而且以其优质耐用的产品质量享有盛誉。

对于一般商品来讲,差异总是存在的,只是大小强弱不同而已。而差异化战略所追求的"差异"是产品——物理的产品或服务产品的"不完全替代性",即企业凭借自身的技术优势和管理优势,生产出在性能上、质量上优于市场上现有水平的产品;或是在销售方面,通过有特色的宣传活动、灵活的推销手段、周到的售后服务,在消费者心目中树立起不同一般的形象。

如果差别化战略成功地实施了,它就成为在一个产业中赢得高水平收益的积极战略,因为它建立起防御阵地对付五种竞争力量,虽然其防御的形式与成本领先有所不同。波特认为,推行差别化战略有时会与争取占有更大的市场份额的活动相矛盾。推行差别化战略往往要求公司对于这一战略的排他性有思想准备。这一战略与提高市场份额两者不可兼顾。在建立公司的差别化战略的活动中总是伴随着很高的成本代价,有时即便全产业范围的顾客都了解公司的独特优点,也并不是所有顾客都将愿意或有能力支付公司要求的高价格。

3. 目标集聚战略

目标集聚战略实际上是一种市场细分战略,这种战略的前提是企业能够以更高的效率、更好的效果为某一细分市场中的特殊顾客群服务,采用目标集聚战略的企业也具有赢得超过行业平均收益水平的潜力。采用目标集聚战略的公司通常将全力集中在某一特定区域的市场或顾客群。这类公司要么采用低成本战略,要么采用差别化战略,但仅关注特定的目标市场。采用低成本战略的公司,将资源集中在整个市场的一个或几个细分市场,旨在成为服务于该细分市场的最低成本的公司。

对于大多数企业来说,运营战略通常与企业总体战略联系在一起。制定运营战略的基本思想是以顾客为中心,在此基础上确定竞争重点和目标。这些目标包括:为用户提供优质的产品和服务,合理的产品和服务价格,产品和服务提供的快捷性与方便性、产品和服务内容的多样性、产品和服务的技术水平与设施水平等。

五、运营战略与企业战略的关系

运营战略对于企业有效开展经营活动是非常重要的,但是它并不等同于企业战略,二者之间既有联系又有区别。图 2-1 是企业战略的示意图。

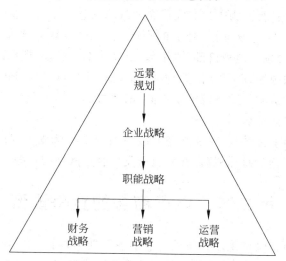

图 2-1 企业战略系统结构

远景规划确定了企业选择什么样的用户群和市场面、企业经营的宗旨及其生存、发展、盈利的长远目标。

企业战略是关系企业全局的、长期的战略规划,它是从整个企业所处的市场环境、社会文化背景及政治局势出发而制定的包括企业所有职能部门在内的实现企业远景规划的方案及实施策略的长期计划。它既有企业一级的总体战略,也有企业下属经营单位(如子公司、分厂、事业部)一级的总体策略;既有各级的总体战略,也有与各级组织的各种职能相适应的职能战略。企业各级总体战略有不同类型,各级的职能战略有许多种,但是,企业上下层次的总体策略之间、每个层次的各职能战略之间以及各层总体战略与职能战略之间,都存在互相配合和制约的关系,从而形成一个不可分割的体系。

职能战略是企业战略的具体化和展开,它比总体战略更清晰和细致地表达了战略目标、任务和措施等,由职能部门管理人员负责制定,直接受总体战略的制约,是为总体战略服务的,既要保证公司战略目标的实现,又有相对独立的目标和实施措施。它主要是针对不断变化的外部环境,在各自经营领域有效地控制资源的分配和使用。它的参与者主要是各分公司、事业部的经理或分厂的厂长。

运营战略则是一种职能部门的战略,它制定出实现企业战略的产品(有形产品及服务)方案,确定构造符合企业战略的运营系统,以及实现企业战略的一系列决策规划内容和程序。它要具体回答在什么时候构造何种类型的运营系统、在什么时候需要开发什么样的产品或提供什么样的服务、生产技术和工艺流程以及生产产品或提供服务所应遵循的作业流程。从图 2-1 中可以看出,运营战略有以下特点:

(1) 运营战略在企业战略体系中属于职能战略,是企业战略在运营职能范围的落实和具体化,受企业战略制约,为支持和完成企业战略服务。

(2) 不同行业、不同企业、同一企业的不同生产单位,其运营战略可能存在差异性。例如一个电器公司,分别设电视机部、冰箱部、电熨斗部等等,电视机部的竞争策略可能是以高质量(例如,高清晰度、高可靠性等)取胜,而电熨斗部可能是以物美价廉、操作方便取胜。那么相应的运营战略的重点可能就不同,前者可能选择生产利用最新技术的产品,后者则可能将重点放在降低成本上。

如果企业存在事业部的划分,那么企业战略系统结构就成了 5 层。事业部战略成为指导各事业部职能战略的总体战略,并肩负着支持企业战略的任务。

第二节　电子商务的竞争要素

一家企业的盈利潜力取决于其所处行业的盈利能力,而一个行业的盈利水平又是由这个行业的竞争结构所决定,行业的竞争强度是其行业竞争结构的表现。迈克尔·波特在其战略管理专著《竞争战略》中,提出了分析行业竞争结构的五力模型(如图 2-2 所示)。该模型可以帮助企业分析自己所处行业的竞争特点,预测行业未来的盈利潜力,决定自己是否继续从事这个行业,制定相应的竞争战略,调整资源配置或者改变行业竞争结构。

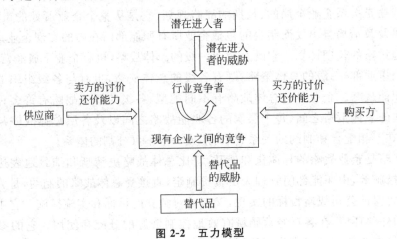

图 2-2　五力模型

电子商务通过遍布全球的 Internet 技术和手段给全球商业带来一次全球的发展机会。给企业的经营思想和经营法则带来一次革命性的创新,成为推动经济增长的关键动力。电子商务的应用打破了时空的界限,改变了贸易的形态,提高了信息交流的速度及信息收集利用的方便程度,加速了整个社会商品信息的流通,从而更有效地降低了企业的经营成本,提高了企业在市场中的竞争力。工业经济时代我们探讨企业竞争力主要是在传统的实体世界里进行,而当人类进入 21 世纪后,传统企业要面对虚拟空间的发展机遇,并且遭遇巨大的竞争压力。下面我们采用迈克尔·波特教授分析传统行业竞争结构的五种作用力模型,分析电子商务时代的竞争态势,提出在电子商务时代建立企业核心竞争力的主要因素。

一、新进入者的威胁

波特教授认为在传统的工业时代,新的竞争者加入会导致行业竞争强度加剧和盈利下降,因此行业内的企业通常会采用建立进入障碍和反击报复等策略来阻止和扼杀新的进入者,从而降低新进入者给行业盈利和发展带来的影响。传统工业时代,由于受地域时空及信息滞后等限制,"经济规模"、"初始资本的投入"、"进入渠道的难易度"等通常是新进入者无法逾越的障碍,这是进入障碍的主要因素。但是在虚拟电子市场中,"速度"的特点表现得越来越明显,摩尔定律提出的科学技术发展的时间间隔(18 个月)仍在缩短,世界进入了高速发展的时期。数字化技术、虚拟化技术的应用降低了初始资本投入规模的要求,初始资本的投入已很难成为门槛,"规模优势"不再能阻碍新的进入者,渠道不再是稀缺的资源,此时能否有效地阻碍新的进入者,保持并提高整个行业的盈利水平,要靠快速反应和不断创新。因此,建立并保持快速学习创新的能力是保持竞争地位和阻碍新的进入者进入的主要因素。

二、顾客讨价还价的能力

波特教授认为,顾客集中度低就意味着顾客控制和压低价格的能力小。在传统的工业时代,由于受信息收集方便程度和沟通手段的限制,顾客集中度很难在短期内发生改变。而在网络的虚拟市场上,个体消费者可以通过网络轻易获得有关信息,再通过网络工具联合到大量的购买者,组成虚拟的购买组织,提高顾客集中度和购买的数量,而使购买者讨价还价的权力变大。因此,人们称网络时代是买方的天下。权力大小与对信息拥有的多少和联系的方便程度成正比,当顾客能了解到更多的产品信息时,其权力将会变得很大。例如,顾客想要买汽车,他首先到汽车生产厂家的网站上了解各种型号汽车的性能和价格,当他决定了购买的产品和型号后,再通过网络工具召集相同需求的购买者,当达到一定的购买数量后,开始和汽车代理商进行讨价还价,这样大大降低了汽车代理商的利润。但是,我们要清醒地认识到,电子商务最终的目的是实现商务,它并没有改变顾客的消费心理和感受,企业可以通过产品的不断推陈出新,从差异性等方面来提高与顾客的讨价还价能力。

三、供应商的讨价还价能力

　　行业竞争结构模型认为，一个行业与其供应商的关系实际上是动态的讨价还价关系。当权力的砝码偏向供应商时，供应商的权力变大，它们就会以提高供应的价格和降低产品质量和服务来提高这个行业的利润。当供应商非常集中，或购买者必须付出高昂的代价才能获得购买信息并与供应商谈判时，供应商的讨价还价权力可以说是相当大，这时这个行业的盈利能力就会因受到供应商的压力而下降。但是在虚拟电子市场中，寻找商品和进行"货比三家"的方便程度大大提高，购买者面对众多的供应商，其众多的选择使供应商的讨价还价权力下降。购买者要求供应商降低零配件的价格，零配件生产厂家又要求原料供应商降低价格，最终将威胁转移到了原材料供应商。因此，在电子商务市场中下游企业的权力要比上游企业的权力大。上游企业必须通过提高产品的质量和差异性，实行严格的生产成本控制管理，在方便性和效率性等方面建立起自己的核心优势，从而使企业避免因讨价还价的权力下降而导致收益的下降。

四、现有企业间的竞争

　　在传统行业中，当行业内有很多企业且竞争者实力相当时，竞争就会非常激烈，且竞争的强度会增强，从而导致供应商和顾客讨价还价的权力自动上升。我国彩电行业的"价格战"正说明了这一点。因为在传统的工业经济时代，由于受信息和运输能力的限制，企业的竞争对手大多是特定地理区域内的其他企业，因此通过竞争策略占领市场从而成为该行业在此地区的领袖比较容易。然而，随着网络通信的发展和运输能力的提高，企业在广泛的市场环境和地理区域内提供产品和服务成为现实，全世界提供相同或者类似产品和服务的企业，都可能成为竞争对手。竞争的范围也由特定的地理区域成为国际化的区域，且竞争呈现动态性，竞争规则发生了质的改变。电子商务虽然改变了经营与竞争等多方面的法则，但并未改变企业生存的理由，顾客的满意及愿意购买仍是企业竞争的焦点。因此，服务竞争成为企业普遍的竞争手段。如何建立一个既符合顾客需求，又能节省时间的搜索工具，通过提供各种信息以及个性化服务来留住顾客，提升顾客的忠诚度是企业必须考虑的战略问题。战略联盟将是实现这一策略的战略性选择。在传统工业时代，企业竞争是建立在对有形资源的占有或拥有上的，而在网络时代企业竞争将有赖于对无形资源的拥有和有效使用。此时，建立并提高自己独特的核心竞争力就非常重要，企业能否保持长久的竞争优势是网络时代企业在激烈的竞争中获胜的关键。也就是说，谁掌握了顾客的需求信息并为顾客提供了满意的产品或服务，谁就会在竞争中取胜。

五、替代品的威胁

　　在传统的工业企业中，替代产品的存在常常会限制企业乃至全行业的盈利能力，因为它给产品规定了一个价格上涨的上限。例如,当铝合金门窗的价格无限制上涨时,顾客就会放弃使用铝合金门窗而选择钢门窗,当钢门窗的价格无限制上涨时,木门窗就会取代钢门窗,当木门窗的价格无限制上涨时,而塑料门窗又是它们的替代产品。可以看出,替代品的存在限制了原有产品的价格上限,从而限制了行业的潜在盈利能力。同时,替代品还能淘汰原有产品,促进产品的更新换代,晶体管的出现淘汰了真空管,集成电路又在许多功能上代替了晶体管。在传统的工业市场上,由于收集信息存在一定的难度,顾客要想搜寻功能相似的替代品需要花费的时间和人力成本都比较高,替代品的威胁还不是很大。但是在虚拟电子市场中却不是这样,由于网络提供了功能强大的搜索工具,顾客通过网络搜索工具可以轻易地找到满足需求和功能的替代品。为了避免替代品的威胁,企业必须关注顾客需求的变化,关注技术的变化及未来发展的趋势,不断增强企业的创新能力,在产品的研究与开发方面投入大量的人力和资金,为顾客提供高附加值的产品,满足顾客的独特需求,从而达到留住顾客的目的。为此,企业必须建立自己的顾客服务系统,收集和分析顾客的爱好和消费习惯,关注市场及技术发展的趋势,及时给顾客提供个性化和大众化的产品和服务。

从以上分析可以看出,传统工业时代与电子商务时代相比,企业的竞争结构和竞争重点发生了很大变化,具体如表 2-1 所示。

表 2-1 传统工业时代与电子商务时代企业竞争特点与竞争结构因素对照表

竞争因素	传统工业时代	电子商务时代
新进入者的威胁	特点:进入壁垒较高 竞争因素: • 规模经济 • 品牌/知名度 • 初始资本的投入 • 进入渠道的难度	特点:进入壁垒较低 竞争因素: • 学习能力 • 快速反应 • 品牌
顾客讨价还价的能力	特点:买方市场时,顾客讨价还价能力强 竞争因素: • 顾客的集中度 • 大宗购买 • 没有转换成本	特点:顾客转换成本低,在交易中的主动权更大 竞争因素: • 网络效应 • 定价策略 • 差异性的产品和服务
供应商讨价还价的能力	特点:供应商的讨价还价能力受产业的竞争程度影响,供应商与企业的关系相对独立 竞争因素: • 供应商的集中度 • 非标准化的产品 • 容易向下游联合	特点:供应商的讨价还价能力有所降低,与企业的关系变得密切 竞争因素: • 效率性 • 方便性

竞争因素	传统工业时代	电子商务时代
现有企业间的竞争	特点：竞争较为激烈 竞争因素： • 行业内有大量或实力相当的竞争者 • 固定成本 • 库存成本 • 产品的差异性 • 退出成本	特点：竞争激烈程度更高 竞争因素： • 先动/快速 • 方便的收集信息工具 • 信息的拥有 • 战略联盟（共享性） • 服务
替代品的威胁	特点：企业会与生产替代品的企业展开直接的竞争 竞争因素： • 价格因素 • 技术因素	特点：潜在替代品的威胁处于不断上升的状态 竞争因素： • 创新能力 • 独特性

资料来源：根据李卫宁，蓝海林. 电子商务时代的竞争结构分析[J]. 山西大学学报（哲学社会科学版），2001,24(1)整理。

第三节 电子商务运营竞争战略的制定思路

由于电子商务企业所面临的竞争环境的特殊性以及电子商务本身竞争要素的特殊性，电子商务企业在制定竞争策略时也需要用到一些不同的思路。但从另一角度来讲，由于电子商务本身是传统商务活动的电子化，是传统商务活动升级的实现；其实质依然是商务，属于服务业的范畴，是现代服务业的一个重要组成部分。因此，其竞争战略的制定思路在一定程度上可以借鉴服务竞争战略的制定思路。[①]

一、如何理解所从事的特定服务？

在制造业企业，产品这一有形实体提供了一个简单而有力的业务说明，但对电子商务企业而言，说清楚自己所销售的实体产品很容易，但要说清楚电商服务的内涵却比较困难，因为服务比较抽象。为了克服这一困难，有人建议用类比的方法，将服务类比于产品进行理解和管理。这种方法大大限制了对服务的理解和想象力，限制了服务管理的创新。例如，有的银行投入大量的资源和精力，组成所谓的"新产品开发小组"从事银行服务的开发，设计好一项服务后再交由业务部门去执行。他们没有意识到他们需要的不是开发，而是透彻理解银行服务的本质。对于服务业来说，服务内容本身的设计和如何提供这项服务，即业务流程的设计在很多情况下实际上都是不可分的。因此，要想使一项服务具有竞

---

① 刘丽文. 服务运营管理[M]. 北京：清华大学出版社，2004.

争力,首先需要理解目标顾客到底需要什么。此外,还需要注意企业所从事的服务业务的定义应该足够宽,以避免限制未来由于技术进步、消费模式改变或任何其他原因导致的业务发展的可能性。但是,反过来,服务概念也不能过宽,以致超出了企业的能力和核心竞争力。

二、如何形成竞争对手的进入障碍?

任何一家企业都希望形成并保持在市场中的强有力地位,这就需要对业务环境进行认真分析。在从事产品制造的企业里,资本往往是竞争的障碍。资本雄厚的企业可以利用生产中的规模优势,投资研究开发,形成专有技术,通过多样化产品的开发和营销,形成并巩固自己在市场中的位置。企业的这些努力都能得到令人满意的回报,因为产品是有形的,可以包装出售,而且生产和销售可以分别由不同的企业来完成。但对提供服务的企业而言,虽然规模、专有技术、多样化产品等也是企业的竞争武器,但是需要管理者认真考虑服务的特点,从服务的特殊性出发,形成竞争对手的进入障碍。

- 规模:尽管服务业存在难以形成规模经济的问题,但并不意味着没有形成规模经济的机会。在以设备为基础的服务领域,通过扩大服务能力,可以形成竞争障碍。
- 专有技术:虽然以设备为基础的服务利用专用技术形成防御竞争者的障碍比较普遍,但一些以人为基础的服务公司也在竞争中形成了有自己公司特色的专有技术,这种技术是其他公司难以效仿的。例如美国波士顿咨询公司开发了许多战略分析工具,如市场细分方法、波士顿象限法等,这些方法因为存入了波士顿公司自己的经验和专有的数据库,因此其他公司很难效仿。
- 服务多样化:以产品为主的企业可以通过生产和营销,形成一个品牌,进而成为系列产品的代名词,例如 IBM、惠普(HP)、微软等。服务公司不同,服务公司可以通过自己的努力,形成自己的声望和信誉,这种声望和信誉能有效阻碍竞争者,巩固企业自身的地位。越是提供抽象和复杂的服务,形成这种信誉的需要和潜力就越大。例如,可能在很多网店都能买到所需要的某种产品,但市场偏爱那些在该领域有声望的网店,如天猫、京东、当当等,声望、信誉已经成为其他公司进入的障碍。

三、如何实现低成本运营?

一个设计和定位良好的服务概念能为顾客提供独特的益处,从而为顾客创造价值,或比竞争对手更高的价值。但是要创造这样的独特性也需要付出更多的成本。如果企业能够在不使成本急剧升高的条件下提供这样的高价值,就意味着企业取得了很好的价值与成本的平衡,并能够取得比竞争对手更好的边际利润。换句话说,只有所得到的用货币衡量的价值远远超过创造该价值所付出的成本,才可以说价值与成本得到了很好的平衡。

因此,企业必须致力于实现低成本运营。

为了做到这一点,可以使用多种战术。一个基本途径是通过提高劳动生产率来降低运营成本。这其中,提高自动化程度是一个重要方法。购买设备替代劳动力,以更快的速度提供连续一致质量的服务,可以有效降低运营成本,例如,从 20 世纪 90 年代开始的银行业用 ATM 等设备替代劳动的例子。当服务需要人判断时,用廉价的劳动力替换昂贵的劳动力是降低运营成本的又一种途径。例如律师事务所是典型的专家服务公司,但在这样的公司里,大量的工作是日常性的,几乎不需要法律专长,这些工作就可以由刚毕业的学生或助手来做,而人力资源昂贵的专家则致力于开发竞争战略和顾客关系等工作。

价值工程是制造业普遍采用的降低运营成本的方法,这种方法研究在设计或制造过程中,引入哪些变化可以在不减少功能的前提下节省成本。服务也可以采用类似的方法,将服务分为不同的部分,以确定哪些部分是重要的,哪些部分可以去掉,再增加一些小的内容改善服务。服务业应用价值工程的困难在于不易确定服务的哪一部分对顾客购买决策最重要,尤其是以人为基础的服务,不像有形产品一样容易确定每一部分的功能和作用。

四、如何制定价格策略?

服务价格是一个比较含糊不清的概念,难以采用以成本为基础的定价法,也几乎没有比较有效的以价值为基础的定价公式,因此需要用新的思维考虑服务定价以及服务定价策略产生的经济和心理效果。

在以设备为基础的服务中,相对容易确定服务成本,但对大多数服务而言,服务单位都难以严格界定,成本的定量计算更无从谈起。

服务的价格取决于服务的价值而不是服务的成本,而价值又是由顾客和竞争决定的,因此服务的价格取决于顾客消费后所愿意支付的数额,但这种愿意支付的感觉是模糊的。也许顾客会认为白吃白喝最好,同时又难以进行比较消费,所以许多服务定价的基础是市场的承受能力。

五、采用什么样的流程进行新服务的开发和测试?

制造业企业都有专门负责开发新产品的机构,而服务业企业(尤其是以人为基础的服务)新服务开发和测试的方式与制造业企业有很大不同。开发新的服务的过程是在创造一种观念,而测试过程是推广这种观念,顾客必须被“吸引”到市场上,体验新服务,这就需要在营销上加大投入。成功导入新服务的营销成本可能很高,因为很难预测一项服务是否被市场接受,是否对顾客有吸引力。电子货币交易便是一个例子。在早期,人们拒绝这种服务,原因很复杂,包括政治、法律和经济等因素,也许最重要的是人们担心计算机系统出现故障、个人隐私权受到侵犯等,从这件事可以看到,失败不在于技术原因,技术上可以实现,但消费者拒绝了。从这个例子也可以看到,新服务的研究开发与新产品的研究开发不同,有形的产品可以通过展示给人们来进行测试,而服务却难以用这种方式进行市场测试。

第四节　一般性竞争策略在电子商务中的应用

如前所述,迈克尔·波特曾经论述了三种一般性竞争策略,即总成本领先策略、差异化策略和市场集聚策略。下面分析这三种策略在电子商务中的应用。

一、总成本领先策略

成本领先战略也被称为低成本战略,是指企业通过有效途径降低成本,从而使企业获得比竞争对手(甚至是在同行中)更持久的成本优势(而不是获取绝对可能低的成本),从而获取竞争优势的一种战略,这种战略对于那些价格敏感的顾客最为有效。

赢得总成本最低的有利地位通常要求具备较高的相对市场份额或其他优势,诸如与原材料供应方面的良好联系等,或许也可能要求产品的设计要便于制造生产,易于保持一个较宽的相关产品线以分散固定成本,以及为建立起批量而对所有主要顾客群进行服务。

总成本领先地位非常吸引人。一旦公司赢得了这样的地位,所获得的较高的边际利润又可以重新对新设备、现代设施进行投资以维护成本上的领先地位,而这种再投资往往是保持低成本状态的先决条件。

企业对于成本领先战略的实施,可以通过降低产品价格以削弱顾客朝替代品转向的欲望,即便替代品对本产业链条有较大的冲击,也会先损失成本与产品价格较高的企业,可获得一定缓冲时间。成本领先的企业,会造成潜在进入者一种压迫感,使其对于若涉足该产业,产生成本领先企业将产品价格降到无利可图水平的不利考虑。

成本战略最直接的表现就是"以更低的价格提供同样的产品"。例如,小米在 2011 年推出小米 1 手机,当时双核智能手机市场均价为 2 500～3 000 元,而小米 1 售价为 1999 元;京东商城通过技术平台的整合和先进管理技术的实施,实现了领先的低成本战略,从而实现规模的扩展,获取了竞争优势。

电子商务具有先天性的低成本优势,如初始运营投入远远小于传统企业,日常运营成本也更低(更少的人员、更少的设备设施、更少的文书工作、更低的信息处理成本等),因此成本领先策略是电商普遍采用的一种竞争策略。

二、差异化策略

差异化战略要求运营系统与其竞争特色的优势相适应,但也要注意成本因素。这种战略是通过公司所有部门的努力,使公司产品在一个或几个方面与竞争对手的产品有所不同。例如,产品特殊的功能、高超的质量、优质的服务、独特的品牌等。这种战略将增加公司在产品设计、研发等方面的投入,使产品的成本上升。但是,顾客由于对产品的偏爱而愿意接受较高的价格,这将弥补公司采用差别化战略而带来的成本上升。但在很多公司里,管理者能够把成本控制在比竞争对手低的同时,将其产品进行差别化。

电子商务最显著趋势是与消费者互动的新方式,例如 J. 彼得曼公司会用一些理念使得来到公司网站(www.jpeterman.com)的访客感受到一丝浪漫气息,这使得他的公司有别于其他竞争对手。具体来讲,电子商务差异化可以体现在:电子商务产品差异化、电子商务服务差异化、电子商务形象差异化和电子商务其他差异化。

(一) 产品差异化

产品差异化是指产品的特征、工作性能、一致性、耐用性、可靠性、易修理性、式样和设计等方面的差异。也就是说,某一企业生产的产品在质量、性能上明显优于同类产品的生产厂家,从而形成独自的市场。对于同一行业的竞争对手来说,产品的核心价值是基本相同的,所不同的是在性能和质量上,在满足顾客基本需要的情况下,为顾客提供独特的产品是差异化战略追求的目标。有人说,中国在 20 世纪 80 年代是 10 人用一种产品,90 年代是 10 人用 10 种产品,而今天是一人用 10 种产品。因此,任何企业都不能用一种产品满足 10 种需要,最好推出 10 种产品满足 10 种需要,甚至满足一种需要。企业实施差异化战略可以从以下两个方面着手。

一是特征。产品特征是指对产品基本功能给予补充的特点。大多数产品都具有不同的特征。其出发点是产品的基本功能,然后企业通过增加新的特征来推出新产品。具体可以体现在:①功能差异,在此方面实施最为成功的当数宝洁公司,以其洗发水产品来讲,消费者的购买目的无非是去头屑、柔顺、营养、护发、黑发,与其相适应,宝洁就推出相应的品牌飘柔、海飞丝、潘婷、沙宣、润妍。②技术差异,如当其他手机以硬件配置为市场主导时,OPPO 独创旋转摄像头,重新定位拍照的神奇。③文化差异,如老北京布鞋、越南拖鞋,销售对象的文化取向存在差异。④原材料差异,如五金刀具材料从 3cr13,到 4cr13,再到 5cr15mov 等。我国的饮料企业在推出新产品时也往往采用了差异化策略,如农夫山泉的"有点甜"、农夫果园的"混合"果汁及"喝前摇一摇"、康师傅的"每日 C 果汁"、汇源果汁的"真鲜橙"的特点在消费者心目中都留下了很深的印象。可见,产品特征是企业实现产品差异化极具竞争力的工具之一。

二是式样。式样是指产品给予购买者的视觉效果和感受。以海尔集团的冰箱产品为例,海尔冰箱的款式就有欧洲、亚洲和美洲三种不同风格。欧洲风格是严谨、方门、白色表现;亚洲风格以淡雅为主,用圆弧门、圆角门、彩色花纹、钢板来体现;美洲风格则突出华贵,以宽体流线造型出现。再如我国的一些饮料生产厂家摆脱了以往的旋转开启方式,改用所谓的"运动盖"直接拉起的开瓶法也获得了巨大的成功。此外,对于一般的消费者而言,工作性能、一致性的质量、耐用性、可靠性、易修理性也是寻求差异的焦点。例如,汽车由标准件组成,且易于更换部件,则该汽车易修理性就高,在顾客心中就具有一定的竞争优势。

产品差异化是企业赢取竞争优势的重要手段之一。产品差异化做好了,商品在电商市场就会有很大竞争力。在大数据时代,我们必须充分利用电子商务的优势,利用大数据的支持,收集、分析电子商务平台上商品的具体成交数据,如:商品属性成交数据、商品价格成交数据、商品成交年龄段数据、商品材质成交数据等各方面的数据,再结合自身企业的实际状况进行产品差异化战略。

(二)服务差异化

服务差异化是指企业向目标市场提供与竞争者不同的优质服务。尤其是在难以突出有形产品的差别时,竞争成功的关键常常取决于服务的数量与质量。区别服务水平的主要因素有送货、安装、用户培训、咨询、维修等。售前售后服务差异就成了对手之间的竞争利器。例如,同是一台电脑,有的保修 1 年,有的保修 3 年;同是用户培训,联想电脑、海信电脑都有免费培训学校,但培训内容各有差异。

在日益激烈的市场竞争中,服务已成为全部经营活动的出发点和归宿。如今,产品的价格和技术差别正在逐步缩小,影响消费者购买的因素除产品的质量和公司的形象外,最关键的还是服务的品质。服务能够主导产品的销售趋势,服务的最终目的是提高顾客的回头率,扩大市场占有率。而只有差异化的服务才能使企业和产品在消费者心中永远占有"一席之地"。美国国际商用计算机公司(IBM)根据计算机行业中产品的技术性能大体相同的情况分析,认为服务是用户的急需,故确定企业的经营理念是"IBM 意味着服务"。亚马逊也把自己定位为"最以客户为中心的企业"。我国的海尔集团以"为顾客提供尽善尽美的服务"作为企业的成功信条,海尔的"通过努力尽量使用户的烦恼趋于零""用户永远是对的""星级服务思想""是销售信用,不是销售产品""优质的服务是公司持续发展的基础""交付优质的服务能够为公司带来更多的销售"等服务观念,真正地把用户摆在了上帝的位置,使用户在使用海尔产品时得到了全方位的满足。自然,海尔的品牌形象在消费者心目中也越来越高。

差异化服务的本质就是创新与速度,通过不断推出创新模式,通过服务升级实现服务的差异化,而服务的差异化也不单单是形式的差异化,理念的差异化,而是在于以用户为出发点,以不断创新来满足用户需求差异化来获得客户认可,因此服务差异化的本身也是企业对市场认知度与企业战略调整的反应。

电子商务作为一种比较典型的服务业,服务差异化也是电商赢取竞争优势的重要且必不可少的手段之一。现在的电子商务服务体系基本包括:交易前的信息发布、信息搜集、信息查询等相关服务;交易中的磋商服务、订单服务、交易管理服务、支付结算服务等以及交易后的物流服务。在电子商务服务中,为进一步体现服务差异化,可在现有服务基础上进一步充实、完善服务内容,如根据客户特性与客户需求,进行购买推荐、提供物流跟踪、包裹惊喜以及建立客户关系管理体系等。

（三）形象差异化

形象差异化是指通过塑造与竞争对手不同的产品、企业和品牌形象来取得竞争优势。形象就是公众对产品和企业的看法和感受。塑造形象的工具有:名称、颜色、标识、标语、环境、活动等。以色彩来说,柯达的黄色、富士的绿色、乐凯的红色;百事可乐的蓝色、可口可乐的红色等都能够让消费者在众多的同类产品中很轻易地识别开来。再以我国的酒类产品的形象差别来讲:茅台的国宴美酒形象、剑南春的大唐盛世酒形象、泸州老窖的历史沧桑形象、金六福的福酒形象、劲酒的保健酒形象等,都各具特色。消费者在买某种酒的时候,首先想到的就是该酒的形象;在品酒的时候,品的是酒,但品出来的却是由酒的形象差异带来的不同的心灵愉悦。

在实施形象差异化时,企业一定要针对竞争对手的形象策略,以及消费者的心智而采取不同的策略。企业巧妙地实施形象差异化策略就会收到意想不到的效果。例如,为了突出自己纯天然的形象,农夫山泉在红色的瓶标上除了商品名之外,又印了一张千岛湖的风景照片,无形中彰显了其来自千岛湖的纯净特色。农夫山泉为了表现公司的形象差异化,2001年推出"一分钱"活动支持北京申奥;2002年推出"阳光工程"支持贫困地区的基础体育教育事业。通过这样的公益服务活动,农夫山泉获得了极好的社会效益,提升了品牌价值,实现了形象差异化。这些差异化策略和战略对农夫山泉今天的地位起着非常关键的作用。可以说,没有这些形象的差异化,农夫山泉就没有今天的发展。再以美的集团突破格兰仕的价格封锁而成功打入微波炉市场来讲,也是采用形象差异化策略。美的充分利用自己在公众中已存在的良好形象,采用副品牌及动物代言人(健美鸡)等策略,成功地将"美的"品牌延伸到微波炉产品上。由此可见,实施差异化策略无疑是企业区别于竞争对手,占据消费者心智,从而获取竞争优势的一件利器。

形象差异化在电子商务中的一种体现就是视觉差异化。视觉差异化的魅力在于即使忽略了品牌名称,但消费者仍能从视觉感官上明显辨识出产品或服务品牌。视觉差异化可进一步体现为产品包装差异与店铺设计差异。如"三只松鼠"坚果就将视觉差异发挥得淋漓尽致,品牌商品包装全部围绕"松鼠"进行,利用动漫视觉快速超越电子商务市场的竞争对手,成为全国网络坚果销售的领先品牌。同时,网店首页设计、商品内页设计、品牌故事设计、商品分类设计、推广图片设计、主图设计、店内松鼠的表情设计等,全部围绕"松鼠"动漫视觉进行发挥,如图2-3所示。

对于一个电子商务品牌的形成,视觉上的规划占有很大的作用,所以必须要有明确的视觉定位、明确的视觉规划,在此基础上,围绕视觉定位,对视觉规划进行详细执行。

图 2-3　"三只松鼠"的页面设计

（四）电子商务其他差异化

1. 促销差异

在当今信息传播过度的环境当中,促销手法要更具创新能力。特别是在电子商务平台当中,传统的促销手法充斥整个电子商务平台,如全场包邮、买一送一、全场五折、满就减等。企业要想在促销中赢取优势,就必须抛开传统营销方式、抛开电商平台的营销局限,敢于创新、敢于思考,形成自己的运营营销节奏。

若企业仍遵循传统的电子商务促销模式,没有任何促销差异化,那么促销的背后仍然是爆款逻辑,较难形成品牌用户忠诚度。

2. 地域差异

例如,阳江的五金刀具、老北京的布鞋等,地域优势也可作为电商差异化策略之一。

3. 推广渠道差异

传统推广以线下广告、传统媒体为主,但互联网推广却有很多方式,如竞价广告、社会化媒体、媒体网站硬广、CPS、CPM、CPC 等,根据不同行业商品与品牌的定位,找准合适自己的推广渠道,可以有效降低推广费用,提高核心竞争力。

4. 赠品差异

有很多电商品牌赠送的商品都是自主品牌的,电商品牌创立的初期,可以变换一下思路,利用其他比较有名的品牌商品作为赠品,利用其品牌效应,可以有效地增加消费者对自主品牌的记忆力与成交率。

5. 速度差异

针对一些比较特殊的商品,如单价较高的手机、健康营养的土鸡蛋,采用较快的送达方式,可以有效提高企业的核心竞争力。

除了上述差异化策略外,有人还为网络企业量身定做了 6 个差异化策略。这些策略归纳起来如表 2-2 所示。

表 2-2 网络电子商务企业的差异化策略

(1) 网站环境和氛围	(2) 将无形变为有形	(3) 建立信任
• 网站的外观和感觉对用户的亲和力 • 对企业和产品的正确描述	• 形象 • 虚拟导购 • 真实的描述	• 清楚地说明隐私政策 • 使用安全交易加密技术
(4) 高效、及时的订单处理	(5) 定价	(6) 客户关系管理
• 及时递送客户订购的东西	• 了解竞争对手的定价 • 存储潜在顾客的信息	• 客户跟踪 • 无缝沟通 • 提高关系效率

另外,特劳特和里夫金提出了简单明了的差异化策略:①做第一个进入市场的企业;②提供顾客理想中的产品特性和品质;③显示产品的领头羊地位;④利用企业印象深刻的历史和传承性;⑤支持和实现标新立异的想法;⑥将产品、服务的差异性告知客户。

三、市场集聚策略

市场集聚策略,也称专一化战略,是主攻某个特殊的顾客群、某产品线的一个细分区段或某一地区市场。正如差别化战略一样,专一化战略也可以具有许多形式。虽然低成本与差别化战略都是要在全产业范围内实现其目标,专一化战略的整体却是围绕着很好地为某一特殊目标服务这一中心建立的,它所开发推行的每一项职能化方针都要考虑这一中心思想。这一战略实施的前提思想是:公司业务的专一化能够以更高的效率、更好的效果为某一狭窄的战略对象服务,从而超过在较广阔范围内竞争的对手们。波特认为这样做的结果,是公司或者通过满足特殊对象的需要而实现了差别化,或者在为这一对象服务时实现了低成本,或者二者兼得。这样的公司可以使其盈利的潜力超过产业的普遍水平。这些优势可以保护公司抵御各种竞争力量的威胁。

对于追求集聚战略的公司而言,电子商务企业能够以较少的费用进入市场(低成本),并提供更多服务和特色产品(差异化)。

电子商务更容易使用集聚战略,小企业甚至能和较大的竞争者一样运用互联网能力。但如果企业没有完全了解目标市场的范围,可能会使他们集中在过于狭小的市场导致持久不能盈利,或追求过于广阔的市场而导致丢失了独特性,从而很容易遭受模仿者或新进入者的冲击。因此,欲进入和占领某一特定细分市场应具备如下特点:

(1) 该市场的需求与企业的特长及目标相吻合,以便企业在未来的竞争角逐中能处于有利地位;

(2) 该市场应具有一定的规模和发展潜力,给企业的进入留有一定的上升空间;

(3) 该市场的现有市场结构具备长期的内在吸引力,为企业的盈利提供充分的前提条件;

（4）目标市场能进一步促进企业新老产品的更替,实现企业扩大销售量和提高市场占有率的目的。

四、三种策略之间的关系

以上讨论了三种一般性竞争策略,并且假定一家企业只采用一种策略。但在实际运用中,许多企业同时采用三种策略。需要注意的是,不论是出于竞争的需要,还是为了迅速增长,多种策略同时并用容易导致市场不集中或失控。

例如,欧洲的一家大银行曾采用多种策略,在300多个分支机构提供285种不同的服务,在不同的层次上都存在一定的复杂度。但是,要理解所有的服务对工作人员来讲是很困难的,事实上许多工作人员都只能掌握这些服务中的一部分。对顾客而言,要了解所有这些服务也是困难的,因为银行提供从支票到复杂的财务咨询,从外汇买卖到遗嘱准备等多种服务,而且这些服务在每一个网点或分行都提供,每一种服务都有一个对顾客的顾客指南和对工作人员的操作说明,工作人员只是根据操作说明机械地提供服务,而不管对方是大企业、小企业还是个人。银行有一种成为官僚机构的倾向,银行提供的服务随着目标市场变宽而逐渐恶化,当银行不能把它的市场细分得很清楚时,问题就变得更为严重。

采用多种策略的另一个典型例子是宾馆。宾馆同时为多种顾客提供服务,这些顾客包括经常性的商务客人、旅游团客人、会议或研讨班客人、大型酒会客人、只吃饭的客人和只在酒吧消费的客人。他们往来的频度和寻求的收益不同,需要服务的复杂程度和市场组合也不同。因此,对宾馆而言,对不同顾客的服务变得复杂起来,价格也很复杂,要想对所有的顾客有吸引力而同时又不损害宾馆的整体形象是很困难的。同时,保证服务质量也很困难,每一类顾客都有不同的要求和期望,而宾馆提供服务的可变性非常有限。尽管经常性客人与会议团体客人的要求不一样,但他们得到的服务可能是一样的。

由此可见,企业有必要随着业务规模的扩大、随着市场环境的变化来重新进行市场定位,以突出竞争特色。例如,欧洲的一些银行前些年开始倾向于专业化,按支行网络分解。传统按地理划分的运营单位,现在改为按市场细分运营。有些银行明确和简化了市场定位,例如出现了富人银行、小企业银行、大企业银行、跨国企业银行等。同时,银行的服务内容也进行了重新调理,新建的现金商店(银行)提供现金、结算服务,抵押银行向顾客提供专家咨询,等等。为了保持质量,降低维持质量的复杂性,一些银行从地理区域上进行了收缩。这些措施便于吸引众多的特定顾客,减少大量的共用成本支出。

第五节　电子商务竞争的特殊策略

一、"快"字策略

"快"字策略是一种抢先控制市场的策略。其优势在于,易于形成一种商业龙卷风,迅速增强互联网企业的业务能力;易于调动企业内部的驱动力,使企业各方面的力量为抢占市场形成一种合力;易于吸引人才和争取宽松的外在市场环境;易于增强和各方对手谈判的控制力;易于调动媒体进行炒作,动摇竞争对手在同一业务领域扩展的信心。"新浪"、"网易"均曾是"快"字策略型的网站。

以"新浪"为例,抢占快车道的策略确实给它帮了大忙,使它既打出了品位又得尽了实惠。特别是具有了抗风险能力以后,又加快了全线的资本运作,迅速地进军电子商务,快捷地并购小型网站,使其迈入了快速发展的历程。

"快"字策略有优势也有弊端。首先,目标具有不可替代性,因此不好随意变动和更改,否则将丧失竞争中的有利形势和主动地位。其次,目标是暴露的,企业的决心、招法、态势、技术上的进展、访问量的多少、成交量的大小、人员的变动、机构的调整,其所有的一切,都会成为对手研究分析的重点。最后,抢先还具有冒险性。这种冒险性主要表现在较早地进行了大量的资源投入,用于竞争的成本过大,难于短期收回;当驶入快车道后,需要强大的技术和资金支持,一旦有的环节出现问题,被别人反超的可能性很大。

二、留住顾客策略

(一)"留住顾客"的特殊意义

"留住顾客"的重要性正在日益引起人们的关注,成为企业竞争策略的重要组成部分。出于市场、消费者、相关市场、成本和经营等方面的原因,留住顾客对企业十分重要。在这些因素中,市场、消费者和相关市场因素是发生在企业外部的因素,成本和经营是与企业内部相关的因素,下面分别加以说明。

1. 市场的变化

市场的许多变化使赢得新顾客的成本十分高昂。一项统计资料表明,开发一个新顾客的成本是留住一个现有顾客的3~5倍。现在消费者市场的一个重要变化是消费市场处于停滞状态。总的来看,新的消费者不像过去那样多,而每一顾客的消费又在减少,因此开发新顾客的成本越来越高。

留住顾客变得重要的第二个原因是竞争的加剧,竞争加剧的因素包括:市场上的产品或服务的差异正在变得越来越小;管制的放松使得企业在开放的市场上展开更加激烈的竞争;很多企业都可以得到市场信息,信息上的优势变得越来越小。正是因为竞争越来越激烈,许多企业都发现留住现有顾客面临着前所未有的挑战。

留住顾客变得重要的第三个原因是营销费用上升很快。尤其是大量常规的营销活动的成本上升很快。例如,电视广告成本。在广告成本增加的同时,广告的时间越来越多,新的广告媒体也在增多,消费者市场变得越来越零碎,企业将信息传递到目标客户的机会越来越少,市场营销人员越来越多地考虑有限的广告费用如何使用,以及用在哪些方面。

因此,企业有必要认真了解现有顾客的情况,形成数据库,向目标顾客做有针对性的广告。

2. 消费者的变化

当今的消费者与 20 世纪不同,他们更成熟、更有知识,能自主支配的收入增多、获取信息的来源增大,也更具有一种怀疑主义精神,因而也就更容易流失。因此,企业需要更致力于留住现有顾客,并从现有顾客的重复购买中获益。此外,消费者采购后存在一定的消费风险,消费者减少这种风险的途径之一是从同一家公司重复购买。一次满意的体验可能预示着下一次消费,甚至更大数额的消费。因此,留住"回头客"给企业带来的利益有可能更大。

3. 来自相关市场的收益

留住顾客的另外一个好处是满意的顾客进行宣传能产生积极的影响,现有的对企业满意的顾客有助于顾客信誉的形成,满意的顾客会向其朋友或家人推荐。这种"口碑"对电子商务非常重要,由于电子商务是无形的,而且有一定的购买风险。

4. 减少固定成本的需要

在电子商务中,服务成本中的固定、半固定成本较高,边际成本较低。留住现有顾客并开展新业务的成本较低,因而利润较高,值得为留住顾客投资。

5. 减少运营成本的需要

长期顾客所需要的维持成本较低,因为这些顾客对企业、员工、服务程序都很了解,因此他们的问题较少,成本较低。

(二)留不住顾客的原因分析

电子商务的顾客离开率是较高的。因此,要想留住顾客,首先需要分析为什么顾客有可能走掉。有的管理者认为,如果顾客对自己的服务满意,那么他就不会离开,就比较容易留住。但有研究表明,2/3 的离开顾客认为他们对先前的服务是比较满意的。因此需要深入分析顾客离开的原因。一般来说,有如下几种原因导致顾客离开。

(1)价格:有的顾客转向更低价格的产品或服务提供者,这类顾客最没有忠诚度。

(2)服务内涵:有的顾客转向能提供更新产品或服务的提供者。

(3)质量:由于产品或服务质量低而导致顾客离开。

(4)市场:顾客重新定位、迁址、业务失败等退出原有市场。

(5)技术:顾客在行业外寻求发展。

前 3 个原因可以说都是由竞争导致:竞争对手提供了更好的产品或服务。如果企业能够分析清楚导致顾客离开的主要原因,就可以对症下药,想办法留住顾客。

(三)留住顾客策略中的三个重要概念

要想制定和实施留住顾客策略,需要用到三个重要的营销概念:频度营销、关系营销和事后营销。

1. 频度营销

频度营销的目的在于通过扩大现有的产品或服务品种来增加现有顾客的盈利性。留住顾客策略首先起源于银行的实践,逐渐成为频度营销的重要组成部分。一般的频度营销包括收集数据组合、交流、认知和回报等过程,以与顾客建立永久的联系。

实施频度营销的第一步是收集企业最好顾客的信息,以确定与企业关系的水平。与企业关系的水平用顾客购买的产品或服务种类来衡量。例如银行顾客可以用在银行办理支票、存款账户、汽车贷款、投资和房屋按揭等业务种类的多少来划分。第二步是与顾客在个人基础上进行交流,了解顾客可能在哪些方面提出问题,顾客希望企业怎样提供满足顾客需求的服务。第三步是在交流的基础上,判断顾客的重要性,进而确定应该采取的行动。

2. 关系营销

20世纪90年代,关系营销开始引起关注。关系营销的概念可以分为两个层次:宏观层次和微观层次。在宏观层次上,关系营销认为应该注意营销对顾客市场、劳动力市场、供应市场、内部市场和关联市场的影响;在微观层次上,关系营销认为营销应该从对单笔交易的关注转向重视与现存顾客建立长久的关系。总之,关系营销是一个顾客服务、质量和营销的组合概念,它强调留住顾客、与顾客建立长久关系、顾客服务、提高对顾客的承诺、提高与顾客接触的层次、关注跨越部门界限的服务质量,以及部门内每个人的服务责任等的重要性。

3. 事后营销

事后营销是在提供服务后开展的营销活动,有时也成为留住顾客的同义语。事后营销的具体技巧包括:识别顾客并建立顾客数据库;衡量顾客的满意程度;在顾客反馈的基础上开展持续改进活动;开展对顾客反馈做出反应的正式沟通活动和在组织内部营造一个事后营销的文化等。

(四)留住顾客策略的实施工具之一——缺陷管理

留住顾客的一个重要措施是减少服务缺陷。缺陷管理起源于全面质量管理,它是一个致力于在顾客离开前留住顾客的系统工程,包括分析顾客离开的原因、运用这些信息持续改进服务提供系统、减少未来的缺陷。缺陷率的降低能够带来公司业务的成倍增长,一份研究结果表明,服务缺陷降低5%,可使利润增长25%~75%。

缺陷管理的首要步骤是把握企业的服务缺陷,分析产生缺陷的原因。如果企业能够清楚地知道服务中存在多少缺陷、产生缺陷的原因是什么,就可以对症下药,采取消除缺陷的措施。周而复始,就可以建立一种持续改进的氛围,最终在企业内部创造一种"零缺陷"文化,使公司中的每一个人都意识到零缺陷是公司的首要目标,都主动地为实现这一目标而努力。为实现这一目标,还可以采用下列管理方法。

(1)与企业内部的员工充分交流:使大家认识到零缺陷不仅对留住顾客十分重要,而且有利于改进工作绩效。企业不同层次的人员都要支持零缺陷管理,尤其是高层管理者,要言行一致。

(2)对员工进行缺陷管理的培训:包括培训员工学会收集顾客信息,为员工提供处理信息的工具,指导员工如何对产生缺陷的原因进行分析,如何提出改进措施。

(3)将员工激励方式和缺陷率挂钩:这是关键措施之一。如果企业真想减少缺陷,就应该在报酬结构中有所体现。例如一家公司将20%的奖金与留住顾客的努力挂钩,该公司留住50%的想离开的顾客。另外一家公司提供留住顾客的费用,以奖励员工为留住顾客做出努力。

(4)提高顾客离开的转换成本:例如,银行可以使顾客取消账户成为一项费时的工作。成功提高转换障碍的关键是降低进入标准,提高退出标准。

总之,缺陷管理的关键是使顾客的离开可测度和可管理,在顾客离开之前留住顾客。从顾客离开中吸取经验教训,营造零缺陷文化,最大限度地留住顾客。

(五)留住顾客策略的实施工具之二——服务承诺

留住顾客的另一个工具是服务承诺。通过提供服务承诺,可以留住顾客和巩固市场份额,还可以促使公司改进服务质量。一般来说,服务承诺可分为三种:含糊承诺、特定承诺和无条件承诺。

1. 含糊承诺

含糊承诺是企业和顾客双方达成一种默契,非书面化的口头承诺。例如,电商承诺如果顾客不满意可以退款或换货,电商致力于让顾客满意,顾客和企业在相互信任和尊重的基础上形成伙伴关系。从正面看,含糊承诺没有明确的条款规定企业应该如何做,因此企业管理者可以根据管理的需要灵活调整,不会导致企业经营失败,也不会让企业陷入自食其言的难堪境地。从负面看,含糊承诺是口头的、非书面化的,需要企业拥有良好的信誉,在多次的交易中形成很好的口碑,需要的时间比较长,而且不容易引起顾客的注意。

2. 特定承诺

特定承诺是在特定的条件下,企业承担赔偿义务,这些条件很具体,并且狭窄,不会对企业有大的损害。与无条件承诺相比,特定承诺只用于特定的阶段或特定的结果。从正面看,特定承诺最易于定量化和操作,例如,快递公司承诺隔夜送到。从负面讲,与无条件承诺相比,顾客有时会认为企业缺乏对自己能力的信心。例如,一个电商承诺如销售了假货负责赔偿,会导致顾客认为企业缺乏对自己商品的信心。

3. 无条件承诺

无条件承诺是指让顾客最大限度地满意,在出现问题时全部退赔,让顾客不付成本地解决所有问题。例如,现在很多电商提出"7 天无条件退换货"。提供无条件承诺可以使企业获得很多益处:可以使企业将注意力集中在顾客定义的"好服务"上来,而不是公司自己的定义;承诺的内容成为企业内部公开表明的一种质量目标,使员工有明确的努力目标;承诺使差的服务得到暴露,促使企业去检查自己存在的弱点并致力于改进;承诺加强了顾客的忠诚,有助于提高企业的销售额,巩固市场地位;好的承诺有助于消除不利口碑的影响;等等。另一方面,顾客也会从无条件承诺中获益,这些益处包括:顾客感觉他们得到了更大的价值;顾客觉得企业更可靠;当顾客对不同企业进行比较时,无条件承诺能成为一种有力的比较优势;承诺有助于打消顾客购买决策时的疑虑,等等。因此,好的无条件承诺有可能产生"双赢"的结局,这进一步留住了顾客。

三、挽回失败策略

尽管公司竭尽全力为顾客提供服务,但服务失败是不可完全避免的。员工服务态度不好、等待服务时间过长等都可能成为服务失败和顾客不满意的原因。因此,在服务失败发生后,采取恰当的策略挽回失败,对留住顾客、提升企业业绩非常重要。

(一)顾客对服务失败的三种可能反应

一项失败了的服务有可能导致顾客的三种反应:抱怨、退出和报复。抱怨是顾客与服务的提供者或者其他人进行交流,诉说自己的不满意。退出意味着顾客不再继续与企业交往,停止使用企业的服务。报复则是顾客认真思考后,决定采取行动损害企业及其未来的业务,例如,对企业进行有形损害,向很多有关、无关的人或组织(甚至媒介)宣传,给企业的业务带来负面影响,等等。一个遭受失败服务的顾客还有可能同时采取上述三种行为,例如顾客可能拨打电商的客服电话,怒气冲冲地大嚷一通,发誓再不到该电商购买任何东西,然后气冲冲地挂断电话,并开始在各种论坛上诉说自己对该电商的不满。

对于企业来说,顾客的第二种和第三种反应都是极为不利的,因此企业就有必要尽量诱导顾客做出第一种反应,即抱怨。但是,顾客的抱怨还可以分为帮助性抱怨和非帮助性抱怨。帮助性抱怨的目的是改变目前事情的不理想状态,例如通过沟通渠道向电商抱怨买到的商品不像描述的那么好,其目的是让服务人员换新的或退款,以改变目前的情况。研究表明,帮助性抱怨只占抱怨的一小部分。非帮助性抱怨不期望目前的状态改变,只是向别人发泄自己的感受,这种抱怨占很大比例。例如抱怨"那家电商的服务态度真糟糕"、"我真受不了那个××客服",等等,当抱怨时,并不期望条件改变。帮助性抱怨的原因很简单,抱怨者想改变不理想的状态;而非帮助性抱怨的原因则不很明显,一个可能的原因是,抱怨可使抱怨者从挫折中摆脱出来,起到"气阀"的作用,因此抱怨具有某种"出气"的机制;另一个可能的原因是,抱怨可能得到其他人的同情,也可以测试一下别人是否认可。例如抱怨者通过抱怨可以知道在同样的情况下其他人的反应,如果得到支持,自己仿佛得到了公正的评价。

（二）鼓励顾客抱怨

在电子商务环境下,当顾客对所购买的产品不满意时,有些顾客会马上抱怨并要求退换,而有些顾客会觉得抱怨、退换货手续麻烦而放弃抱怨,将就着使用该产品或直接弃之不用。但是,当顾客对服务不满意时,因为很多情况下难以"退换",因此也就不向企业提出抱怨。例如,一个优酷的付费视频不好看、客服人员不礼貌等,顾客往往不会提出退换的要求,甚至未必对企业抱怨,因为缺少抱怨的"有形证据",或觉得抱怨也无用。但是,如果顾客不抱怨,就不容易察觉服务的哪些地方有问题,应该从哪些地方着手避免服务失败。最严重的情况下,可能顾客已经永远走掉了,企业还没有察觉。从这个意义上来说,鼓励顾客抱怨对于企业是非常有好处的。而很多企业在这个问题上采取了不正确的做法。表2-3给出了一项调查所统计的关于顾客抱怨行为的数据,这些数据值得深思。

表 2-3 关于顾客抱怨行为的一些数据

- 公司主管收到一个顾客的抱怨意见,可能意味着有 19 个不满意的顾客因为时间关系而来不及抱怨;
- 顾客至少需要 12 次好的服务体验才能抵消一次差的服务体验;
- 顾客至少向 10 个人讲自己差的体验,而自己的抱怨被解决后,只会向 5 个人讲;
- 大多数公司将 95% 的时间花在确认顾客抱怨的问题上,只有 5% 的时间用于寻找顾客生气的原因;
- 企业所做的消除顾客抱怨的 50% 的努力使顾客更加不满意。

资料来源:刘丽文. 服务运营管理[M]. 北京:清华大学出版社,2004.

服务失败的后果是严重的。统计还表明,87% 的顾客在若干年后仍对不满意的服务记忆犹新。服务人员的态度对顾客的影响要大于服务本身的影响,75% 的顾客会向其他人讲述自己的不满,46% 的人承认向很多人讲述过自己的不幸遭遇,只有 53% 的顾客在离开前公开对服务提出抱怨。

以上这些数据非常值得企业深思。为了挽回服务失败,从而挽回顾客,企业应该重视顾客的抱怨,并且应该鼓励顾客积极抱怨。通过鼓励顾客抱怨,可以防止顾客离开和传播对公司的批评,可以使不满意的顾客重新变得满意,企业还有可能就此重新建立与顾客的良好关系。所以,抱怨者比不抱怨者更可能与企业保持交往,真正使企业担心的不应该是抱怨者,而是那些虽然不满意但不抱怨的顾客,他们随时可能转向企业的竞争对手。

（三）挽回失败策略的实施

对企业来讲,要实施挽回失败策略,应该从以下几个方面努力。

1. 采取具体措施鼓励抱怨行为

前面已经谈到,抱怨的顾客是少数,尤其是提出帮助性抱怨的顾客。因此企业要采取一些具体措施鼓励顾客抱怨,例如通过热线电话或在线沟通等方式建立顾客抱怨的方便渠道,经常向顾客主动征求意见,尤其是重点顾客,经常监督检查服务提供系统,等等。

2. 快速反应

服务失败后,企业反应越快,传递给顾客的信息越好,越可能成功挽回失败。研究表明,如果立刻处理顾客的抱怨,企业可以留住95%的顾客;相反,如果企业不理睬顾客的抱怨,会有50%的顾客离去。反应速度和时间是挽回失败的关键。

3. 员工培训和员工授权

希望员工能够自然拿捏挽回失败的技巧是不现实的,大多数人都不愿意立刻承认自己的错误。因此需要对员工进行培训。培训可以分为两个层次:第一个层次是培养员工的顾客意识,让员工站在顾客的立场上,体验顾客的感觉和心情;第二个层次是教会员工从管理者的角度考虑应该如何挽回失败,并学会判断和决策。要想让员工在服务失败后迅速做出挽回失败的决策,还需要给员工授权,使他们能够相机行事,并承担一定的责任。

4. 采取具体措施处理服务失败

在具体处理顾客抱怨、挽回失败时,可以根据不同情况采取一些具体的措施,常用的措施有:

折扣:企业在价格上让步,同意打折,以补偿因服务失败给顾客带来的损失和不方便。

纠正:在大多数情况下,顾客提出抱怨意见时,企业马上给予纠正即可,例如商场售出的一双鞋全是左脚,商场马上调换即可。

管理人员及时出面:在一线人员无法解决顾客提出的问题,或超越一线人员权限时,管理人员可以及时全面了解顾客意见,解决顾客所认为的服务缺陷。

超值纠正:企业不仅纠正服务缺陷,而且采用其他方式给予顾客奖励或补偿,如允诺免费软件升级等。

替换:如果顾客对过去的服务不满意,那么可以在企业提供的现有服务中选择,以替换过去的有缺陷服务。这种方法适用于那些能保留、能调换的情况。

道歉:企业向顾客以不同的方式表达歉意,口头的、书面的、私下的、公开的等均是可选的方式。

退款:企业在判明服务失败确属自己的原因后,向顾客退回收费,这也是一种比较常用的方式。

优惠卡:公司面对顾客的抱怨,许诺在以后的服务中给顾客优惠,发给顾客优惠卡作为凭证。

本 章 小 结

本章主要介绍了运营战略与电子商务运营竞争策略。首先,本章介绍了运营战略的概念、基本特征、运营竞争优势要素、运营竞争理论、运营竞争战略分类以及运营战略与企业战略的关系;然后,运用五力模型分析了电子商务运营的竞争要素,并比较了其与传统企业运营竞争要素的差异;第三,借鉴服务运营战略制定的思路,介绍了电子商务运营战略的制定思路;第四,介绍了三种一般性竞争策略,即成本领先策略、差异化策略及市场集聚策略在电子商务运营中的应用;第五,介绍了"快"字策略、留住顾客策略以及挽回失败策略等几种特殊的电子商务运营竞争策略。

思 考 题

1. 什么是运营战略? 运营竞争要素有哪些?
2. 简述运营竞争战略的分类及其特点?
3. 电子商务运营的竞争要素有哪些? 和一般企业的竞争要素有什么差异?
4. 三种一般运营竞争战略如何应用于电子商务?
5. 电子商务运营竞争有哪些特殊战略?

 **案例应用**

天猫的竞争策略

一、差异化战略

1. 只做平台

(是什么)电子商务平台是建立在 Internet 上进行商务活动的虚拟网络空间和保障商务顺利运营的管理环境;是协调、整合信息流、物资流和资金流有序、关联、高效流动的重要场所。企业、商家可充分利用电子商务平台提供的网络基础设施、支付平台、安全平台、管理平台等共享资源有效地、低成本地开展自己的商业活动。

(为什么)通过构建电子商务平台,商城不用花心思去管理各种产品的经营,而只需要做好平台服务,为商家拉来更多的顾客。从风险上讲,这一策略更保险,因为无须大量的自有周转资金,只需要依靠服务获得收入,而类似京东商城这样的则要靠差价来获得收入,必然要陷入与传统渠道、网络渠道的价格战。

(怎么做)对于消费者而言,天猫上会聚了大批的优质商家,他们提供了海量的且有品质保证的商品,相比淘宝,天猫有更加完善的购物保障体系,如果成为天猫俱乐部的成员,甚至享有退货保险。

对于商家而言,天猫为商家提供了实用的店铺体系,整合淘宝网数亿的庞大消费群体,建立用于学习提高的淘宝学院,运行便于沟通交流的社区网络,同时提供大量的软件工具帮助卖家更好地销售。

(怎么样)支撑平台的基础是海量的注册用户和巨大的销售额,做 B2B2C 平台,需要把海量用户共享给商家,吸引优质商家入驻;优质商家入驻得越多,商品种类就越齐全,那么来天猫购买商品的用户也会增多,这样就会使天猫变得更有价值,这三者相互促进,就形成了良好的循环。天猫由于有淘宝用户的支撑,注册用户自然很多,已经具备了先天的优势。

2. 注重品牌和质量

(是什么)品牌是给拥有者带来溢价、产生增值的一种无形的资产,它的载体是用以和其他竞争者的产品或劳务相区分的名称、术语、象征、记号或者设计及其组合,增值的源泉来自消费者心目中形成的关于其载体的印象。

(为什么)在当今信息高度发达的社会,电商的品牌比传统行业更重要。如果企业在激烈的竞争中不能占据前三位的市场份额,其生存空间就非常小,这也是价格战之所以一直存在的原因。电商企业一旦做出了品牌,其市场地位就会非常稳固,这也是电商行业与传统行业的重要区别。在互联网时代,品牌化已成为企业的生命线。

(怎么做)首先,"淘宝商城"更名为"天猫"(Tmall.com)。猫"挑剔环境,挑剔品质"的特点恰好就与天猫要全力打造品质之城的特点相吻合。

其次,天猫对商城中的商品不论是质量还是品牌都有非常苛刻的要求,决不允许假货的存在。天猫商城 2012 年公布了《天猫 2013 年度招商标准公告》,公告中显示,2013 年天猫将针对不同行业采取不同的招商策略,对于消费者认知集中度高的运动鞋服、大家电等行业,2013 年度将仅对持有注册商标(R)的品牌进行招商。但对于新申请注册的品牌(TM)需有半年到一年不等的市场运作时间。此外,对于化妆品、大家电、奶粉等标准化行业,天猫的招商要求则更为严格,首先商家需满足一般纳税人的资质;如果商家经营的是专营店,则申请经营品牌需提交三级以内的完整授权链条。其中部分品牌,如九阳,商家自身需持有品牌商的一级授权。

再次,推行比淘宝更为严格的惩罚措施。根据天猫最新发布的《天猫 2013 年处罚一览表》,按"一般违规"和"严重违规"两大违规类型,共分为 22 条规则,一旦商家触犯了这 22 条规则,将会受到天猫的严厉处罚,甚至被清退出天猫。

最后,天猫还推出"七天无理由退换货"和"正品保障"等特色服务,从根本上保障了买家的权益,买家无须担心买到的东西不适合或买到的东西与实际的相差太大。

(怎么样)天猫成功地给消费者更为清楚的定位和明确的称号,将天猫与淘宝的定位区分开,彻底摆脱淘宝低价及假货泛滥的形象。

3. 网站环境和氛围差异化

（是什么）所谓氛围，就是指实体店铺零售商所创造的店内环境。同样，网站为顾客的访问、搜索和购物等活动提供一种积极的环境，也能够对网站进行差异化运作。

（为什么）网站的访问者进入网站第一眼看见的就是网站的界面，一个设计良好的界面能拉近网站和访问者的距离，吸引消费者对网站的兴趣和持久的关注。网站的访问者希望网站易于打开，描述准确，能清晰地展示所提供的产品和服务，并且易于操作。如果顾客浏览主页时就喜欢上这个网站，他们很可能继续浏览其他的链接网页，并且最终付款购买。

（怎么做）在网站界面的风格上，天猫跟淘宝的橙黄色有了明显区别，采用深红色作为主色调，同时天猫首页设计得非常精致，给人第一印象就是豪华、高贵。跟淘宝有明显区别的是天猫将商品分类放到了网页的左侧，网页主体则用来展示商品及品牌商，打开网站首先看到的便是精美的图片，不会像淘宝那样全是文字。

天猫巧妙地采用了传统商场的商品布局，在主页主体分为7个楼层，第一横专卖美容珠宝；第二楼为服饰内衣；第三楼为鞋包运动；第四楼为母婴用品；第五楼为食品保健；第六楼为家电数码；第七楼为家装家饰。让浏览者进入网站时仿佛置身于大型商场之中，倍有亲切感。

同时，在买家跟卖家交流的过程中，天猫提供了阿里旺旺聊天工具，让买家和卖家可以非常自由地交流。卖家的一个"亲"字，首先就俘获了买家的心，令人不忍拒绝。

（怎么样）精美的网站界面和轻松的购物氛围，给消费者留下了非常好的第一印象，大量的顾客被吸引到天猫。如今，天猫访问者日均达到4 000万人次。

二、价格策略（折扣定价策略和差别定价策略）

（是什么）价格策略是指企业通过对顾客需求的估量和成本分析，选择一种能吸引顾客、实现市场营销组合的策略。价格策略的确定一定要以科学规律为依据，以实践经验判断为手段，在维护生产者和消费者双方经济利益的前提下，以消费者可以接受的水平为基准，根据市场变化情况，灵活反应，实现买卖双方共同决策。

（为什么）虽然现在买家做出购物选择时非价格因素变得越来越重要，但主要决定因素仍然是价格。价格始终是决定公司市场份额和盈利率的最重要因素之一。

（怎么做）天猫主要运用了折扣定价策略和差别定价策略。天猫通过折扣定价策略建立了"品牌特卖"频道。在这个"品牌特卖"频道，消费者可以购买到打折的品牌货。天猫通过差别定价策略，设立了"天猫俱乐部"，对达到不同等级的给予不同的特权，另外，消费者在天猫购买了商品并确认收货后将会得到天猫积分，积分可用于换购商品甚至兑换成现金。

（怎么样）天猫通过竞价策略培养了大批天猫的忠实客户，成交额也得到飞速增长，根据中国电子商务研究中心发布的数据，天猫2012年成交额大致为2 000亿元，假设以5%

的服务费率计算,其实际营收为 100 亿元左右。

三、促销策略(双十一)

(是什么)促销策略是市场营销组合的基本策略之一。促销策略是指企业如何通过人员推销、广告、公共关系和营业推广等各种促销方式,向消费者或用户传递产品信息,引起他们的注意和兴趣,激发他们的购买欲望和购买行为,以达到扩大销售的目的。

(为什么)随着网络的日趋普及,网购已经成为大众生活方式的一部分。商家纷纷加入电子商务的竞争之中,如何在竞争中获得优势? 网络促销成了市场赢家的有力武器。

(怎么做)对于电子商务来说,在节日期间开展促销活动是最好的促销策略。2010 年 11 月 11 日,淘宝网联合众多商家在"光棍节"这天上演了"五折"包邮活动,不少网友为了能"秒杀"到便宜货,更是彻夜蹲守。之后的每年,淘宝网以及天猫都集结大批商家在"光棍节"这天进行促销活动。

(怎么样)据中国电子商务研究中心数据显示,2012 年"光棍节"有近 300 家电商"参战",在这庞大的战场中,销售量排名前列的仍是天猫、京东商城、当当网等电商巨头,天猫更以 132 亿元销售额创造了奇迹般的纪录。

四、推广策略(阿里妈妈)

(是什么)产品推广策略是指企业把产品向市场广泛推开的策略。

(为什么)如今,电子商务网站之间的竞争越来越激烈,如何让更多的用户进入自己的网站并成为顾客就变得十分重要,而网站推广则是一种行之有效的方法。只有进行大量而且有效的网站推广,才能让更多的用户知道这个网站,从而获得更高的网站访问量,赢得更多的商机。

(怎么做)为了帮助淘宝和天猫上的商家,给他们带去更多的流量,"阿里妈妈"应运而生,在阿里妈妈平台,商家可以在上面发布商品推广信息,任何买家经过指定的推广(链接、个人网站,博客或者社区发的帖子)进入商家店铺完成购买后,就可得到由商家支付的佣金。这样一来,网站主、个人等买家得到了优惠,同时商家也卖出了更多的商品,实现了双赢。

(怎么样)通过阿里妈妈平台,众多的站长以及博客主加入了"淘宝客"的行列,在互联网上经常看见淘宝商品的广告,这使进入天猫的入口大大拓宽,已经不像是传统的那样从搜索引擎来进入了。从淘宝联盟首页的淘宝客收入排行榜即可看出,阿里妈妈平台为广大的淘宝客带来了丰厚的回报。

资料来源:http://wenku.baidu.com/view/56e7e3dff61fb7360b4c654e.html? from=search.

【案例讨论】

1. 天猫的运营竞争策略主要体现在哪些方面?

2. 查阅相关资料,比较天猫与京东、当当等的运营竞争策略差异?

Part 2

第二篇

电子商务运营系统的设计

CHAPTER 3
C 第三章

电子商务网站规划与设计

本章导读

- 电子商务系统的概念和基本组成
- 电子商务网站及其基本功能
- 电子商务网站规划的内容
- 电子商务网站建设的可行性分析
- 电子商务网站的功能设计、数据库设计和安全防护设计

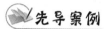 **先导案例**

亚马逊中国网站

亚马逊中国网站的使命是：提供最全的品种、最具竞争力的价格和最优质的服务，成为全球最大、客户体验最佳的中文网上商店，引领中国电子商务的发展。

亚马逊中国是一家中国 B2C 电子商务网站，前身为卓越网，被亚马逊公司收购后，成为其子公司。卓越网创立于 2000 年，为客户提供各类图书、音像、软件、玩具礼品、百货等商品。亚马逊中国总部设在北京，并成立了上海和广州分公司。至今已经成为中国网上零售的领先者。亚马逊中国是全球最大的电子商务公司亚马逊在中国的网站。致力于从低价、选品、便利三个方面为消费者打造一个可信赖的网上购物环境。

网站订购流程包括：

（1）挑选商品。

（2）放入购物车。

（3）选择特惠商品。选择特惠品，需要单击特惠品并放入购物车，确认特惠品是否出现在购物车的商品名称中。选择成功后，特惠品和订购的商品是在一起的，如订单中没有特惠品，则系统默认为放弃特惠品。

（4）进入结算中心。

（5）用户登录、注册。如果是老顾客，直接输入用户名和密码登录；如果是新顾客，输入常用的电子邮箱作为用户名，并设定密码，单击"完成"按钮。

（6）输入收货人信息。

（7）选择送货方式。

（8）提交订单。

资料来源：陈联刚等.电子商务网站建设与管理［M］.北京：北京理工大学出版社,2010.

第一节　电子商务系统与网站建设概述

一、系统与电子商务系统的定义

（一）系统

系统是由若干相互作用、相互依存的组成部分（或称部件）为实现某一目标而有机结合的一个整体。组成系统的部件也可以是一个系统，又被称为所属系统的子系统。

一般的系统模型包括输入、处理及输出三个部分，系统具有边界，边界之外称为环境。系统一般具有如下性质：

（1）目的性。每个系统都是为完成某一特定目标而组成的。

（2）集合性。系统是由称为子系统的若干部分组成的。任何系统至少要有两个或两个以上的、可以相互区别的部分组合而成。

（3）整体相关性。组成系统的各部分之间是相互联系和相互制约的，并按照一定的方式构成一个有机整体，而这种相关性是基于共同的系统目标。

（4）适应性。任一系统都是处于特定的环境之中，在多数情况下，系统与环境之间是相互影响和相互作用的（称为系统的输入和输出）。当环境发生变化时，系统也要做相应的调整以适应环境的变化，这称为系统的适应性。

（二）电子商务系统的定义

电子商务系统，广义上讲是支持商务活动的电子技术手段的集合。狭义上讲，电子商务系统则是指在 Internet 和其他网络的基础上，以实现企业电子商务活动为目标，满足企业生产、销售、服务等生产和管理的需要，支持企业对外业务协作，从运作、管理和决策等层次全面提高企业信息化水平，为企业提供商业智能的计算机系统。

二、电子商务系统的框架结构和基本组成

电子商务系统是一个复杂系统。确定这一系统的基本结构，了解这一系统内部结构及它们之间的相互关系，将有助于人们开发电子商务系统。

（一）电子商务系统的框架结构

根据前人的研究分析，可以将广义电子商务系统的一般体系框架归纳为如图 3-1 所

示的形式。

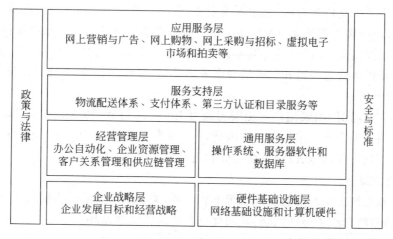

图 3-1　电子商务系统的一般体系结构

资料来源：徐天宇.电子商务系统规划与设计[M].北京：清华大学出版社,2010.

（二）电子商务系统的基本组成

电子商务系统是保证以电子商务为基础的网上交易实现的体系保证。基础电子商务系统是在 Internet 信息系统的基础上，由参与交易主体的信息化企业、信息化组织和使用 Internet 的消费者主体，提供实物配送服务和支付服务的机构，以及提供网上商务服务的电子商务服务商组成。由上述几个部分组成的电子商务系统，将受到一些市场环境的影响，这些市场环境包括经济环境、政策环境、法律环境和技术环境等。

1. Internet 信息系统

电子商务系统的基础是 Internet 信息系统，它是进行交易的平台，交易中所涉及的信息流、物流和资金流都与信息系统紧密相关。Internet 信息系统是指企业、组织和电子商务服务商，在 Internet 网络的基础上开发设计的信息系统，它可以成为企业、组织和个人消费者之间跨越时空进行信息交换的平台，在信息系统的安全和控制措施保障下，通过基于 Internet 的支付系统进行网上支付，通过基于 Internet 的物流信息系统控制物流的顺利进行，最终保证企业、组织和个人消费者之间网上交易的实现。因此，Internet 信息系统的主要作用是提供开放的、安全的和可控制的信息交换平台，它是电子商务系统的核心和基石。

2. 电子商务服务商

Internet 作为一个蕴藏巨大商机的平台，需要有一大批专业化分工者进行相互协作，为企业、组织与消费者在 Internet 上进行交易提供支持。电子商务服务商便是起着这种作用。根据服务层次和内容的不同,可以将电子商务服务商分为两大类:一类是为电子商务系统提供系统支持服务的,它主要为企业、组织和消费者在网上交易提供技术和物质基础,如 Internet 接入服务商(IAP)、Internet 服务提供商(ISP)、内容服务提供商(ICP)和应用服务系统提供商(ASP);另一类是直接提供电子商务服务的,它为企业、组织与消费者之间的交易提供沟通渠道和商务活动服务,如网上商城、电子商务交易市场等。

3. 实物配送

进行网上交易时,如果用户与消费者通过 Internet 订货、付款后不能及时送货上门,便不能实现满足消费者需求的目的。因此,一个完整的电子商务系统,如果没有有效的实物配送物流系统支撑,是难以维系交易顺利进行的。

4. 支付结算

支付结算是网上交易完整实现的很重要一环,关系到购买者是否讲信用、能否按时支付,卖者能否按时回收资金的问题,从而促进企业经营良性循环。

5. 企业、组织和消费者

企业、组织与消费者是 Internet 网上市场的交易主体,是进行网上交易的基础。

三、电子商务网站建设概述

电子商务已经是一种主要的商业运营方式,而建立网站是企业通向电子商务的第一步。同时,网络是企业进行形象宣传、产品展示推广、与客户沟通、信息互动的阵地,建立自己的网站有利于企业树立自己的网上品牌,对企业的长远发展、企业文化、企业品牌建设都有非常重要的意义。

(一)电子商务网站

电子商务网站是树立企业形象和实现现代化办公的标志,是与用户交流及沟通的窗口;是买方和卖方信息交会与传递的渠道;是企业或商家展示其产品与服务的舞台;是企业或商家体现其形象和经营战略的载体。它具有对网站进行在线管理的功能,如对产品图片和文字进行编辑、修改、删除、替换,能及时反映公司最新动态和新产品;还能收集新老客户资料,进行等级管理,实现对一些保密资料分级浏览;为方便客户在线订购,可以开辟网上咨询订购系统,让客户和在超市一样把所有产品放入购物车中进行在线订购;也可以开辟商务洽谈室,在线进行洽谈;也可以由公司设置一些主题进行网上调查;也可由访客提交一个主题来开展讨论。

对于一家企业来说,电子商务网站就是"工厂"、"公司"、"经销商";对于一个商家来说,电子商务网站就是"商店"、"商场"、"门市部";对于一个政府机构来说,电子商务网站就是"宣传窗"、"接待处"、"办公室"。

电子商务网站是在软硬件基础设施支持下,通过 Internet 相互连接起来的,为用户提供网页服务(web server)、数据传输服务(FTP server)、邮件服务(mail server)、数据库服务(database server)等多种服务的信息载体。它通常以虚拟主机或主机托管的方式进行存放和运作,网站一般拥有固定的域名。

(二) 基于 Web 的企业电子商务网站模式

目前,基于 Web 的互联网电子商务网站模式已成为主流,它主要是通过建设 Web 站点,让互联网访问者在规定的权限内获取与发送信息,实现网站交易双方的信息流、资金流、物资流的高效率流转和自动化进行,完成商业贸易活动。它具体有以下几种形式。

1. 网上商店

由企业在互联网上建立网上商店,在网上推销商品与服务并开展网络营销活动。在这种形式下,企业通过网站传达自己的经营理念、发布产品信息、树立企业形象;并提供商品在线订购和在线支付等基本功能。这种形式也就是通常所说的 B2C 网站。如果将多个网上商店集合就形成了网上购物中心,这个中心实际上是一个基于网络环境的中间商。

2. 网上拍卖平台

这种形式是参照传统的拍卖方式,卖方运用网络多媒体技术将需要拍卖的商品在网上展示与拍卖,免除了将实物商品移动到拍卖场所带来的一系列问题。买方也通过网络参与竞拍,从而实现足不出户就能完成商品的所有权的转移。在这种形式下,拍卖平台的建设者从买卖双方的交易活动及相关活动中获取利益。"淘宝网"就是网上拍卖平台的典型代表。

3. 第三方交易市场

这种形式的特点是产品供应商的网络营销活动交给第三方交易市场来完成,第三方交易市场为商品的供应商建立产品目录,提供界面和产品数量数据库。由于第三方交易市场具有明显的行业特性,商品采购商在第三方交易市场上很容易找到理想的商品与价格,并在第三方交易市场提供的各种服务下顺利、安全地完成交易。"阿里巴巴网"、"中国煤焦数字交易市场"都是这一类的网站。

4. 网上采购中心

网上采购中心是专门用来将商品与服务在网上招标与采购的网站。国家要求政府部门、事业单位或大企业采购大件商品或者贵重物品时都要根据有关规定,采用这种电子采购模式,以降低采购成本,同时使购买过程公开化、公正化和程序化。

5. 社区化电子商务

B2C 模式,还有一种不同的模式,这种模式以"篱笆网"为代表,表面上,我们可以看到篱笆网上有很多商铺,但是篱笆网不仅仅提供了商铺的平台,其价值在于给其买家——普通的用户提供了购买质量可信赖、价格更优惠的产品,而且也为普通用户提供了相互交流的场所,对于商家而言,这里具有相当数量的有明确购买需求的用户。它的出发点是帮助用户解决购买的问题,比如在装修、婚庆等购买过程中的困惑,为用户提供便利的购买方法,也许将来可以为用户提供一整套非常值得信赖的购买解决方案,而不是直接的买和卖的交易关系。

(三)电子商务网站的基本功能

1. 企业形象宣传功能

企业在电子商务网站中可通过自己的 Web 服务器、网络主页和电子邮件在全球范围内进行广告宣传,在 Internet 上宣传企业形象和发布各种商品信息,用户使用网络浏览器可以迅速找到所需的商品信息。与其他各种宣传形式相比,在网上的广告成本最为低廉,而给顾客的信息量却最为丰富。

2. 信息编辑功能

企业在电子商务网站中不仅可以用文字、图片、动画等方式宣传自己的产品,而且可以介绍自己的企业、发布企业新闻、介绍企业领导、公布公司业绩、提供售后服务、进行产品技术介绍,等等。网站上的信息更新比任何传统媒介都快,通常几分钟之内就可以做到,从而使企业在最短的时间内发布最新的消息。

3. 咨询洽谈功能

企业在电子商务网站中可借助非实时的电子邮件、新闻组和实时的讨论组了解市场和商品信息、洽谈交易事务,如有进一步需求,还可用网上的白板会议、公告板以及其他即时交流工具来交流即时信息。在网上的咨询和洽谈能超越人们面对面洽谈的限制,提供多种方便的异地交谈形式。

网上的资料 24 小时全天候地向用户开放,用户只要使用电子商务网站提供的信息搜索与查询功能,就可以在电子商务数据库中轻松而快捷地找到所需的信息。

4. 网上商品订购功能

企业的网上订购系统通常都是在商品介绍的页面上提供十分友好的订购提示信息和订购交互式表格,并可以通过导航条实现所需功能。当用户填完订购单后,系统回复确认信息单表示订购信息已收悉。

5. 网上支付功能

企业在电子商务网站中实现网上支付是电子商务交易过程中的重要环节,用户和商家之间可采用信用卡、电子钱包、电子支票和电子现金等多种电子支付方式进行网上支付。采用在网上电子支付的方式可节省交易的开销。

6. 用户信息管理功能

企业在电子商务网站中通过用户信息管理系统可以完成对网上交易活动全过程所涉及的人、财、物、信息、任务的协调和管理工作,实现个性化服务和管理。

7. 服务传递功能

企业在电子商务网站中通过服务传递系统将所有客户订购的商品尽快地传递到已订货并付款的用户手中。对于有形的商品,服务传递系统可以对本地和异地的仓库在网络中进行物流的调配并通过快递业完成商品的传送,而无形的信息产品如软件、电子读物、信息服务等则立即从电子仓库中将商品通过网上直接传递到用户端。

8. 销售业务信息管理功能

企业在电子商务网站中通过销售信息管理系统,可以及时地收集、加工处理、传递与利用相关的数据资料,并使这些信息有序而有效地流动起来,为组织内部的 ERP(企业资源计划)、DSS(决策支持系统)、MIS(管理信息系统)等管理系统提供信息支持。

该功能按照商务模式的不同,包含的内容也是有区别的,例如,分公司销售业务管理功能包括订单处理、销售额统计、价格管理、货单管理、库存管理、商品维护管理、用户反馈等;经销商销售业务管理功能应包括订单查询、处理、进货统计、应付款查询等;配送商销售业务管理功能应包括库存查询、需求处理、收货处理、出货统计等。

第二节 电子商务网站的内容规划与可行性分析

一、网站内容规划

电子商务网站的建设形象地说是在建一座楼房,在建楼房之前,需要对建楼房的目的有一个准确的定位,即所建的楼房要迎合用户的需求。在楼房开始动工之前,需要设计好楼房的图纸,确定楼房的结构及功能,之后所有的建筑工作都是在楼房图纸的指导下,严格遵守设计的要求,最终完工建成楼房,实现最初的设计。同样,网站的规划设计也贯穿于整个网站的建设过程中,起着重要的指导和定位作用,是网站建设中最重要的环节。

(一)网站目标确定

建设网站的第一步就是确立目标。不同的网站会有不同的追求和目标。企业是以盈利为目标的经济组织,企业网站首先要考虑的是企业长期的生存、发展和盈利问题。因此,电子商务网站的建设要从企业的利益出发,根据企业的情况准确地定位网站。当企业准备构建电子商务网站时,应当策划短期和长期项目,既要寻求电子商务的经济支撑点,又要考虑电子商务长期的发展规划,还应当撰写电子商务在线定位策划书,分析网络中企业现有的竞争对手,分析取胜的机会,制定相应的发展策略。

对于电子商务网站来说,通常以推销商品和服务为宗旨,以宣传企业形象和促进公司业务发展为根本,以盈利为目的。针对不同的目的,网站的功能、内容、结构等各个方面都会有所不同。因此,首先要确立网站的目标,对以后的网站建设工作起到指导作用。以下是企业网站建设的设计方案中通用的目标。

（1）结合企业的发展战略，通过网上品牌形象策划宣传，进一步提升企业形象。在体现公司品牌效应的基础上，对公司内部业务和客户公司进行有效宣传，实现整体和个体的有机结合。

（2）通过电子商务网站平台，结合企业市场战略，为企业的市场开发活动增加一个廉价且覆盖面更广的宣传平台，企业可以通过这个平台将产品更好、更快地推向客户。

（3）通过建立电子商务网站可提供一个方便的、与消费者"面对面"的交互平台。通过这个平台，企业可以以最快的速度了解顾客对产品和服务的意见、建议，从而更好地满足用户的需要。

（4）利用网站平台缩短企业与用户的洽谈周期。

（5）网站平台的应用使产品多样化、柔性生产、按订单制作成为可能。这样将大大降低企业的预测失误风险，降低企业和流通环节的成品库存和半成品库存，缩短资金回收期。

（6）网站平台可为企业的新产品开发提供更准确的信息，由于通过电子手段，可以廉价地与大量现有客户和潜在客户进行交流，这样将大大提高新产品定位的准确程度，保证新产品更符合客户的需要。

（二）市场需求分析

准确的市场需求分析是建设电子商务网站的前提，对成功地建设一个网站起着至关重要的作用，下面对需求分析的任务和方法做简要介绍。

1. 需求分析的任务

需求分析的任务是详细地调查现实中企业的业务所要面对的对象（如机构、部门、企业、消费者等），充分了解企业现行系统（人工系统或计算机系统）的工作概况，明确用户的各种需求，之后在此基础上确立新系统的功能。电子商务网站的可扩展性还要求新的系统必须充分考虑到今后系统的扩展和改良。

需求调查的中心问题就在于明确用户对系统的需求，而用户的需求一般体现在以下几个方面。

（1）信息需求

快速高效地传递信息是电子商务系统的重要特点，企业在进行需求调查时需要知道用户想要通过系统获得哪些方面的信息及这些信息的特性，通过对信息需求的分析，系统的开发人员能够制定出相应的系统信息结构、展现形式以及对数据库储存数据的具体要求。

（2）处理需求

对于处理需求的调查主要指了解用户要处理的业务有哪些，要实现的处理功能有哪些,对处理的响应时间有什么要求,所要选择的处理方式是批处理还是联机处理等。只有明确了用户的处理需求,企业才能对所要建立的电子商务系统中服务器性能的要求、建造成本有一个大概的预期,才能根据用户的要求和企业的实际建造能力,对网站能够实现的功能有一个明确定位。

（3）安全性需求

了解用户对系统可以达到的安全程度的需求,这一点同样至关重要。系统的规模、要实现的功能、系统针对的用户等方面的差异都会使其对系统安全性有不同的要求,不同的安全级别直接影响建造系统的成本。对于安全性的分析需要考虑多方面的因素,这也正是安全性需求调查的任务所在。

（4）可靠性需求

运行稳定的电子商务系统是人们进行网上交易的重要保证。电子商务不同于普通商务,交易的双方不是通过面对面的方式进行交流的,而是通过数字信息的传递来达到交流的目的。因此,对于系统抵御干扰、检查错误及纠正错误等能力的要求很高。如果系统不能及时地发现并更正出现的错误,必然会给商务活动带来损失,同时也将影响人们对电子商务的信任。

（5）完整性需求

如果遗漏了用户的某些需求细节,可能会最终导致整个需求分析,甚至整个电子商务计划的失败。而对于许多用户来说,他们对互联网应用和电子商务的了解并不是很深,很多人都不能确切地知道电子商务系统能为他们做什么,也很难确切地描述他们的需求。这就需要系统的开发人员同用户进行更深入的交流,更全面地向用户介绍电子商务系统的功能与应用特点,更加准确地应对用户的需求。

2. 需求分析的方法

要想进行需求分析,首先调查者要亲自融入用户的真实工作环境中去,获得第一手的需求数据,然后再对这些数据分析、总结,最终得出有关用户需求的结论。

（1）调查分析的具体步骤

需求调查分析的基本步骤如下:

① 调查企业现行的组织结构情况。调查者需要了解企业的各组织部门的组成情况、各个部门的职能、人员职位的设置等,为进一步了解需求确定一个大框架。

② 调查各部门的业务流程情况。针对不同的层次、部门了解业务的流转情况,其中包括各个部门需要输入和使用的业务数据有哪些,如何对这些数据进行处理,输出的数据有哪些,输出数据的格式等。

③ 明确用户的需求。与用户进行深入的探讨,针对用户的一般需求(即信息需求、处理需求、安全性需求、可靠性需求、完整性需求等)对用户进行调查,了解用户的真实需求。

④ 确定新系统的框架与功能。对以上内容调查完后,调查人员对企业的业务流程从

整体到细节会有一个明确的界定,对用户的需求也有了一个明确的了解。最后就需要确定完成这些业务和需求需要什么样的网络架构和具体的功能。

(2)调查分析的方法

在调查中,调查人员针对不同的问题和条件,会使用不同的调查办法。常用的方法有如下几种:

① 跟班作业。对于一些业务,要想真正了解用户的需求,只有亲身经历用户工作,才能够准确地体会到用户真正的工作感觉,才能够了解到他们的工作和其他工作有什么不同,有什么样的特殊需求,当然这样的调查比较消耗人力和时间。

② 开调查会。召集各单位部门的用户代表进行座谈,一起探讨了解工作流程和各自的需求。在座谈时,用户之间相互启发,达到"头脑风暴"的效果。这样的调查方式相对省时省力,但有时仅仅通过用户的描述可能得不到跟班作业那样深刻的体会。

③ 专门询问。针对调查中遇到的一些特殊问题,用户可以找到相关的人员进行单独深入的咨询,这样解决问题的方法更有针对性,更具实效。但是不可能所有的问题都找单独的人员进行交流,因为不一定可以找到最合适的人员,而且对问题的理解也可能出现偏差。

④ 调查问卷。这是调查中最常用的调查方法,选择正确的调查人群、合理准确地设立调查问题以及进行调查问卷有效性分析是这种调查方式的重点。

⑤ 查阅相关资料。查阅有关企业运营、企业现行业务流程、业务特点等相关资料,是进行调查的一种捷径,并且对企业以前的数据进行分析得出的结论对本次调查也有很高的参考价值。

(3)结构化的分析方法与设计

结构化分析方法是面向数据流进行需求分析的方法。结构化分析方法使用数据流图(DFD)和数据字典(DD)来描述。其核心思想是分解化简问题,将物理与逻辑表示分开,对系统进行数据与逻辑的抽象。结构化分析方法体现在用抽象模型的概念,按照系统内部数据传递、变换的关系,自顶向下逐层分解,直到找到可实现所有功能要求的软件为止。

结构化设计是在结构化分析的基础上完成的。结构化设计属于面向数据流的设计方法。在需求分析阶段,通过结构化分析方法解决数据流的问题。数据流是系统开发人员考虑问题的出发点和基础。数据流从系统的输入端向输出端流动,要经历一系列变换或处理。用来表现这个过程的数据流图就是软件系统的逻辑模型。结构化设计要解决的任务,就是在上述需求分析的基础上,将数据流图映射为系统的结构。换句话说,这类设计方法可以把用数据流图表示的系统逻辑模型方便地转换成系统结构的初始设计描述。

结构化设计方法的基本思想是将系统划分成一些独立的功能模块,这些模块按照一定的组织层次构造起来形成系统结构,通过自顶向下逐步细化的方法将用数据流图表示的信息转换成程序结构的设计描述。

（三）域名注册

1. 域名的概念

域名（domain name），是由一串用点分隔的名字组成的 Internet 上某一台计算机或计算机组的名称，用于在数据传输时标识计算机的电子方位（有时也指地理位置，地理上的域名，指代有行政自主权的一个地方区域）。域名可分为不同级别，包括顶级域名、二级域名、三级域名、注册域名。其中顶级域名包括国际顶级域名和国内顶级域名。

国际顶级域名，也叫国际域名，是使用最早也最广泛的域名。例如表示工商企业的.com，表示网络提供商的.net，表示非营利组织的.org 等。二是国内顶级域名，又称为国内域名，即按照国家的不同分配不同后缀，这些域名即为该国的国内顶级域名。200 多个国家和地区都按照 ISO 3166 国家代码分配了顶级域名，例如中国是.cn，美国是.us，日本是.jp 等。

2. 域名的选择

一个站点的域名是连接公司和 Internet 网址的纽带，是企业在网络上存在的标志。它担负着标示站点和导向公司站点的双重作用。域名对于在 Internet 上开展电子商务，是非常重要的，被誉为网络时代的"环球商标"。

因此一个好的域名要遵循以下两个原则：

（1）域名应该短而顺口，应该便于输入，可记忆性好。

（2）域名应该有意义，最好能符合公司的营销目标。

具体来讲，选择域名时可以考虑以下几点：

（1）可以选择单位名称的英文缩写、与企业广告语一致的英文内容、企业的产品注册商标、与企业网上定位相符合的名称等，如 haier.com、zhaopin.com、Autos.com 等。（2）可以选择简单易记，响亮上口，诙谐有趣的名称，如 dangdang.com 等。（3）显示个性的创意组合，如 ask.com 等。（4）注重拼写与拼音技巧，如纯汉语拼音 alibaba.com；纯阿拉伯数字 3721.com、163.net；英文单词或英文单词首字母组合 stockstar.com；英文单词和阿拉伯数字的组合 51job.com；英文单词和汉语拼音的组合 elong.com 等。（5）体现民族特色，如 Chinaren.com 等。（6）表达明确含义，如海外华人网 comfromchina.com。

二、网站建设的可行性分析

在创建网站之前需要对网站系统进行可行性分析，了解是否已具备研制网站系统所需要的人力、技术、资金和信息等资源及条件。

（一）可行性分析的内容

网站系统的可行性分析可以从管理、技术、经济、信息等不同的角度出发。

（1）从管理的角度出发，主要是分析人力资源和管理制度是否支持网站的开发建设工作。

（2）从技术的角度出发，主要是分析现存的技术能否满足所提出的要求。

（3）从经济的角度出发，主要是对成本和效益进行评估。

（4）从信息的角度出发，主要是分析信息源是否能为网站提供足够的有用信息。

一般情况下，可行性分析至少包括这样一些基本内容：人员的组织搭配、软硬件平台的选样、网站测试更新维护和管理的能力、网站上信息收集和处理的能力、网站的安全能力、投资效益和风险、合作伙伴的认同度等。另外，对于将要附加到网站上的每种应用，都应该从客户需求、人员组织、开发成本和效益等方面进行评估。

（二）管理可行性分析

管理可行性分析的目的是研究企业或组织是否在管理方面具有网站系统开发和运行的基础条件和环境条件。为了得出正确的结论，在管理可行性分析工作中很重要的一项工作就是进行组织结构调查与分析，其中主要有以下两个方面的内容。

1. 现有管理规范程度的调查分析

企业的信息系统（包括网站）是企业信息搜索、传递、处理和展示的系统，所以科学的管理是建立信息系统的前提。只有在合理的管理体制，完善的规章制度，稳定的生产秩序，科学的管理方法和程序，以及完善、准确的原始数据基础上，才能有效地建立信息系统。如果一家企业管理基础工作薄弱，管理水平与先进的信息处理技术手段不匹配，原始数据来源的正确性、及时性无法保证，就不可能建立一个畅通的信息系统，也无法建立一个有效运行的电子商务网站。

2. 管理人员素质及对网站认可和接受程度的分析

需要对管理人员特别是要对主要决策者的支持程度进行调查分析。网站系统的建设绝不是几个开发人员的事，会涉及组织或企业的各个部门和管理人员工作方式的变革，并由此必然涉及业务流程和组织机构的重组。这就要求部门的员工具有一定的素质并且对新的工作流程持认可和支持的态度，企业主管的认可和支持绝对是网站系统成功开发的首要条件。

（三）技术可行性分析

根据现有的技术条件，分析规划所提出的目标、要求能否达到，以及所选出的技术方案是否具有一定的先进性。信息系统技术上的可行性需要从硬件和软件的性能要求、能源及环境条件、辅助设备及配件条件方面去考虑。

1. 分析规划所提出的目标技术上能否达到

首先要考虑网站的一些技术指标问题，即从技术上分析经各方基本认可的系统目标是否能实现,并分析技术的先进性。

（1）网站的可使用性

网站必须设计得易于使用,而不只是简单的信息堆砌,这一要求直接与网站的版面设计和服务器的功能定义相关联。

① 网站要有好的导航功能。当网站的网页数目较多时,应该提供站内搜索引擎服务,便于客户方便、快捷地在站内查找所需的信息。

② 网页要有可读性。网页要结构分明,尤其是长篇的网页,可以考虑把长篇的网页分成多幅,或者提供网页之内的书签连接。

③ 网页的下载速度要快。如果网页的下载时间过长,将会令人难以忍受而离开。

④ 网站应能让用户实现专门的使用目的。

（2）网站的交互性

交互性网站是网站发展的主流趋势,网站的交互有人对机和人对人两种,网站设计应提供足够的交互渠道。

（3）网站性能及其可扩展性

网站用户是一个以几何级数膨胀的群体,如何保证在网站高性能的前提下,不断满足越来越多用户的需求,将涉及网站内部结构的规划、设计、扩展与系统维护。从网站实现的技术角度来说,网站的主要性能指标包括响应时间、处理时间、用户平均等待时间和系统输出量,另外还要考虑网站开发技术的先进性、与原系统的兼容性以及可扩展性。

2. 技术的先进性

网站系统开发既不能采用先进但不成熟、不稳定的技术,也不能采用过时的技术。信息技术发展的摩尔定律表明了变化和淘汰的快速,也许在开发之初还是主流、先进的技术,当需要实现时,该项技术已经过时。为了保证开发的系统有尽可能长的生命周期,在选用技术时一定要根据企业的实力,选择市场上比主流技术稍微超前一些、稳定可靠、性价比较高的技术和设备。

3. 技术的选择与企业原有技术或系统的衔接程度

添置硬件系统和选择电子商务技术的原则是以与企业原有技术的衔接程度和提高企业的业务能力为基准的,同时还要考虑技术对电子商务网站功能实现的可支持程度。

（四）经济可行性分析

经济可行性分析是指对将开发的项目进行投入成本估算和产出效益评估。

1. 电子商务网站建设的成本构成

电子商务网站的成本构成如图 3-2 所示。

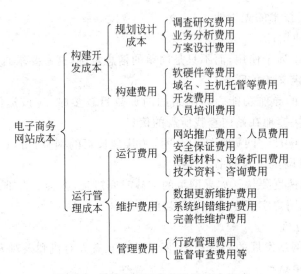

图 3-2　电子商务网站建设的成本构成

2.电子商务网站的收益分析

电子商务网站的收益是指来源于网站运营的经济收入。目前,电子商务网站的收益途径主要有以下几个方面。

（1）直接收益

直接收益是指电子商务网站运行一段时间后,所产生的明显的经济效益。与传统商业经营相比,网站的直接收益主要是通过在线销售商品、信息或服务获取的。

（2）间接收益

间接收益是电子商务网站通过其相关业务而获取的收益。由于网络是一种高效的信息发布、信息处理和交流工具,其作用渗透到社会、经济、生活的各个方面,电子商务网站对相关业务的积极影响可以视为一种收益,比如企业的宣传推介、网上采购、推销、业务推广、业务组织、经营管理等都属于间接收益。

（3）品牌收益

网站的品牌收益是电子商务兴起初期的一个热点,不少电子商务网站把知名度、点击率作为网站经营的目标。与其他收益相比,品牌收益是一种更间接的收益方式。

第三节　电子商务网站的设计

一、网站功能设计

网站的开发计划确定下来之后,就要着手开展对网站功能和网页结构及内容的设计。

（一）网站栏目规划

网页的规划与设计是设计师根据网站确定的目的和目标受众，设计出符合网站目标，迎合客户需求的网页的设计过程。对于网页的设计要遵循以下的设计原则。

1. 一致的风格

同其他类型的设计工作一样，网页的设计也要求设计人员有一种全局的思想，贯穿于整个网站，应保持统一的设计主题和风格及统一的标识。每一个网页使用相同的字体及配色方案。让浏览者在访问这个网站时，始终都可以感受到是在同一个网站上，感受到一种整体的美感。

2. 鲜明的主题

网站应针对服务对象（机构或人）的不同而具有不同的形式。有些网站只提供简洁的文本信息，有些则采用多媒体表现手法，提供华丽的图像、闪烁的灯光、复杂的页面布置，其至可以下载声音和视频。好的 Web 站点把图形表现手法和有效的组织与通信结合起来。为了做到主题鲜明突出，重点明确，需要按照客户的要求，以简单明确的语言和画面体现站点的主题，调动一切手段充分表现网站的个性和情趣，突显网站的特点。

3. 合理的结构

对于整个网站而言，合理的结构至关重要，功能不同的网页会用不同的结构，不同的服务对象也会采用不同的表现形式，将丰富的内容和多样的形式组织在一个统一的结构中，才能实现形式和内容的统一。合理的结构会使网站中不同部分的内容有着合理的分布，这样一来，既方便了许多网站人员有条不紊地完成网站的建设，又使日后的网站维护人员能很快地了解网站的结构，从而更好地实现网站的日常维护。另外，合理的结构还可以暂时不提供将来可能要使用的功能模块，而在结构中预留接口，为将来对网站系统的改进升级奠定良好的基础。

4. 色彩搭配合理

色彩搭配既是一项技术性工作，也是一项艺术性很强的工作。因此，设计者在设计网页时除了考虑网站本身的特点外，还要遵循一定的艺术规律，从而设计出色彩鲜明、性格独特的网站。它在遵从艺术规律的同时，还要考虑人的生理特点，色彩搭配一定要合理，给人一种和谐、愉快的感觉，避免采用纯度很高的单一色彩，这样容易造成视觉疲劳。不同的文化、不同的国度、不同的人群等都会对颜色有不同的选择。

5. 注重细节

对于一个网页而言，它的合理结构和良好的色彩搭配会给浏览者一种非常舒服的整体直观感受，而网页上各个部分的细节设计和它们之间的布局，则会让浏览者真正体会到设计者对浏览者的浏览习惯、喜好的把握和理解，是真正可以体现人性化设计的部分。

设计人员在对网页进行设计时，对于内容，要分清主次，找到最引人注目的部分来放置主要内容,而且要遵循网页设计的易读性和方便性原则,要知道浏览者的浏览习惯及对网站服务的具体要求,这样网站的设计者才能够设计出真正符合浏览者需求的网页。

6. 交互性原则

互联网的一大特性就是增强了处在不同地域的人们之间的沟通,它可以实现跨越时间和空间的交互。所以网页设计人员在进行网站设计时,也要注意网站的交互性。

(二)网站导航设计

作为浏览者访问网站的向导,网站导航的设计是一个页面中首先引起访问者注意的部分。为了方便浏览者的使用,使浏览者可以方便快捷地找到自己想要的内容,导航的设计是网页设计者首先要考虑的。根据网页结构和要求的不同,导航的设计和在网页中的位置都会不同。不过,在同一个网站不同的网页中导航的位置是固定的,这样的话,既方便了用户的使用,也可以让用户随时都知道自己浏览的网页在网站中的位置。网站的导航一般有以下几种形式。

1. 导航栏

导航栏是最常见的一种导航方式,最常见的是放置在页面的顶部,也有的放置在页面的底部或左边,一般是用一行多列或一列多行的表格来制作的,表格中的内容是带有超级链接的文本,这些文本链接到一个关于某类内容较为全面的详细页面,然后再通过这个详细页面中的链接转到细节页面中去。例如,图 3-3 所示是搜狐网站主页顶部的导航栏。

图 3-3　搜狐网站主页顶部的导航栏

2. 下拉菜单式导航

下拉菜单式导航,也是一种常见的导航。它可以分为可隐藏式和不可隐藏式。在可隐藏式中,当鼠标移到该菜单上面时才显示该菜单项的所有内容项,鼠标移开便隐藏起来。而不可隐藏的下拉菜单导航一般放在页面的左边,以折叠的形式出现,框架结构的页面中常用这种导航方式。例如,图 3-4 所示是水木社区的下拉菜单式导航。这样可以使浏览者根据导航逐层地找到自己想要浏览的子模块内容,而不用通过逐页的点击寻找。

3. 分类列表导航

这种导航方式常常出现在网址集锦的网站中,为了将不同种类的网站网址很好地分类,方便浏览者的检索,通常将分好类的网站链接用分类列表的形式表现出来。例如,图 3-5 所示是华军软件园软件下载的分类导航,这样的导航将内容的类别分得更加仔细,使浏览者能更加直观地找到所需要的内容。

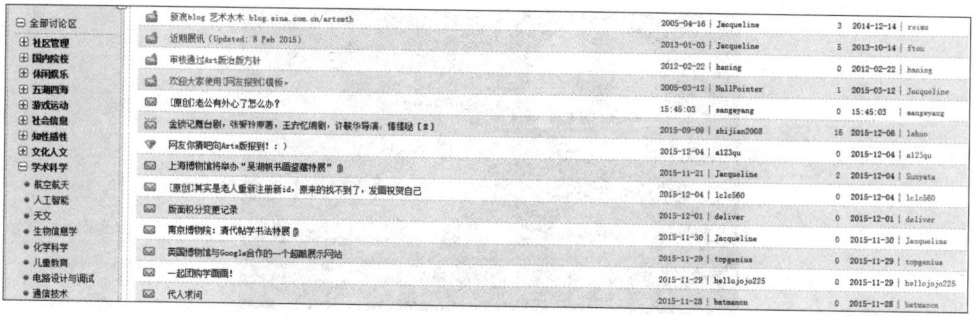

图 3-4 水木社区的下拉菜单式导航

图 3-5 华军软件园软件下载的分类导航

4. 图像或 Flash 形式导航

图像或 Flash 形式导航给浏览者更加新颖、更加生动的印象,经常出现在一些有独特风格的网站中(尤其是一些小网站),给人一种视觉上的冲击,一种新奇的感觉,激发浏览者访问的欲望。例如,图 3-6 所示是 alexarts 网站首页的导航,网站给人感觉更加生动、活泼,同时也符合青年人追逐新鲜感的性格特点。

(三)主要功能模块的设计

虽然不同的电子商务网站的功能和内容都会有所不同,但是如果作为一个网上买卖交易的电子商务网站,它的购物车和收银台的设计是必不可少的。

1. 购物车的设计

就像在超市中购物时使用的购物车一样,电子商务网站的购物车只是以电子形式出

图 3-6　alexarts 网站的导航

现在网站中，它的功能更加强大，使用更加方便。在电子商务网站上，用户可以根据自己不同的需要，轻松地检索到自己想要的商品，只要鼠标点击一下就可以将商品放入自己的购物车中，并输入自己想要的数量，如果用户不想要该商品时，只需点击"删除"按钮即可。商品的价格也会在用户选择后由网站自动给出。在用户将所有需要的商品选购完，并选择好发货的方式后，就可以单击"结账"按钮，进入收银台。

图 3-7 所示是当当网提供的购物车界面，基本上满足了上面所提到的特点，方便了用户的购物和对商品的选择。

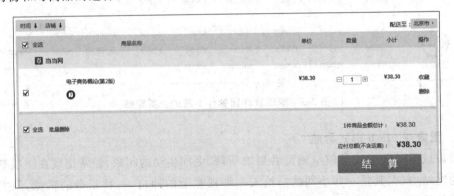

图 3-7　当当网提供的购物车界面

2. 收银台的设计

客户进入收银台后，网站会根据折扣、税率、运费等必要的计算给出客户要支付的总价款。之后客户需要选择付款的方式，网站上要尽可能地提供多种付款方式来满足不同客户的需求，并且根据不同的商品也会有不同的支付方式。例如，图 3-8 所示是当当网结算页面的一部分，它的页面上还包括对运输方式、支付方式的选择和相应的费用等。

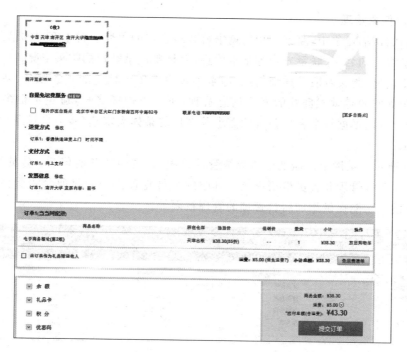

图 3-8 当当网结算页面

（四）后台管理的设计

网站后台的管理能力直接关系到网站的正常运行和网站真正价值的体现。对于一个普通的企业网站而言，后台一般要实现对商品信息、客户信息、订单信息等诸多与交易相关的信息的管理。

1. 商品信息管理

对于大量的商品，网站要进行合理的归类和统一的编号，这样不仅方便商家对商品的管理和客户对商品的检索，而且让网站显得井井有条。而对于商品的信息，网站要尽可能详细而生动地展现在客户面前，使客户可以全面地了解商品的真实性能，更好地选择适合自己的商品。而对于后台的商品信息管理，不但要实现商品信息的登记、发布、浏览、查询等功能，而且要对商品卖出的时间、数量、客户、运输和支付方式及买进的时间、数量等各种与商品交易相关的数据进行全面的统计，形成统计报表和图表，为商家的经营策略提供数据支持。

例如，在一个进行服装交易的商务网站上，商品信息管理可能会包括：添加商品、管理商品、属性管理、类别管理、品牌设置、材质管理、单位管理、供货商添加、供货商管理、商品评论管理、缺货商品管理、下架商品管理等。

2. 客户信息管理

在激烈的市场竞争中,商家之间的竞争就是对客户的争夺。对于客户的信息管理,不仅仅是记录客户的名字、联系方式等基本信息,而且要记录客户的购买情况、需求情况、同商家的交流情况、购买习惯等详细信息,用来为客户提供个性化的满意服务,使客户感受到一种宾至如归的感觉。良好的客户信息管理,不仅方便了客户,避免了很多重复的手续,而且企业可以根据每个客户独特的需求及客户的整体需求趋势,为自身经营策略的制定提供帮助。

图 3-9 所示是某网上商城的会员等级管理界面,其主要的功能包括:会员管理、管理员设置、会员等级管理和会员申请审核。其中的会员管理指的是对前台注册会员进行管理,管理员设置功能提供添加后台管理的管理权限等。

图 3-9 网上商城会员登记管理界面

3. 订单信息管理

由客户向商家发出订单,商家结合其自身的库存情况,根据客户的订单,再向车间及仓库部门发出提货的要求。所以订单信息管理的合理性直接影响到交易能否顺利进行,它需要同商家的库存信息进行连接,还需要提供订单的查询功能了解订单的执行情况。对于执行过的订单数据的各项信息进行统计,根据最终的统计结果,得出相应的结论,发现客户订单的规律,为今后库存储备和生产预期的制定提供依据。

二、数据库设计

各种应用程序处理的原始数据,大部分都来自 Web 数据库中,并且应用程序处理完的数据也被储存在 Web 数据库中。数据库管理系统是指以结构化方式储存信息的软件。数据库的结构使数据库管理系统可以很容易地检索数据库中所存储的信息。

(一)数据库系统选择

小型的电子商务网站通常使用 Access 这类廉价的数据库。而大型的网站则选择 IBM DB2、Microsoft SQL Server 或 Oracle 这类昂贵的数据库管理系统。企业需要根据自身电子商务网站的特点来选择适合本企业的数据库系统。

（二）分布式数据库系统

在各地都有经营活动的大型企业需要为各地的员工提供数据,在各地储存相同信息的大型信息系统所使用的数据库称为分布式数据库系统。分布式数据库系统是由若干个站集合而成的。这些站又被称为节点,它们通过通信网络连接在一起,每个节点都是一个独立的数据库系统,它们都拥有各自的数据库、中央处理机和终端,以及各自的局部数据库管理系统。因此,分布式数据库系统可以看作一系列集中式数据库系统的联合。它们在逻辑上属于同一系统,但在物理上是分布式的。这些系统的复杂性导致系统的费用开销增加。

三、网站的安全防护设计

安全问题是电子商务网站,乃至涉及计算机网络的所有领域都一直关注的问题。网站安全防护就是保护网站内部的资源不被未经授权地访问、使用、篡改或破坏。

企业关心的主要有两大类的安全:物理安全和逻辑安全。物理安全是指可触及的保护设备,如警铃、保卫、防火门、保险箱等。使用非物理手段对资产进行保护称为逻辑安全。安全专家通常把属于逻辑安全的网站安全防护分成三类,即保密、完整和即需。保密是指防止未经授权的数据获取并确保数据源的可靠性;完整是防止未经授权的数据修改;即需是防止延迟或拒绝服务。因此,在进行电子商务网站建设的安全防护设计时,需要充分考虑到这几个方面的安全问题。

具体而言,网站安全防护的内容包括:

（1）网站实体安全。保护计算机设备、设施(含网络)以及其他媒体免遭地震、水灾、火灾、有害气体和其他环境事故(如电磁污染等)的破坏。

（2）系统运行安全。为保障系统功能的安全实现,提供一套安全措施来保护信息处理过程的安全。具体包括风险分析、审计跟踪、备份与恢复、应急措施四个方面。

（3）信息安全。防止信息财产被故意地或偶然地非授权泄露、更改、破坏或使信息被非法的系统辨识、控制,即信息安全要确保信息的保密性、完整性、认证性、可控性和不可否认性(基本特征)。信息安全包括:操作系统安全、数据库安全、网络安全、病毒防护安全、访问控制安全、加密和鉴别等。

本 章 小 结

电子商务网站是电子商务运营的基础设施。在对电子商务系统的定义及基本组成进行简要介绍的基础上,本章首先对电子商务网站的模式以及电子商务网站的功能进行了介绍;然后,对如何进行电子商务网站的内容规划以及网站建设可行性分析的内容进行了介绍;最后,从网站功能设计、数据库设计以及安全防护设计三个方面对电子商务网站的设计进行了简要说明。

思 考 题

1. 什么是电子商务系统?电子商务系统的基本组成有哪些?
2. 电子商务网站的基本功能有哪些?
3. 如何进行电子商务网站规划?
4. 如何进行电子商务网站建设的可行性分析?
5. 电子商务网站功能设计包括哪些内容?

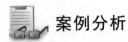 案例分析

淘宝电子商务网站

一、淘宝网介绍

淘宝网是亚太地区较大的网络零售商圈,由阿里巴巴集团在 2003 年 5 月创立。截至 2014 年年底,淘宝网拥有注册会员近 5 亿人,日活跃用户超过 1.2 亿人,在线商品数量达到 10 亿件,在 C2C 市场,淘宝网占 95.1% 的市场份额。淘宝网在手机端的发展势头迅猛,据易观 2014 年发布的手机购物报告数字,手机淘宝＋天猫的市场份额达到 85.1%。随着淘宝网规模的扩大和用户数量的增加,淘宝已从单一的 C2C 网络集市变成了包括 C2C、分销、拍卖、直供、众筹、定制等多种电子商务模式在内的综合性零售商圈。

二、主要产品

1. 阿里旺旺

阿里旺旺,一种即时通信软件,供网上注册的用户之间通信,阿里旺旺是淘宝网官方推荐的沟通工具。淘宝网同时支持用户以网站聊天室的形式通信,淘宝网交易认可淘宝旺旺交易聊天内容保存为电子证据。

2. 淘宝店铺

淘宝店铺是指所有淘宝卖家在淘宝所使用的旺铺或者店铺,淘宝旺铺是相对普通店铺而诞生的,每个在淘宝新开店的都是系统默认产生的店铺界面,就是常说的普通店铺。而淘宝旺铺(个性化店铺)服务是由淘宝提供给淘宝卖家,允许卖家使用淘宝提供的计算机和网络技术,实现区别于淘宝一般店铺展现形式的个性化店铺页面展现功能的服务。

3. 淘宝指数

淘宝指数是一款基于淘宝的免费数据查询平台,可通过输入关键词搜索的方式,查看

淘宝市场搜索热点、成交走势、定位消费人群在细分市场的趋势变化的工具。

4. 快乐淘宝

2009 年 12 月,淘宝和湖南卫视合作组建"快乐淘宝"公司,联手拓展电视网购新市场,不仅于 2010 年 4 月在湖南卫视推出"快乐淘宝"节目,还在淘宝网上开辟"快乐淘宝"子频道专区和外部独立网站,创建电子商务结合电视传媒的全新商业模式。

5. 淘宝基金

2013 年 11 月 1 日中午,淘宝基金理财频道上线,泰达瑞利、国泰、鹏华、富国等多只基金也将成为首批上线的基金淘宝店。

6. 淘点点

淘宝推出"淘点点",希望重新定义"吃"。2013 年 12 月 20 日,淘宝宣布正式推出移动餐饮服务平台——淘点点。用手机下载"淘点点"体验发现,只需进入外卖频道,就可以方便地搜索到附近的盒饭、水果、饮料、蛋糕等外卖信息。通过淘点点,消费者可以随时随地自助下单、付款,留下送货地址和电话,十几分钟后,外卖商户就把新鲜出炉的美食送上门。

三、网站特色

1. 网站质量

- 网站界面设计。淘宝网不断地改进和创新,使得网站的画面更加简洁。
- 客服中心。一旦用户有什么不明白的问题,就可以到客服中心的页面下寻求解决,客服中心包括:帮助中心、淘友互助吧、淘宝大学和买/卖安全四大板块。
- 虚拟社区。淘宝的虚拟社区建立的成功,促进了消费者的信任。虚拟社区下设建议厅、询问处、支付宝学堂、淘宝里的故事、经验畅谈居等板块。

2. 信用体系

- 淘宝网的实名认证。一旦淘宝发现用户注册资料中主要内容是虚假的,淘宝可以随时终止与该用户的服务协议。
- 利用网络信息共享优势,建立公开透明的信用评价系统。淘宝网的信用评价系统的基本原则是:成功交易一笔买卖,双方对对方做一次信用评价。

3. 交易平台

为了解决 C2C 网站支付的难题,淘宝打造了"支付宝服务"技术平台。它是由浙江支付宝网络科技有限公司与公安部门联合推出的一项身份识别服务。支付宝的推出,解决了买家对于先付钱而得不到所购买的产品或得到的是与卖家在网上的声明不一致的劣质产品的担忧;同时也解决了卖家对于先发货而得不到钱的担忧。

4. 安全制度

淘宝网也注重诚信安全方面的建设,引入了实名认证制,并区分了个人用户与商家用户认证,两种认证需要提交的资料不一样,个人用户认证只需提供身份证明,商家认证还需提供营业执照,一个人不能同时申请两种认证。

5. 网店过户

"网店过户"线上入口 2013 年 7 月 24 日正式开放,这意味着将来网店经营者只要满足一些必要条件,即可向平台提出"过户"申请;过户后网店信誉保持不变,所有经营性的行为都会统一被保留。同时,淘宝对店铺过户双方也有一定约束,如原店铺参加签署的各类服务协议,过户后一并承接。

6. 免费优势

淘宝网从 2003 年 7 月成功推出之时,就以 3 年"免费"牌迅速打开中国 C2C 市场,并在短短 3 年的时间内,替代 eBay(易趣)登上中国 C2C 老大的交椅。2005 年 10 月 19 日,阿里巴巴宣布"淘宝网将再继续免费 3 年"。2008 年 10 月 8 日,淘宝在新闻发布会上宣布继续免费。

资料来源:作者根据有关资料整理。

【案例讨论】

1. 结合上述案例及现实情况,讨论电子商务网站规划与设计的内容、目的、意义。

2. 淘宝网在网站设计方面有哪些独特的地方?

C HAPTER 4
第四章
电子商务物流配送网络设计

本章导读

- 电子商务物流网络的概念与结构模式
- 物流网络节点选址的原则与影响因素
- 物流网络节点选址的方法
- 常用物流节点选址模型

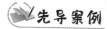 先导案例

刘强东剖析京东物流

"三通一达"[①]也好,顺丰也好,它追求的是如何让货物快速流动,就是怎么把一件货从北京发到上海去,又快还要便宜,"三通一达"物流设计的时候就是这样,它的模式是每个点都在收货,每个点都在送货,所以导致网络非常的复杂,而京东的物流模式非常简单,我们就是从仓储送到消费者家里,我们点和点之间,上海的配送站和北京的配送站,没有一毛钱的关系,上海这个配送站永远不会收一件货送到北京的配送站,而"三通一达"和顺丰很多站之间都是相关联的。

而且我们是仓配一体化,我们建的仓库越来越多,货物离我们消费者越来越近,导致我们的货物移动的距离越来越短,所以速度越来越快,成本也越来越低,因此是一个正向循环,规模越大,物流越明显。

拿几个数字跟大家分享,我们公布了一个季度的公司的财报,可以发现京东商城的物流成本占我们销售收入是 5.8%,去年、前年和今年一季度,都差不多,5%~6%,有人说你说这个到底有什么价值,没听明白。

给大家举个形象的例子,传统商贸流通行业或者快递公司的运作流程是:联想库控员把产品分到库房,然后给中关村或者上海太平洋电脑城供货,商家经常炒来炒去,今天搬到这里,明天搬到那里,每件物品从出工厂大门到终端用户手里,每件物品平均搬运至少 5 次以上。

---

① 指我国经营范围较广的申通、圆通、中通与韵达快递公司。

按照传统商贸流通规律，根据我们的估算平均搬运达到8次以上，这就是为什么物流成本这么高。转手五六次能赚大钱吗？其实也没多少。所以整个物流行业，所有的参与者没有多少的获益，每个人都是苦哈哈的。

再用一句话，京东物流设计核心是为减少物品流动，我们希望从工厂里生产出来，甚至还没有生产的时候，我们就告诉你，给京东我们36个城市有86个库房，告诉你给我们每个库房发多少货，从工厂拉到我80多个库房去了，第二次搬运就是从库房搬到消费者家里去，再没有什么代理商、经销商，没有从这个库房搬到那个库房，每次搬运都是有成本的，每次搬运都是有损耗的，而且都是需要时间的，正是因为我们搬运次数少，所以成本很低，因为我们直接到达终端消费者手中去，所以我们运营效率也很高。

给大家举个例子，根据我们公开的财报，去年我们库存周转天数是32天，这是什么水平呢？

我们跟友商进行比较，他们也是上市公司，他们库存周转天数是70～90天，我们只有32天，大家别忘了，管理的难度是不一样的，他们做70～90天的时候只管了1万种SKU（产品库存），而京东管理的SKU数超过200万种。他们平均账期是140多天，意味着140多天才能拿到钱，资金1年只能周转两次。而京东商城去年我们账期只有39天。39天意味着什么？意味着它的现金一年周转次数可以达到十来次，整个行业效率就起来了。

再看我们运营费用率10.3%，如果抛除日用百货这些低端产品（因为它的费率一定很高），可能基本上在15%～20%，还有技术带来的成本，如果把这些撇开的话，我们全年综合运营成本率大概只有8%左右。

这是什么概念？中国现在两大家电商场，现在费用率是16%～17%，我们只有8%，也就是我们比它低了50%，我们如何做到低价，如果用利润换低价的话，这个商业模式一定是可持续的，所以如何做到低价，京东十多年来追求的是降低自己的成本。

说白了同样卖一件东西，你17块钱成本，我只有8块钱成本，我们还是要转换消费者习惯，但只有在中国能够让无数网民在网上买大家电，其实整个中国消费者行业创造了连发达国家都没有的商业模式。

我讲了这么半天只是要告诉大家，一家公司为什么会亏损，你会有质疑，有时候虽然会害怕失败恐惧，但是终究还能够坚持，最后会发现低价是来自成本控制，现金流来自效率更高。

所以第二次总结一遍，我们追求的是减少物品的流动，这是京东商城设计物流的一个核心的诉求点。物流设计的不同导致给社会创造不同的价值，更多将来的快递公司，个人物品，私人物品，或者搬家等，还有巨大价值，这是真正的商业。

最后我建议一定要通过这种仓配一体化的方式，让货物离消费者更近，降低搬运次数，提升这个产业链效率，才能真正让行业走上成功。

资料来源：节选自京东CEO刘强东在2014年中欧商学院20周年校庆特别活动"大师课堂"上的演讲。

物流配送是完成电子商务完整交易过程的一个重要环节,它是实现整个交易过程的最终保证。可以说,没有真正意义的物流配送网络支持,就没有真正意义的电子商务。

第一节　电子商务物流网络概述

一、物流网络的概念

物流是由多个运动和相对停顿的过程组成的。一般情况下,两种不同形式的运动过程或相同形式的两次运动过程中间都有暂时的停顿。物流过程便是由这种运动—停顿—运动—停顿……所组成。运动的过程是运输,在线路上进行;停顿的场所是各级存储点,如物流中心、配送中心、仓库等。

物流系统网络就是由执行运动使命的线路和执行停顿使命的节点所组成的空间网络结构。它是物流活动的载体,是货物从供应地到需求地的整个流通渠道的结构,包括物流节点的类型、数量和位置,节点所服务的相应客户群体,节点的连接方式以及货物在节点之间空间转移的运输方式等。

各种运输方式与节点相互联系、相互匹配,通过不同的连接方式与结构组成,形成不同的物流系统网络。物流系统网络辐射能力的大小、功能的强弱、结构的合理与否直接取决于网络中的线路和节点这两种基本要素的性能及其配置方式。

图 4-1 所示为产品流动网络示意图。物流系统网络分析的关键就是确定产品从供应点到需求点之间移动的基本结构框架,其框架内容包括决定使用什么样的设施,设施的数量、位置、规模,分配给各个设施的产品和客户,设施之间使用什么样的运输服务,如何进行服务等内容。

二、物流网络的结构模式

不同的物流系统因功能目标不同,需要有不同的物流网络结构。从总体上来看,目前常见的网络结构有如下几种。

(一)直送网络结构模式

在直送物流网络结构模式中,所有货物都直接从供应地送达货物需求地,如图 4-2 所示。

在直送模式下,每一次运输的线路是指定的,管理人员只需决定运输的数量并选择运输方式。要进行这样的决策,管理人员必须在运输费用和库存费用之间进行权衡。

直送网络的主要优势在于环节少,无须中转节点,减少物流枢纽节点的建设运营成本,而且在操作和协调上简单易行,效率可能比较高。由于这种运输的规划是局部的,一

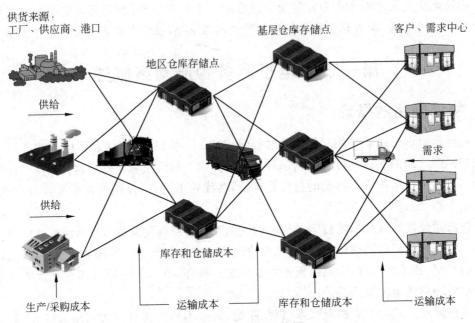

图 4-1　产品流动网络图

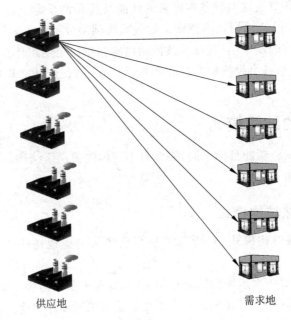

图 4-2　直送网络结构模式

次运输决策不影响别的货物的运输,同时,由于每次货物的运输都是直接的,因此,总的来说,从供应地到需求地的运输时间较短。

如果需求地的需求足够大,每次运输的规模都与整车的最大装载量相接近,那么,直送网络还是行之有效的。但如果各个需求地的运输需求量过小,没有达到满载的话,直送网络的成本会过高。

(二)具有"送奶线路"(milk run)的直送网络结构模式

这种结构模式是通过一辆卡车(或者其他运输工具)一次把一个供应地的货物直接向多个需求地运送,或者把多个供应地的货物装载到一辆卡车(或者其他运输工具)上直接运送到需求地,如图 4-3 所示。在这种结构模式下,管理者必须对每条"送奶路线"进行规划。

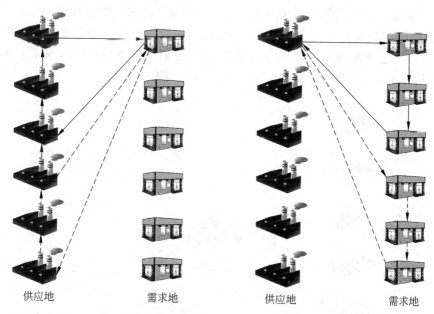

供应地　　　　　需求地　　　　　供应地　　　　　需求地

图 4-3　具有"送奶路线"的直送网络结构模式

具有"送奶路线"的直送模式的优点是:由于可以通过将多个供应商或客户的货物装载在一辆车上进行运输,从而更好地利用车辆的装载能力,可有效降低运输成本;同时又具有无须中转仓库的好处。如果有规律地进行经常性、小规模的运送,而且多个供应商或客户在空间上非常接近,"送奶路线"可显著降低运输成本。例如,丰田公司利用"送奶路线"来维持其在美国和日本的 JIT 制造系统。

（三）通过配送中心中转的物流网络结构模式

在这种网络结构模式中，供应地的货物不是直接运送到需求地，而是先运送到配送中心中转后，再运到需求地。如图 4-4 所示。

这种物流网络模式中，其核心集中表现在：收集（collection）、交换（exchange）和发送（delivery），简称 CED 模式。配送中心是供应地与需求地之间运输的中间环节，它发挥货物存储保管与分拣，以及各种运输方式转换与货物的交换两种不同的作用。利用这些特点，配送中心有利于整个物流网络的成本节约。

如果运输的规模经济要求大批量进货，而需求地的需求量又偏小，那么，配送中心就保有这些库存，并为需求地的库存更新进行小批量送货。如果需求地的需求规模较大，配送中心就没有必要为需求地保有库存了，这时可采用越库配送（也称直接转运，cross docking）方式进行货物配送。所谓越库配送是一项使产品组合顺利进行的作业。在作业中，来自不同供货商的产品聚集到流通仓库，但这些货物并不是储存起来供以后进行分拣，而是直接穿过仓库，载入正在等待的货车，然后送给特定的顾客，即货物到达时不进入储存阶段而是直接（或经交叉理货）从入库站台运往出库站台发运。

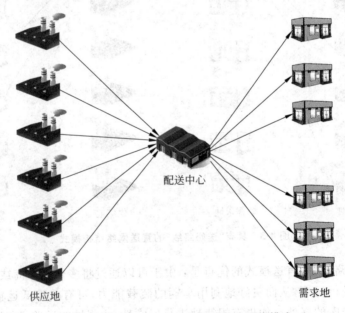

图 4-4　经配送中心中转的物流网络结构模式

越库配送的优势在于无须库存，并加快了物流网络中产品的流通速度。同时越库配送也减少了物流处理成本，因为货物不需要在仓库中搬进搬出。沃尔玛成功运用越库配送提高了物流效率。

（四）配送中心＋"送奶路线"的物流网络结构模式

如果通过配送中心送货，而每个需求地的需求规模又较小，这时可采用配送中心＋"送奶路线"的模式来综合利用配送中心中转和"送奶路线"两种模式的优势，如图 4-5 所示。

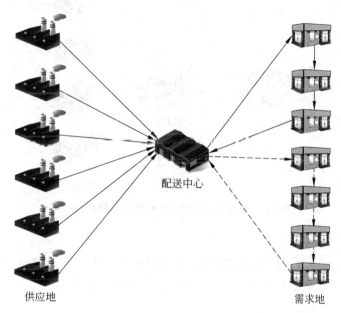

配送中心

供应地

需求地

图 4-5　配送中心＋"送奶路线"网络结构模式

（五）物流中心＋配送中心的物流网络结构模式

这种网络结构模式是由通过配送中心中转的物流结构模式演变而来的，即 LD＋CED 模式（logistics center ＋ distribution center），如图 4-6 所示。

"物流中心＋配送中心"模式通过枢纽节点进行货物运送，实现物流规模化处理，降低物流总成本。这种物流网络结构模式广泛存在于一些范围较大的经济区域内，一些大型企业的销售网络也是通过这种模式实现。

（六）轴辐式物流结构模式

区别于前面几种网络结构模式，轴辐式（hub-and-spoke）网络结构是一种通过中转实现双向运输的网络结构。这类网络在现实中有着广泛的应用，如航空运输、第三方物

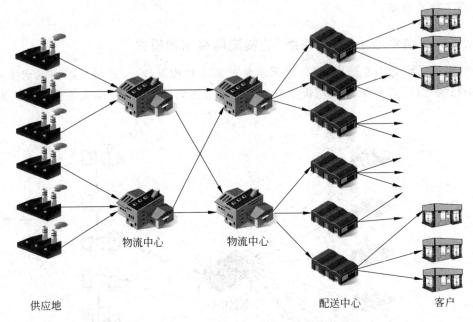

图 4-6　物流中心＋配送中心物流网络结构模式

流等。

　　这类网络由一些节点组成,每对节点之间双向都具有一定运输量,形成两条 OD 流 (origin destination,即从起点到终点的运输流),如图 4-7 所示。

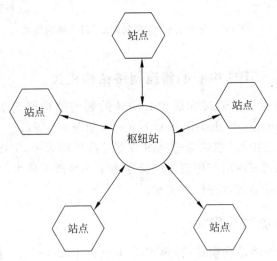

图 4-7　轴辐式物流网络结构模式

轴辐式网络结构模式有多种表现形式。

1. 单一枢纽站纯轴辐式网络结构模式

单一枢纽站纯轴辐式网络是由一个枢纽站点和若干站点（depots）组成。其中这些站点与枢纽站点相连，覆盖了由相关集货和递送点组成的区域。站与站之间的货物必须经由枢纽点才能实现。单一枢纽站纯轴辐式网络结构模式如图4-8所示。

单一枢纽纯轴辐式网络的辐射能力较弱，辐射范围小，一般适用于区域性运输服务网络。

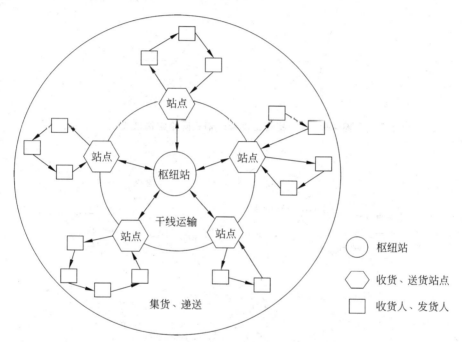

图4-8 单一枢纽站纯轴辐式网络结构模式

2. 单一枢纽站复合轴辐式网络结构模式

在这种网络结构模式中，货物的运输也可以直接由发送站点运送至收货站点，而不通过枢纽站点的转运。当发送到收货站点的货物是整车时，这种模式可有效缩短运输时间，降低运输成本。单一枢纽站复合轴辐式网络结构模式如图4-9所示。

3. 多枢纽站单一分派轴辐式网络结构模式

在这种模式中，会存在多个枢纽站，但收发货站与纯轴辐式一样，也必须唯一地与一个枢纽站相连，所有收、发的货物，也都必须经由对应的枢纽站进行。多枢纽站单一分派轴辐式网络结构模式如图4-10所示。

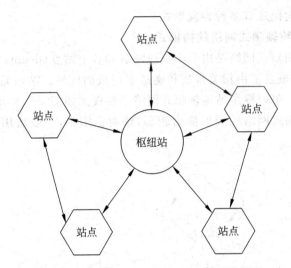

图 4-9　单一枢纽站复合轴辐式网络结构模式

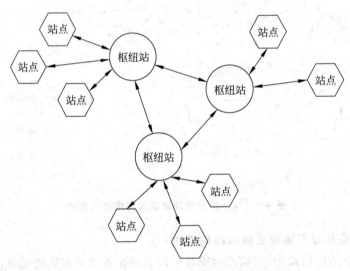

图 4-10　多枢纽站单一分派轴辐式网络结构模式

4. 多枢纽站多分派轴辐式网络结构模式

这种网络结构模式允许收发货站点与多个枢纽站相连,收发货站点可以根据实际情况选择与其相连接的枢纽站,从而提高整个网络的运行效率,缩短运输时间,降低物流成本。如图 4-11 所示。

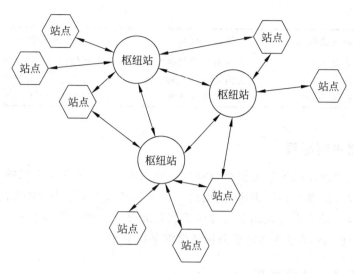

图 4-11　多枢纽站多分派轴辐式网络结构模式

三、物流网络分析与设计的原理

物流网络是一种复杂网络,规模庞大,结构复杂,目标众多,动态多变,跨越时空及众多行业,既要满足社会需求、节能环保,又要经济合理、节约物流总成本,这些都对物流网络分析与设计提出了新的挑战。为了在分析与设计中不迷失方向,必须遵循 4 项基本原理:系统分析原理、供需平衡原理、供应链一体化原理和成本效益分析原理。

(一)系统分析原理

系统思想的核心是全局性和整体性,物流网络分析与设计要站在全局高度,从整体上把握物流网络的目标、功能、环境、总成本和效益之间的平衡,确保整体效益最优和有限资源配置最佳。

系统分析强调科学方法,尤其是数学方法和优化方法,对物流网络进行定量分析,或定量与定性相结合进行分析。系统分析通常采用工业工程最基本的 5W1H 分析方法,以求得对所研究问题的充分理解。如表 4-1 所示。

表 4-1　5W1H 分析法

分析内容	第一次提问	第二次提问	第三次提问
目的	做什么(what)	是否必要	有无其他更合适的对象
原因	为何做(why)	为什么要这样做	是否不需要做
时间	何时做(when)	为何需要此时做	有无其他更合适的时间

分析内容	第一次提问	第二次提问	第三次提问
地点	何处做（where）	为何需要此处做	有无其他更合适的地点
人员	由谁做（who）	为何需要此人做	有无其他更合适的人选
方法	怎么做（how）	为何需要这样做	有无其他更合适的方法和工具

（二）供需平衡原理

物流网络的目的是提供物流供给以满足物流需求，因此供给与需求的平衡是物流网络规划、分析、设计的基本指导思想，应用这一指导思想来分析、设计物流网络，才能保证以尽可能少的投入最大限度地满足物流供给和发展要求。物流供需平衡分析包括三个环节：物流内部分析、内部与外部联系分析和供需平衡分析。

（三）供应链一体化原理

供应链一体化是将多家企业之间的运作能力、信息、核心竞争力、资金及人力资源等整合到一起，就像一家企业一样，在从物料的采购到将产品或服务交付给客户的过程中，发挥供应链整合后的优势，提高供应链的核心竞争力。

供应链一体化原理体现在协同合作、资源共享、优势互补、管理提升、形成供应链核心竞争力五个方面。

（四）成本效益分析原理

在物流网络中投入多少供给才能很好地满足需求，这就需要对投入的成本及所能产生的效益进行分析。在资源（物资、资金、人力、能源等）十分有限的情况下，规划必须找到投入产出效益最佳的设计方案。物流成本效益分析原理就是运用工程经济学和技术经济学的原理和方法来研究物流的成本和效益问题。

第二节　物流网络节点选址

在物流系统中，物流节点地址的选择是物流系统优化的一个具有战略意义的问题。物流节点是整个物流网络系统的关键点，是连接上游和下游的重要环节，起着承上启下的作用，并且这些大型设施的建设与运营需要耗费大量的资源。因此，这些设施的选址十分重要，科学、合理的设施选址可以有效地节约资源、降低物流成本，优化物流网络结构和空间布局，提高物流经济效益和社会效益，确保提供优质服务，是实现集约化经营、建立资源节约型物流至关重要的一步。选址决策就是确定所要分配的设施的数量、位置及分配方案。

一、物流节点选址的原则

物流设施的选址过程应同时遵循适应性、协调性、经济性和战略性原则。

（一）适应性原则

区域性物流设施的选址必须与国家以及地区的经济发展方针、政策相适应，与我国的物流资源分布相适应。企业物流设施必须考虑到企业产品流通的客户需求的区域分布。

（二）协调性原则

从区域物流设施来看，物流设施选址应将国家的物流网络作为一个大系统来考虑，使物流设施与设备在地域分布、物流作业生产力、技术水平等方面互相协调。从企业物流设施来看，物流设施应该与企业的生产能力和客户需求总量相协调，以保证企业能够达到一定的服务水平。

（三）经济性原则

在物流设施的发展过程中，有关选址的费用包括建设费用及物流费用（经营费用）两个部分。物流设施选址如果定在市区、近郊区或者远郊区，其未来物流活动、辅助设施的建设规模、费用，以及运费等物流费用是不同的，选址时应以总费用最低作为物流设施选址的标准。

（四）战略性原则

物流设施的选址，应具有战略眼光。一是要考虑全局观；二是要考虑长远性。局部要服从全局，当前利益要服从长远利益，既要考虑当前的实际需要，又要考虑日后发展的可能。

二、物流节点选址需分析的影响因素

（一）自然环境因素

1. 气象条件

物流节点选址过程中，主要考虑的气象条件有温度、风力、降水量、无霜期、冻土深度、年平均蒸发量等指标。例如，选址时要避开风口，因为在风口建设会加速露天堆放的商品老化。

2. 地质条件

物流节点是大量商品的集结地。某些容重很大的建筑材料堆码起来会对地面造成很大压力。如果物流节点地面以下存在淤泥层、流沙层、松土层等不良地质条件,会在受压地段造成沉陷、翻浆等严重后果,为此,土壤承载力要高。

3. 水文条件

物流节点选址须远离容易泛滥的河川流域与上溢的地下水区域,要认真考察近年的水文资料,地下水位不能过高,洪泛区、内涝区、干河滩等区域绝对禁止。

4. 地形条件

物流节点应选在地势高、地形平坦,且应具有适当的面积与外形的地方。若选在完全平坦的地形上是最理想的;其次选择稍有坡度或起伏的地方;对于山区陡坡地区则应该完全避开;在外形上可选长方形,不宜选择狭长或不规则形状。

(二)经营环境因素

1. 经营环境

物流节点所在地区的优惠物流产业政策对物流企业的经济效益将产生重要影响;数量充足和素质较高的劳动力条件也是物流节点选址考虑的因素之一。

2. 商品特性

经营不同类型商品的物流节点最好能分别布局在不同地域。例如,生产型物流节点的选址应与产业结构、产品结构、工业布局紧密结合进行考虑。

3. 物流费用

物流费用是物流节点选址的重要考虑因素之一。大多数物流节点选择接近物流服务需求地,如接近大型工业、商业区,以便缩短运距,降低运费等物流费用。

4. 服务水平

服务水平也是物流节点选址的考虑因素。由于现代物流过程中能否实现准时运送是服务水平高低的重要指标,因此,在物流节点选址时,应保证客户可在任何时候向物流中心提出物流需求,都能获得快速满意的服务。

(三)基础设施状况

1. 交通条件

物流节点必须具备方便的交通运输条件。最好靠近交通枢纽进行布局,如紧临港口、交通主干道枢纽、铁路编组站或机场,有两种以上运输方式相连接。物流节点作为物流诸要素活动的主要场所,为保证物流作业的顺畅进行,必须具有良好的交通运输联络条件。具体分析中需要考虑物流节点所在区域的货物运输量、交通通达度、物流节点货物平均运距以及交通运输设施的发展水平等因素。

2. 公共设施状况

物流节点的所在地,要求城市的道路、通信等公共设施齐备,有充足的供电、水、热、燃气的能力,且场区周围要有污水、固体废物处理能力。

(四)其他因素

1. 国土资源利用

物流节点的规划设计应贯彻节约用地、充分利用国土资源的原则。物流节点一般占地面积较大,周围还需留出足够的发展空间,为此地价的高低对布局规划有重要影响。此外,物流节点的布局还要兼顾区域与城市规划用地等其他要素。

2. 环境保护要求

物流节点的选址需要考虑保护自然环境与人文环境等因素,尽可能降低对城市生活的干扰。对于大型转运枢纽,应适当设置在远离市中心区的地方,使得大城市交通环境状况能够得到改善,城市的生态建设得以维持和增进。

3. 周边状况

由于物流节点是火灾重点防护单位,不宜设在易散发火种的工业设施(如木材加工、冶金企业)附近,也不宜选择居民住宅区附近。

除上述外部因素外,物流节点选址还必须考虑物流系统的内部因素,主要包括以下几个方面。

(1)产品数量、种类;

(2)供应地和需求地客户的地理分布;

(3)区域内的顾客对每种产品的需求量

(4)运输成本和费率;

(5)运输时间、订货周期

(6)仓储成本和费率;

(7)采购/制造成本;

(8)产品的运输批量;

(9)物流节点的成本;

(10)订单的频率、批量、季节波动;

(11)订单处理成本与发生这些成本的物流环节;

(12)顾客服务水平;

(13)在服务能力限制范围内设备和设施的可用性。

三、物流节点选址的内容和步骤

(一)物流节点选址的内容

物流节点的选址应以顾客服务水平、选址决策、库存规划、运输管理 4 个主要规划项目为基础。顾客服务水平指产品的可得性、产品的交货周期、收到产品的状况等。选址决策与供应和需求的分配有关。库存规划包括建立适当的库存水准和库存补充计划。运输管理则涉及运输方式选择、运输路线选择、车辆时间安排、货物拼装等。这四个方面相互联系，为了获得最大效益必须对它们进行综合考虑。

物流节点规划涉及的主要任务是确定货物从供应地到需求地整个流通渠道的结构。包括确定物流节点的类型，确定物流节点的数量，确定物流节点的位置；分派各物流节点服务的客户群体，确定各物流节点间的运输方式等。

由于供应地和需求地顾客数量较大、物流节点可选地址太多、运输方式选择因素复杂，设计最优的物流网络结构是一项相当艰巨的任务。

（二）物流节点选址的步骤

在进行物流节点选址时，可以按照图4-12所示的程序进行。

1. 选址约束条件分析

选址时，首先要明确建立物流节点的必要性、目的和意义。然后对物流系统的现状进行分析，制订物流系统的基本计划，确定所需要了解的基本条件，以便大大缩小选址的范围。选址约束条件分析具体包括以下几个方面。

（1）需求条件分析。包括物流节点的服务对象、顾客现在分布情况及未来分布情况预测、货物作业量的增长率及服务区域的范围。

（2）运输条件分析。应靠近铁路货运站、港口和公共卡车终点站等运输节点，同时也应靠近运输业者的办公地点。

（3）配送服务的条件分析。向客户提供到货时间、发送频度、根据供货时间计算的从客户到物流节点的距离和服务范围。

（4）用地条件分析。需考虑是利用物流节点现有土地，还是重新征地。如果需要征地，应了解新地的费用和可供选择的用地范围，指定用地是否符合城市总体规划。

（5）法律法规条件分析。掌握政府对物流节点建设的法律法规要求，哪些地区不允许建设物流节点、哪些地区政府对发展现代物流中心有优惠政策等。

（6）其他条件。不同物流类别，有不同的特殊需要。例如，为了保持货物质量的冷冻、保温设施，防止公害设施或危险品保管等设施，对选址都有特殊要求，是否有能满足这种条件的地区。

2. 搜集整理资料

选择地址的方法，一般是通过成本计算，也就是将运输费用、物流设施费用模型化，根据约束条件及目标函数建立数学公式，从中寻找费用最小方案。但是，采用这种选择方法，寻求最优的选址解时，必须对业务量和运营费用进行正确的分析和判断。

业务量分析的内容包括：工厂到物流设施之间的运输量；向顾客运送的货物数量；物

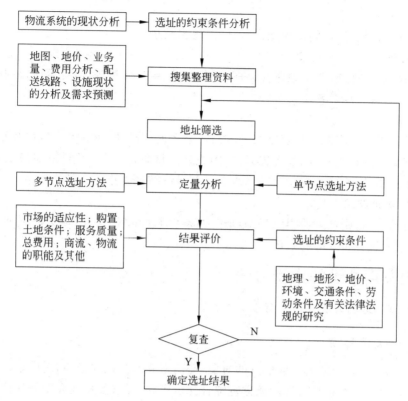

图 4-12 物流节点的选址程序

流设施保管的数量；配送路线上的其他业务量等。由于这些数量在不同时期会有波动，因此要对所采用的数据水平进行研究。另外除了对当前的各项数据进行分析外，还必须确定设施使用后的预测数值。

运营费用分析的内容包括：工厂至物流设施之间的运输费；物流设施到顾客之间的配送费；与设施、土地有关的费用及人工费、业务费等。

由于工厂至物流设施之间的运输费以及物流设施到顾客之间的配送费会随着业务量和运送距离的变化而变动，所以必须对每一吨公里的费用进行分析（成本分析）。与设施、土地有关的费用及人工费、业务费等包括可变费用和固定费用，最好根据这两者之和进行成本分析。

3. 地址筛选

在对所取得的上述资料进行充分的整理和分析，考虑种种因素的影响并对需求进行预测后，就可以初步确定选址范围，即确定初始候选地点。

4．定量分析

针对不同情况选用不同的模型进行计算，得出结果。

5．结果评价

结合市场适应性、购置土地条件、服务质量条件、服务质量等，对计算所得的结果进行评价，看其是否具有现实意义及可行性。

6．复查

分析其他影响因素对于计算结果的相对影响程度，分别赋予它们一定的权重，采用加权法对计算结果进行复查，如果复查通过，则原计算结果即为最终结果；如果复查发现原计算结果不适用，则返回步骤(3)计算，直至得到最终结果为止。

7．确定选址结果

在复查通过后，则计算所得结果即可作为最终的计算结果。但是所得解不一定为最优解，可能只是符合条件的满意解。

四、物流节点选址的常用方法

物流节点选址的方法大体上有以下几类。

（一）专家选择法

专家选择法是以专家为索取信息的对象，运用专家的知识和经验，考虑选址对象的社会环境和客观背景，直观对选址对象进行综合分析研究，寻求其特性和发展规律并进行选择的一类选址方法。

专家选择法中最常用的有因素评分法和德尔菲法两种。

（二）解析法

解析法是通过数学模型进行物流节点选址的方法。采用这种方法首先根据问题的特征、已知条件以及内在的联系建立数学模型或者是图论模型，然后对模型求解，获得最佳选址方案。采用这种方法的优点是能得到较为精确的最优解，缺点是对一些复杂问题建立恰当的模型比较困难。

解析法中最常用的有重心法和线性规划法两种。

（三）仿真法

仿真法是将实际问题用数学方法和逻辑关系表示出来，然后通过仿真及逻辑推理确定最佳选址方案。这种方法的优点是比较简单，缺点是选用这种方法进行选址，分析者必须提供预定的各种网点组合方案以供分析评价，从中找出最佳组合。因此，决策的效果依赖于分析者预定的组合方案是否接近最佳方案。

第三节　常用的物流节点选址模型

　　目前,有很多种物流节点选址模型,应用较多的为连续型选址模型和离散型选址模型。其中,连续型选址指的是在一条路径或者一个区域里面的任何位置都可以作为选址的一个选择,解决连续型选址问题的有重心法模型、交叉中值模型。离散点选址指的是在有限的候选位置里面,选取最为合适的一个或者一组位置为最优方案,相应的模型就叫作离散点选址模型。它与连续点选址模型的区别在于:它所拥有的候选方案只有有限个元素,我们考虑问题的时候,只需要对这几个有限的位置进行分析。对于离散点选址问题,目前主要有两种模型可供选择,分别是覆盖模型(covering)和 P-中值模型。其中覆盖模型常用的有集合覆盖模型(set covering location)和最大覆盖模型(maximum covering location)。

　　物流节点的选址应综合运用定性分析和定量分析相结合的方法,在全面考虑选址影响因素的基础上,粗选出若干个可选的地点,进一步借助比较法、专家评价法、模糊综合评价法等数学方法进行量化比较,最终得出较优的方案。

一、物流节点选址问题中的距离计算

　　选址问题模型中,最基本的一个参数是各个节点之间的距离。一般采用两种方法来计算节点之间的距离,一种是直线距离,也叫欧几里得距离;另一种是折线距离,也叫城市距离。

(一)直线距离(欧几里得距离)

　　直线距离是指平面上两点间的距离如图 4-13 所示,平面上两点(x_i, y_i)和(x_j, y_j)的直线距离为:

$$d_{ij}^E = \sqrt{(x_j - x_i)^2 + (y_j - y_i)^2} \tag{4-1}$$

　　直线距离通常用于城市间配送问题和通信问题。在这些问题中,直线距离是可以接受的近似值。在实际应用中,城市间配送问题的实际路线距离可以通过将直线距离乘以一个适当的系数加以修正,即

$$d_{ij}^{E'} = w_{ij} \sqrt{(x_j - x_i)^2 + (y_i - y_i)^2} \tag{4-2}$$

　　其中,系数 w_{ij} 根据实际交通状况选择适当的数值,如在美国大陆是 1.2,在东南美洲是 1.26。在我国一般选 1.3～1.45 之间的数值。

(二)折线距离(城市距离)

　　如图 4-13 所示,点 i 和点 j 之间的折线距离是

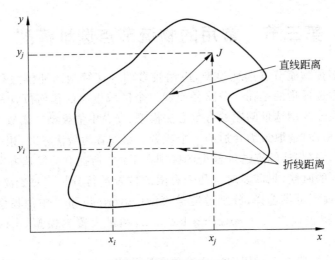

图 4-13 距离计算示意

$$d_{ij}^R = |x_j - x_i| + |y_j - y_i| \tag{4-3}$$

折线距离一般用在道路较规则的城市内配送问题及具有直线通道的工厂及仓库内的布置、物料搬运设备的顺序移动等问题中。

二、重心模型

重心模型是物流节点选址的常用模型，可解决连续区域内直线距离的单点选址。它把物流系统中的需求点（或资源点）看成在同一平面范围内，把各点的需求量（或资源量）看成某一物体各部分重量。然后求出整个物体的重心，将所求重心位置作为物流节点的最佳设置点。

（一）假设条件

（1）需求（供给）量集中于某个点上；

（2）不同地点的建设费用、运营费用相同；

（3）运输费用是运输距离的线性函数，即运输率为常数；

（4）以两点间的空间直线距离表征实际走行距离。

（二）问题描述

设有 n 个客户 $p_1, p_1, \cdots, p_n$ 分布在平面上，其坐标分别为 $(x_1, y_1), (x_2, y_2), \cdots, (x_n, y_n)$，需求量分别为 $w_1, w_1, \cdots, w_n$，物流节点 p_0 至需求点 i 的运费率为 c_i，确定物流节点 p_0 的位置 (x_0, y_0)，使总费用最小，如图 4-14 所示。

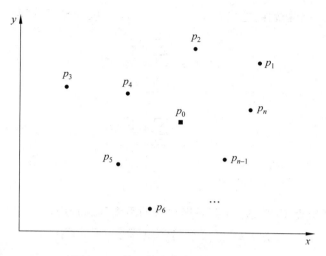

图 4-14 单一物流节点选址示意图

（三）模型构建

设 d_i 表示顾客 i 与物流节点 p_0 之间的直线距离，则重心模型为

$$\min F = \sum_{i=1}^{n} c_i w_i d_i = \sum_{i=1}^{n} c_i w_i \sqrt{(x_i - x_0)^2 + (y_i - y_0)^2} \tag{4-4}$$

为求得使 F 最小的 (x_0, y_0)，令

$$\left. \frac{\partial F}{\partial x_0} \right|_{x_0 = x_0^*} = 0$$

$$\left. \frac{\partial F}{\partial y_0} \right|_{y_0 = y_0^*} = 0$$

可求得

$$x_0^* = \frac{\sum_{i=1}^{n} (c_i w_i x_i / d_i)}{\sum_{i=1}^{n} (c_i w_i / d_i)}$$

$$y_0^* = \frac{\sum_{i=1}^{n} (c_i w_i y_i / d_i)}{\sum_{i=1}^{n} (c_i w_i / d_i)}$$

（四）求解

可采用迭代法求解重心模型，具体步骤如下。

第一步，选取一个初始的迭代点 $(x_0^{(0)}, y_0^{(0)})$，一般情况下，可取

$$x_0^{(0)} = \frac{\sum_{i=1}^{n} c_i w_i x_i}{\sum_{i=1}^{n} c_i w_i}$$

$$y_0^{(0)} = \frac{\sum_{i=1}^{n} c_i w_i y_i}{\sum_{i=1}^{n} c_i w_i}$$

令 $q=0$。

第二步，计算出点 $(x_0^{(q)}, y_0^{(q)})$ 到各客户点的距离和总费用，

$$d_i^{(q)} = \sqrt{(x_i - x_0^{(q)})^2 + (y_i - y_0^{(q)})^2}$$

$$F^{(q)} = \sum_{i=1}^{n} c_i w_i d_i^{(q)}$$

第三步，将 $d_i^{(q)}$ 代入下式：

$$x_0^{(q+1)} = \frac{\sum_{i=1}^{n} (c_i w_i x_i / d_i^{(q)})}{\sum_{i=1}^{n} (c_i w_i / d_i^{(q)})}$$

$$y_0^{(q+1)} = \frac{\sum_{i=1}^{n} (c_i w_i y_i / d_i^{(q)})}{\sum_{i=1}^{n} (c_i w_i / d_i^{(q)})}$$

计算出 $(x_0^{(q+1)}, y_0^{(q+1)})$。

第四步，计算出 $d_i^{(q+1)}$ 和 $F^{(q+1)}$。若 $F^{(q+1)} \geqslant F^{(q)}$，计算结束，输出结果

$$x_0^* = x_0^{(q)}$$

$$y_0^* = y_0^{(q)}$$

否则，检查是否满足中止条件，通常中止条件有两种：一是达到事先设定的迭代次数 N，即 $q \geqslant N$；二是满足事先设定的阈值，即

$$\Delta x_0 = |x_0^{(q+1)} - x_0^{(q)}| \leqslant \Delta x_{0\min}$$

$$\Delta y_0 = |y_0^{(q+1)} - y_0^{(q)}| \leqslant \Delta y_{0\min}$$

若满足，计算结束，输出结果

$$x_0^* = x_0^{(q+1)}$$

$$y_0^* = y_0^{(q+1)}$$

否则，令 $q=q+1$，重复步骤三和步骤四。

（五）算例

假设物流节点选址范围内有 5 个需求点，其坐标、需求量、运输费率见表 4-2。问根据重心模型，最佳物流设施位置在何处？

表 4-2　各需求点的坐标、需求量及运输费率表

需求点	坐标	需求量	运输费率
A	(3,8)	2 000	0.5
B	(8,2)	3 000	0.5
C	(2,5)	2 500	0.75
D	(6,4)	1 000	0.75
E	(8,8)	1 500	0.75

经 60 次迭代，计算结束，迭代结果如表 4-3 所示。

表 4-3　迭代计算结果

迭代次数 q	$x_0^{(q)}$	$y_0^{(q)}$	$F_0^{(q)}$
0	5.160 000	5.180 000	21 471.002 980
1	5.037 691	5.056 592	21 434.215 810
2	4.990 259	5.031 426	21 427.110 404
3	4.966 136	5.031 671	21 426.140 542
4	4.950 928	5.036 766	21 425.686 792
...	...	...	...
59	4.910 110	5.057 677	21 425.136 231
60	4.910 110	5.057 677	21 425.136 231

此时，点 (4.910 110, 5.057 677) 为最佳物流设施位置点。

三、交叉中值模型

交叉中值模型是用来解决折线距离连续点选址问题的一种十分有效的模型。

（一）问题描述

设有 n 个客户 $p_1, p_1, \cdots, p_n$ 分布在平面上，其坐标分别为 $(x_1, y_1), (x_2, y_2), \cdots, (x_n, y_n)$，需求量分别为 $w_1, w_1, \cdots, w_n$，费用函数为物流节点与客户之间的城市距离乘以需求量，确定物流节点 p_0 的位置 (x_0, y_0)，使总费用最小。

（二）模型构建

$$\min F = \sum_{i=1}^{n} w_i \left(\left| x_i - x_0 \right| + \left| y_i - y_0 \right| \right) = F_x + F_y \tag{4-5}$$

其中，

$$F_x = \sum_{i=1}^{n} w_i \left| x_i - x_0 \right| \tag{4-6}$$

$$F_y = \sum_{i=1}^{n} w_i \left| y_i - y_0 \right| \tag{4-7}$$

将求式（4-5）的最小值，转化为求式（4-6）和式（4-7）的最小值。

对于式（4-6）进行分解，可得

$$F_x = \sum_{i=1}^{n} w_i \left| x_i - x_0 \right| = \sum_{i \in \{ i | x_i \leqslant x_0 \}} w_i (x_0 - x_i) + \sum_{i \in \{ i | x_i > x_0 \}} w_i (x_i - x_0)$$

令

$$\frac{\mathrm{d} F_x}{\mathrm{d} x_0} = 0$$

可得，

$$\frac{\mathrm{d} F_x}{\mathrm{d} x_0} = \sum_{i \in \{ i | x_i \leqslant x_0 \}} w_i - \sum_{i \in \{ i | x_i > x_0 \}} w_i = 0$$

即

$$\sum_{i \in \{ i | x_i \leqslant x_0 \}} w_i = \sum_{i \in \{ i | x_i > x_0 \}} w_i \tag{4-8}$$

由式（4-8）可以看出，物流节点在 x 方向的最优值点是在 x 方向对所有权重 w_i 的中值点。同理，由式（4-7）可得，

$$\sum_{i \in \{ i | y_i \leqslant y_0 \}} w_i = \sum_{i \in \{ i | y_i > y_0 \}} w_i \tag{4-9}$$

即，物流节点在 y 方向的最优值点是在 y 方向对所有权重 w_i 的中值点。

（三）算例

设有 5 个需求点，各点坐标及对应需求量如表 4-4 所示。问根据交叉中值模型，最佳物流设施位置在何处？

首先，根据各点需求量，确定中值：

$$中值 = (1 + 7 + 3 + 3 + 6)/2 = 10$$

接下来，查找 x 方向中值点。分别按 x 坐标值从小到大和从大到小排列各需求点，并计算累积需求量至大于等于中值处，如表 4-5 所示。从表 4-5 中可以看出，x 坐标按从

表 4-4　各需求点坐标及需求量

需求点	x 坐标	y 坐标	需求量
A	3	1	1
B	5	2	7
C	4	3	3
D	2	4	3
E	1	5	6

小到大排列,在 x 坐标 3 处达到中值,而按从大到小排列,在 x 坐标 4 处达到中值。因此,最佳 x_0 值在 x 坐标 3~4 之间。同理可得,最佳 y_0 值在 3 处,如表 4-6 所示。

表 4-5　x 方向中值计算

需求点	x 坐标	权重和
	从小至大	
E	1	6
D	2	$6+3=9$
A	3	$6+3+1=10$
C	4	
B	5	
	从大至小	
B	5	7
C	4	$7+3=10$
A	3	
D	2	
E	1	

表 4-6　y 方向中值计算

需求点	y 坐标	权重和
	从小全大	
E	5	6
D	4	$6+3=9$
C	3	$6+3+3=12$
B	2	
A	1	
	从大至小	
A	1	1
B	2	$1+7=8$
C	3	$1+7+3=11$
D	4	
E	5	

最终,如图 4-15 所示,最佳物流节点选址位置可为线段 FC 上的任意一点。可以看出,利用交叉中值模型可能得到的选址方案并不是一个点,而是一条线段或者一个区域,从而增加了决策的灵活性。

四、覆盖模型

所谓覆盖模型,就是对于需求已知的一些需求点,如何确定一组服务设施来满足这些需求点的需求。在这类模型中,需要确定服务设施的最小数量和合适的位置。该模型适用于商业物流系统,如零售点的选址问题、加油站的选址、配送中心的选址等,公用事业系

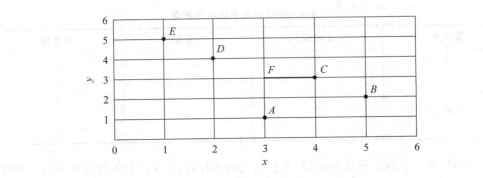

图 4-15　最终选址结果示意

统,如急救中心、消防中心等,以及计算机与通信系统,如有线电视网的基站、无线通信网络基站、计算机网络中的集线器设置等。

根据解决问题的方法的不同,可以分为两种不同的主要模型:

(1) 集合覆盖模型:用最少数量的设施去覆盖所有的需求点,如图 4-16 所示。

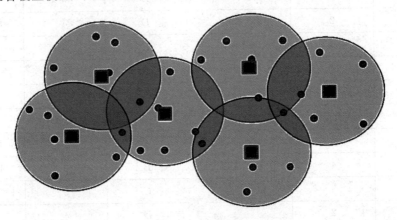

图 4-16　集合覆盖模型示意

(2) 最大覆盖模型:在给定数量的设施下,覆盖尽可能多的需求点,如图 4-17 所示。

(一) 集合覆盖模型

1. 问题描述

设有 n 个需求点(用 i 表示,$i=1,2,\cdots,n$),需求点 i 的需求量为 d_i,有 m 个物流节点候选点(用 j 表示,$j=1,2,\cdots,m$),候选点 j 的容量为 C_j,每个节点候选点有一定的服务范围,试用最少数量的设施去满足所有需求点的需求。

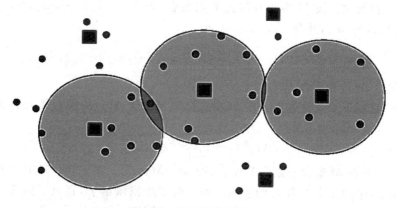

图 4-17　最大覆盖模型示意

2. 模型构建

根据问题描述,首先设

$$x_j = \begin{cases} 1, \text{表示将物流设施设于节点 } j \\ 0, \text{表示未将物流设施设于节点 } j \end{cases} \quad j = 1, 2, \cdots, m$$

y_{ij} 表示需求点 i 的需求中被分配给节点 j 的部分,$0 \leqslant y_{ij} \leqslant 1$。

用最少数量的设施满足所有需求点的需求,因此目标函数可表示为

$$\min \sum_{j=1}^{m} x_j \tag{4-10}$$

约束条件为

$$\sum_{j \in B(i)} y_{ij} = 1, \quad i = 1, 2, \cdots, n \tag{4-11}$$

$$\sum_{i \in A(j)} d_i y_{ij} \leqslant C_j x_j, \quad j = 1, 2, \cdots, m \tag{4-12}$$

$$x_j \in \{0, 1\}, \quad j = 1, 2, \cdots, m \tag{4-13}$$

$$y_{ij} \geqslant 0, \quad i = 1, 2, \cdots, n; j = 1, 2, \cdots, m \tag{4-14}$$

其中:$A(j)$ 表示候选节点 j 可覆盖的需求点集合;$B(i)$ 表示可覆盖需求点 i 的候选节点集合。式(4-10)为目标函数,表示最小化设施数量;式(4-11)保证每个需求点的需求都能得到完全满足;式(4-12)表示每个设施提供的服务不能超过其能力限制;式(4-13)、式(4-14)为变量的取值约束。

3. 求解算法

对于小规模的集合覆盖问题,可用分支定界法等算法精确求解;对于大规模问题,可运用启发式方法得到满意解。下面介绍一种求解大规模问题的简单启发式算法——最少点覆盖启发式算法,其步骤如下。

第一步：初始化。设 M 为所有候选节点集合，即 $M=\{1,2,\cdots,m\}$；N 为需求点集合，即 $N=\{1,2,\cdots,n\}$，并令

$$x_i=0,y_{ij}=0,y_i=\sum_{j=1}^{m}y_{ij},i=1,2,\cdots,n,j=1,2,\cdots,m$$

同时，确定集合 $A(j)$ 和集合 $B(i)$。

第二步：选择下一个设施点。在 M 中选择 $x_j=0$ 且 $A(j)$ 的模为最大的点 j' 为设施点，即

$$|A(j')|=\max_{j\in M}\{|A(j)|\}$$

令 $x_{j'}=1$，并在 M 集合中剔除节点 j'，即 $M=M\backslash\{j'\}$。第三步：确定 j' 节点的覆盖范围。将 $A(j')$ 中的元素按 $B(i)$ 的模从小到大的顺序指派给 j'，直至 j' 的容量为 $C_{j'}=0$ 或 $A(j')$ 为空。其中，对于 $i\in A(j')$ 且 $y_i<1$，将 i 指派给 j' 的方法是：若 $d_i(1-y_i)\leqslant C_{j'}$，则令

$$y_{ij}=1-y_i,\quad C_{j'}=C_{j'}-d_i(1-y_i),\quad y_i=1$$

在 $A(j')$ 和 N 中删除需求点 i。若 $d_k(1-y_i)>C_{j'}$，则令

$$y_{ij}=\frac{C_{j'}}{d_i},\quad y_i=y_i+y_{ij},\quad C_{j'}=0$$

第四步：若 N 或 M 为空，停止；否则，更新集合 $A(j)$ 和集合 $B(i)$，转第二步。

4. 算例

卫生部门考虑到农村地区的医疗条件的落后和匮乏，计划在某一个地区的 9 个村增加一系列诊所，以改善该地区的医疗卫生水平。它希望在每一个村周边 30 km 的范围之内至少有一个诊所。不考虑诊所服务能力的限制。卫生部门需要确定至少需要多少个诊所以及它们相应的位置。除了第 6 个村之外，其他任何一个村都可以作为诊所的候选地点，原因是在第 6 村缺乏建立诊所的必要条件。图 4-18 是各个村之间的相对位置和距离的示意图。问应如何选址，才能以最少的诊所满足所有村庄的医疗需求？

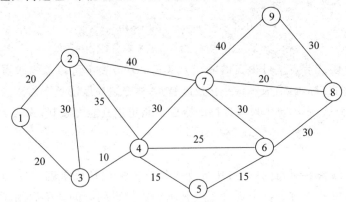

图 4-18　村庄相对位置与距离示意图

解：由于本算例中各诊所无容量限制，因此无须考虑容量约束。$N=\{1,2,3,4,5,6,7,8,9\}$，$M=\{1,2,3,4,5,7,8,9\}$。根据题意及图 4-18 可确定集合 $A(j)$ 和集合 $B(i)$，如表 4-7 所示。

表 4-7 候选村庄服务范围

村庄	$A(j)$	$B(i)$
1	1,2,3,4	1,2,3,4
2	1,2,3	1,2,3
3	1,2,3,4,5	1,2,3,4,5
4	1,3,4,5,6,7	1,3,4,5,7
5	3,4,5,6	3,4,5
6	—	4,5,7,8
7	4,6,7,8	4,7,8
8	6,7,8,9	7,8,9
9	8,9	8,9

根据算法第二步，在所有村庄中，在村庄 4 建诊所可为 1、3、4、5、6 和 7 村庄服务，即 $A(4)=\{1,3,4,5,6,7\}$，$|A(4)|=6$，为所有候选点模数最大的，因此 $j'=4$，首先考虑在村庄 4 建诊所。

由于无容量约束，接下来，根据 $B(i)$ 的从小到大，依次将 5、7、1、6、3 和 4 指派给候选节点 4。

然后，从 M 中删除节点 4，从 N 中依次删除节点 5、7、1、6、3 和 4，更新后 $M=\{1,2,3,5,7,8,9\}$，$N=\{2,8,9\}$，集合 $A(j)$ 和集合 $B(i)$ 如表 4-8 所示。

表 4-8 更新后的候选村庄服务范围

村庄	$A(j)$	$B(i)$
1	2	1,2,3
2	2	1,2,3
3	2	1,2,3,5
4	—	—
5		3,5
6	—	5,7,8
7	8	7,8
8	8,9	7,8,9
9	8,9	8,9

因为 $|A(8)|=2$，故选取 $j'=8$，并且 8 和 9 两个村庄归候选节点 8 服务。

同理，在迭代一次，得 $j'=2$，村庄 2 归候选节点 2 服务。

最终，根据最少点覆盖启发式算法，在候选节点 4、8 和 2 处建诊所。

近似算法不一定能得到问题的最优解，如本例的最优解为在候选节点 3 和 8 两处建诊所。

（二）最大覆盖模型

1. 问题描述

设有 n 个需求点(用 i 表示，$i=1,2,\cdots,n$)，需求点 i 的需求量为 d_i，有 m 个物流节点候选点(用 j 表示，$j=1,2,\cdots,m$)，候选点 j 的容量为 C_j，每个节点候选点有一定的服务范围，现需从候选节点中选择 p 个作为物流节点，使得尽可能多的需求点需求得到满足。

2. 模型构建

根据问题描述，首先设

$$x_j = \begin{cases} 1,\text{表示将物流设施设于节点 } j \\ 0,\text{表示未将物流设施设于节点 } j \end{cases} \quad j=1,2,\cdots,m$$

y_{ij} 表示需求点 i 的需求中被分配给节点 j 的部分，$0 \leqslant y_{ij} \leqslant 1$。

用一定数量的设施满足尽可能多的需求点的需求，因此目标函数可表示为

$$\max \sum_{i=1}^{n} \sum_{j=1}^{m} d_i y_{ij} \tag{4-15}$$

约束条件为

$$\sum_{j \in B(i)} y_{ij} \leqslant 1, \quad i=1,2,\cdots,n \tag{4-16}$$

$$\sum_{i \in A(j)} d_i y_{ij} \leqslant C_j x_j, \quad j=1,2,\cdots,m \tag{4-17}$$

$$\sum_{j=1}^{m} x_j = p, \tag{4-18}$$

$$x_j \in \{0,1\}, j=1,2,\cdots,m \tag{4-19}$$

$$y_{ij} \geqslant 0, i=1,2,\cdots,n; j=1,2,\cdots,m \tag{4-20}$$

其中：$A(j)$ 表示候选节点 j 可覆盖的需求点集合；$B(i)$ 表示可覆盖需求点 i 的候选节点集合。式(4-15)为目标函数，表示最大化满足需求点的需求；式(4-16)表示每个需求点的需求可得到完全满足，也可满足部分，甚至完全得不到任何服务；式(4-17)表示每个设施提供的服务不能超过其能力限制；式(4-18)表示共需设 p 个设施；式(4-19)、式(4-20)为变量的取值约束。

（三）*P*-中值模型

P-中值模型是指在一个给定数量和位置的需求集合和一个候选设施位置的集合下，分别为 p 个设施找到合适的位置并指派每个需求点到一个特定的设施，使之达到在设施和需求点之间的运输费用最低。*P*-中值模型要解决两个问题：

(1) 为 p 个设施选择合适的位置；

(2) 将所有需求点分配给 p 个设施。

如图 4-19 所示。

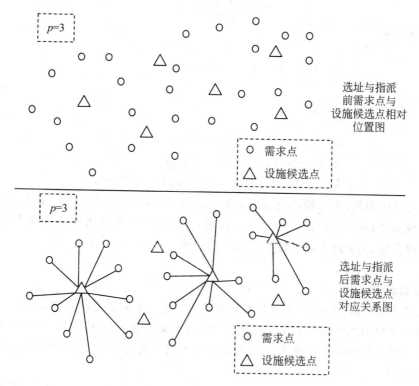

图 4-19 *P*-中值模型示意

1. 问题描述

设有 n 个需求点(用 i 表示, $i=1,2,\cdots,n$),需求点 i 的需求量为 d_i,有 m 个物流节点候选点(用 j 表示, $j=1,2,\cdots,m$),从候选点 j 到需求点 i 的单位运费为 c_{ij},现需从候选节点中选择 $p(p<m)$ 个作为物流节点,来满足 n 个需求点的需求,问如何选择设施并将需求点需求分配给各设施,能够使设施和需求点之间的运输费用最低。

2. 模型构建

根据问题描述,首先设

$$x_j = \begin{cases} 1, & \text{表示将物流设施设于节点 } j \\ 0, & \text{否则} \end{cases} \quad j=1,2,\cdots,m$$

$$y_{ij} = \begin{cases} 1, & \text{需求点 } i \text{ 由节点 } j \text{ 提供服务} \\ 0, & \text{否则} \end{cases} \quad i=1,2,\cdots,n; j=1,2,\cdots,m$$

根据问题描述,要求总运费最低,因此目标函数可表示为

$$\min \sum_{i=1}^{n} \sum_{j=1}^{m} d_i c_{ij} y_{ij} \qquad (4\text{-}21)$$

约束条件为

$$\sum_{j=1}^{m} y_{ij} = 1, \quad i = 1, 2, \cdots, n \qquad (4\text{-}22)$$

$$\sum_{j=1}^{m} x_j = p \qquad (4\text{-}23)$$

$$y_{ij} \leqslant x_j, \quad i = 1, 2, \cdots, n; j = 1, 2, \cdots, m \qquad (4\text{-}24)$$

$$x_j \in \{0,1\}, \quad j = 1, 2, \cdots, m \qquad (4\text{-}25)$$

$$y_{ij} \in \{0,1\} \quad i = 1, 2, \cdots, n; j = 1, 2, \cdots, m \qquad (4\text{-}26)$$

式(4-21)为目标函数,表示最小化总运输费用;式(4-22)保证每个需求点都只能有一个设施为其提供服务;式(4-23)表示共建 p 个设施;式(4-24)为变量间的关系约束,表示如果不在 j 地建设施,则 j 就不能为任何需求点提供服务;式(4-25)、式(4-26)为变量的取值约束。

3. 求解算法

与覆盖模型相似,求解 P-中值模型也有两类方法:精确算法和启发式算法。由于 P-中值模型为典型的 NP-hard 问题,精确求解算法只能求解小规模的 P-中值问题。因此,下面重点介绍一种求解大规模 P-中值问题的简单启发式算法——贪婪取走启发式算法,其步骤如下。

第一步,初始化,令循环参数 $k = m$。将所有的 m 个候选位置都选中,然后将每个客户指派给离其距离最近的一个候选位置。

第二步,选择并取走一个位置点,满足以下条件:假如将它取走并将它的客户重新指派后,总费用增加量最小。然后令 $k = k-1$ 第三步,重复第二步,直到 $k = p$。

4. 算例

某饮料公司在某新地区经过一段时间的宣传广告后,得到了 8 个超市的订单,由于该新地区离总部较远,该公司拟在该地区新建 2 个仓库,用最低的运输成本来满足该地区的需求。经过一段时间的实地考察之后,已有 4 个候选地址。8 个超市和 4 个候选仓库地址的相对位置如图 4-20 所示;从候选地址到不同的超市的运输成本、各个超市的需求量都已经确定,如表 4-9 所示。

解:令 $k = 4$,然后将每个客户指派给离其距离最近的一个候选位置,即将超市 1、2 和 3 指派给候选地址 1;超市 4 和 5 指派给候选地址 4;超市 6 指派给候选地址 2 或 3(假设指派给候选地址 2);超市 7 和 8 指派给候选地址 3。如图 4-21 所示,总成本为 2 480。

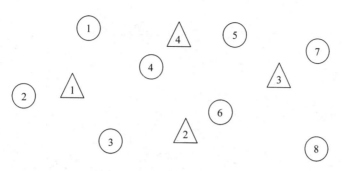

图 4-20　超市和候选仓库的相对位置

表 4-9　候选地址到不同的超市的运输成本及各个超市的需求量表

c_{ij}		候选地址 j				d_i
		1	**2**	**3**	**4**	
超市 i	1	4	12	20	6	100
	2	2	10	25	10	50
	3	3	4	16	14	120
	4	6	5	9	2	80
	5	18	12	7	3	200
	6	14	4	4	9	70
	7	20	30	2	11	60
	8	24	12	6	22	100

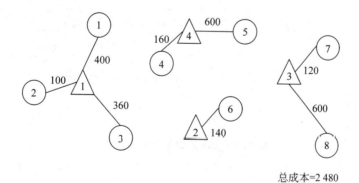

总成本＝2 480

图 4-21　初始化指派结果

　　然后分别考虑移走候选地址 1、2、3 和 4。首先考虑移走 1，将超市 1、2 和 3 指派给最近的其他候选地址。移走候选地址 1 重新指派后的结果如图 4-22 所示，成本增量为 720。

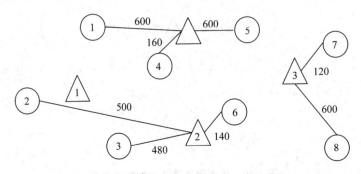

总成本=3 200
成本增量=3 200−2 480=720

图 4-22　移走候选地址 1 后的变化

同理,移走候选地址 2、3 和 4 的总成本分别为 2 620、3 620 和 3 520,成本增量分别为 140、1 140 和 1 040。因此,移走候选地址 2 增量是最小的,所以,第一个被移走的候选位置就是 2,此时,$k=3$,总成本为 2 620。

在此基础上,重复以上步骤,分别考虑移走候选地址 1、3 和 4,总成本分别为 4 540、5 110 和 3 740,成本增量分别为 1 920、2 490 和 1 120。移走候选地址 4 增量最小,所以第二个被移走的就是候选地址 4,此时,总成本为 3 740,$k=2=p$,计算结束。最终结果如图 4-23 所示。

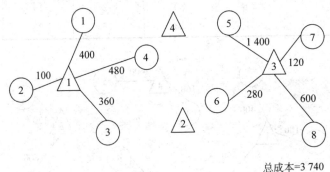

总成本=3 740

图 4-23　仓库选址及超市指派结果

本　章　小　结

物流网络是物流活动的载体,是货物从供应地到需求地的整个流通渠道的结构,包括物流节点的类型、数量和位置,节点所服务的相应客户群体,节点的连接方式以及货物在节点之间空间转移的运输方式等。本章在对物流网络进行介绍的基础上,详细介绍了物流网络的结构模式及物流网络分析与设计的原理;随后,本章就物流节点选址的原则、影响因素、选址步骤、常用的物流节点选址模型(如重心模型、交叉中值模型、覆盖模型、P-中值模型等)进行了详细介绍。

思 考 题

1. 简要说明常见的物流网络结构模式,并分析各种模式的优缺点。
2. 简述物流网络分析与设计的基本原理。
3. 简述物流网络节点选址的基本原则。
4. 物流节点选址需要考虑哪些因素?
5. 简述物流节点选址的步骤。

 ## 案例分析

京东成都犀浦仓库的选址与布局

众所周知,京东网上商城经过这些年的高速发展,已经成了全国最大的 B2C 市场和最大的 3C 网上购物专业平台。高速的发展带来了机遇,同时也带来了巨大的挑战。订单的大量增加,对京东的物流服务提出了新的要求。在这种情况下,京东在成都犀浦修建物流配送中心,以满足未来市场需求的发展目标,合理地完成在成都甚至西南地区的物流战略布局,自建物流不仅可以提升服务质量,也是和用户交流的一个窗口。

一、仓库的选址

仓库场址选择决定企业物流网络构成,不仅影响企业物流能力,还影响企业实际物流营运效率与成本。下面从场址选择的影响因素着手分析京东把仓库选择建在成都犀浦的优势。

1. 城市的发展水平

成都属于二线城市,经济发展水平与市场前景良好,有比较充足的物流需求量。其中,犀浦 2013 年实现地区生产总值 360 亿元,全口径财政收入突破 100 亿元,固定资产投资 308 亿元,规模以上工业增加值 170 亿元,城镇居民人均可支配收入 27 357 元,农民人均纯收入 14 132 元,主要经济指标超过预期目标。

2. 销售目标市场及客户分布

京东的配送中心是向城市范围内的用户提供"门到门"的服务。京东在成都犀浦修建的物流配送中心,货物在城市范围内运输距离短,运输成本小,会大大降低总成本。同时,京东的产品类型决定了其城市内部的配送,其服务的对象主要是市内的生产企业、零售商和连锁店铺，因此其辐射能力不需要太大，一般结合已有的配送网点、第三方物流配送点、自提点构成的网络进行运行。京东把仓库建在城市边缘接近客户分布的地区，降低物流运输费用，满足客户需求。

3. 交通条件

交通条件是影响物流成本及效率的重要因素之一，交通运输的不便将直接影响配送的进行，因此京东把仓库选择在交通方便的高速公路、国道及快速道路附近。犀浦镇交通基础设施比较齐全、配套，运输方便，镇内国道317线、羊西线、沙西线纵贯全境，成都绕城高速路环绕，犀安路、犀方路、犀团路、银河东路、银河西路、围城路等道路纵横交错，村社道路畅通，乡镇公路里程88公里，形成了四通八达、快速便捷的城镇交通网。

4. 人力资源条件

犀浦镇拥有丰富的人才资源，入住犀浦的大学有：西南交通大学、四川外国语学院成都分院、西华大学、成都纺织高等专科学校，学校每年为全国各地，特别是成都地区提供上千名高校毕业生。

5. 政策扶持

为了更快更好地发展物流业，成都市出台了不少相关优惠政策和扶持策略，整合现有物流资源，加快发展现代物流业，以更加开明灵活的政策引进知名企业，改造提升传统业态。比如放宽市场准入，物流产业向所有经济成分开放；调整用地政策，对企业以原拨划土地为条件引进资金和设备建设物流配送中心。

二、仓库的布局

仓库内部布局的主要任务就是合理的利用库房面积。在库房内部不仅要储存商品，而且需要进行其他作业。为了提高库房储存能力，必须尽可能增加储存面积，另外，为了方便库存作业，又必须尽可能适应作业要求。现在我们就研究一下犀浦仓库的布局。

1. 仓库的总平面布局

成都犀浦仓库采用轻钢结构，仓库一楼净高为9米，二楼净高为6米。

图4-24为配送中心仓库一楼布置图。由装卸平台和仓库内部功能分区两个部分组成，其中仓库功能分区细分为10个部分，分别是收货区、验货区、理货区、退货处理区、废弃处理区、维修区、分拣备货区、出货区、升降区和办公处理区。各区的流动情况如图4-24中箭头所示。

图4-25为配送中心仓库二楼布置图，由仓储区、加工区、暂存区组成。仓储区主要存放二类货物，共分为两个部分：托盘货架区和流动货架区。加工区主要用于仓储区中二类货物出货前的加工作业。暂存区为二类货物进出货时暂时存放货物的区域。图中箭头为货物流动方向。

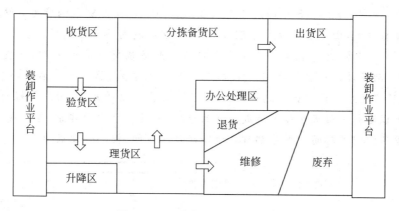

图 4-24　配送中心仓库一楼布置

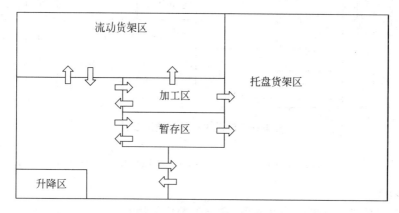

图 4-25　配送中心仓库二楼布置

2. 仓库作业区的布置

（1）机械设备的使用特点

考虑到平时配送的商品以电子产品、图书、保健品等为主，重量相对较轻，采用固定液压装卸平台。装卸作业平台共设计为两个部分，一为收货区的卸货平台；二为出货区的装货平台。卸货平台主要考虑的是送货车辆的类型与频率。装货平台设计与卸货平台设备相似，都是用升降装卸设备，区别在于装货口设有多个，同时平台宽度较宽，以便暂存待装的货物。

（2）通道设计

图 4-26 为仓库外部通道设计图。如图所示，左上角为收货区，送货车从配送中心进口进入，在送货车停留区完成卸货作业，然后按如图所示路线离开配送中心。右上角为出货区。出货区设计考虑了两个方面。第一，装卸方式设计。根据资料所示，该仓库出货日

装卸量较大,平均为32车(5吨厢式货车),最高达40车,且出货车辆皆为5吨厢式货车,采取同时装货方式,由出货区分批整理每批货物,然后利用拖车送到所对应货车的装卸作业平台,安排2~3人自行装卸。从而实现平台作业多辆货车同时装卸,加快出货效率。第二,车辆流动设计。如图所示,装货车辆从进口进入仓库,然后进入右方的装卸作业平台区域,装货完毕后从出口出。这样的设计,可以减少运动的距离,力求最短的作业路线。合理布置可以避免因阻塞等原因造成的作业中断,并且由于方便作业,可以减少各个环节上人员和设备的闲置时间。这些都有利于缩短作业时间,提高作业效率。

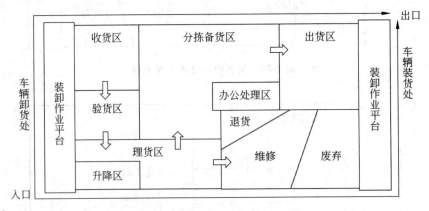

图4-26　配送中心外部通道设计

资料来源:http://wenku.baidu.com/view/048c214e5a8102d277a22f62.html? from=search.

【案例讨论】

1. 京东在新建配送中心选址方面,考虑了哪些问题?

2. 结合案例分析,配送中心选地址应考虑哪些影响因素? 应该用什么方法进行选址决策? 选址决策的程序是什么?

CHAPTER 5
第五章

电子商务运营流程设计

本章导读

- 业务流程与业务流程建模
- 服务蓝图与电子商务服务蓝图设计
- 电子商务服务流程设计

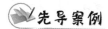 先导案例

云衣定制：服装业规模化定制先行者

"每个人的尺寸都不同，每套衣服都需要打版，一个优秀的打版师开足马力，一天也只能画两个版。如果一天有 1 000 个订单的话，你想想需要多少个打版师？"在博克科技创始人贺宪亭看来，服装的个性化与大规模生产是一对矛盾。

博克科技开发的"云衣定制"与"衣云服务云平台"，从一开始便致力于调和这一对矛盾。贺宪亭的专业是服装设计与工程，2003 年，他创立博克科技，从事服装 CAD/CAM 研发，2013 年上线"云衣定制"与"衣云服务云平台"。前者是面向消费者的服装定制平台；后者则通过提供在线设计软件，链接设计师、工厂、面料商和消费者。贺宪亭认为："这样我们就完成了 O2O 和 C2B 的过程，最终实现从数据采集到数字化制造的数据一体化。"

在云衣定制的网站上，消费者可以选择自己中意的款式，按照提示自助测量并输入人体数据，一周至两周后便可得到一件私人定制的合体服装。如果担心自己量体不够专业，也可以通过在线预约，由云衣顾问上门测量。

虽然整个定制过程看起来简单，但背后却需要强大的系统做支撑，包括数据采集系统、数字化样板系统、订单管理系统、智能制造系统等。就拿量体来说，如果消费者对自身尺寸拿不准，可以只注明三围，并上传正面、背面、侧面三张照片，由专门的软件完成整个量体工作。

与规模化的服装生产相比，定制服装由于每个订单都是不同的尺寸，裁剪工作量会大大增加，而博克科技参数化 CAD 技术刚好可以解决这一问题，该系统可以通过输入人体各部位数据，自动生成符合其体型的样板，与自动裁剪设备连接，就可以实现智能化的自

动裁剪。在车缝环节,博克也同样通过专门针对单件流水而研发的 Mess 系统对整个生产进行智能化管理。每件衣服会生成一个二维码,在工厂里的每个工序上,只要扫描一下二维码,就可以查看该衣服的所有细节,通过数据实现生产的协调。

这样不仅效率大大提高,也大大提高了准确率,同时也方便了产品的追踪,今后,消费者可以通过网络平台非常方便地查询自己衣服的生产进度。

由数据驱动,云衣定制可以实现更加深入的服务,消费者今后可以通过 APP 帮自己搭配服装,还可以由平台上成千上万的服装设计师帮自己设计。未来,云衣定制平台将让懂服装的人成为服装顾问,如果有消费者想定制服装,系统会自动推荐一个距离最近的服装顾问,上门为其量体、选材,甚至选款、搭配。不久的将来,消费者也可以在网站上和设计师互动,请设计师按照个人风格、身份、职业,有针对性地设计所需款式。

在贺宪亭看来,服装产业的发展脉络是从自然经济下的个体裁缝,到基于工业标准化的批量成衣,再到基于信息技术的规模化定制。而信息化发展的结果就是实现规模化的按需定制,这对于整个服装产业的转型升级,都有着深远的意义。

资料来源:陈小拉.云衣定制:服装业规模化定制先行者[J].世界经理人,2015(7).

第一节　电子商务业务流程分析

一、业务流程

(一)业务流程的定义

近年来,关于业务流程产生了很多具有代表性的观点。

迈克尔·哈默与詹姆斯·钱皮将业务流程定义为:某一组活动为一个业务流程,这组活动有一个或多个输入,输出一个或多个结果,这些结果对客户来说是一种增值。简而言之,业务流程是企业中一系列创造价值的活动的组合。

T. H. 达文波特将业务流程定义为:业务流程是一系列结构化的可测量的活动集合,并为特定的市场或特定的顾客产生特定的输出。

A. L. 斯切尔将业务流程定义为:业务流程是在特定时间产生特定输出的一系列客户、供应商关系。

H. J. 约翰逊将业务流程定义为:业务流程是把输入转化为输出的一系列相关活动的结合,它增加输入的价值并创造出对接受者更为有效的输出。

ISO 9000 将业务流程定义为:业务流程是一组将输入转化为输出的相互关联或相互作用的活动。

从以上定义可以看出,业务流程是为达到特定的价值目标而由不同的人分别共同完成的一系列活动。活动之间不仅有严格的先后顺序限定,而且活动的内容、方式、责任等也都必须有明确的安排和界定,以使不同活动在不同岗位角色之间进行转手交接成为可能。活动与活动之间在时间和空间上的转移可以有较大的跨度。而狭义的业务流程,则认为它仅仅是与客户价值的满足相联系的一系列活动。

业务流程对于企业的意义不仅仅在于对企业关键业务的一种描述;更在于对企业的业务运营有着指导意义,这种意义体现在对资源的优化、对企业组织机构的优化以及对管理制度的一系列改变。

这种优化的目的实际也是企业所追求的目标:降低企业的运营成本,提高对市场需求的响应速度,争取企业利润的最大化。

(二)业务流程的特征

1. 层次性

业务流程是有层次性的,这种层次体现在由上至下、由整体到部分、由宏观到微观、由抽象到具体的逻辑关系。

这样一个层次关系符合人们的思维习惯,有利于企业业务模型的建立。一般来说,我们可以先建立主要业务流程的总体运行过程(其中包括整个企业的大的战略),然后对其中的每项活动进行细化,落实到各个部门的业务过程,建立相对独立的子业务流程以及为其服务的辅助业务流程。

业务流程之间的层次关系在一定程度上也反映了企业部门之间的层次关系。不同层级的部门有着对业务流程不同的分级管理权限。决策层、管理者、使用者可以清晰地查看到下属和下属部门的业务流程。

为使所建立的业务流程能够更顺畅地运行,业务流程的改进与企业组织结构的优化是一个相互制约、相互促进的过程。

2. 以人为本

组织中最重要的部分是人员的工作方式以及构成他们每日操作的工作流程。

人是业务流程的驱动者,组织中的每一个人都会在业务流程中充当一个角色。通过良好的业务流程,每一个人都会有自己清晰的职责,明确自己在一个个业务流程中所担当的角色。

同时对于参与其中的业务流程,每个人员都要有自己的反馈。

首先,每个人员都能查看到这些业务流程,他们需要充分理解这些业务流程、流程的业务意义和目的,这些业务流程通过切合他们理解能力的方式(切合业务的图形、说明文字、相应的制度、规范、标准等)得以展现。

其次,对于流程运行中存在的问题或"瓶颈",每个人员都要积极反馈(提出修改的建议,或者在权限范围内直接修改)以促进流程的持续改进,业务流程的管理和变动不仅仅是业务分析人员或管理人员的职责,每一个员工都要参与其中,否则只有失败。管理人员和决策层更重要的职责是制定出业务流程的规则和约束,在这个规则和约束范围内,员工可以根据变化的商业环境对业务流程做出迅速修改,这样不必等到领导了解情况后再做出决策从而失去机会。

3. 运行效益

从企业投资者的角度来讲,好的业务流程设计必然是能为企业带来最高利润的设计。因此,对业务流程的效益分析是评价业务流程的一个重要方面。财务数据是最关键的数据,但这种分析不一定完全是由数据支撑的,有些是不能量化的,比如人员效率等。

二、业务流程建模

良好的业务流程设计是保证企业灵活运行的关键。清晰地定义业务流程之间的接口,可以降低业务之间的耦合度,使得对局部业务流程的改变不会对全局流程产生灾难性的后果。

对整家企业的业务流程进行建模是一个相当复杂而有挑战性的工作,但是并不代表没有方法可循。一般来说,建模需要处理好以下几个方面。

(一)建立流程

主要的业务流程是由直接存在于企业的价值链条上的一系列活动及其之间的关系构成的。一般来说包含采购、生产、销售等活动。辅助的业务流程是由为主要业务流程提供服务的一系列活动及其之间的关系构成的。一般来说包含管理、后勤保障、财务等活动。

(二)层次关系

业务流程之间的层次关系反应业务建模由总体到部分、由宏观到微观的逻辑关系。这样一个层次关系也符合人类的思维习惯,有利于企业业务模型的建立。一般来说,我们可以先建立主要业务流程的总体运行过程,然后对其中的每项活动进行细化,建立相对独立的子业务流程以及为其服务的辅助业务流程。

业务流程之间的层次关系在一定程度上也反映了企业部门之间的层次关系。为使得所建立的业务流程能够更顺畅地运行,业务流程的改进与企业组织结构的优化是一个相互制约、相互促进的过程。

(三)合作关系

企业不同的业务流程之间以及构成总体的业务流程的各个子流程之间往往存在形式多样的合作关系。一个业务流程可以为其他的一个或多个并行的业务流程服务,也可能以其他的业务流程的执行为前提。可能某个业务流程是必须经过的,也可能在特定条件下是不必经过的。在组织结构上,同级的多个部门往往会构成业务流程上的合作关系。

三、业务流程优化思路

业务流程优化过程实质上是管理再造或优化的实施过程，企业战略定位的变化和战略思路的改进最终都在业务流程中体现，反过来说，可以利用流程优化的手段来规范和提升管理体系。

基于以上思想，首先要对当前企业的管理体系进行规范和提升。其基本思想是：学习国内外先进企业经验，对企业的经营和管理模式的定位进行研究，找出其存在的问题和差距，结合企业的业务特点和公司战略，对企业经营和管理模式进行重新定位，其核心是形成新的管理理念。

所谓新的管理理念是指适应于企业独特性的、受到过其他企业检验证明成功的理念，其内容极为丰富，不拘一格。目前，信息化建设过程中常见的新管理理念是：实现从传统的事后管理(静态管理)向实时管理(动态管理)转变，部门管理(职能管理)向岗位管理(流程管理)转变，定性管理(主观管理)向定量管理(客观管理)转变，分散管理向集中管理转变等。

以职能管理向流程管理转变为例来说明：传统的企业管理是职能管理，也就是说，每一项工作只指定了由哪个部门来负责，具体工作中由该部门的领导来分配工作。而信息化工程要求管理模式由这些传统的职能管理向"流程管理"改进，其目的是缩短信息交互时间，提高客户反应速度。

四、电子商务的业务流程

电子商务的业务流程就是指为完成一次电子商务活动而进行的一系列活动。下面以B2C网上购物业务流程为例进行简要说明。B2C电子商务业务流程通常包括相互联系、相互支持的前台系统和后台系统，它们共同构成了电子商务系统的有机整体。其业务流程一般也分为前台网上购物及后台订单处理过程。

（一）前台购物流程

B2C前台是直接面向用户的网站，用于发布商品信息、接受用户需求。基于网站的交互功能和多媒体功能使得用户像在真实的超市一样推着购物车挑选商品。B2C前台的功能模块主要包括会员注册、详细的商品服务目录、商品信息查询、购物车、支付方式、个人信息保密措施、相关帮助等。其中商品目录、购物车和支付方式构成了B2C网站的三大支柱。好的商品目录可以帮助用户尽可能简单方便地找到所需的商品；购物车可以跟踪所选的商品，一直到付款为止；收银台是网上交易的最后环节，也是最重要的环节，一般B2C网站均支持在线支付、线下支付等多种支付方式。B2C前台购物流程如图5-1所示。

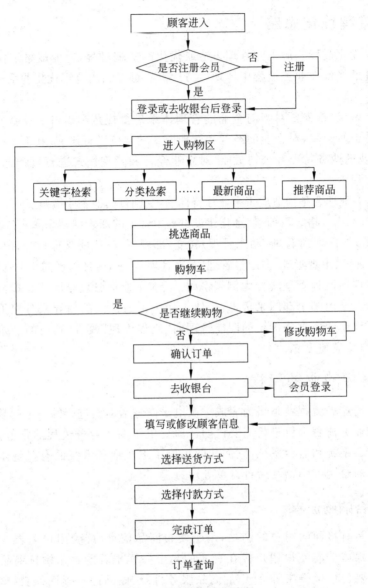

图 5-1　B2C 前台购物流程

（二）后台订单处理流程

B2C 后台系统的主要功能是处理用户订单，满足用户的需求。后台系统与企业内部的管理信息系统连接，以便快速进行订单处理、进销存管理和更新财务数据，并和外部贸易伙伴进行电子数据交换,以便实现快速电子订货,与前台相比,后台的构成和处理要复杂得多。图 5-2 是以订单处理为核心的后台处理流程。

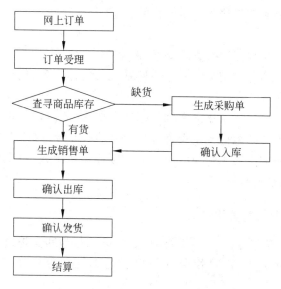

图 5-2 以订单处理为核心的后台处理流程

第二节 电子商务服务传递流程设计

电子商务是典型的服务业,服务传递系统设计是保障其正常运营的基础工作之一。作为服务组织的内核,服务传递系统是指服务组织如何将服务从组织的后台传递至前台并提供给顾客的综合系统,其内涵是服务组织的运作和管理过程。从其组成部分来看,服务传递系统包括硬件要素系统和软件要素系统,硬件要素是服务传递系统的有形部分,主要包括服务设施、布局、技术和所使用的设备等;软件要素是服务传递系统的无形部分,主要包括服务传递流程、员工的工作培训以及对服务中员工及客户的作用的描述。

一、服务蓝图

(一)服务蓝图的含义

1. 定义

服务蓝图是一种准确描述服务体系的工具,它借助流程图,将服务提供过程、员工和顾客的角色和服务的有形证据直观展示出来,经过服务蓝图的描述,服务将合理地分解成服务提供的步骤、任务和方法,使服务提供过程中所涉及的人都能够客观地理解和处理这些步骤、任务和方法。更为重要的是顾客同服务人员的接触点在服务蓝图中被清晰地加以识别,从而达到控制和改进服务质量的目的。

2. 要素

服务蓝图包括"结构要素"与"管理要素"两个部分。

服务的结构要素,实际上定义了服务传递系统的整体规划,包括服务台的设置、服务能力的规划。

服务的管理要素,则明确了服务接触的标准和要求,规定了合理的服务水平、绩效评估指标、服务品质要素等。以此制定符合客户导向的服务传递系统,首先关注识别与理解客户需求,然后对这种需求做出快速响应。介入服务的每个人、每个环节,都必须把客户满意作为自己服务到位的标准。

（二）服务蓝图的主要构成

服务蓝图包括顾客行为、前台员工行为、后台员工行为和支持过程四个主要行为,这四个主要行为由互动分界线、可视分界线以及内部互动分界线三条分界线隔开。如图 5-3 所示。

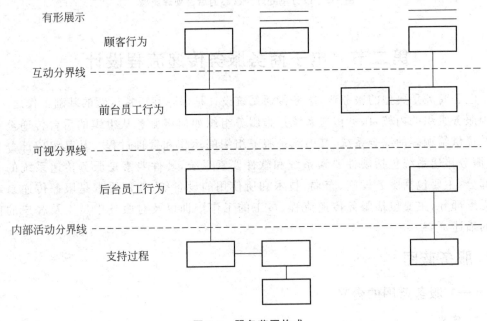

图 5-3　服务蓝图构成

1. 主要行为

（1）顾客行为

顾客行为部分包括顾客在购买、消费和评价服务过程中的步骤、选择、行动和互动。这一部分紧紧围绕着顾客在采购、消费和评价服务过程中所采用的技术和评价标准来展开。

（2）前台员工行为

那些顾客能看到的服务人员表现出的行为和步骤是前台员工行为。这部分则紧密围绕前台员工与顾客的相互关系展开。

（3）后台员工行为

那些发生在幕后，支持前台行为的雇员行为称作后台员工行为。它围绕支持前台员工的活动展开。

（4）支持过程

蓝图中的支持过程部分包括内部服务和支持服务人员履行的服务步骤和互动行为。这一部分覆盖了在传递服务过程中所发生的支持接触员工的各种内部服务、步骤和各种相互作用。

2. 分界线

（1）互动分界线

互动分界线表示顾客与组织间直接的互动。一旦有一条垂直线穿过互动分界线，即表明顾客与组织间直接发生接触或一个服务接触产生。

（2）可视分界线

可视分界线把顾客能看到的服务行为与看不到的分开。看蓝图时，从分析多少服务在可视线以上发生、多少在以下发生入手，可以很轻松地得出顾客是否被提供了很多可视服务。这条线还把服务人员在前台与后台所做的工作分开。比如，在电子商务商品交易过程中，客服人员与顾客的沟通是可视的前台工作，而事后的发货处理等是不可视的后台工作。

（3）内部互动分界线

内部互动分界线用以区分服务人员的工作和其他支持服务的工作和工作人员。垂直线穿过内部互动线代表发生内部服务接触。

蓝图的最上面是服务的有形展示。最典型的方法是在每一个接触点上方都列出服务的有形展示。

（三）服务蓝图的作用

服务蓝图具有直观性强、易于沟通、易于理解的优点，其作用主要表现为以下几个方面。

1. 促使企业全面、深入、准确地了解所提供的服务,有针对性地设计服务过程,更好地满足顾客的需要。

2. 有助于企业建立完善的服务操作程序,明确服务职责,有针对性地开展员工的培训工作。

3. 有助于理解各部门的角色和作用,增进提供服务过程中的协调性。

4. 有利于企业有效地引导顾客参与服务过程并发挥积极作用,明确质量控制活动的重点,使服务提供过程更合理。

5. 有助于识别服务提供过程中的失败点和薄弱环节,改进服务质量。

(四)服务蓝图的建立

1. 识别需要制定蓝图的服务过程

建立服务蓝图,首先要对建立服务蓝图的意图做出分析,然后根据建立服务蓝图的意图,识别出需要制定蓝图的服务过程。

2. 识别顾客(细分顾客)对服务的经历

服务会因细分市场的不同而有所变化。在概念层面上,我们可以将各类细分顾客纳入一幅蓝图;但如果需要对不同的顾客提供不同的服务,则针对某类细分顾客开发特定蓝图是非常必要的。

3. 从顾客角度描绘服务过程

该步骤包括描绘顾客在购物、消费和评价服务中执行或经历的选择和行为。如果描绘的过程是内部服务,那么顾客就是参与服务的雇员。从顾客的角度识别服务可以避免把注意力集中在对顾客没有影响的过程和步骤上。该步骤要求必须对顾客是谁达成共识,有时为确定顾客如何感受服务过程还要进行更为细致的研究。如果细分市场以不同方式感受服务,就要为每个不同的细分部分绘制单独的蓝图。

4. 描绘前台与后台服务雇员的行为

首先画上互动线和可视线,然后从顾客和服务人员的观点出发绘制过程、辨别出前台服务和后台服务。对于现有服务的描绘,绘制人员必须了解一线员工活动的内容和性质,要清楚哪些行为顾客是可以看到的,哪些行为是在幕后发生的,等等。

5. 把顾客行为、服务人员行为与支持功能相连

画出内部互动线,使内部支持活动对顾客和一线员工的影响变得清晰可见。

6. 在每个顾客行为步骤上加上有形展示

最后在蓝图上添加有形展示,说明顾客在接受服务过程中所得到的物质或所接收到的服务的有形证据。

在建立服务蓝图时还应注意以下几个问题:

(1)建立服务蓝图不是几个人或某一个职能部门的事,一般需要建立一个开发小组,吸收各方代表的参与,尤其是一线服务人员的积极参与。

（2）对已存在的服务过程,必须按照实际情况建立服务蓝图。

（3）对于不同服务过程需要建立不同的服务蓝图。

（4）在进行服务蓝图设计时,可借助计算机图形技术。

（五）服务蓝图的分析要点

服务蓝图分析中应重点注意以下要点。

1. 顾客等待点

顾客等待点,即容易造成顾客长时间等待的地方。在这些地方或环节应进行专门设计,以减轻顾客等待时的烦躁。

2. 顾客体验点

顾客体验点是最有可能增加或强化顾客体验的地方,这些地方需要有针对性的设计以强化顾客体验。在电子商务中,店面设计是较为关键的顾客体验点,必须进行针对性设计以使顾客轻松、愉悦、便利地完成自己的购物过程。

3. 失败点

失败点是容易引起顾客不满的地方,要加强员工的训练和检查监督,尽量减少失误。在电子商务中,容易引起顾客不满的地方主要是售后服务环节以及物流配送环节,必须有针对性地加强这两个环节员工的训练与监督检查,提高服务质量,提升服务意识。

4. 员工决策点

员工决策点是需要服务员进行判断、选择或决策的地方,这些地方需要对员工进行适当授权,同时提高员工素质,加强专业训练。

（六）电子商务服务蓝图

一般电子商务的服务蓝图如图 5-4 所示。

在蓝图中,强化顾客体验的顾客体验点主要包括:网页的可视化程度、退换货态度与速度、送货的态度与速度等;容易导致顾客不满意的失败点主要有:网页可视化效果差、商品信息不全、客服人员专业知识不足或服务态度不好、支付方式不够便捷等;决策点主要是:是否接受客户的退换货要求。

二、服务流程设计

服务流程设计是服务传递系统的细化,它和传统的制造业流程设计具有很高的相似度。由于服务产品无形性和个性化因素的存在,在流程设计时不仅要关注标准化的问题,更要重视柔性设计。柔性的概念存在流程内部和流程之间两个层次,前者需要给服务操作人员授予一定的自由处理权限,而后者需要给中层人员类似的权利。

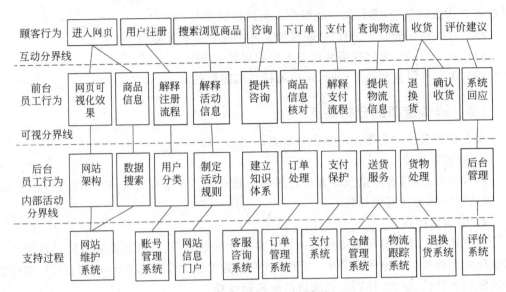

图 5-4　电子商务服务蓝图

（一）服务流程设计的定义与基本要素

1. 定义

服务流程设计是指设计者针对服务组织内外部资源结构、优化配置能力等，为提高服务效率和效益而进行综合策划的活动过程。

2. 基本要素

不同服务组织的业务流程及其内容、构成要素等存在差异，服务设计时，需要考虑一般需求、组织及其边界、权限、现有技术、所需技能等要素。

（1）一般需求：预期目标、基本产出、次级产出、基础设施能力、产出率、质量特征以及关键成功因素等。

（2）组织及其边界：组织基本结构、组织支持结构、业务流程起点、业务流程终点以及不同部门界面等。

（3）权限：管理层、员工、小组的权限设置。

（4）现有技术。

（5）所需技能：包括所需技术、人力资源、决策能力等。

（二）服务流程设计步骤

1. 明确目标、目的或使命

服务流程设计时，必须明确服务组织使命、宗旨、战略规划、目标要求等，并根据上述基本要素清晰界定"输入—加工—输出"的基本要素和属性,使执行者能够更加明确服务组织的目标和使命。

2. 确定内部需求和能力要素

服务流程设计内容必须符合服务组织内部需求及其相关能力,以便提高服务质量和效率,这些要素大多涉及有效产出率、时间、成本、质量等。

3. 适应组织结构与文化环境

服务流程设计必须适应组织结构与文化环境,其中,组织结构涉及技术系统或专用技能(如软件开发、数据统计、会计等)等硬件设施,还包括一些软件内容,如组织使命、职能特点、团队或小组结构形式(如 R&D 团队、采购小组、营销小组等),同时必须兼顾软硬件及其交错性有机整合要求,力求使其形成独特的文化氛围。

4. 分析现有技术或可获得技术能力

服务流程设计时必须分析现有技术或可获得技术能力。IT 技术应用已使数据输入从手工抄写发展到电子媒介,并使服务作业运营效率大幅度提高,如果相关 IT 技术比较缺乏或不足,则必须加大投资力度。

5. 准确定位所有利益相关者

跨边界作业活动流程参与者均为利益相关者,服务流程设计时必须准确定位利益相关者,以免在整体协调方面犯逻辑错误。Roethlisberger 认为:现代经济活动产生了许多工作团队,个人之间和不同团队个人之间存在一种行为模式,而且不同于社会关系,每项活动都存在社会价值和等级。因此,服务流程设计时,对服务作业活动流程参与者的实际工作位置、社会地位等进行综合考虑,力戒利益相关者相互间界面混乱和利益冲突。

(三)服务流程图

服务流程图是利用一定的符号将实际的流程用图表示出来,以便于确定可能的变量。它可以对要改进的过程有一个全面的、统一的了解;帮助项目团队确定过程中的一切可控与不可控变量以及可能出现的缺陷。

服务过程流程图应使用标准或公认的图形符号(或语言)及结构来绘制。常用的绘制流程图的符号如图 5-5 所示。

图 5-5　绘制流程图常用符号

椭圆符号表示终端。它表示一个过程的开始(输入)或结束(输出),"开始"或"结束"写在符号内。

矩形符号表示活动。它表示在过程中一个单独的步序,活动的简要说明写在矩形内。

菱形符号表示判断。它表示过程中的一项判定或一个分岔点,判定或分岔的说明写在菱形内,以问题的形式出现;对该问题的回答判定了在判定符号之外引出的路线;每条路线标上相应的回答。

流线符号表示进展。它表示过程的流程方向(流线箭头指向)。

文件符号表示信息。它表示过程的书面信息、文件的题目和说明写在符号内。

(四)服务流程设计的方法

1. 生产线方法

采用生产线方式的服务是试图将成功的制造概念及导致其成功的数个重要特征转化成服务系统设计时的考虑因素,以赢得竞争优势。这种方法成功的关键在于以下方面。

(1)个人有限的自主权。对于标准化的常规服务,服务行为的一致性受到顾客的关注。例如,电子商务中客服人员用语的标准化、一致化。

(2)劳动分工。生产线方式建议将总的工作分为一组简单的工作。这种工作分类使得员工可以发展专门化的劳动技能。

(3)用技术代替人力。服务业正逐步运用设备代替人力,大量的业务可以通过系统的软技术来完成。电子商务中,大量的人工服务可以由机器代替,如产品介绍、货款收取等。

(4)服务标准化。服务变成了事先已经设定好的常规工作,这便于顾客有序流动。标准化也有助于稳定服务质量,因为过程变得容易控制。

2. 顾客作为合作生产者

对大多数服务系统,当顾客出现时,服务才能开始。顾客并不是一个被动的旁观者,当需要的时候,顾客也可成为积极的参与者,这样就有可能通过将某些服务活动转移给顾客而提高生产率。此外,顾客参与也可以提高服务订制的程度。如果一家公司把目标集中在那些愿意进行自我服务的人群,这种方法的特点表现在:

(1)用顾客的劳动代替员工的劳动。顾客成了合作生产者,并从低成本中得到好处。在此过程中,顾客要作为服务过程积极的参与者来承担新的、更具独立性的角色,他们也需要"培训"。服务提供者应该扮演"教育"角色,这在服务业还是一个全新的概念。

(2)服务的个性化。表现为服务时空个性化(在顾客希望的时间和希望的地点提供服务)、服务方式的个性化(能根据顾客个人爱好或特色来进行服务)、服务内容个性化(不再是千篇一律,千人一面,而是各取所需,各得其所)。

3. 顾客接触方法

Richard Chase 提出了一个极具说服力的观点。他认为服务传递系统可以分为高顾客接触和低顾客接触的作业。顾客接触程度是指顾客亲自出现在服务系统中的程度。顾客接触程度可以用顾客出现在服务活动中的时间与服务总时间的百分比表示。

在低顾客接触作业中,如同工厂一样运行,可以使用所有的生产经营观念和自动化设施。这样,顾客既可以感受到个性化的服务,同时又可以通过批量生产来实现规模经济。这种方法的成功取决于服务生产过程中需要的顾客接触的程度以及在低接触作业中分离核心技术的能力。

在高顾客接触的服务中,顾客通过直接接触服务过程而决定了需求的时机和服务的性质。服务感知质量在很大程度上由顾客的感知决定。而在低接触系统中,顾客因不在过程中直接出现而不会对生产过程产生直接影响。即使在高接触的系统中,我们也可以将一些运作部门封闭起来,不与顾客接触。

4. 信息授权

在信息时代,信息技术所能提供的并不仅仅是方便地保存记录,它最重要的功能是员工和顾客授权。

(1)员工授权。通过员工授权,员工可以通过接口互相影响,甚至可以与其他公司实时联系,服务业可以更灵活地处理业务。

(2)顾客授权。使顾客有更大的自由来选择一个自己认为合适的服务提供商并参与到服务过程中来。

第三节 电子商务服务流程设计示例

下面以电子商务客户服务流程为例,对电子商务的服务流程进行详细介绍①。

一、客户服务的基本流程

客户服务大致分为售前服务、售中服务、售后服务三个阶段,三个阶段的划分如图 5-6 所示。

图 5-6 售前、售中、售后的划分

售前服务是指电子商务服务提供者在客户订单付款前为刺激客户的购买欲望而开展的一系列服务工作。售前服务所涉及的内容广泛,一般包括:产品咨询、价格咨询、促销咨询、物流快递咨询、三包咨询、品牌咨询、大宗申请、包邮申请、赠品申请、提供发票、推荐

---

① 淘宝大学. 流程化管理[M]. 北京:电子工业出版社,2015.

营销等。其中产品咨询、价格咨询、促销咨询、物流快递咨询、三包咨询、品牌咨询是基于客户服务售前知识管理而进行的。

售中服务是指电子商务服务提供者在客户提交订单后到正式确认收货之间所提供的一系列服务工作,主要包括:修改订单、催发货、催付款、查件、缺货沟通等。

售后服务是指电子商务服务提供者在客户签收后,为客户继续提供的一系列服务工作。主要包括:退换货、返修、退补差价、快递超区、发错货、订单跟踪、处理中差评、解决维权纠纷等。

二、售前服务流程图

售前服务作为整个电子商务客户服务的第一阶段,是能否促成客户购买的关键环节,这个阶段的服务效果直接影响到电商的整体经营业绩。下面从赠品/包邮申请、大宗申请以及基于知识管理的咨询服务三个方面对电子商务客户服务售前服务流程进行简要介绍。

(一)赠品/包邮申请

赠品/包邮申请流程如图 5-7 所示。

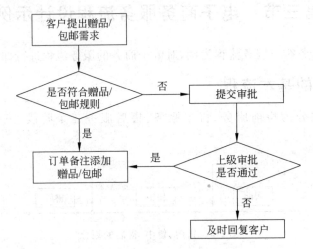

图 5-7　赠品/包邮申请流程图

(二)大宗申请

大宗申请流程如图 5-8 所示。

（三）基于知识管理的咨询服务

基于知识管理的咨询服务流程如图 5-9 所示。

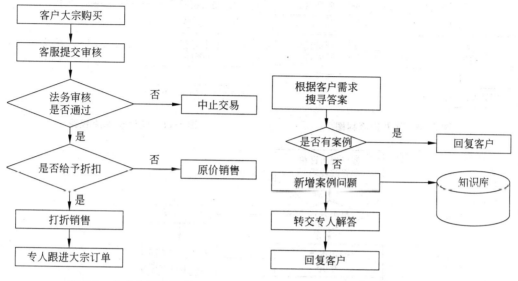

图 5-8 大宗申请流程图　　　图 5-9 基于知识管理的咨询服务流程图

三、售中服务流程图

售中服务是保障客户良好购物体验的重要环节,其中涵盖了与发货和付款相关的多项重要环节,尤其是催发货、快递查询以及订单修改三个方面,是日常客服受理最多的三项任务。下面就从这三个方面对电子商务客户服务售中服务流程进行简要介绍。

（一）催发货

催发货流程如图 5-10 所示。

（二）快递查询

快递查询流程如图 5-11 所示。

（三）订单修改

订单修改流程如图 5-12 所示。

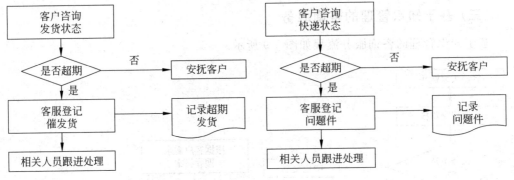

图 5-10　催发货流程图　　　　　图 5-11　快递查询流程图

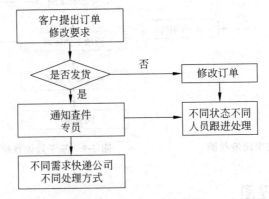

图 5-12　订单修改流程图

四、售后服务流程图

售后服务是保障客户满意度的重要环节,关系到品牌口碑,尤其是售后服务的处理效率至关重要,高效、准确、完善的售后服务在一定程度上有利于化解买卖双方的矛盾,通过诚挚的售后服务来换取客户的谅解和重塑品牌形象。下面从退货、换货、补偿以及回评处理四个方面对电子商务客户服务售后服务流程进行简要介绍。

(一)退货

退货流程如图 5-13 所示。

(二)换货

换货流程如图 5-14 所示。

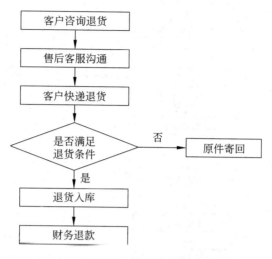

图 5-13　退货流程图

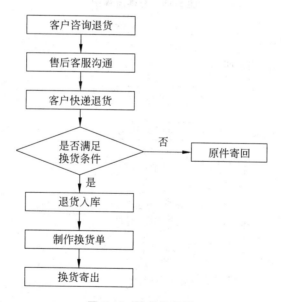

图 5-14　换货流程图

（三）补偿

补偿流程如图 5-15 所示。

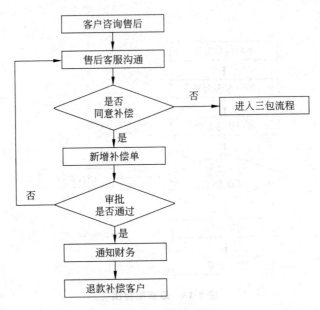

图 5-15 补偿流程图

（四）回评处理

回评处理流程如图 5-16 所示。

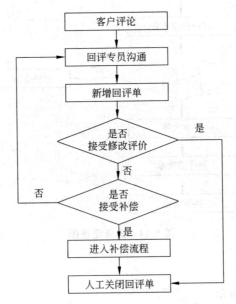

图 5-16 回评处理流程图

本 章 小 结

本章在对业务流程、业务流程建模以及业务流程优化思路进行简要介绍的基础上,对服务蓝图、服务流程设计以及电子商务的服务蓝图与服务流程进行了详细分析,最后以电子商务客户服务流程为例,对电子商务的服务流程进行详细介绍。

思 考 题

1. 什么是业务流程？业务流程建模需要处理好哪些问题？
2. 什么是服务蓝图？服务蓝图有何作用？
3. 绘制电子商务的服务蓝图。
4. 服务流程设计的步骤是什么？
5. 简要描述服务流程设计的常用方法。
6. 绘图说明电子商务客户服务的服务流程。

 案例分析

招商银行网上银行系统

一、招商银行网上银行简介

招商银行(以下简称"招行")于 1987 年在中国改革开放的最前沿——深圳经济特区成立,是中国境内第一家完全由企业法人持股的股份制商业银行,也是国家从体制外推动银行业改革的第一家试点银行。

成立 20 多年来,凭借持续的金融创新、优质的客户服务、稳健的经营风格和良好的经营业绩,招行现已发展成中国境内最具品牌影响力的商业银行之一。

二、招商银行网上银行的经营模式

始终将科技领先、服务领先放在第一位的招商银行,曾以"一卡通"的率先推出博得了很多用户的青睐。这与招商银行合理创新的经营模式相关。

1. 构建完整的网上银行服务体系

招商银行构建包括个人银行大众版、个人银行专业版、i 理财大众版、电子商务专业版、企业银行 UBANK,实现了从点面服务为主的传统服务渠道向现代化的立体式、全方位服务渠道全面转型。

2. 创新网上银行产品与服务

(1) 尝试 B2B。招行个人银行处理客户个人账务,适用于个人和家庭。

（2）使用方便快捷。根据市场、持卡人及商户的需求，在传统结算方式的基础上，开发出具有自己特色的网上银行解决方案。

（3）安全技术。招行企业银行采用的是数字签名方式，传输中的数据经过两层加密。

（4）移动银行。招行在深圳率先推出了"移动银行"服务，主要包括账户查询、多功能转账、自助缴费等，用户可以通过手机完成。

3. 注重网上银行业务推广

一是通过联合众多合作伙伴推出了丰富多彩的促销和推广活动，吸引了大量客户使用网上银行。

二是开展全方位的网上银行宣传，普及网上银行知识并引导客户体验和使用。

三是积极利用网点开展营销。

三、招商银行网上银行的管理模式

1. 业务管理

在全面合规管理中，招行以巴塞尔银行监管委员会的合规标准为目标，以增强合规管理的全面性、系统性和独立性为准则，以健全组织架构为起点，以完善制度机制为核心，以营造合规文化为重点，以现代管理技术与方法为工具，努力构建合规管理的长效机制。

在全面服务管理中，着重于观察客户需求的变化，并在注重人性化服务的基础上，提升服务的细分化、专业化及标准化，并以客户为中心，构建服务提供、服务支持、服务监督三位一体的服务体系。

2. 经营管理

在全面预算管理中，按照"全方位管理、全过程控制、全范围参与、条块结合、利润导向"的原则，逐步实施和不断完善全面预算管理，切实推进经营战略调整，促进效益、质量、规模协调发展。

在全面流程管理中，将依据客户和市场的需求，提高运作效率和管控能力。

在全面战略管理中，将不断推出新形势下能满足市场需求的有竞争力的产品，大力发展中小企业业务，力争中间业务发展领先同业并占有较高的收入比重。另外，不断研究和完善未来几年的发展思路与策略，充实与丰富战略规划体系。

3. 风险管理

招商银行按照全面性、独立性、专业性和制衡性原则，不断健全和完善全面风险管理体系，争取早日达到中国银监会实施新资本协议的首批达标银行的最高标准。

资料来源：作者根据相关资料整理。

【案例讨论】

1. 结合以上案例，并进一步搜集相关资料，分析讨论招商银行电子商务服务类型及其服务流程。

2. 进一步收集资料，绘制网络银行服务蓝图。

Part 3

第三篇

电子商务运营系统的运行

C HAPTER 6
第六章

电子商务需求预测

本章导读

- 预测的定义、作用、原理，以及预测的基本步骤
- 定性预测方法
- 定量预测方法
- 预测精度及监控
- 协同规划、预测与补货

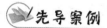 **先导案例**

某大型网上超市面临的问题

某大型网上超市(以下简称 A 公司)销售多品类日用商品，涉及服装鞋帽、食品饮料酒水、办公用品、营养保健健康器械、美容化妆个人护理、家具、汽饰、箱包、运动、母婴食品用品、电脑家电、厨房清洁和玩具图书音像共十大品类，每个大品类下均有更详细的二级分类，二级分类下的三级分类则细化到每种不同的商品。由于 A 公司刚刚成立不久，且作为刚刚在迈入快速发展的电子商务行业，目前并未形成完善的系统以对终端需求进行有效预测，主要依赖人工经验，通过对采购人员考核来控制采购的有效性。虽然目前公司采购问题并不突显，但由于订购频次与订购数量均未进行系统性优化，在公司销售波动较大时经常出现库存偏高或缺货的情况，此时需求预测不准造成的大量紧急采购订单不仅影响了对顾客需求的满足，也给仓库作业带来了巨大压力。此外，由于每个采购人员控制的商品种类均有上千种，一方面采购人员工作量大；另一方面采购效率也难以保证。

目前 A 公司正处于高速发展期，随着公司规模的不断扩大，商品种类也将不断增加，因而上述采购中存在的问题将越来越不容忽视，若不加以解决，最终将成为公司发展的"瓶颈"。考虑到不同商品的订货提前期，且每发生一次订货会伴随发生一次固定的订货费用。若公司订购过多的商品，会导致仓库的库存费用过高，同时导致资金周转过慢，损失机会投资收益；若订购太少，则损失了销售机会，影响公司声誉。市场需求的不确定性致使公司的决策变得愈加复杂，因此公司管理者极其希望：①对历史数据进行分析比较并对未来需求进行科学的预测；②用系统取代人工，决策什么时候发生订购，对哪些商品

进行订购,订购多少以期在既定的服务水平下维持合理库存量;③及时发现滞销商品以便提醒相应部门做出降价促销处理。

互联网正在改变着企业的经营方式。但是,它并不是解决电子商务环境中运营管理所有问题的万能药,尤其不能满足预测的需要。虽然在电子商务环境下,供应链中的贸易伙伴可以通过互联网更加快速地沟通,但是这并不意味着易变性和不确定性将完全消失。仅仅了解过去和现在运营中的每一件事和每一个人,并不能确切地知道未来将要发生什么。虽然互联网通过加强人际沟通可能会减少不确定性,但是它不会一劳永逸地消除不确定性。同时,随着电子商务企业间竞争的日趋激烈以及市场的瞬息万变,准确把握市场动向以便及时制定自身的运营计划是电子商务公司首要考虑的决策,而对于需求的预测更是考虑的重中之重。因此,预测仍然是电子商务企业运营中必不可少的关键环节之一。

第一节　需求预测概述

古人云:"凡事预则立,不预则废。"对于任何商业组织和经营决策而言,预测都是至关重要的。在商业活动中,企业为了在激烈的市场竞争中获得主动权,立于不败之地,预测成为需求管理中必不可少的一部分。

一、预测的定义与作用

预测是对未来可能发生的情况的预计与推测,由于未来情况有很大的不确定性和变化,预测不可能是绝对准确的。即使是十分周密的预测,也可能与未来事实不完全相符,甚至相差很远。事实上,与未来事实完全一致的预测是相当少见的。然而,"凡事预则立,不预则废"。尽管预测不可能百分之百准确,但它仍具有不可忽视的作用。

预测不仅是长期的战略性决策的重要输入,而且是短期的日常经营活动的重要依据。任何组织都应当通过预测来指导自己的生产活动。比如服务行业,其服务一般是不能存贮的,因此,必须尽可能准确地估计未来的需求,以配置适当的服务能力。如果员工太多,势必造成浪费;如果员工太少,就可能失去生意、丧失顾客,或者加重员工的工作负担。

在组织内部,预测为编制各部门的计划提供了基础。显然,当各部门基于相同的预测结果开展工作时,它们的步调是一致的,它们间的活动是相互支持的。比如在一个电子商务企业里,人事部门雇用适当数量的具有不同技能的员工;采购部门签订商品的购销合同;财务部门在对销售收入和资金需求的估计基础上,决定在适当的时间以适当的数量筹措资金。这些都是以共同的预测为基础开展各自业务的。

二、预测的原理

预测的原理有以下几条。

1．可测性原理

大量消费者所表现出来的总的购买力往往会呈现出一种有规律的现象，因而是可以预测的。

2．连续性原理

连续性原理是指总需求呈现出随时间的推移而连续变化的趋势。连续性原理是我们用时间序列方法进行预测的理论基础。

3．类推性原理

类推性原理是指可以根据已出现的某一事件的变化规律来预测即将出现的类似事件的变化规律。一家企业在推出新产品时，往往对其社会需求量心中无数。这时，企业的预测要注意利用类推性原理。

4．相关性原理

相关性原理是指客观事物之间存在一定的因果关系，人们可以从已知的原因去推测未知的结果。

5．系统性原理

一家企业的经营活动是由相互联系、相互影响的子系统组成的。例如，物流企业要注意各子系统中的变量对物流市场需求的影响，并据此对产品的预测结果进行了调整。这就是预测的系统性原理。

三、需求预测的定义及分类

（一）需求预测的定义

需求预测是对产品或服务需求未来可能发生情况的预计和推测。需求预测不仅给出了企业产品或服务在未来一段时间里的需求期望水平，而且为企业的计划和控制决策提供了依据。既然企业运营的目的是向社会提供产品或服务，其生产运营无疑会很大程度地受到需求预测的影响。

（二）需求预测的分类

1．按预测的时间分类

按预测时间长短，需求预测可以分为长期预测、中期预测和短期预测。

（1）长期预测。长期预测是指对5年或5年以上的需求前景的预测。它是企业长期发展规划、产品开发研究计划、投资计划、生产能力扩充计划等计划的依据。

（2）中期预测。中期预测是指对一个季度以上两年以下的需求前景的预测。它是制定年度生产计划、季度生产计划、销售计划、生产与库存预算、投资与现金预算的依据。

（3）短期预测。短期预测是指以日、周、旬、月为单位，对一个季度以下的需求前景的预测。它是调整生产能力、采购、安排生产作业计划等具体生产经营活动的依据。

2. 按主客观因素所起作用分类

按主客观因素所起作用分类,需求预测可以分为定性预测和定量预测。

(1)定性预测。定性预测也称主观预测,主要根据人的主观判断做出预测,常常无法对这些主观判断进行精确的数字描述。当要预测变量的信息不确定或历史资料无法利用时,可以使用定性预测方法。其优点是不需要复杂的数学公式计算,简单明了。其中常见的有:专家评估法、历史类比法、主观概率法、情景分析法、顾客调查法等。

(2)定量预测。定量预测又称统计预测,是指利用历史数据和相关数学模型进行预测的方法。其主要包括有移动平均法、指数平滑法、回归分析法、时间序列分解模型。

四、需求预测的基本步骤

预测应该遵循一定的程序和步骤以使工作有序化、统筹规划和协调一致。需求预测的过程大致包括以下步骤。

1. 确定预测的目标

预测首先要确定预测目标,明确目标之后,才能根据预测的目标去选择预测的方法、决定收集资料的范围与内容,做到有的放矢。明确预测目标,就是根据经营活动存在的问题,拟订预测的项目,制定预测工作计划,编制预算,调配力量,组织实施,以保证预测工作有计划、有节奏地进行。

2. 选择预测方法

预测的方法很多,各种方法都有其优点和缺点,有各自的适用场合。因此必须在预测开始时,根据预测的目标和目的,根据企业的人、财、物力及企业可以获得的资料,确定预测方法。预测方法选择是否恰当,将直接影响到预测的精确度与可靠性。

3. 搜集资料

进行预测必须要有充分的资料。有了充分的资料,才能为预测提供进行分析、判断的可靠依据。在预测计划的指导下,调查和搜集预测有关资料是进行需求预测的重要一环,也是预测的基础性工作。

4. 进行预测

按照选定的预测方法,利用已经获得的资料进行预测,计算预测结果。

5. 预测分析和修正

预测结果得到以后,还要通过对预测数字与实际数字的差距分析比较,以及对预测模型的分析,对预测结果的准确和可靠程度进行评价,估计预测误差,修正预测值。

6. 编写预测报告

预测报告应该概括预测分析的主要活动过程,包括预测目标、预测对象及有关因素的分析结论、主要资料和数据、预测方法的选择和模型的建立,以及对预测结论的评估、分析和修正等。

第二节　定性预测方法

定性预测方法，是依赖于预测人员丰富的经验和知识以及综合分析能力，对预测对象的未来发展前景做出性质和程度上的估计和推断的一类方法。用这类方法进行预测时，要特别尊重客观实际，切忌主观武断。下面是几种常用的定性预测方法。

一、专家评估法

专家评估法又称德尔菲法，是 1948 年由美国兰德公司首先提出，并很快在世界上盛行的一种调查预测方法。现将此法的应用过程概述如下。

第一步是挑选专家，具体人数视预测课题的大小而定，一般问题需 20 人左右。在进行函询的整个过程中，自始至终由预测单位函询或派人与专家联系，不让专家互相发生联系。

专家选定之后，即可开始第一轮函询调查。一方面向专家寄去预测目标的背景材料；另一方面提出所需预测的具体项目。首轮调查，任凭专家回答，完全没有框架。专家可以以各种形式回答问题，也可向预测单位索取更详细的统计材料。预测单位对专家的各种回答进行综合整理，把相同的事件、结论统一起来，剔除次要的、分散的事件，用准确的术语进行统一的描述。然后将结果反馈给各位专家，进行第二轮函询。

第二轮函询要求专家对所预测目标的各种有关事件发生的时间、空间、规模大小等提出具体的预测，并说明理由。预测单位对专家的意见进行处理，统计出每一事件可能发生结果的中位数，再次反馈给有关专家。

第三轮函询是各位专家再次得到函询综合统计报告后，对预测单位提出的综合意见和依据加以评价，修正原来的预测值，对预测目标重新进行预测。

上述函询，一般经过三轮至四轮，预测的主持者要求各位专家根据提供的全部预测资料，提出最后的预测意见，若这些意见收敛或基本一致，就可以此为根据作出判断。

以上所述是德尔菲法的基本过程。它是在专家会议的基础上发展起来的一种预测方法。其主要优点是简明直观，预测结果可供计划人员参考，受到计划人员的欢迎。避免了专家会议的许多弊端。在专家会议上，有的专家崇拜权威，跟着权威一边倒，不愿发表与权威不同的意见；有的专家随大溜，不愿公开发表自己的见解。德尔菲法是一种有组织的咨询，在资料不甚全或不多的情况下均可使用。

德尔菲法虽有比较明显的优点，但同时也存在缺点。例如，专家的选择没有明确的标准，预测结果的可靠性缺乏严格的科学分析，最后趋于一致的意见，仍带有随大溜的倾向。

在使用德尔菲法时必须坚持三条原则。第一条是匿名性，对被选择的专家要保密，不让他们彼此通气，使他们不受权威、资历等方面的影响；第二条是反馈性，一般的征询调查要进行三轮至四轮,要给专家提供充分反馈意见的机会;第三条是收敛性,经过数轮征询后,专家们的意见相对收敛,趋向一致,若个别专家有明显的不同观点,就要求他详细说明理由。

二、历史类比法

预测某些新产品的需求时,如果现有的产品及同类型产品可用来作为类比模型,这是最理想的情况。类比法可用于很多产品类型——互补产品、替代产品、竞争性产品或随收入而变的产品等。通过邮购目录查出并购买了一件商品后,人们往往会收到一大堆与该目录类似的其他产品目录的邮寄广告。假如你通过邮购买了一张 CD,你将收到很多有关新 CD 及 CD 机的信函。这中间的因果联系就是人们对 CD 机的需求导致了对 CD 的需求。如通过分析立体声录像机需求的历史数据,可用类比法预测出市场对数字影碟机的需求量,因为该产品与电子音响设备同属一大类,并可能会被顾客以类似的速率购买。类似的例子还有烤面包机和咖啡壶,即咖啡壶的增长模型可以用烤面包机的历史数据建立。

三、主观概率法

市场需求属于不确定事件,一般不能在相同的条件下重复试验,主要依靠决策者在掌握信息的条件下,根据他的认识水平,对有关事件做出主观的判断,这时往往会以某一个数值作为事件发生的可能性的量度,通常称之为主观概率。在主观概率的基础之上做出的预测就称为主观概率法。比如,某企业的管理者认为未来三年内该企业产品的市场需求增长的可能性为 70%,这就是一个主观的判断。

四、情景分析法

情景分析法,又称情景描述法或脚本法,是在推测的基础上,对可能的未来情景加以描述,同时将一些有关联的单独预测集中形成一个总体的综合预测。

情景分析就是就某一主体或某一主题所处的宏观环境进行分析的一种特殊研究方法。概括地说,情景分析的整个过程是通过对环境的研究,识别影响研究主体或主题发展的外部因素,模拟外部因素可能发生的多种交叉情景分析和预测各种可能前景。

该方法步骤如下:

第一步,主题的确定。

第二步,主要影响因素的选择。

第三步,方案的描述与筛选。将关键影响因素的具体描述进行组合,形成多个初步的未来情景描述方案。

第四步,模拟演习。邀请公司的管理人员进入描述的情景中,面对情景中出现的状况或问题做出对应策略的过程。

第五步,制定战略。

第六步,早期预警系统的建立。

情景分析法通过分析环境和形成决策,能提高组织的战略适应能力,实现资源的优化配置。情景分析方法在了解内部环境的基础上,定性分析与定量分析相结合,需要主观想象力,承认结果的多样性。

情景分析法是为了提高企业或者其他组织对未来的适应性和发展力,因此分析的一个前提是要对分析的对象有一个清晰的认识。例如,对于物流系统,首先要了解的就是系统的战略目标、组织定位、愿景等。还有一个容易被忽视却非常重要的因素就是组织的文化,这关系到每个组织个体价值观与集体认同方面。如果不了解这些,就从整体的角度出发,很可能通过情景分析得到的一个看似非常好的战略,会变得不切实际,或者效果并不见得好。

五、顾客调查法

顾客调查法是指通过问卷、电话或上门访问的方式对现有的顾客进行调查,以得到需求的未来变化趋势。该方法可以有效地消除个人偏好等主观因素的影响。顾客调查法的关键是调查问卷的设计以及抽样方案的确定,必须确保数据在统计上是无偏的,并且是有代表性的。如果调查问卷和抽样方案无效,将会导致错误的结果。

六、销售人员意见综合法

销售人员意见综合法是组织者召集有经验的销售人员对顾客的购买量、市场需求变化趋势、竞争对手动向等问题进行预测,然后对预测结果进行综合的预测方法。

第三节　定量预测方法

时间序列模型和因果模型是两种主要的定量预测方法。时间序列模型以时间为独立变量,利用过去需求随时间变化的关系来估计未来的需求。时间序列模型又分为时间序列平滑模型和时间序列分解模型。因果模型利用变量(可以包括时间)之间的相关关系,通过一种变量的变化来预测另一种变量的未来变化。需要指出的是,在使用时间序列和因果关系模型时,存在这样一个隐含的假设:过去存在的变量间关系和相互作用机理,今后仍将存在并继续发挥作用。这个假设是使用这两种定量预测模型的基本前提。

一、时间序列

时间序列是一系列按时间(按周、月和季等)排列的数据点。例如,某品牌运动鞋的每周销售额、某股票的每季收益,某品牌啤酒每天的发货量,以及年消费者价格指数等。根据时间序列数据预测意味着未来数值仅仅是从历史数据得来,其他的变量无论有多大的潜在价值,都可能被忽略掉了。

时间序列可分成 4 种成分:趋势因素、季节因素、循环因素、随机波动。

(1)趋势因素,指数据在一段时间内逐渐上升或下降。例如,收入、人口、年龄分布或文化观点等的变化都可以形成趋势。

(2)季节因素,指数据在较短的周期后出现重复,周期可以是天、周、月和季度。例如,餐馆和理发店受到周期为周的季节因素影响,星期六是营业高峰。啤酒经销商的年度预测中,数据受到周期为月的季节因素影响。

(3)循环因素,指数据在数年后出现重复的模式。常见的有经济周期,它是短期经济分析和计划中较重要的因素。预测经济周期是十分困难的,因为它会受到政治事件和国际动荡的影响。

(4)随机波动,是数据中的"不明物体",是在偶然和特殊情况下产生的。随机波动没有可知的重复模式,是无法预测的。

二、时间序列平滑模型

下面将介绍三种时间序列平滑模型:简单移动平均法、加权移动平均法与指数平滑法。为了确定采用哪一种模型,首先需要绘制数据散点图,例如,如果数据点分布相当均匀,可采用移动平均法与指数平滑法;如果数据点分布呈现一定的趋势,可采用趋势性指数平滑法。

(一)简单移动平均法

如果产品需求既不快速增长也不快速下降,且不存在季节性因素时,移动平均法能有效地消除预测中的随机波动。例如,要预测 6 月的需求值,可以采用前 5 个月的移动平均来预测,即使用 1 月、2 月、3 月、4 月、5 月的实际值的平均值作为 6 月的预测值。当 6 月的实际值已知,则 7 月的预测值就是 2 月、3 月、4 月、5 月、6 月的实际值的平均值。简单移动平均法的计算公式如下:

$$F_t = (A_{t-1} + A_{t-2} + \cdots + A_{t-n})/n$$

式中,F_t 为第 t 期的预测值;

A_{t-i} 为第 $t-i$ 期的实际值;

n 为移动步长(即移动平均的时期区间数)。

【例 6-1】 已知某产品前 9 周的需求分别为 800,1 400,1 000,1 500,1 500,1 300,1 800,1 700,1 300,分别以 3 周和 9 周为移动步长利用简单移动平均预测法预测第 10 周需求。

解：以 3 周为移动步长，预测第 10 周的需求值为

$$F_{10} = (1\,300 + 1\,700 + 1\,800)/3 = 1\,600$$

以 9 周为移动步长，预测第 10 周的需求值为

$$F_{10} = (1\,300 + 1\,700 + 1\,800 + \cdots + 800)/9 = 1\,367$$

对移动平均法来说，合理选择移动步长非常重要。而为了选择合理的移动步长，管理者必须做出权衡，因为移动步长越长，对随机扰动因素的平滑性就越好，但是，如果数据中隐含有某种趋势时——不管是增大或减小的趋势——移动平均法的结果会滞后于这种趋势。因此，尽管较短的移动步长会有更大的波动性，但这样更能紧跟变化趋势；反之，移动步长较长能给出更为平滑的响应，但将滞后于趋势。

（二）加权移动平均法

简单移动平均法中的各数据元素的权重都相等，而加权移动平均法中的权重值可以不同，当然，其权重之和必须等于 1。加权移动平均法的计算公式如下：

$$F_t = w_{t-1}A_{t-1} + w_{t-2}A_{t-2} + \cdots + w_{t-n}A_{t-n}$$

式中，F_t 为第 t 期的预测值；

A_{t-i} 为第 $t-i$ 期的实际值；

w_{t-i} 为第 $t-i$ 期的实际数据的权重值；

n 为移动步长（即移动平均的时期区间数）。

权重可以根据情况任意设定（如近期数据比远期数据的权重大），但所有权重之和必须等于 1，即

$$\sum_{i=1}^{n} w_{t-i} = 1$$

【例 6-2】　一家商场发现在某 4 个月的期间内，利用当月实际销售额 40%，倒数第 2 个月销售额的 30%，倒数第 3 个月销售额的 20% 和倒数第 4 个月的销售额的 10%，可以推出其下月的最佳销售额预测结果。假设前 4 个月的实际销售记录如表 6-1 所示，则第 5 个月的销售额预测值是多少？

表 6-1　销 售 记 录

第 1 个月	第 2 个月	第 3 个月	第 4 个月
100	90	105	95

解：第 5 个月的销售额的预测值为：

$F_5 = 0.40 \times 95 + 0.30 \times 105 + 0.20 \times 90 + 0.10 \times 100 = 38 + 31.5 + 18 + 10 = 97.5$

如果现在假设第 5 个月的实际销售额为 110，那么第 6 个月的销售额的预测值为：

$F_6 = 0.40 \times 110 + 0.30 \times 95 + 0.20 \times 105 + 0.10 \times 90 = 44 + 28.5 + 21 + 9 = 102.5$

加权移动平均法能够考虑远期与近期历史数据的不同影响,因而在这方面要优于简单移动平均法。只是加权移动平均法的计算量比简单移动平均法大,随着预测软件的开发与应用,这已不成问题,但加权移动平均法必须得确定各期权重值。

(三) 指数平滑法

指数平滑法是复杂的加权移动平均法,但是应用起来仍然比较简单。它只需要存储较少的历史数据。基本的指数平滑公式如下:

$$F_t = F_{t-1} + \alpha(A_{t-1} - F_{t-1})$$

式中: F_t 为第 t 期的预测值;

$\quad F_{t-1}$ 为第 $t-1$ 期的预测值;

$\quad \alpha$ 为平滑(或加权)系数($0 \leqslant \alpha \leqslant 1$);

$\quad A_{t-1}$ 为第 $t-1$ 期的实际值。指数平滑法的概念并不复杂。新的预测值等于原来的预测值加上某个数值的一个比例,而这个数值正是上个时间段的实际需求和上个时间段估计值之间的差值。

【例6-3】 在1月,一个汽车销售商预测2月份福特野马车的需求为142辆,而2月份的实际需求是152辆。假设管理者选定的平滑系数 $\alpha = 0.20$,请利用指数平滑法预测3月份的福特野马车需求量。

解:3月份的需求量=142+0.2×(152−142)=144

在实际商业应用中,平滑系数 α 的取值范围是 $0.05 \sim 0.5$ 。也可以加大最近数据的权重(加大 α 的值)或加大历史数据的权重(减小 α 的值)。当 α 取到极限值1.0时,公式演化为 $F_t = A_{t-1}$ 。所有较早的历史值都被舍弃了,也就是说,下一周期的预测值和这一周期的实际需求相同。

指数平滑法使用简单,已经广泛应用于各种商业领域。但是,平滑系数 α 的值取得合理与否,将直接决定预测结果的准确性。 α 的值较大,则预测值变化就越大; α 的值较小,则预测值就趋向平稳。选择 α 值的目标是使预测值最准确。

三、时间序列分解模型

现实生活中,实际需求往往是趋势的、季节的、周期的或随机的等多种成分共同作用的结果。时间序列分解模型企图从时间序列值中找出各种成分,并在对各种成分单独进行预测的基础上,综合处理各种成分的预测值,以得到最终的预测结果。

时间序列分解方法的应用基于如下假设:各种成分单独地作用于实际需求,而且过去和现在起作用的机制将持续到未来。因此,在应用该方法时要注意各种成分是否已经超过了其作用的期限。同时,还应该分析过去出现的"转折点"情况。比如,1973年的石油危机对美国1973年以后的汽车销售纪录产生了重大影响。当应用该种模型来预测今后十年的汽车销售量时,就应该考虑类似石油危机这样的重大事件是否会再次发生。

时间序列分解模型有两种形式:乘法模型和加法模型。乘法模型比较通用,它是通过将各种成分(以比例的形式)相乘的方法来求出需求估计值的。加法模型则是将各种成分相加来预测的。对于不同的预测问题,人们常常通过观察其时间序列值的分布来选用适当的时间序列分解模型。下面两式分别给出了乘法模型和加法模型。

$$TF = T \cdot S \cdot C \cdot I$$
$$TF = T + S + C + I$$

式中,TF 表示时间序列的预测值;

　T 表示趋势成分;

　S 表示季节成分;

　C 表示周期性变化成分;

　I 表示不规则的波动成分。

图 6-1 给出了几种时间序列类型,这里以类型(c)为例,介绍时间序列分解模型的应用。线性趋势、相等的季节波动类型是线性趋势和季节性变化趋势共同作用的结果。用

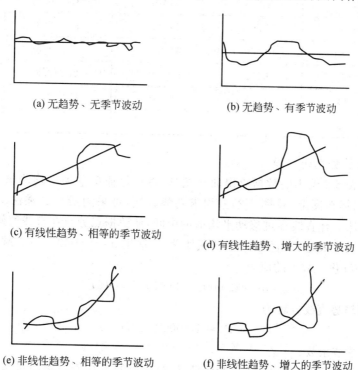

(a) 无趋势、无季节波动　　　　　(b) 无趋势、有季节波动

(c) 有线性趋势、相等的季节波动　　　(d) 有线性趋势、增大的季节波动

(e) 非线性趋势、相等的季节波动　　　(f) 非线性趋势、增大的季节波动

图 6-1　几种时间序列类型

这种方法进行预测的关键在于求出线性趋势方程(直线方程)和季节系数。下面通过一个实例来说明。

【例 6-4】 表 6-2 给出了某电商过去 3 年各季度某产品的销售记录。试预测该电商未来一年各季度的销售量。

表 6-2 某电商过去 3 年某产品销售记录

季度	季度序号 t	销售量 A_t	4 个季度销售总量	4 个季度移动平均	季度中点
夏	1	11 800			
秋	2	10 404			
冬	3	8 925			
春	4	10 600	41 729	10 432.3	2.5
夏	5	12 285	42 214	10 553.5	3.5
秋	6	11 009	42 819	10 704.8	4.5
冬	7	9 213	43 107	10 776.8	5.5
春	8	11 286	43 793	10 948.3	6.5
夏	9	13 350	44 858	11 214.5	7.5
秋	10	11 270	45 119	11 279.8	8.5
冬	11	10 266	46 172	11 543	9.5
春	12	12 138	47 042	11 756	10.5

解：(1)求趋势直线方程

首先根据表 6-2 给出的数据绘出曲线图形,然后用简单移动平均法求出 4 个季度的平均值,将它们标在图上(见图 6-2)。为求趋势直线,可采用最小二乘法。为简单起见,这里采用目测法。让直线穿过移动平均值的中间,使数据点分布在直线两侧,尽可能地各占一半。此直线代表趋势,它与 Y 轴的截距为 a,这里 $a=10\,000$。另一端,在 $t=12$ 时,销售量为 12 000 份。故 b 的值为

$$b=(12\,000-10\,000)/12=167$$

由此得到趋势直线方程为

$$T_t = 10\,000 + 167t$$

(2) 估算季节系数

所谓季节系数就是实际值 A_t 与趋势值 T_t 的比值的平均值。例如对季度 1,$A_1/T_1 = 11\,800/10\,167 = 1.16$。类似的,可以求出各个季度的 A_t/T_t,如表 6-3 所示。

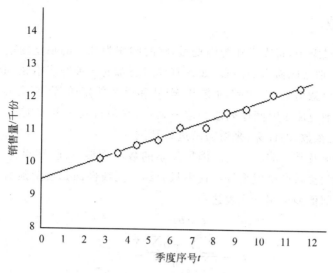

图 6-2 趋势直线方程

表 6-3 A_t/T_t 计算表

t	1	2	3	4	5	6	7	8	9	10	11	12
A_t/T_t	1.16	1.01	0.85	0.99	1.13	1	0.8	1	1.16	0.95	0.87	1.01

由于季节 1、5、9 都是夏季,应求出它们的平均值作为夏季的季节系数:

$$SI_夏 = (A_1/T_1 + A_5/T_5 + A_9/T_9)/3 = (1.16 + 1.13 + 1.16)/3 = 1.15$$

同样可得,

$$SI_秋 = 1.00; SI_冬 = 0.85; SI_春 = 1.00。$$

需要指出的是,随着数据的积累,应该不断地对季节系数进行修正。

(3)预测

在进行预测时,关键是选择正确的 t 值和季节系数。在这里,该电商未来一年的夏秋冬春各季对应的 t 值分别为 13,14,15,16,对应的季节系数分别为 $SI_夏$,$SI_秋$,$SI_冬$,$SI_春$。因此该电商未来一年销售量分别为

夏季:$(10\,000 + 167 \times 13) \times 1.15 = 13\,997$(份)

秋季:$(10\,000 + 167 \times 14) \times 1.00 = 12\,338$(份)

冬季:$(10\,000 + 167 \times 15) \times 0.85 = 10\,629$(份)

春季:$(10\,000 + 167 \times 16) \times 1.00 = 12\,672$(份)

由上例可以看出,对线性趋势、相等的季节性波动类型可以用一种简明的周期性预测方法,它应用起来比较方便。

四、因果模型

在时间序列模型中,将需求作为因变量,将时间作为唯一的独立变量。这种做法虽然简单,但忽略了其他影响需求的因素,如政府部门公布的各种经济指数、地方政府的规划、银行发布的各种金融信息、广告费的支出、产品和服务的定价等,都会对需求产生影响。因果模型则有效地克服了时间序列法的这一缺点,它通过对一些与需求(如书包)有关的先导指数(学龄儿童数)的计算,来对需求进行预测。

由于反映需求及其影响因素之间因果关系的数学模型不同,因果模型又分为回归模型、经济计量模型、投入产出模型等。这里只介绍一元线性回归模型预测方法。

一元线性回归模型可用下式表达:

$$Y_T = a + bx$$

$$a = \frac{\sum Y - b \sum X}{n}$$

$$b = \frac{n \sum XY - \sum X \sum Y}{n \sum X^2 - \left(\sum X \right)^2}$$

式中,Y_T 为一元线性回归预测值;

a 为截距,为自变量 $x=0$ 时的预测值;

b 为斜率;

n 为数据量;

X 为自变量的取值;

Y 为因变量的取值。

【例 6-5】 对例 6-4 应用一元线性回归法进行预测。

解:计算 b 和 a,然后求 Y_T,结果如表 6-4 所示。

表 6-4　一元线性回归计算

X	Y	X^2	XY
2.5	10 432.3	6.25	26 080.75
3.5	10 553.5	12.25	36 937.25
4.5	10 704.8	20.25	48 171.6
5.5	10 776.8	30.25	59 272.4
6.5	10 948.3	42.25	71 163.95
7.5	11 214.5	56.25	84 108.75
8.5	11 279.8	72.25	95 878.3
9.5	11 543	90.25	109 658.5
10.5	11 756	110.25	123 438
$\sum X = 58.5$	$\sum Y = 99\,209.0$	$\sum X^2 = 440.25$	$\sum XY = 654\,709.50$

$$b=(9\times654\,709.5-58.5\times99\,209.0)/(9\times440.25-58.5^2)=164.183$$
$$a=(99\,209-164\,183\times58.5)/9=9\,956.03$$
$$Y_T=9\,956.03+164.183X$$

为了衡量一元线性回归方法的偏差,可采用两个指标:线性相关系数 r 和标准差 s_{yx}。

$$r=\frac{n\sum XY-\sum X\sum Y}{\sqrt{n\sum X^2-(\sum X)^2\left[n\sum Y^2-(\sum Y)^2\right]}}$$

$$s_{yx}=\sqrt{\frac{\sum(Y-Y_T)^2}{n-2}}$$

当 r 为正,说明 Y 与 X 正相关,即 X 增加, Y 也增加;当 r 为负,说明 Y 与 X 负相关,即 X 增加, Y 减少。 r 越接近 1,说明实际值与所做出的直线越接近。 s_{yx} 越小表示预测值与直线的距离越接近。

第四节　预测精度及其监控

一、预测精度的测量

由于需求受许多不确定因素的影响,不可避免地存在预测误差。出现预测误差的原因一般有:①忽略了重要的变量,或变量发生了大的变化,或新的变量出现,使得所采用的预测模型不再适当;②气候或其他自然现象的严重变化,如大的自然灾害引起的不规则变化;③预测方法应用不当或错误地解释了预测结果;④随机变量的存在。

所谓预测误差,是指预测值与实际值之间的差异。误差有正负之分。当预测值大于实际值时,误差为正;反之,误差为负。预测模型最好是无偏的模型,即应用该模型时,正、负误差出现的概率大致相等。平均误差是评价预测精度、计算预测误差的重要指标。它常被用来检验预测与历史数据的吻合情况。同时它也是判断预测模型能否继续使用的重要标准之一。在比较多个模型孰优孰劣时,也经常用到平均误差。

本节将介绍平均绝对偏差、平均平方误差、平均预测误差和平均绝对百分比误差这 4 个常用的评价指标。

1. 平均绝对偏差

平均绝对偏差(mean absolute deviation,MAD)就是整个预测期内每一次预测值与实际值的绝对偏差(不分正负,只考虑偏差量)的平均值。MAD 用公式表示为

$$\text{MAD}=\frac{\sum_{t=1}^{n}|A_t-F_t|}{n}$$

式中, A_t 表示时段 t 的实际值; F_t 表示时段 t 的预测值; n 是整个预测期内的时段个数(或

预测次数)。

MAD 的作用与标准偏差相类似,但它比标准偏差容易求得。如果预测误差是正态分布,MAD 约等于 0.8 倍的标准偏差。这时,1 倍 MAD 内的百分比约为 58%,2 倍 MAD 内约为 89%,3 倍 MAD 内约为 98%。MAD 能较好地反映预测的精度,但它不容易衡量无偏性。

2. 均方差

均方差(mean square error,MSE)就是对误差的平方和取平均,沿用上式中的符号,MSE 用公式表示为

$$\text{MSE} = \frac{\sum_{t=1}^{n} (A_t - F_t)^2}{n}$$

MSE 与 MAD 类似,虽然可以较好地反映预测的精度,但是无法衡量无偏性。

3. 平均预测误差

平均预测误差(mean forecast error,MFE)是指预测误差的和的平均值。MFE 用公式表示为

$$\text{MFE} = \frac{\sum_{t=1}^{n} (A_t - F_t)}{n}$$

在上式中,$\sum_{t=1}^{n} (A_t - F_t)$ 被称作预测误差滚动和(running sum of forecast errors,RSFE)。如果预测模型是无偏的,RSFE 应该接近于零,即 MFE 应接近于零。因而 MFE 能很好地衡量预测模型的无偏性,但它不能够反映预测值偏离实际值的程度。

4. 平均绝对百分比误差

平均绝对百分比误差(mean absolute percentage error,MAPE)是绝对百分比误差的平均值。由于它表述为百分比,因此与需求值本身的大小无关。其计算公式为

$$\text{MAPE} = \left(\frac{100}{n}\right) \sum_{t=1}^{n} \left| \frac{A_t - F_t}{A_t} \right|$$

一般在需求量很小的情况下,不推荐使用 MAPE。比如实际需求量为 1 个单位,预测值为 2 个单位,这时计算出的 MAPE 为 100%,不利于分析判断。

平均绝对偏差(MAD)、均方差(MSE)、平均预测误差(MFE)、平均绝对百分比误差(MAPE)是 4 种常用的衡量预测误差的评价指标。但任何一种指标都很难全面地评价一个预测模型,因此在实际中常常将它们结合起来使用。

表 6-5 中是计算 MAD、MSE、MFE、MAPE 的例子。

$$\text{MAD} = 60/6 = 10$$
$$\text{MSE} = 750/6 = 125$$

$$MAPE=(49.86/6)=8.31\%$$
$$MFE=-10/6=-1.67$$

表 6-5　MAD、MSE、MFE、MAPE 计算一览

t	实际值 (A_t)	预测值 (F_t)	偏差 (A_t-F_t)	绝对偏差 $\lvert A_t-F_t\rvert$	平方误差 $(A_t-F_t)^2$	百分误差 $100(A_t-F_t)/A_t$	绝对百分误差 $100\lvert(A_t-F_t)/A_t\rvert$
1	120	125	-5	5	25	-4.17	4.17
2	130	125	5	5	25	3.85	3.85
3	110	125	-15	15	225	-13.64	13.64
4	140	125	15	15	225	10.71	10.71
5	110	125	-15	15	225	-13.64	13.64
6	130	125	5	5	25	3.85	3.85
累计值			-10	60	750		49.86

二、预测监控

预测的完成,并不意味着工作的结束。任何管理者都知道预测有很大的风险,但是关键的是分析预测结果与实际需求产生差别的主要原因是什么。一旦预测结果准确,预测者会让所有人知道他的才能。但是在很多时候预测都会有很大的误差,如《财富》、《福布斯》或《华尔街日报》上经常有关于财务经理对股票市场的预测误差高达 25% 的报道。

控制预测以确保预测准确的办法是使用跟踪信号。跟踪信号是用来控制预测值和实际值差别的。随着预测值每周、每月和每季的更新,不断地将最新的实际需求与预测值相比较。

跟踪信号的计算公式是预测误差滚动和(RSFE)除以平均绝对误差(MAD),即

$$跟踪信号值=\frac{RSFE}{MAD}$$

$$=\frac{\sum(时间段\ i\ 的实际需求-时间段\ i\ 的预测需求)}{MAD}$$

跟踪信号值为正意味着需求值大于预测值;跟踪信号值为负则意味着需求值小于预测值。一个理想的跟踪信号——预测误差滚动和较小的信号——正误差和负误差值相近。换句话说就是,误差越小越好,同时正负误差要平衡,这样跟踪信号就在零附近。预测值持续高于或低于实际值(也就是,预测误差总和较高)叫作偏移误差。偏移误差的产生是由于采用错误的变量和趋势线,或者错误地使用季节系数。

计算出跟踪信号之后,就要与控制限相比较。如果跟踪信号超过上、下限,说明预测方法存在问题,管理者需要重新评估预测方法。图 6-3 给出了跟踪信号超出允许范围的例子。

企业该如何决定跟踪信号的上、下控制限? 问题没有唯一的答案,管理者需要反复尝

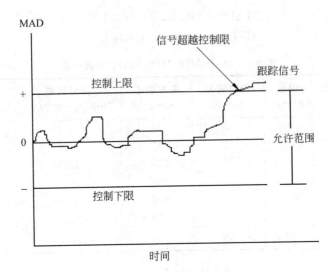

图 6-3　跟踪信号示例

试找到合适的值——换句话说,控制限不能太低,使所有小的预测误差都超出控制限外;也不能太高,使坏的预测值被正常对待。不同的预测专家建议取值的范围可能会各不相同。因为 1 倍平均绝对误差相当于 0.8 个标准差,±2 倍平均绝对误差相当于±1.6 个标准差,±3 倍平均绝对误差相当于±2.4 个标准差,±4 倍平均绝对误差相当于±3.2 个标准差。这意味着在受控情况下,89%的误差落在±2 倍平均绝对误差范围内,98%的误差落在±3 倍平均绝对误差范围内,99.9%的误差落在±4 倍平均绝对误差范围内。

下例讲解 RSFE 和跟踪信号的计算。

【例 6-6】　R 面包店牛角面包的季销售量(单位:千个)、需求预测值和误差如表 6-6 所示。请计算跟踪信号和确定预测是否准确。

表 6-6　R 面包店牛角面包的季销售量数据

季度	实际需求	预测需求	误差	RSFE	预测误差绝对值	累计预测误差绝对值	MAD	跟踪信号(RSFE/MAD)
1	90	100	−10	−10	10	10	10	−10/10＝−1
2	95	100	−5	−15	5	15	7.5	−15/7.5＝−2
3	115	100	15	0	15	30	10	0/10＝0
4	100	110	−10	−10	10	40	10	−10/10＝−1
5	125	110	15	5	15	55	11	+5/11＝+0.5
6	140	110	30	35	30	85	14.2	+35/14.2＝+2.5

在第 6 个季度末,

$$\mathrm{MAD} = \frac{\sum |预测误差|}{n} = \frac{85}{6} = 14.2$$

$$跟踪信号 = \frac{\mathrm{RSFE}}{\mathrm{MAD}} = \frac{35}{14.2} = 2.5 \ 倍平均绝对误差$$

跟踪信号在可接受范围内,在-2.5倍平均绝对误差至$+2.5$倍平均绝对误差之间。

第五节　协同规划、预测与补货

如前所述,在电子商务环境下,为了获得和保持竞争优势,预测扮演着重要的角色。如何将预测有效地整合到电子商务运营中,对管理人员来说是一个令人畏惧的挑战。为了迎接这个挑战,企业界和学术界提出了很多创造性的实践。协同规划、预测与补货(collaborative planning, forecasting and replenishment, CPFR)就是最有代表性的成果之一。

一、CPFR 的含义

CPFR 的形成始于沃尔玛所推动的协同预测与补货(collaborative forecast and replenishment, CFAR)。CFAR 是利用 Internet,通过零售企业与生产企业的合作,共同做出商品预测,并在此基础上实行连续补货的系统。CPFR 是在 CFAR 共同预测和补货的基础上,进一步推动共同计划的制定,即不仅合作企业实行共同预测和补货,同时将原来属于各企业内部事务的计划工作(如生产计划、库存计划、配送计划、销售规划等)也由供应链各企业共同参与。CPFR 是一种协同式的供应链管理技术,它在降低销售商的存货量的同时,增加了供应商的销售量。

二、CPFR 的特点

1. 协同

从 CPFR 的基本思想看,供应链上下游企业只有确立起共同的目标,才能使双方的绩效都得到提升,取得综合性的效益。CPFR 这种新型的合作关系要求双方长期承诺公开沟通、信息分享,从而确立其协同性的经营战略,尽管这种战略的实施必须建立在信任和承诺的基础上,但是这是买卖双方取得长远发展和良好绩效的唯一途径。正是因为如此,所以协同的第一步就是保密协议的签署、纠纷机制的建立、供应链计分卡的确立以及共同激励目标的形成(例如不仅包括销量,也同时确立双方的盈利率)。应当注意的是,在确立这种协同性目标时,不仅要建立起双方的效益目标,更要确立协同的盈利驱动性目标,只有这样,才能使协同性能体现在流程控制和价值创造的基础之上。

2. 规划

规划,即合作规划与合作财务。为了实现供应链上下游企业共同确立的目标,双方需对各自所需物料的品类、品牌、分类、关键品种等进行合作规划,并从销量、订单满足率、定价、库存、毛利等方面进行合作财务规划。同时,为了实现共同的目标,还需要双方协同制定促销计划、库存政策变化计划、产品导入和中止计划以及仓储分类计划等。

3. 预测

任何一个企业或双方都能做出预测,但是 CPFR 强调买卖双方必须做出最终的协同预测,像季节因素和趋势管理信息等不论是对服装或相关品类的供应方还是销售方都是十分重要的,基于这类信息的共同预测能大大减少整个价值链体系的低效率、死库存,促进更好的产品销售、节约使用整个供应链的资源。与此同时,最终实现协同促销计划是实现预测精度提高的关键。CPFR 所推动的协同预测还有一个特点是它不仅关注供应链双方共同做出最终预测,同时也强调双方都应参与预测反馈信息的处理和预测模型的制定和修正,特别是如何处理预测数据的波动等问题,只有把数据集成、预测和处理的所有方面都考虑清楚,才有可能真正实现共同的目标,使协同预测落在实处。

4. 补货

销售预测必须利用时间序列预测和需求规划系统转化为订单预测,并且考虑供应方约束条件,如订单处理周期、前置时间、订单最小量、商品单元以及零售方长期形成的购买习惯等都需要供应链双方加以协商解决。根据 VICS 的 CPFR 指导原则,协同运输计划也被认为是补货的主要因素,此外,例外状况的出现也需要转化为存货的百分比、预测精度、安全库存水准、订单实现的比例、前置时间以及订单批准的比例,所有这些都需要在双方公认的计分卡基础上定期协同审核。潜在的分歧,如基本供应量、过度承诺等,双方事先应及时加以解决。

三、CPFR 的实施步骤

CPFR 的目标是通过共享的网络服务器交换经过选择的内部信息,以提供可靠、长期的对未来的供应链需求的认知。CPFR 使用一种循环、交互的方法来使大家对供应链需求预测产生相同的意见。其实施步骤如下。

1. 确定前端协定

生产制造商、零售商与分销商共同确定合作的原则和指南。各业务合作伙伴提出他们的期望并确定需要的介入资源。在这一步要形成一个通用业务协定,包括合作的全面认识、合作目标、机密协议、资源授权、合作伙伴任务和成绩的检测。

2. 创建协同商务计划

在该步骤,生产制造商和零售商交换有关公司策略的信息并创建协同策略,目标是减少异常情况的数量。这一阶段也会包括一些营销和促销的协议。合作伙伴首先建立合作伙伴关系战略,然后定义分类任务、目标和策略,并建立合作项目的管理简况(如订单最小批量、交货期、订单间隔等)。

3. 创建销售预测

该预测基于 POS 数据和源自步骤 2 的特殊因素及计划促销的信息。

4. 标识销售预测中的异常情况

该步骤确定了那些与实际需求相比偏差超过了一定阀值的预测(在步骤 1 中定义)。产生这些偏差的原因不仅在于预测得不准确,还有可能是因为一些外部干扰造成。

5. 异常处理与协作

该阶段可以采用现场、E-mail、电话、交谈及电子会议等方式解决销售预测例外情况,同时可以利用共享数据库的方法提供新事件对销售可能产生的影响信息。该步骤的结果是一个修正了的预测。产生的变化可以提交给销售预测(步骤 3)。

6. 创建订单预测

需求预测、因果关系信息和库存信息(实际库存、未执行订单和在途库存等)在本步骤中合并起来用于预计可能获得的实际订单,提出分时间段的实际需求量,并通过产品及接收地点反映库存目标。订单预测周期内的短期部分用于产生订单,在冻结预测周期外的长期部分用于计划。

7. 标识订单预测的异常

在本步骤中(与步骤 4 类似),实际到达的订单可能与生产制造商和零售商协定的数量不符。比如说,可能会出现因生产能力不足或物流不畅而无法满足需求的情况。

8. 异常处理与协作

与步骤 5 紧跟着步骤 4 相似,步骤 8 也是紧随步骤 7 而来。决策支持信息再一次从数据库中获得。它用于决定该异常是否能被忽略。如果不能,该如何反应,可能的解决方案有哪些。可通过查询共享数据、E-mail、电话、交谈会议等调查研究订单预测例外情况,并将产生的变化提交给订单预测(步骤 6)。

9. 生成订单

在该步骤中,预测订单将被转变成固定订单,订单确认必须送回客户处。订单产生可由制造厂或者分销商根据能力、系统和资源来完成。

CPFR 可用于创建一个消费者需求的单一预测,协同制造厂和零售商的订单周期,最终建立一个企业间的价值链环境,在获得最大盈利和消费者满意度的同时减少浪费和成本。

本 章 小 结

预测是电子商务运营必不可少的关键环节。本章在对预测的定义、预测的原理、预测的分类以及预测的步骤进行介绍的基础上,首先介绍了几种常见的定性预测方法,包括专家评估法(德尔菲法)、历史类比法、主观概率法、情景分析法、顾客调查法以及销售人员意见综合法。然后介绍了时间序列的分解及几种常见的定量预测模型,包括时间序列平滑模型(简单移动平均法、加权移动平均法、指数平滑法),时间序列分解模型(加法模型和乘法模型),因果模型(一元线性回归模型预测方法)。随后,介绍了几种预测精度的测量方法,包括平均绝对偏差、平均平方误差、平均预测误差和平均绝对百分误差这 4 个常用的评价指标以及预测监控的方法:跟踪信号。最后,介绍了协同预测、规划与补货系统的概念、特点及实施步骤。

思　考　题

1. 简述预测的基本原理。
2. 有哪些主要的定性和定量预测方法? 说出它们各自的特点。
3. 预测精度的测量有哪些评价指标?
4. CPFR 的特点有哪些? CPFR 的具体实施步骤是什么?

 案例应用

电商的备货采购与需求预测

京东商城、当当等 B2C 电子商务平台,已经成为与传统零售连锁叫板甚至对其形成强大威胁的新型零售渠道。它们"不差钱"。过去一年,风险投资对中国电子商务 18 亿美元的爆发式巨额投资,使它们获得了"直升机"般的发展速度。

但高增长背后所掩盖的采购、渠道方面的难题,却让它们叫苦不堪,甚至给未来埋下潜在的巨大危机。

一、棘手的长尾采购

新问题首先来自数量级的巨大变化。

出于对商品重复购买率、维护客户忠诚度的考虑,从 IT 跳跃到 3C(computer, communication & consumer electronic,计算机、通信和消费电子产品)后不久,京东又一跃进入百货领域,因为百货具备让用户增加重复购买率的属性,有助于提升销售规模。

这一转型,使京东的目标消费群由百万级上升到千万级,商品种类由 2009 年不到 3 万种一跃飙升至 2011 年的近百万种商品。卓越、当当也类似。要为这上千万的顾客优质足量地采购近百万种的商品,无疑是个巨大的挑战。

网上渠道的热销品种、数量以及消费者地域分布,往往能颠覆采购经理多年的经验。拿卓越来讲,一个月能销出数千箱的黄飞红花生,高档化妆品在新疆、甘肃等西部地区依然畅销,而商品中订单名列前茅的居然是新疆大枣这种你难以想到的产品。

京东上了百货后,也发现了这些现象,长尾理论有了生动的应用。这些销量不高的长尾产品,种类却有几十万种,京东该如何预测需求量的"头"和"尾",实施备货采购,并纳入供应链管理,就成了一个很棘手的问题。

京东正在全国同时筹建 7 个一级物流中心和 25 个二级物流中心,如果为了消费者体验最好,每种产品就要准备 7 个一级物流中心的备货,库存压力非常巨大。倘若商品的需求介于 1 和 7 之间,那这些备货又该放到哪个物流中心呢?

这个问题已经超出了一个普通采购经理能回答的能力范围。刘强东为自己的采购系统配置了多位数学、统计学博士,哪件商品需要采购,采购量是多少,都由采购系统来决定。采购经理只有 10% 的权限,而京东的采购经理,却有四五百名之多。

即便如此,据京东的员工讲,在京东的很多仓库内,一些百货商品的货架还是常常落有灰尘,说明部分百货的周转率没有预期的那么理想。

二、"抢货"压力

京东多年来一直打着"低价"这张牌,打得很好,聚集了超乎刘强东想象的顾客数量。但是,低价带来的顾客"强烈拥抱",未必是京东能吃得消的。

2010 年年初,京东商城陷入"乌龙耳机门",以 999 元特价促销一款原价 2 100 元的高级耳机。顾客竞相下单购买,但随后京东以货源不足为由,取消了大量订单。

货源的问题在小的 B2C 身上,似乎算不上一个大问题,毕竟它们对市场的影响力有限。然而像京东这样的巨型电商,一个热销产品的销量预估稍有差池,就是成千上万件的差异,短期内要补齐这么大的缺口,却不是那么容易的。供货问题造成的不良印象会在顾客心中不断积累,甚至会使京东的形象急转直下。所以,货源控制是京东一直在做的一门功课。

过去 10 年,许多 B2C 并不成气候,特别是 3C 领域,基本是京东一家独大。但 2010 年几大电商迅速崛起,借助资本纷纷"跑马圈地",形成对峙。很多电商的业务大幅度交集,有着一样的供货商和顾客群,谁能保障货源的稳定供应,谁就能在这场大战中称霸,而乏善可陈者只能无奈地"扣牌"。

如果你认为京东的采购问题仅仅在于它与品牌厂家的采购关系处理难题,那你就大错特错了。真正的根源在于大型 B2C 的"抢货"行为。

众所周知,网上商城的价格一般要比线下渠道低,只有如此,大众的消费习惯才得以改变,网民的消费忠诚度才得以巩固。再加上网上的商品没有地域限制,顾客群差异小,直接导致了产品价格完全透明。这时候 B2C 为了抢市场,只能选择"赔本赚吆喝",超低价甚至是赔本出售部分产品,这种情形在 B2C 中十分普遍。价格透明度很高,就要求京东必须找到货源稳定、成本最低、质量最优的供应商。看起来这一切并不难,有了钱自然能采购到好商品。然而,具备这些条件的优质供应商或渠道商,一般都与传统线下渠道合作已久,建立了相对稳定的供应关系。商品出现热销且供不应求,他们会优先保证传统分销商的货源,同时,B2C 的疯狂压价也会吓走一些供应商。大型 B2C 爆发性大采购的货源无法得到保证，于是出现大量"抢货"行为。

三、延伸"采购之手"

一般而言，B2C 与供应商的采购谈判，从初步沟通到最终确立采购关系，往往要耗时数月，效率很低，费时费力。并不是所有的商品京东们都能及时采购，他们也没有足够的精力去维护与所有供应商的关系。这项工作，京东主要依靠渠道商来完成，他们凭借着自己遍布多个城市的门店、稳固的采购关系、多年积累的线下客服经验，帮助京东等 B2C 构建更优质的供应链。京东选择的渠道商，一般有两位数以上的产品种类，每个渠道商直接负责 40～80 家供应商，协商采购细目、价格以及相关事项。对于京东这样的 B2C 电商来讲，能否找到一个好的渠道商很关键，只有通过他们，才能找到优质供应商，保证货源的稳定和品质，还有优惠的价格。

但是，新上线的品类，尤其是诸多"长尾"商品，供应商的资质往往差强人意。即使像京东、当当这样大批量订购的 B2C，对绝大部分商品的供应商还是不足以形成控制，因此缺货、交货不及时、质量有瑕疵时有发生。若 B2C 无法掌控这些问题，那么近百万种商品不同供应商的问题一旦累积起来，就会形成牛鞭效应，对于 B2C 品牌将是致命打击。所以，制定严格的供应商管理标准，减少"糊涂账"，是减少危机的"治本之方"。京东在每个成功运营的品类稳定后，便提高优质供应商的级别，取消与不达标供应商的合作，使供应商数量大为精简，供货能力却不断提升。这对网络分销商来说是一个莫大机遇，京东们不是排斥他们，而是欢迎优质供应商。

京东、当当等大型电商已由某个领域的"巨轮"，升级为综合类电商的"航空母舰"，要乘风破浪，关键还是渠道的安全稳定。B2C 大战刚刚拉开帷幕，谁控制了渠道和货源，与优质供应商成功"联姻"，谁就能笑到最后。

资料来源：http://hn.cnr.cn/hngbit/201108/t20110801_508308460.shtml。

【案例讨论】

1. 电子商务需求预测的难点是什么？
2. 电子商务企业应如何进行有效预测？

CHAPTER 7
第七章
电子商务采购与供应商管理

本章导读

- 采购的概念、分类与基本原则等
- 采购管理的概念、目标与采购管理的内容与过程
- 电子商务采购的概念、特征
- 电子商务采购流程与流程优化
- 供应商管理的概念、特点与流程

 **先导案例**

京东商城的采购

在零售行业中,持续的现金周转率是零售企业在商业竞争中脱颖而出的关键。零售业的典范企业沃尔玛通过自身强大的信息系统将现金周转期控制到 30 天左右,国内连锁零售巨头苏宁和国美控制到 40 天左右,而京东商城目前可做到 10 天。之所以京东可以做到如此短的时间,得益于其将物联网技术应用于供应链管理中,井然有序的供应链管理让京东的现金周转期持续缩短。

在采购环节,京东商城依靠其包含 RFID(射频识别)、EPC(电子产品代码)、GIS(地理信息系统)、云计算等多种技术的先进系统对一个区域进行发散分析,从而了解客户的区域构成、客户密度、订单的密度等,根据这些数据提前对各区域产品销售情况进行预测,根据预测销售量备货,同时决定采购商品分配到哪些区域的仓库,以及各仓库分配数量。

各种现代技术的采用可以使京东由产品销售总量的预测细化到各个区域,根据销售前端传来的详细信息,采购人员可以做出更合理的采购决策。例如,在京东成熟的 3C 数码市场领域,其产品平均库存周转期约为 11.6 天,京东采购人员会对相关产品进行频繁采购,同时开放平台的供应商可以在其后台即时查看产品销售情况以及时补货。在这个环节上,现代技术减少了用户下订单出现缺货现象的可能性,有利于顾客更快做出购物决策,增加购物的流畅感,提高了顾客的消费体验。从成本管理角度分析,现代信息技术可以帮助采购人员更合理地做出采购决策,增加了产品库存周转率,提高了产品合理分配仓库程度,节约了属于作业成本范畴的采购成本、库存成本、物流成本;销售数据与供应商

的直接交流,允许供应商自行补货,也降低了交易成本中的谈判成本、协调成本、信息成本。

资料来源:作者根据网络资料整理。

第一节 采购的概念

一、采购的含义

采购,是在市场经济条件下,企业及个人为了获取商品或服务而对获取对象的渠道、方式、价格、质量、时间等进行预测、抉择,把货币资金转化为标的物的交易过程。采购的内涵表现在以下几个方面。

(一)采购是从资源市场获取资源的过程

能够提供这些资源的供应商,形成了一个资源市场。为了从资源市场获取这些资源,必须通过采购的方式。也就是说,采购的基本功能,就是帮助人们从资源市场获取他们所需要的各种资源。

(二)采购既是一个商流过程,也是一个物流过程

采购的基本作用,就是将资源从资源市场的供应者手中转移到用户的手中。在这个过程中,一是要实现资源的所有权或使用权从供应商手中转移到用户手中;二是要实现将资源的物质实体从供应商手中转移到用户手中。前者是一个商流过程,主要通过商品交易、等价交换来实现商品所有权或使用权的转移。后者是一个物流过程,主要通过运输、储存、包装、装卸、流通加工等手段来实现商品空间位置和时间位置的转移。只有这两个方面都完全实现了,采购过程才算完成。因此,采购过程实际上是商流过程与物流过程的统一。

(三)采购是一种经济活动

在整个采购活动过程中,一方面,通过采购获取了资源,保证了企业正常生产的顺利进行,这是采购的效益;另一方面,在采购过程中,也会发生各种费用,这就是采购成本。我们要追求采购经济效益的最大化,就是不断降低采购成本,以最少的成本去获取最大的效益。而要做到这一点,关键就是要进行科学采购。

二、采购的分类

(一)按采购的形式分类

常见的采购形式分为战略采购(sourcing)、日常采购(procurement)、采购外包

(purchasing out-services)三种形式。

1. 战略采购

战略采购是指采购人员根据企业的经营战略需求,制定和执行企业的物料获得规划,通过内部客户需求分析以及外部供应市场、竞争对手、供应基础等分析,在标杆比较的基础上设定物料的长期和短期采购目标,制定达成目标所需的采购策略及行动计划,并通过行动的实施寻找到合适的供应资源,满足企业在成本、质量、时间、技术等方面的综合要求。

战略采购计划内容包含采用何种采购技术,与什么样的供应商打交道,建立何种关系,如何培养与建立对企业竞争优势具有贡献的供应商群体,日常采购执行与合同如何确立等。

2. 日常采购

日常采购是指采购人员根据确定的供应协议和条款,以及企业的物料需求时间计划,以采购订单的形式向供应方发出需求信息,并安排和跟踪整个物流过程,确保物料按时到达企业,以支持企业的正常运营的过程。

3. 采购外包

采购外包就是企业在聚焦于自身核心竞争力的同时,将全部或部分的采购业务活动外包给专业采购服务供应商,专业采购供应商可以通过自身更具专业的分析和市场信息捕捉能力,来辅助企业管理人员进行总体成本控制,降低采购环节在企业运作中的成本支出。

(二) 按采购方法划分

按采购的方法,可将采购划分为以下类别。

1. 订货点采购

订货点采购可分为定量订货法采购和定期订货法采购。

(1) 定量订货法采购:预先确定一个订货点和一个订货批量,然后随时检查库存,当库存下降到订货点时,就发出订单,订货批量的大小每次都相同。

(2) 定期订货法采购:预先确定一个订货周期和一个最高库存水准,然后以规定的订货周期为准,周期性地检查库存,发出订单,订货批量的大小每次都不一定相同,订货量等于当时的实际库存量与规定的最高库存水准的差额。

两种模式都是以需求分析为依据,以补充库存为目的,兼顾满足需求和库存成本控制两种目标,原理比较科学,操作比较简单。但是由于市场的随机因素多,使得这两种方法具有库存量大、市场响应不灵敏的缺陷。

2. MRP 采购模式

物料需求计划(material requirement planning,MRP)采购,主要应用于生产企业,是

由企业采购人员采用 MRP 应用软件,制定采购计划而进行采购。

MRP 采购是以需求分析为依据,以满足库存为目的。由于计划精细、严格,所以它的市场响应灵敏度及库存水平都比订货点法采购更进了一步。

3. JIT 采购模式

JIT(jist in time)采购,是一种完全以满足需求为依据的采购方法。需求方根据自己的需要,对供应商下达订货指令,要求供应商以指定的时间、指定的品种、指定的数量送到指定的地点。

JIT 采购既做到了灵敏地响应与满足用户需求,又使用户的库存量最小化,进而实现零库存。这是一种比较科学和理想的采购模式。

4. VMI 采购模式

供应商管理库存(vendor managed inventory,VMI)采购模式,其基本思想是在供应链机制下,采购不再由采购者操作,而是由供应商操作。VMI 采购是用户只需要把自己的需求信息向供应商连续及时传递即可,由供应商自己根据用户的需求信息,预测用户未来的需求量,并根据这个预测需求量制定自己的生产计划和补货计划,用户库存量的大小由供应商自主决策的采购模式。

它是一种科学、理想的采购模式。供应商能够及时掌握市场需求信息、灵敏地响应市场需求变化、减少库存风险、提高经济效益。但是 VMI 采购对企业信息系统、供应商的业务动作要求较高。

5. 电子采购模式

电子采购(即网上采购),是在电子商务环境下的采购模式。网上采购扩大了采购市场的范围、缩短了供需距离、简化了采购手续、减少了采购时间、降低了采购成本、提高了工作效率,是一种很有前途的采购模式。

三、采购的基本原则

采购一般应遵循以下五大原则。

(一) 适价

大量采购与少量采购,长期采购与短期采购,价格往往有较大的差别。决定一个合适的价格要经过以下几个步骤。

(1) 多渠道询价。多方面打探市场行情,包括市场最高价、最低价、一般价格等。

(2) 比价。要分析各供应商提供的商品的性能、规格、品质、用料等,以建立比价标准。

(3) 自行估价。自己成立估价小组,由采购、技术人员、成本会计等人组成,估算出符合品质要求的、较为准确的底价资料。

（4）议价。根据底价资料、市场的行情、供应商用料的不同,采购量的大小以及付款期的长短等与供应商议定出一个双方都能接受的合理价格。

（二）适时

现代企业竞争非常激烈,时间就是金钱。采购计划的制定要非常准确,该进的商品不依时间进来,就会造成店铺缺货,增加管理费用,影响销售和信誉;太早进来,又会造成商品和资金的积压、场地的浪费。所以依据销售计划制定采购计划,按采购计划适时地采购商品,既能使销售顺畅,又可以节约成本,提高市场竞争力。

（三）适质

采购商品的成本是直接的,所以每个公司领导层都非常重视,而品质成本是间接的,所以就被许多公司领导层忽略了。"价廉物美"才是最佳的选择,偏重任何一头都会造成最终产品成本的增加。例如,品质不良会导致经常性的退货,造成各种管理费用增加;品质不良导致的经常性退货,又会造成经常性的销售计划变更,增加销售成本,影响交货期,降低信誉和产品竞争力;品质不良,还需增加大量检验人员,增加成本。

（四）适量

采购量多,价格就便宜,但不是采购越多越好,资金的周转率、仓库储存的成本等都会直接影响采购总成本,所以应根据资金的周转率、储存成本等综合计算出最经济的采购量。

（五）适地

供应商离自己公司越近,运输费用就越低,机动性就越高,协调沟通就越方便,成本就越低;反之,成本就会越高。

四、采购管理

（一）采购管理的定义

采购管理是企业为了完成生产和销售计划,在确保可靠质量的前提下,从适当的供应厂商,以适当的价格,适时购入必需数量的物品或服务的一切管理活动。

（二）采购管理的目标

采购管理作为企业管理的重要内容,通常要执行采购决策、采购计划、采购组织和采购控制四项职能。采购发挥这些职能的目的,是要实现四个基本目标,即适时适量保证供应,保证原材料质量,费用最省,管理协调供应商及管理供应链。

1. 适时适量保证供应

适时适量很重要。物资采购供应不是把货物进得越多越好,也不是进得越早越好。货物进少了不行,生产需要的时候,没有货物供应,产生缺货,影响生产;但是货物进得多,不但占用了较多的资金,而且还要增加仓储,增加保管费用,造成了浪费,使成本升高。这也是不行的。货物进迟了会造成缺货;但是进早了等于增加了存储时间,相当于增加了仓储、增加了保管费用,同样升高了成本。因此要求采购适时适量,既保证供应,又使采购成本最小。

2. 保证原材料质量

保证质量,是要保证采购的货物能够达到企业生产所需要的质量标准,保证企业生产出来的产品质量合格。保证质量,也要做到适度。质量太低,当然不行;但是质量太高,一是没有必要,二是必然导致价格高、增加购买费用,也是不合算的。所以要求物资采购要在保证质量的前提下尽量采购价格低廉的物品。

3. 费用最省

费用最省是物资采购贯穿始终的准绳。在物资采购中每个环节、每个方面都要发生各种各样的费用。例如:购买费用、进货费用、检验费用、入库费用、搬运费用、装卸费用、保管费用、银行利息等。因此在物资采购的全过程中,我们要运用各种各样的采购策略,使总的采购费用最小。

4. 管理协调供应商及管理供应链

采购要实现和资源市场的纽带作用,是要建立其与资源市场的良好和有效的关系,协调供应商、管好供应链。

(三)采购管理的内容与过程

为了实现上述基本职能,采购管理需要有一系列的业务内容和业务模式。采购管理的基本内容和模式如图 7-1 所示。

从图 7-1 可以看出,一个完整的采购管理过程基本上包含 8 个模块内容。

1. 采购管理组织

采购管理组织,是采购管理最基本的组成部分,为了搞好采购管理,需要有一个合理的管理机制和一个精悍的管理组织机构,要有一些能干的管理人员和操作人员。

2. 需求分析

需求分析,就是要弄清楚企业需要采购一些什么品种、需要采购多少,什么时候需要什么品种、需要多少等问题。作为全企业的物资采购供应部门,应当掌握全企业的物资需求情况,制定物料需求计划,从而为制定出科学合理的采购订货计划做准备。

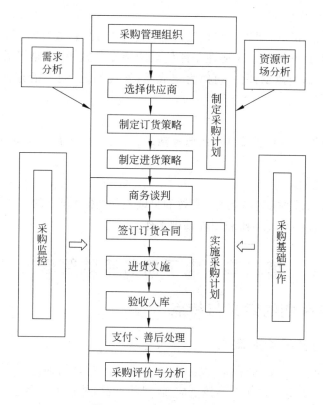

图 7-1　采购管理过程模块

3. 资源市场分析

资源市场分析,就是根据企业所需求的物资品种,分析资源市场的情况,包括对资源分布情况、供应商情况、品种质量、价格情况、交通运输情况等的分析。资源市场分析的重点是供应商分析和品种分析。分析的目的,是为制定采购订货计划做准备。

4. 制定采购计划

制定采购订货计划,是根据需求品种情况和供应商的情况,制定出切实可行的采购订货计划,包括选定供应商.供应品种.具体的订货策略、运输进货策略以及具体的实施进度计划等,具体地解决什么时候订货? 订购什么? 订多少? 向谁订? 怎样订? 怎样进货? 怎样支付等这样一些具体的计划问题,为整个采购订货进货规划一个蓝图。

5. 实施采购计划

实施采购计划,就是把制定的采购订货计划分配落实到人,根据既定的进度进行实施。具体包括联系指定的供应商、进行贸易谈判、签订订货合同、运输进货、到货验收入库、支付货款以及善后处理等。通过这样的具体活动,最后完成了一次完整的采购活动。

6. 采购评价与分析

采购评估,就是在一次采购完成以后对这次采购的评估,或月末、季末、年末对一定时期内的采购活动的总结评估。主要在于评估采购活动的效果、总结经验教训、找出问题、提出改进方法等。通过总结评估,可以肯定成绩、发现问题、制定措施、改进工作,不断提高采购管理水平。

7. 采购监控

采购监控,是指对采购活动进行的监控活动,包括对采购有关人员、采购资金、采购事务活动的监控。

8. 采购基础工作

采购基础工作,是指为建立科学、有效的采购系统,需要建立的一些基础建设工作,包括管理基础工作、软件基础工作和硬件基础工作。

第二节　电子商务采购管理

一、电子商务采购的定义与特点

（一）电子商务采购的定义

一般意义上讲,电子商务采购,也称为网上采购。它是指通过建立电子商务交易平台,发布采购信息,或主动在网上寻找供应商、寻找产品,然后通过网上洽谈、比价、网上竞价实现网上订货,网上支付货款,最后通过物流进行货物的配送,完成整个交易过程。

但对电子商务企业来讲,电子商务本质上就是销售。销售业务当中的采购是指各种类型的商品采购。商品采购是指销售单位为实现企业销售目标,在充分了解市场需求的前提下,根据企业的经营能力,运用适当的采购策略和方法,通过等价交换,取得适销对路的商品的经济活动过程。

（二）电子商务采购的特点

与传统采购相比,电子商务企业的采购具有以下特征。

1. 库存周转速度快

电商采购过程中,即时响应用户需求,降低库存,提高物流速度和库存周转率。以服装为例,如果一个服装品牌在全国有3 000家门店,每一家门店每款商品至少存放一套尺码,以此款商品有3种颜色4种尺码来计算,常见的尺码配比为2∶3∶3∶2,也就是需要10件,然后再乘以3种颜色,每个门店至少要存放30件商品。如果低于此数量,就会对销售产生严重影响。那么3 000家门店一共需要存放9万件商品,因此它的下单量非常大,生产的周期也会比较长。然后,商品从工厂运输到全国各地的分仓,再从分仓运送到

3 000 家门店,物流运输的时间也很长。在这种情况下,传统服装企业库存周转速度一般为一年 5~6 次。

而电子商务企业往往是由工厂送到几个有限的仓库里,全国所有订单都从这些仓库发货给客户,不需要对数千个门店进行库存的铺货。从理论上讲,库存周转周期可以缩短到这个产品的生产周期。仍以服务企业为例,大部分电子商务企业的周转期都能控制在 30 天左右。假设公司准备投入 100 万元货品成本,在传统周转 5~6 次的情况下,该商品一年最多做 500 万~600 万元的生意。而针对电子商务,100 万元的货值能够做到 1 200 万元的生意。

2. 采购由预测驱动转变为订单驱动

传统企业由于供应链时间周期长,所以它的采购具有很强的预测性,今年夏季的商品可能在去年冬天就已经下单生产。在这种情况下,对市场预测的准确性要求很高,产品开发的市场风险很大。

而在电子商务采购过程中,由于可以人人提高物流速度和库存周转率,可以即时响应客户需求,因此企业的采购可以由预测驱动变为订单驱动,由“为库存而采购”转变为“为订单而采购”。

3. 多批次、少批量、快速响应

传统企业由于供货周期长,所以往往下单批次比较少,批量比较大,对供应商的响应要求低。而电子商务企业由于库存周转速度快,为订单而采购,因此采购订单追求的是多批次、少批量和快速响应。电子商务企业的采购频率非常高,理论上最小批次间隔时间可以是这个商品本身的生产周期。

此外,电子商务采购作为一种利用现代信息技术,利用电子商务交易平台进行的采购活动,其采购还具有如下特征。

(1) 采购的广泛性。所有的供应商都可以向采购方投标,采购方也可以调查所有的供应商。这样,可以扩大供应商范围,产生规模效益。

(2) 采购的交互性。电子商务采购过程中,采购方与供应商可以通过电子邮件或聊天等方式进行实时信息交流,既方便,又迅速,而且成本较低。

(3) 采购高效率。电子商务采购过程中,可以突破时间和空间的束缚,以接近于实时的速度收集、处理和应用采购信息。

(4) 采购的透明性。电子商务采购过程中,实现采购过程的公开、公平、公正,杜绝采购过程中的腐败。将采购信息在网站公开,由计算机根据设定标准自动完成供应商的选择工作,有利于实现实时监控,避免采购中的黑洞,使采购更透明、更规范。

(5) 采购流程标准化。电子商务采购是在对业务流程进行优化的基础上进行的,按规定的标准流程进行,可以规范采购行为,规范采购市场,减少采购过程的随意性。

(6) 采购管理向供应链管理转变。采购方可以及时将数量、质量、服务、交货期等信息通过商务网站或 EDI 传送给供应方,并根据需求及时调整采购计划,使供方严格按要求提供产品,实现准时化采购和生产。

二、电子商务采购的作业流程

(一)采购作业流程的概念

采购作业流程就是详细论述采购部门职责或任务的运营指南,是采购管理中最重要的部分之一,是采购活动具体执行的标准。采购作业流程通常是指有需求的企业选择和购买所需的各种物料的全过程。

一个完善的采购作业流程应满足所需物料在价格与质量、数量、区域之间的综合平衡。即物料价格在供应商中的合理性,物料质量在所允许的极限范围内,物料数量能保证企业经营的连续性、物料的采购区域的经济性等要求。

(二)采购作业的基本流程

采购作业流程会因采购的来源、方式以及对象等的不同而在作业细节上有所差异,但基本流程都大同小异,电子商务企业的采购作业流程也和一般企业差异不大。以下是美国采购学者威斯汀(Westin)所主张的采购的基本作业步骤。

1. 确认需求

在采购之前应先确定买哪些物料,买多少,何时买,由谁决定等。

2. 需求说明

确认需求之后,对需求的细节,如品质、包装、售后服务、运输及检验方式等,均加以明确说明,以便使来源选择及价格谈判等作业能顺利进行。

3. 选择可能的供应来源

根据需求说明在原有供应商中选择成绩良好的厂商,通知其报价,或以登报公告等方式公开征求。在选择供应商时,企业应考虑的主要因素有:

(1)价格。物美价廉的商品是每个企业都想获得的。相对于其他因素,虽然价格并不是最重要的,但比较各个供应商提供的价格连同各种折扣是选择供应商不可或缺的一个重要指标。

(2)质量。商品质量也是一个十分重要的选择供应商的影响因素。商品质量的选择应根据企业实际情况而定,并不是质量最好的就是最适合的,应力求用最低的价格买到最适合本企业质量要求的产品。

(3)服务。服务也是一个很重要的选择供应商的影响因素。例如,更换次品、指导设备使用、修理设备等,类似这样的一些服务在采购某些项目时,可能会在选择过程中起到关键作用。

（4）位置。供应商所处的位置对送货时间、运输成本、紧急订货与加急服务的响应时间都有影响。在当地购买有助于发展地区经济，易于形成社区信誉以及良好的售后服务。

（5）供应商库存政策。如果供应商的库存政策要求自己随时持有备件库存，那么拥有安全库存将有助于设备突发故障的解决。

（6）柔性。那些愿意且能够响应需求改变、接受设计改变等要求的供应商应予以重点考虑。

4. 适宜价格的决定

决定可能的供应商后进行价格谈判。

5. 订单安排

价格谈妥后，应办理订货签约手续。订单和合约均属于具有法律效力的书面文件，对买卖双方的要求、权利及义务必须予以说明。

6. 订单追踪与稽核

签约订货后，为求销售厂商按期、按质、按量交货，应依据合约规定，督促厂商按规定交货，并予以严格验收入库。

7. 核对发票

厂商交货验收合格后，随即开具发票。要求付清货款时，对于发票的内容是否正确，应先经采购部门核对后财务部门才能办理付款。

8. 不符与退货处理

凡厂商所交货品与合约规定不符而验收不合格者，应依据合约规定退货，并立即办理重购，予以结案。

9. 结案与验收

合格付款，或验收不合格退货，均须办理结案手续，清查各项书面资料有无缺失、绩效好坏等，并签报高级管理层或权责部门核阅批示。

10. 记录与档案

维护凡经结案批示后的采购文件，应列入档案登记编号分类，予以保管，以备参阅或事后发生问题查考。档案应具有一定保管期限的规定。

（三）采购作业流程设计的注意事项

在设计采购作业流程时，应注意以下要点。

1. 采购结构应与采购数量、种类、区域相匹配

一方面，过多的流程环节会增加组织流程运作的作业与成本，降低工作效率；另一方面，流程过于简单、监控点设置不够等，将导致采购过程操作失去控制，产生物资质量、供应、价格等问题。

2. 先后顺序及时效控制

应注意其流畅性与一致性,并考虑作业流程所需的时限。例如,避免同一主管对同一采购文件作数次的签核;避免同一采购文件在不同部门有不同的作业方式;避免一个采购文件会签部门太多,影响作业时效。

3. 关键点设置

为便于控制,使各项在处理中的采购作业在各阶段均能被追踪管理,应设置关键点的管理要领或办理时限。例如,国外采购、询价、报价、申请输入许可证、出具信用证、装船、报关、提货等均有管理要领或办理时限。

4. 权责或任务的划分

各项作业手续及查核责任,应有明确权责规定及查核办法。比如,请购、采购、验收、付款等权责应予区分,并指定主办单位。

5. 配合作业方式的改善

例如,手工的作业方式改变为计算机管理系统辅助作业后,其流程与表格需作相应的调整或重新设计。

6. 采购流程应反映集体决策的思想

由计划、设计、工艺、认证、订单、质量等人员一起来决定采购流程及供应商的选择。

7. 避免作业过程中发生摩擦、重复与混乱

注意变化性或弹性范围以及偶发事件的处理规则。例如,在遇到"紧急采购"及"外部授权"时,应有权宜的办法或流程来特别处理。

8. 价值与程序相适应

程序繁简或被重视的程度应与所处理业务或采购项目的重要性或价值的大小相适应。凡是涉及数量较大、价值较高或容易发生舞弊的作业,应有比较严密的处理监督;反之,则可略微放宽,以求提高工作效率。

9. 处理程序应适合现实环境

处理程序应合时宜,应注意程序的及时改进。早期设计的处理程序或流程,经过若干时间段以后,应加以审查,不断改进,以适应组织变更或作业上的实际需要。

三、电子商务采购的管理流程

电子商务采购管理的基本流程为:①确定商品编码规则;②制定采购计划;③物流跟踪;④到货准备;⑤到货清点;⑥到货检验;⑦到货上架。

(一)商品编码

1. 商品编码的意义

商品编码,即编制商品代码,是指根据一定规则赋予某种或某类商品以相应的商品代码的过程,其目的是便于人工与计算机识别商品与处理商品。

商品编码是零售企业商品管理的基础,特别针对电子商务企业,顾客在选购商品时是无法与商品进行直接接触的,在交易过程中,会经过一个交易和发货的流程,通过几个岗位的共同协作才能完成一次交易。同时,在后端的运营中,也不可能用产品名字作为工作语言,因为用产品名字作为工作语言很容易产生歧义,此时,商品编码会成为企业内部的通用语言。因此,不论是从外部交易还是从内部运营的角度讲,商品编码都是必不可少的,它对企业规范商品管理、简化实际操作、优化采购流程、方便统计分析起着重要作用。

2. 商品编码的分类

商品的具体编码符号种类繁多,根据所用场合不同可分为外码和内码。外码指商品销售时直接使用的编码;内码由计算机系统内部使用,或在管理中使用,不作为销售手段。根据印制地的不同,商品编码可分为原印码和自编码。原印码是由商品供应商直接在商品外表提供的商品编码。自编码是由批发商或零售商根据具体情况自行给商品编制的商品代码。根据编制原理的不同,商品编码可分为货码和条形码。货码是由批发商或零售商根据分类等信息编制的简短号码,通常是一个不多于 8 位的数字序列,属于自编码。条形码是根据专门的编码规则设置,可由特殊设备打印和自动识别的商品编码。设置各种不同的编码方法都是为了对商品进行标识,以便唯一地辨别不同的商品。因此货码、内码或条形码等事件本身并不互相排斥,可以多码并存在目前的计算机管理系统中。

3. 商品编码的原则

商品编码过程中的主要原则可归纳为两点:唯一性与规范性。

（1）唯一性

编码时必须保证每一商品都有编码,并且每一商品只有一个编码,对于商品的唯一性,必须考虑一定的时间延续性。即使一种商品销售一段时间后不再存在,也不能随意地将该商品的编码直接给其他商品使用,商品编码的唯一性,还表现为一定的地域性,如连锁店配货由配货中心统一管理,必须保证各种连锁店的编码整理符合唯一性,当对商品采用多种编码方法时,必须保证每一种编码都符合唯一性原则,绝对不能存在编码的交叉歧义性。

（2）规范化

商品编码必须规范化表明,商品编码虽有随意性,但必须遵循一定的编码规则。例如,采用流水号方法给商品编码,编码方法简单、可靠、生命力强,但不便于输入和预测。采用基于分类码的组合编码方法,含义明确,针对性强,便于管理和记忆。采用条形码技术,虽手工输入不便,但易于实现商品编码输入的自动化,可提高编码输入效率,符合国际发展趋势。另外,商品编码的规范化也要求编码采用合理、有效的符号体系,应采用数字系列作为编码的基本元素,而不宜加标点符号、币种符号等用作编码元素。

从商品编码规格编制的角度来说,商品编码有其不可变化性和严肃性,必须由公司最高管理层决定。

4. 商品编码示例

表 7-1 所示为一个典型的多品牌运作的以鞋类为主、服装为辅的电子商务店铺的商品编码规则表。

表 7-1　商品编码规则示例

条形码使用	10 位									
网店/DM下单使用	6 位 商品代码								4 位 商品规格代码	
编码组成	品牌		品类		年份		商品号		主色		尺码	
长度	1		1		1		3		2		2	
规则	编码	含义	编码	含义	编码	含义	编码	含义	编码	含义	编码	含义
	0	通用	1	凉鞋	5	2015	001	第 1 个 SKU	00	无色	00	通用
	1	品牌1	2	单鞋	6	2016	002	第 2 个 SKU	01	黑	11	S
	2	品牌2	3	靴子	7	2017			02	白	12	M
	3	品牌3	4	服装	8	2018			03	红	13	L
					9	2019			04	蓝	14	XL
			8	赠品	0	2020			05	黄	15	XXL
			9	附件	1	2021			……		……	
					2	2022			27	藏蓝	33	215
					3	2023			88	迷彩	34	220
					4	2024			29	宝蓝	35	225
									……		……	

在该例子中,商品代码由 6 位数字组成,只要看到这个货号就可以知道这件商品是什么牌子的、什么年份开发的款式、什么品类,而且对应的商品是唯一的款式。

(二)采购计划

1. 采购计划的定义与内容

采购计划是指电子商务采购人员在了解市场供求情况、掌握电子商务经营特点和物料消耗规律的基础上,对计划期内的物料采购活动所做的预见性安排和部署。采购计划一般以"采购计划表"的形式制订。采购计划的内容包括:供应商代码、商品代码、采购价格、物流信息、物流成本、结算方式、发货日期、到货日期、采购数量等。

2. 采购计划的目的与作用

企业的经营始自购入商品/物料后,经加工制成或经组合配制成为主推商品,再通过销售获取利润。其中如何获取足够数量的物料是采购计划的重点所在。因此,采购计划是为维持正常的产销活动,在某一特定的期间内,应在何时购入何种物料以及订购的数量是多少的估计作业。采购计划应达到下列目的:

(1) 预估商品/物料采购需用的数量与时间,防止供应中断,影响产销活动。

(2) 避免采购商品/物料储存过多,积压资金,占用堆积的空间。

(3) 配合公司生产与资金的使用。

(4) 使采购部门事先准备,选择有利时机购入商品和物料。

(5) 确立商品及物料合理耗用标准,以便控制采购商品和物料的成本。

因此,采购计划的作用可以归纳为:

(1) 有效规避风险,减少损失。

(2) 为企业组织采购提供了依据。

(3) 有利于资源的合理配置,以取得最佳的经济效益。

(三) 物流跟踪

物流跟踪是企业用来追踪内部物品流向的一种手段。物流跟踪的内容包括:供应商何时发货;供应商何时将货物交给物流公司;货物在途情况;货物到达时间;随时接货准备等。完善的追踪系统取决于每个运输、分拣、中转、配送的时间,甚至可以精确到在每一环节的准确时间。现在国内的物流和快递公司,大多提供网站、手机、电话查询,一个单号对应一件托运物,根据单号可查询货物到达每个中转站的时间。

由于电子商务企业对货期的要求比较高,因此必须跟踪供应商何时发货,只有准时发货才能保证商品准时到货。

(四) 到货准备

根据物流跟踪结果,企业应随时做好到货准备。主要包括:

1. 货场准备

安排到货后到上架前需要准备的临时堆放场地。

2. 人员准备、机具准备

根据到货的时间和到货的数量,需要安排好足够的人力资源和设施设备。

3. 货架准备

现在库房有多少空余货位,到货后,什么商品放在什么库位需要事先安排好。

（五）到货清点

采购到货清点的流程包括：收包清点→详细到货清点→到货差异清点。

1. 收包清点

收包清点即与货运公司进行货运包裹的交接。由于货运公司将商品送到仓库后一般都不会停留很长时间。因此，不可能做详细商品数量清点。与货运公司收货清点时，要仔细核对物流清单。注意以下两点：第一，数量是否与货运清单一致；第二，外包装是否有破损，是否有拆封痕迹。

2. 详细到货清点

签收后进行拆包清点，统计详细到货商品数量、款式和规格。

3. 到货差异确认

根据实际到货情况和预计到货情况的差异，填写到货差异表，第一时间与发货供应商进行确认，并就差异数进行沟通和协商。

（六）到货检验

采购到货检验流程为：确定检验重点、检验标准→拆包→根据标准进行检验→二次包装→条码粘贴→编制检验报告→次品退回。

在到货检验过程中一般应遵循两点原则：一是检验程序标准化，进行流水线操作，以提高检验标准；二是集中检验一款商品，检验员连续对同一款商品，甚至同一个规格进行检验，以让检验员对检验标准形成一个明确的认识，并提高检验速度。

（七）到货上架

采购到货上架的流程为：商品与货位匹配→整仓堆场→零仓上架→店铺上架。

1. 商品与货位的匹配

根据前期准备时完成的商品与货位的匹配方法，将商品放到对应的货位上。

2. 整仓堆场

整仓堆场的表现形式为商品以整箱的方式进行堆放，此时应注意三个关键点：第一，每一箱中只能存放同款同规格商品，不能混放；第二，每一箱的商品数量都一样，以方便调仓与盘点统计；第三，整仓的取货或移仓，必须以箱为单位进行取货。

3. 零仓上架

电子商务仓库最大的特点是零仓配货。从零仓角度讲，零仓的商品库存量的计算是一个关键点。库存量过大会导致零仓面积过大、配货线路过长、配货效率降低；库存量过小会导致补货频率过于频繁，同样会导致配货效率下降。

4. 店铺上架

商品入仓后,就可以根据入仓合格品的准确数量更新店铺库存。特别需要注意的是,如果是预售商品库存更新,店铺商品库存数量在现货的基础上还需要增加在途商品库存。

四、电子商务采购的流程优化

为优化电子商务采购流程,在采购管理工作中应做到以下方面。

(1)商品编码一次到位。商品编码确定后,即使有错误,也要将错就错,不得更改。更改商品编码需要付出很大的成本代价。

(2)从供应商管理转变为供应链管理。把电商企业和供应商看作一个虚拟企业同盟,把供应商看作这个虚拟企业同盟中的一个部门,实现利润共享,风险共担。

(3)采购计划精确合理。采购时间、采购数量、到货时间等,尽可能做到准确无误,真正做到"为订单而采购",争取实现"零库存"。

(4)物流跟踪可视化。运用 GPS 技术、传感技术和信息通信技术等,对采购货物进行全程、实时可视化跟踪,实现供应商、物流商与电商的无缝对接。

(5)收货处理自动化。运用条码技术、单片机技术、自动控制技术和传感技术等,对到货进行自动化清点、检验和上架,提高入库效率。

(6)采购管理信息化。在电子商务采购过程中,开发"采购管理信息系统",实现采购管理的信息化。

第三节 供应商管理

企业要维持正常生产,就必须要有一批可靠的供应商为其提供各种各样的物资。因此供应商对企业的物资供应起着非常重要的作用,采购管理就是直接和供应商打交道并从供应商处采购获得各种物资的过程。因此采购管理的一个重要工作,就是要搞好供应商管理。

一、供应商管理概述

(一)供应商管理的定义

供应商,是指可以为企业生产提供原材料、设备、工具及其他资源的企业。供应商,可以是生产企业,也可以是流通企业。

所谓供应商管理,就是对供应商的了解、选择、开发、使用和控制等综合性的管理工作的总称。其中,了解是基础,选择、开发、控制是手段,使用是目的。

（二）供应商管理的目的

供应商管理的目的，就是要建立起一个稳定可靠的供应商队伍，为企业生产提供可靠的物资供应。具体来讲，供应商管理的目的可细分为：

（1）获得符合质量和数量要求的产品和服务；

（2）确保供应商能够提供最优质的服务、产品及最及时的供应；

（3）以最低的成本获得最优的产品和服务；

（4）淘汰不合格的供应商，开发有潜质的供应商；

（5）维护和发展供应商合作关系。

（三）供应商选择的原则

供应商管理是供应链采购管理中一个很重要的问题，它在实现准时化采购中有很重要的作用。一般来说，开发新供应商应遵循以下原则。

1. 目标定位原则

目标定位原则，即对供应商实行市场准入制度，就是要求供应商评审人员应当注重对供应商进行初审、考察、考核的广度和深度，应依据所采购商品的品质特性和品质保证要求去选择供应商，使建立的采购渠道能够保证品质要求，减少采购风险。

2. 双赢供应关系原则

双赢关系已经成为供应链企业之间合作的典范，因此，要在采购管理中体现供应链的合作，对供应商的管理就应集中在如何和供应商建立双赢关系以及维护和保持双赢关系上。

3. 优势互补原则

供应商在某些领域应具有比采购方更强的优势，能在一定程度上优势互补。要清楚地知道之所以选择这家厂商作为供应商而不是其他厂家，是因为它具有其他企业所没有的某些优势。只有那些经营理念和技术水平符合或达到规定要求的供应商才能成为企业生产经营和日后发展的忠实和坚强的合作伙伴。

（四）供应商管理的主要模式

1. 传统的供应商管理模式

在传统的理念和做法中，采购商与供应商之间没有建立特定的关系，基于业务的合作关系是松散的、随意的；在采购过程中采购商与供应商处于相互对立和竞争状态，因此合作往往不稳定。供应商管理的职能通常由采购部门承担，供应商管理的焦点在于产品质量和价格，通过鼓励并积极推动供应商之间的竞争来保证公司稳定的货源供应，并从竞争中获得经济利益。供应链上、下游企业之间缺乏交流与合作，供应商不知道采购商的需求状况,凭经验和主观判断组织生产和准备货源;采购商同样不了解供应商的生产及库存情况。为降低风险,双方都倾向于增加自己的库存,挤占资金的同时还产生了大量仓储费用,对供应链各方都极为不利。

2. 基于供应链的供应商管理模式

供应链是指从供应的源头开始,经过制造商、分销商直至最终用户的一个环环相扣的链条。供应链管理的基本思想是横向一体化,其核心是提升企业核心竞争力。从整体上看,供应链中的物流、资金流、信息流贯穿始终,上下游企业之间的协同程度大大提高。企业与供应商之间有着紧密的关系以及有限的合作,与数量有限的关键供应商紧密联系并进行大量和及时的沟通;建立了供应商评估系统,在供应商选择上更加侧重于质量。这种战略倾向于精干和整合供应商,建立相对稳定的战略利益同盟,逐渐减少供应商的数量,集中选择更有优势、更有实力的供应商作为合作伙伴,设计一条更优秀、更有效率的供应链。

3. 电子商务环境下的供应商管理模式

在电子商务环境下,企业可以通过电子商务平台建立正式和完善的供应商选择准入体系、动态评估和评估反馈系统,在网上与供应商进行同步的双向沟通。通过建立一体化的供应链体系,可以实现供应商的在线投标和采购协同,对供应商的绩效状况进行在线评价;通过对供应商的分级分类实现对重点供应商的针对性管理,使企业的价值增值活动与供应商紧密地结合在一起:通过与供应商的密切配合和沟通,使供应商参与到企业的前期技术研发和攻关活动中,实现供应商与企业的能力互补,提升供应商在企业管理和发展中的地位和作用。在供应商的选择上,一般会对供应商的信息化程度、服务水平、业务能力和技术水平等多方面进行综合评价,识别综合能力强的供应商。

(五) 供应商管理的基本环节

第一,供应商调查。供应商调查的目的,就是要了解企业有哪些可能的供应商,各个供应商的基本情况如何,为企业了解资源市场以及选择正式供应商做准备。

第二,资源市场调查。资源市场调查的目的,就是在供应商调查的基础上,进一步了解掌握整个资源市场的基本情况和基本性质:是买方市场还是卖方市场? 是竞争市场还是垄断市场? 是成长的市场还是没落的市场? 此外,还需了解资源生产能力、技术水平、管理水平以及价格水平等,为制定采购决策和选择供应商做准备。

第三,供应商开发。在供应商调查和资源市场调查的基础上,可能会发现比较好的供应商,但是还不一定能马上得到一个完全合乎企业要求的供应商,还需要在现有的基础上进一步加以开发,才能得到一个基本合乎企业需要的供应商。将一个现有的原型供应商转化成一个基本符合企业需要的供应商的过程,就是一个开发过程。具体包括供应商深入调查、供应商辅导、供应商改进、供应商考核等活动。

第四,供应商考核。供应商考核是一个很重要的工作。它分布在各个阶段:在供应商开发过程中需要考核、在供应商选择阶段需要考核、在供应商使用阶段也需要考核。不过每个阶段考核的内容和形式并不完全相同。

第五,供应商选择。在供应商考核的基础上,选定合适的供应商。

第六,供应商使用。与选定的供应商开展正常的业务活动。

第七,供应商激励与控制。这是指在使用供应商过程中的激励和控制。

二、供应商调查

供应商调查,在不同的阶段有不同的要求。供应商调查可以分成三种:第一种是资源市场调查;第二种是初步供应商调查,第三种是深入供应商调查。

(一) 资源市场调查

1. 资源市场分析

资源市场调查的目的,就是要进行资源市场分析。资源市场分析,对于企业制定采购策略以及产品策略、生产策略等都有很重要的指导意义。

(1) 要确定资源市场是紧缺型的市场还是富余型市场?是垄断性市场还是竞争性市场?对于垄断性市场,企业应当采用垄断性采购策略;对于竞争性市场,企业应当采用竞争性采购策略,例如采用招标投标制、一商多角制等。

(2) 要确定资源市场是成长型的市场还是没落型市场?如果是没落型市场,则要趁早准备替换产品,不要等到产品被淘汰了再去开发新产品。

(3) 要确定资源市场总的水平,并根据整个市场水平来选择合适的供应商。通常要选择在资源市场中处于先进水平的供应商、选择产品质量优而价格低的供应商。

2. 资源市场调查的内容

(1) 资源市场的规模、容量、性质。例如资源市场究竟有多大范围?有多少资源量?多少需求量?是卖方市场还是买方市场?是完全竞争市场、垄断竞争市场还是垄断市场?是一个新兴的成长型的市场,还是一个陈旧的没落型的市场?

(2) 资源市场的环境如何?例如市场的管理制度、法制建设、市场的规范化程度、市场的经济环境、政治环境等外部条件如何?市场的发展前景如何?

(3) 资源市场中各个供应商的情况如何?也就是初步供应商调查所得到的情况如何。把众多的供应商的调查资料进行分析,就可以得出资源市场自身的基本情况。例如资源市场的生产能力、技术水平、管理水平、可供资源量、质量水平、价格水平、需求状况以及竞争性质等。

（二）初步供应商调查

1. 初步调查的目的与方法

所谓初步供应商调查,是对供应商基本情况的调查。主要是了解供应商的名称、地址、生产能力、能提供什么产品、能提供多少、价格如何、质量如何、市场份额有多大、运输进货条件如何。

初步供应商调查的目的,是在了解供应商的一般情况的基础上,为选择最佳供应商做准备并进一步了解掌握整个资源市场的情况。

初步供应商调查的基本方法,一般可以采用访问调查法,通过访问有关人员而获得信息。在此过程中,企业应利用多种渠道去寻找潜在供应商,这些渠道主要有:互联网、出版物、电台、电视台、行业协会、专业化商业服务机构、各类会议、驻外机构、知情人员等。并对潜在供应商资格进行审核,审核内容主要有:营业执照、税务登记证、企业法人代码证、企业简介、行业资质、社会中介机构出具的报告等。

2. 初步供应商分析

在初步供应商调查的基础上,要利用供应商初步调查的资料进行供应商初步分析。初步供应商分析的主要目的,是比较各个供应商的优势和劣势,初步选择可能适合于企业需要的供应商。

初步供应商分析的主要内容包括:

（1）产品的品种、规格和质量水平是否符合企业需要? 价格水平如何? 只有产品的品种、规格、质量适合于本企业,才算得上企业的可能供应商,才有必要进行下面的分析。

（2）企业的实力、规模如何? 产品的生产能力如何? 技术水平如何? 管理水平如何? 企业的信誉度如何?

（3）产品是竞争性商品还是垄断性商品? 如果是竞争性商品,则供应商的竞争态势如何? 产品的销售情况如何? 市场份额如何? 产品的价格水平是否合适?

（4）供应商相对于本企业的地理交通情况如何? 要进行运输方式、运输时间、运输费用分析,看运输成本是否合适。

在进行以上分析的基础上,为选定供应商提供决策支持。

（三）深入供应商调查

深入供应商调查,是指对经过初步调查后、准备发展为自己的供应商的企业进行的更加深入仔细的考察活动。这种考察,是深入供应商企业的生产线、各个生产工艺、质量检验环节甚至管理部门,对现有的工艺设备、生产技术、管理技术等进行考察,看看能不能满足本企业所采购的产品应当具备的生产工艺条件、质量保证体系和管理规范要求。有的甚至要根据所采购产品的生产要求,进行资源重组并进行样品试制,试制成功以后,才算考察合格。只有通过深入的供应商调查,才能发现可靠的供应商,建立起比较稳定的物资采购供需关系。

深入调查可分成以下三个阶段。

第一阶段,送样检查。

第二阶段,考察生产工艺、质量保障体系和管理体系等生产条件是否合格。合格者中选供应商,到此结束。不合格者进入第三阶段。

第三阶段,生产条件改进考察。愿意改进并限期达到了改进效果者中选,不愿意改进,或愿意改进但在限期内没有达到改进效果者落选。深入调查阶段结束。

进行深入的供应商调查,需要花费较多的时间和精力,调查的成本高。并不是所有的供应商都是需要的。它只有在准备发展成紧密关系的供应商、寻找关键零部件产品的供应商的情况下才需要。

三、供应商开发

所谓供应商开发就是在前期供应商调查、资源市场调查的基础上,将现有的原型供应商转化成一个基本符合企业要求的供应商的过程,具体包括深入调查、价格谈判、供应商辅导、供应商改进、供应商考核等内容。深入调查前面已进行介绍,下面重点介绍价格谈判、供应商辅导、供应商改进与供应商考核几方面内容。

(一)价格谈判

进行价格谈判的指导思想,就是要合理,要"双赢",自己不要吃亏,也不要让供应商很吃亏,要考虑长远合作。大家都不吃亏,才能得到共同发展,才会有共同的长远合作和长远利益。要实事求是地进行计算,求出一个合理的价格。

价格谈判成功以后,就可以签订试运作协议,进入物资采购供应试运作阶段,基本上以一种供需合作关系运行。试运行阶段根据情况可以是 3 个月至 1 年不等。

(二)供应商辅导

价格谈好以后的试运行供应商,将与企业建立起一种紧密关系参与试运作。这时企业要积极参与辅导、合作。企业应当根据企业生产的需要,也要根据供应商的可能,共同设计规范相互之间的作业协调关系,制定一定的作业手册和规章制度。并且为使供应商适应企业的需要,要在管理、技术、质量保障等方面进行辅导和协助。

(三)供应商改进

根据企业对供应商的要求,明确供应商改进的具体目标以及考核指标,制定出实现目标的行动计划。这些行动计划与目标必须在企业内部达成一致,并要取得供应商的支持与认可。同时，通过供应商会议、供应商访问等形式，促使供应商针对企业所制定的行动计划进行改进。

（四）追踪考核

在试运作阶段，要对供应商的物资供应业务进行追踪考核。这种考核主要从以下几个方面进行：检查产品质量是否合格、交货是否准时、交货数量是否满足以及信用度的考核。

以上指标每个月考核一次，一个季度或半年综合考核评分一次，各个指标加权评分综合，按评分等级分成优秀、良好、一般、较差几个等级。优秀者可以通过试运作，结束考核期，签订正式供需关系合同，成为企业正式的供应商，建立一个比较稳定的供需关系。其他的则不能通过试运作，应当结束考核、终止供需关系。

四、供应商考核

这里讲的供应商考核，主要是指同供应商签订正式合同以后正式运作期间，对供应商整个运作活动的全面考核。这种考核应当比试运作期间更全面，主要从以下几方面进行考核。

（一）产品质量

产品质量是最重要的因素，在开始运作的一段时间内，都要加强对产品质量的检查。检查可以分为两种：一种是全检，一种是抽检。全检工作量太大，一般可以用抽检的方法。质量的好坏可以用质量合格率来描述。

（二）交货期

交货期也是一个很重要的考核指标参数。考察交货期主要是考察供应商的准时交货率。准时交货率可以用准时交货的次数与总交货次数之比来衡量。

（三）交货量

考察交货量主要是考核按时交货量，按时交货量可以用按时交货量率来评价。按时交货量率是指给定交货期内的实际交货量与期内应当完成交货量的比率。

（四）工作质量

考核工作质量，可以用交货差错率和交货破损率来描述。

（五）价格

考核供应商的价格水平，可以和市场同档次产品的平均价和最低价进行比较，分别用市场平均价格比率和市场最低价格比率来表示。

（六）进货费用水平

考核供应商的进货费用水平，可以用进货费用节约率来考核。

（七）信用度

信用度主要考核供应商履行自己的承诺、以诚待人，不故意拖账、欠账的程度。

（八）配合度

主要考核供应商的协调精神。在和供应商相处过程中，常常因为环境的变化或具体情况的变化，需要把工作任务进行调整变更，这种变更可能会导致供应商的工作方式的变更，甚至导致供应商要做出一点牺牲。这时可以考察供应商在这些方面积极配合的程度。另外，如工作出现了困难，或者发生了问题，可能有时也需要供应商配合才能解决。在这些情况下，都可以看出供应商的配合程度。

考核供应商的配合度，靠人们的主观评分来考核。主要找与供应商相处的有关人员，让他们根据这个方面的体验为供应商评分。有时，可能会有上报或投诉的情况。这时可以把上报或投诉的情况也作为评分依据。

可以看出，前7项都是客观评价，第8项是主观评价。客观评价都是客观存在的，而且可以精确计量的，而主观评价主要靠人的主观感觉来评价。

五、供应商的使用、激励与控制

（一）供应商使用

供应商经过考核成为企业的正式供应商之后，就要开始进入日常的物资供应运作程序。

进入供应商使用的第一个工作，就是要签订一份与供应商的正式合同。这份合同既是宣告双方合作关系的开始，也是一份双方承担责任与义务的责任状，也是将来双方合作关系的规范书。所以双方应当认真把合同书的合同条款协商好。协议生效后，它就成为直接约束双方的法律性文件，双方都必须遵守。

在供应商使用的初期，采购企业的采购部门，应当和供应商协调，建立起供应商运作的机制，相互在业务衔接、作业规范等方面建立起一个合作框架。在这个框架的基础上，各自按时按质按量完成自己应当承担的工作。

采购企业在供应商使用管理上，应当摒弃"唯我"主义，建立"共赢"思想。供应商也是一个企业，也要生存与发展，因此也要适当盈利。采购企业不能只顾自己降低成本、获取利润，而把供应商企业"耗"得太惨。因为害惨了供应商，会导致企业自身物资供应的困难，不符合企业长远的利益。因此合作的宗旨，应当尽量使双方都能获得好处、共存共荣。从这个宗旨出发，处理合作期间的各种事务，建立起一种相互信任、相互支持、友好合作的关系。

（二）供应商激励与控制

供应商激励和控制的目的，一是要充分发挥供应商的积极性和主动性，努力搞好物资供应工作，保证本企业的生产生活正常进行；二是要防止供应商企业的不轨行为，预防一切对企业、对社会的不确定性损失。

1. 逐渐建立起稳定可靠的关系

企业应当和供应商签订一个较长时间的业务合同关系，例如 1～3 年。时间不宜太短，太短了让供应商不完全放心，从而总是要留一手，不可能全心全意为搞好企业的物资供应工作而倾注全力。只有合同时期长，供应商才会感到放心、才会倾注全力与企业合作，搞好物资供应工作。特别是当业务量大时，供应商会把本企业看做是它生存发展的依靠和希望。这就会更加激励它努力与企业合作，企业发展它也得到发展，企业垮台它也跟着垮台，形成一种休戚与共的关系。但是合同时间也不能太长。这一方面是因为将来可能发生变化，例如市场变化导致需求量变化、甚至产品变化、组织机构变化等；另一方面，也是为了防止供应商产生一劳永逸、铁饭碗的思想而放松对业务的竞争进取精神。为了促使供应商加强竞争进取，就要使供应商有危机感。所以合同时间一般以一年比较合适，并说明如果第二年继续合适，可以再续签；第二年不合适，则合同终止。这样签合同，就是既要让供应商感到放心，可以有一段较长时间的稳定工作；又要让供应商感到有危机感，不要放松竞争进取精神，才能保住明年的工作。

2. 有意识地引入竞争机制

有意识地在供应商之间引入竞争机制，促使供应商之间在产品质量、服务质量和价格水平方面不断优化。例如，在几个供应量比较大的品种中，每个品种可以实行 AB 角制或 ABC 角制。所谓 AB 角制，就是一个品种设两个供应商，一个 A 角，作为主供应商，承担 $50\%\sim80\%$ 的供应量；一个 B 角，为副供应商，承担 $20\%\sim50\%$ 的供应量。在运行过程中，对供应商的运作过程进行结构评分，一个季度或半年一次评比。如果主供应商的月平均分数比副供应商的月平均分数低 10% 以上，就可以把主供应商降级成副供应商，同时把副供应商升级成主供应商。与上面说的是同样的原因，我们主张变换的时间间隔不要太短，最少一个季度以上。太短了不利于稳定，也不利于偶然出错的供应商纠正错误。

ABC 角制则实行三个角色的制度,原理与 AB 角制一样,同样也是一种激励和控制的方式。

3. 与供应商建立相互信任的关系

疑人不用,用人不疑。当供应商经考核转为正式供应商之后,一个重要的措施,就是应当将验货收货逐渐转为免检收货。免检,这是对供应商的最高荣誉,也可以显示出企业对供应商的高度信任。免检,当然不是不负责任地随意给出,应当稳妥地进行。既要积极地推进免检考核的进程,又要确保产品质量。一般免检考核时间要经历 3 个月左右,在免检考核期间内,起初总要进行严格的全检或抽检。如果全检或抽检的结果,不合格品率很低,则可以降低抽检的频次,直到不合格率几乎降到零。这时,要组织供应商有关方面的人员,稳定生产工艺和管理条件,保持住零不合格率。如果真能保持住零不合格率一段时间,就可以实行免检了。当然,免检期间,也不是绝对地免检。还要不时地随机抽检一下,以防供应商的质量滑坡,影响本企业的产品质量。抽检的结果如果满意,则就继续免检。一旦发现了问题,就要增大抽检频次,进一步加大抽检的强度,甚至取消免检。通过这种方式,也可以激励和控制供应商。

此外,建立信任关系,还包括在很多方面。例如不定期地开一些企业负责人的碰头会,交换意见,研究问题,协调工作,甚至开展一些互助合作。特别对涉及企业之间的一些共同的业务、利益等有关问题,一定要开诚布公,把问题谈透、谈清楚。要搞好这些方面的工作,需要树立起一个指导思想,就是"双赢"。一定要尽可能让供应商有利可图。不要只顾自己,不顾供应商的利益,只有这样,双方才能真正建立起比较协调可靠的信任关系。这种关系实际上就是一种供应链关系。

4. 建立相应的监督控制措施

在建立起信任关系的基础上,也要建立起比较得力的、相应的监督控制措施。特别是一旦供应商出现了一些问题,或者出现了一些可能发生问题的苗头之后,一定要建立起相应的监督控制措施。根据情况的不同,可以分别采用以下措施。

第一,对一些非常重要的供应商,或是当问题比较严重时,可以向供应商单位派常驻代表。常驻代表的作用,就是沟通信息、技术指导、监督检查等。常驻代表应当深入生产线各个工序、各个管理环节,帮助发现问题,提出改进措施,切实保证把有关问题彻底解决。对于那些不太重要的供应商、或者问题不那么严重的单位,则视情况分别采用定期或不定期到工厂进行监督检查、或者设监督点对关键工序或特殊工序进行监督检查,或者要求供应商自己报告生产条件情况、提供工序管制上的检验记录,让大家进行分析评议等办法实行监督控制。

第二,加强成品检验和进货检验,做好检验记录,退还不合格品,甚至要求赔款或处以罚款,督促供应商改进。

第三,组织本企业管理技术人员对供应商进行辅导,提出产品技术规范要求,使其提高产品质量水平或企业服务水平。

六、基于电子商务的供应商管理策略

电子商务环境下,供应商管理体系的建立可以借鉴先进的手段并直接受益于快速的评估反馈机制。从管理策略上应涵盖供应商的选择准入、分级管理、分类管理、绩效考核和风险管理等内容,将供应商的全生命周期管理理念完整地通过信息技术得以体现,从而提高企业的整体供应商管理水平。

(一)供应商的选择准入管理

供应商在统一的信息平台上进行注册并填写产品信息,根据供应商所属性质的不同可补充填写不同的资质调查问卷,从而可获取企业所关心的供应商完整信息,便于对供应商的资质能力、提供产品的类别、服务的区域等进行判断,为供应商的精细化管理提供充分的信息支持。

(二)供应商的分级管理

随着电子商务环境下信息共享渠道更加多样、便捷和及时,企业通常将供应商分为战略供应商、核心供应商和一般供应商三大类,并根据企业的组织架构情况确定总部级及各二级单位级别的供应商,从而实现供应商的分级分类管理。

战略供应商可以提供企业安全稳定运行所必需的关键性物资,应实行合作关系管理:需要和其建立采供高层互访机制、定期合作机制和信息共享机制,签订中长期合作协议和一揽子框架采购协议;简化商务流程,利用供应商库存实施联合储备等策略,并培育其适度规模。核心供应商可为企业提供大宗物资,且业绩较好、具有较强研发能力和履约能力,应实施伙伴关系管理:培育核心供应商群体,通过业绩引导订货,实施利用供应商库存等策略。对其他一般供应商可实施竞争关系管理,通过加强竞争、缩减中间商等途径,维护正常的业务合作关系。

总部级供应商的业务范围覆盖整个企业,应优先使用或在一定范围内强制在本企业推广,通过形成规模优势降低成本,加强与供应商的合作,提升合作等级,从而达到互利共赢的目标。

二级单位级别的供应商只限于在本单位使用,对于能够为整个企业提供产品的供应商可推荐成为总部级供应商。

供应商的分级管理有利于区别对待能力和绩效不同的供应商,将管理重点放在对企业重要性高、合作意愿强的供应商上,提高管理效率。在实现方式上,可以通过设置不同的用户权限和管理对象,在统一的信息平台上做到供应商的按级别管理。在共享信息的同时实施不同的管理策略,体现电子商务的优越性。

（三）供应商的分类管理

企业经营需要用到各类产品。按照产品的自然属性、使用范围、功能效用等方式将产品进行类别划分，并将供应商与类别进行关联，即为供应商的分类管理。在管理日益精细化的要求下，供应商的分类管理提供了更为细致的纬度，为实现供应商与企业的产品物流信息共享提供了可行的管理方案。从技术手段上，企业与供应商可以使用对接的 ERP 系统，通过 ERP 系统与企业的供应商管理平台相集成，将产品库存状况、技术要求、采购需求信息及投标方案进行统一管理，实现二者的生产与采购协同。

分类管理的难点与重点是要建立一套企业与供应商共同认可的分类体系并维护有效的分类数据。该分类体系体现于 ERP 系统及供应商管理信息平台，并可被供应商接受和使用。在日常经营活动中形成的大量业务数据要能够及时准确地反映在分类体系中，以便通过数据汇总可以对企业各产品类别的需求及采购状况、供应商在各类别上的分布状况进行统计分析，从而相应制定不同类别供应商的管理策略。

（四）供应商的绩效考核管理

供应商管理的重要目标之一就是不断提升供应商的绩效状况以降低企业经营成本和风险。供应商绩效评价是对过去一段时间内供应商的表现情况进行定性和定量评价，发现存在的问题并提出解决方案。经典的评价指标包括质量、成本、交货、发展潜力和管理状况，在电子商务环境下还可具体包括供应商信息化建设和应用程度、在前期新产品研发方面的投入状况、售后服务状况等内容。理想的状态是在网上建立动态考核机制，设置各项考核指标的权重，对每笔招投标业务及订单合同的执行状况进行网上评价，通过不断汇总供应商的绩效状况对供应商的级别进行调整，定期发布供应商的考核报告，强化供应商动态考核。

（五）供应商的风险管理

电子商务环境下企业的管理流程都不同程度进行了再造，由于交易环境和技术手段的不断变化，企业也面临着与供应商相关的诸多风险，如供应商的信用风险、履约风险、交易安全风险等。

在与战略供应商的业务交往中，由于企业与战略供应商之间的合作强调建立一种持久稳定的关系，因此企业部分机密信息会与战略供应商进行共享，包括生产的特有技术、产品设计或者消费者信息等。这些信息的安全与保密涉及企业切身利益，需要供应商极高的信用支持。为此，需要对供应商的信用风险进行特别关注，通过实施部分业务的战略联盟来消除彼此的风险。供应商的履约风险是电子商务信用最为重要的表现。由于交易双方不能面对面进行，对产品质量、送货状况、售后服务质量及其他承诺很难达成完全一致,因此交易各方应事先充分沟通并制定必要的服务条款,切实履行各自的承诺。交易安全问题是目前困扰网络发展的一个难题,网络犯罪总是与商业秘密联系在一起。企业在与供应商实现网上信息共享,降低交易成本的同时,必须正视随之而来的风险,而这也需要整个社会不断完善道德、信用和法律的交易环境。

为应对供应商的风险,既需要企业与供应商共同建立和维护良好的合作环境,也需要企业针对供应商的违规行为,坚持供应商不良表现零报告制度和供应商黑名单制度。及时通报处理不良表现供应商,表彰表现优异的供应商,实行优胜劣汰的竞争制度。

本 章 小 结

采购是企业运营活动的关键。本章首先对采购的含义、分类、采购的基本原则以及采购流程进行了介绍;然后,对电子商务采购的定义与特点、电子商务采购的作业流程、电子商务采购的管理流程以及电子商务采购的流程优化进行了分析;随后,从供应商调查、供应商开发、供应商考核、供应商的激励与控制等角度对供应商管理进行了详细探讨;最后,对基于电子商务的供应商管理策略进行了介绍。

思 考 题

1. 采购的基本原则有哪些?
2. 什么是采购管理? 采购管理的目标是什么? 内容有哪些?
3. 简述电子商务采购的定义与特点。
4. 电子商务采购的作业流程是什么?
5. 电子商务采购管理的流程是什么? 如何进行采购管理流程优化?
6. 什么是供应商管理? 如何进行供应商管理?
7. 简要介绍基于电子商务的供应商管理策略。

 ## 案例分析

从 0 到 2 000 单的电商企业供应链管理之路

本案例介绍了一家夫妻共同创业的女装店铺从刚刚进入淘宝到经过 4 年的运营发展成为日均发单 2 000 单的淘宝双金冠大卖家的供应链管理历程。

一、初入淘宝

刚刚进入淘宝的前三个月,由于店铺比较小,订单很少,所销售的商品都是从附近批发市场进行采购。选款是凭着采购人员(老板娘)个人对商品的喜好,在档口直接完成选款、下单、检验、结算的全部采购环节。

二、日均订单 50～100 单时期

随着销售订单量的逐步增长,每日发单已经达到 50～100 件商品。店铺发生了较多错货现象,经常有顾客反映收到的商品不是他所选购的商品。经过内部的排查,发现问题主要发生在商品的命名上,由于在售商品数量已经达到 400 款,商品到达仓库后仓储人员第一时间要给这件商品起"小名",例如,双排扣呢子大衣、双排扣背后印花呢子大衣等。在配货时不仅大大降低了配货的效率,而且影响了配货的准确率。店铺为此特地购买了针对电子商务的发货管理软件,主要看中其在发货时可以通过扫描出库来保障发货的准确。这时就需要对商品进行编码,通过编码进行条码的编制后就可以进行扫描出库。通过条码的管理,公司的发货效率和准确率都得到了极大提高。同时还发现一个好处,店铺以商品的货号作为企业内部对此款商品的工作语言,彻底改变了不直接面对产品实物或图片无法准确描述商品的尴尬局面。

三、日均订单 100～500 单时期

随着订单的增加,销售比较好的单品销量已经超过 500 件。批发商的存货量已经不能满足销售的需求,经常由于库存不足而导致热销商品无法继续销售,必须寻找工厂进行下单生产才能满足销售的需要。由于刚刚开始与工厂合作,产品质量的稳定性与货期的保证成为供应链上最大的问题。所生产的商品由于质量的稳定性与货期问题而导致的差评、投诉、延迟交货使运营一团混乱。店铺的好评率一降再降,已经严重影响了店铺的发展。主要有以下两个问题:第一,经过多次深入工厂了解供应链的情况,发现货期的管理主要是生产过程的管理。由于女装的裁剪、缝纫、熨烫等工序流水线操作比较快,只要进入流水线,生产周期很短,经常导致延误货期的是布料的采购和印染、辅料的采购或订制过程的问题。因此,公司不再委托工厂代采面料,而是自行采购面料和辅料,再交由工厂加工生产。采购货期的时间按关键点以面料、辅料到位和流水线上线为重要的管理。通过这个措施,货期的准确率大大提高。第二,商品的品质不稳定。经过排查和寻找原因,发现造成此现象的主要原因是检验标准不统一。有时为了赶货期,检验人员擅自降低了实际上顾客很在意的检验标准,而导致大量的退换货。或者产品本身质量并没问题,但颜色或尺码产生了偏差而产生大量的投诉。为此店铺制定了检验环节,就是采购到货后选取一件商品由采购部进行第一次检验,包含对商品的颜色、尺寸、材质等的检验,然后制定出检验的要求和标准,使仓库的检验人员明确检验的要求以及合格品的标准。通过这两个措施,货期的延迟情况大大减少,就算延迟了货期也不会像以前一样到交货期才知道,能比较早地知道产品是否延误以及延期时间。

四、日均订单 1 000 单以上

店铺订单终于稳定在每日 1 000 单以上,一个季节内销售 2 000 件以上的商品已经不在少数,商品的反复追单已经成为日常运营中的重要环节。追单的准确性与及时性成为

公司目前比较严重的问题,过晚追单和错误的追单数据(包括错误的追单颜色比和尺码比)往往会让一个爆款的商品变成库存商品,前期所赚取的利润大多在季末因库存压力而被迫倾销的过程中消耗大半,而且经常低折扣的倾销严重影响了顾客的购买体验。为了解决这个问题,店铺采取安排专人跟踪每一款商品的销售情况,特别是热销商品的销量。通过热销商品的销售趋势来计算现在的库存可支撑销售的天数,从而计算最佳追单时间,通过计算销售商品的销售颜色和尺码比例,来调整追单颜色比和尺码比。针对即将过季商品的追单,切忌盲目追单。通过这一系列的措施,商品的追单准确率大大提高,库存周转率提高了50%。

综上所述,店铺非常幸运地选择了电子商务公司,在电子商务的热潮中,公司的发展速度已经大大超过了预期。但感觉最缺乏的反而是零售企业最基础的供应链管理,店铺的成长之路也是店铺供应商管理能力的提升之路。只有在解决了供应链管理问题的前提下,店铺的营销、运营和推广才能不受制约,才能继续在电子商务的热潮中奔跑。

资料来源:淘宝大学. 流程化管理[M]. 北京:电子工业出版社,2015.

【案例讨论】

1. 结合案例,讨论采购管理与供应商管理对电商的重要性。

2. 电商应如何进行采购管理?

C HAPTER 8
第八章
电子商务库存管理

本章导读

- 库存管理的作用及目标
- 库存管理的基本策略
- 独立需求的库存控制方式
- 供应商管理库存、联合库存管理以及零库存管理

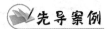 **先导案例**

凡客们的高库存之殇

"对于服装电商,如果售罄率过低,虽不致死,但是重大滑坡、停滞,甚至倒退是可以预期的。"

李宇春、韩寒、王珞丹,广告牌上一张张凡客诚品(下称"凡客")代言人的笑脸背后,依然难以掩饰凡客的无奈。这家国内知名的服装电子商务公司正饱受库存积压之苦,甚至其谋划已久的上市计划也因此一再拖延。

这份近日经媒体曝光的凡客上市材料,揭露出凡客"库存门"的冰山一角:截至2011年9月30日,凡客库存达到14.45亿元,几乎是其2011年销售额的一半。而"这14.45亿元还是成本价,按销售价要乘以2,其实相当于30亿元"。国药控股电子商务项目经理、电子商务观察员鲁振旺说,库存的销售价相当于全年销售额,这是相当惊人的。

轻公司遭遇重库存,遇到同样问题的,不止凡客一家。几乎在同一时间,美特斯·邦威、海澜之家等服装品牌也被曝出库存堆积如山的消息。在中国,几乎所有的服装企业都在受到库存的困扰,但对于凡客这样强调快周转的电子商务厂家来说,背负如此庞大的库存,不啻于一场慢性自杀。

资料来源:http://www.linkshop.com.cn/web/archives/2012/205184.shtml。

电子商务虽然属于新兴行业,但除去纯粹的信息服务提供商以外(如"拉手"、"美团"等),各家电子商务公司一般都面临着实物库存管理的需求。其库存管理的好坏直接关系到企业的运营效率,甚至直接关系到企业的生死存亡。

第一节 库存管理概述

库存对企业意味着什么？有人说它对于企业的生产运作是必不可少的,有人说它是一个"必要的恶魔",还有人说它是"万恶之源"。现实的情况是,任何一个企业,无论什么类型,或多或少都持有库存。因此,库存管理是企业运营管理中的一个重要问题。

一、库存管理的定义与目标

（一）库存管理的定义

库存(inventory 或 stock)是指企业在生产经营过程中为现在和将来的耗用或者销售而储备的资源,包括原材料、材料、燃料、低值易耗品、在产品、半成品、产成品等。而库存管理就是对企业库存的计划、组织、控制与决策,它负责从原材料阶段开始到消费者的整个供应链过程中的库存的计划和控制。

（二）库存管理的目标

库存是企业一项庞大且昂贵的投资。良好的库存管理能够加快资金的周转速度,提高资金的使用效率、增加投资的效益。对于制造商来说,原材料短缺将影响生产,导致费用增加,产品短缺;对于零售商来说,商品短缺将导致直接的销售损失以及由于商品短缺而带来的顾客满意度下降等间接损失。而库存积压将增加仓储,积压资金,提高成本,减少盈利。

库存管理的目标是在保障供应的前提下,通过控制企业的库存水平,力求使库存物资的数量最少,提高物流系统的效率,以增强企业的竞争力。库存管理的主要目标包括以下几个方面。

1. 合理的库存量

合理的库存量是指在新的物资到来之前,能保证在此期间物资正常供应同时也不会产生过多物资的库存积压的数量,即以刚好够用的恰当数量来提供库存。

2. 合理的库存结构

合理的库存结构是指物资的不同品种、规格的库存量间的比例。由于不同物资的需求不同,而且各自的需求都在不断变化,所以必须根据市场的变化情况,考虑不同物资的品种、规格及库存量之间的合理比例关系,确定合理的库存结构。

3. 合理的库存时间

物资的库存时间要合理,以保证在需要物资时,能够提供恰当的品种和恰当的数量,同时又不能使物资在库停留的时间过长,因为这样必然会产生较高的库存费用。

4. 合理的库存网络

库存点的地理位置合理分布,也是合理库存的一个重要条件。布局合理的库存网络能够保证物资在各相关库存点之间高效、顺畅地流动,可以有效减少提前期和不确定性,降低库存的成本。

二、库存的分类

(一)按其在企业物流过程中所处的状态分类

按其在企业物流过程中所处的状态分类,库存可分为原材料库存、在制品库存、维护/维修库存和产成品库存。

1. 原材料库存(row material inventory)

原材料库存是指企业通过采购或其他方式取得的用于制造产品并构成产品实体的物品,以及供生产耗用但不构成产品实体的辅助物品、修理备用件、燃料以及外购半成品等,是用于支持企业内部制造或装配过程的库存。

2. 在制品库存(work-in-process inventory)

在制品库存是指已经经过一定的生产过程,但尚未全部完工,在销售以前还需要进一步加工的中间产品,包括处于产品生产的不同阶段的半成品。

3. 维护/维修库存(maintenance/repair/operating inventory)

维护/维修库存是指用于维修与养护的经常消耗的物品或部件,如石油润滑脂和机器零件,不包括成品的维护活动所用的物品或部件。

4. 产成品库存(finished goods inventory)

产成品库存是指准备运送给消费者的完整的或最终的产品,这种库存通常由不同于原材料库存的职能部门来控制,如销售部门或物流部门。

(二)按库存的作用分类

按库存的作用分类,库存可以分为周转库存、安全库存、在途库存和季节性库存。

1. 周转库存(cycle stock)

周转库存是指企业在正常的经营环境下为满足日常的需要而建立的库存。这种库存随着每日的需要不断减少,当库存降低到订货点时,就要订货来补充库存。这种库存补充是按照一定的规律反复进行的。

2. 安全库存(safety stock)

安全库存是一种额外持有的库存,它作为一种缓冲器用来补偿在订货提前期内实际需求量超过期望需求量或提前期超过期望提前期所产生的需求,其目的是防止不确定因素对生产和销售的影响。例如,如大量突发性订货、交货期突然提前、供应商没能按预定的时间供货、进货品质不符合要求、生产周期或供应周期发生的不测变化以及不可抗力因素等。

3. 在途库存(in-transit stock)

在途库存是指正处于运输过程以及停放在相邻两个工作地之间或相邻两个组织之间的库存。

4. 季节性库存(seasonal stock)

季节性库存是指为了满足特定季节性出现的特定需求(如夏天对空调的需求)而建立的库存,或者指对季节性出产的原材料(如大米、棉花、水果等农产品)在出产的季节大量收购所建立的库存。

(三) 按用户对库存的需求特性分类

根据对物品需求的重复程度,可以分为单周期库存和多周期库存。

单周期需求也叫一次性订货,这种需求的特征是偶发性和物品生命周期短,因而很少重复订货,如报纸,没有人会订过期的报纸来看;人们也不会在农历八月十六预订中秋月饼,这些都是单周期需求。多周期需求在长时间内需求反复发生,库存需要不断补充。在实际生活中,这种需求现象较为多见。

多周期需求的库存又分为独立需求库存和相关需求库存两大类。

独立需求库存(inventory under independent demand)是指用户对某种物品的需求与其他物品的需求无关,表现出对这种库存需求的独立性。从库存管理的角度来说,独立需求库存是指那些随机的、企业不能控制而由市场决定的需求。这种需求与企业对其他库存产品所做的生产决策没有关系,如用户对某种服装的需求。独立需求库存无论在数量上还是时间上都有很大的不确定性,但是可以通过预测的方法进行估算。

相关需求库存(inventory under correlative demand)是指与其他产品的需求有内在相关性的产品需求,又叫非独立需求库存。它可以按照对最终产品的独立需求精确地计算出来。事实上,生产系统耗用的各种物资间均存在着一定的相关关系,因此,在制定企业的运营计划时,通常要考虑需求的相关性。

(四) 电子商务库存分类

电子商务操作中,由于购买和发货在时间、空间上都是异步进行的,客户下订单到发货的过程中,也存在着时间间隔,也因此必须将库存结构区分开来。为了适应这种异步销售过程,电子商务企业的库存,在系统结构中,一般会分为如下几个部分。

1. 可销售库存(sellable inventory,记为 S)

可销售库存,即前台网站显示的库存,也是库存的最大组成部分。大部分电子商务企业中,前台网站会与后台仓库管理系统(warehouse management system,WMS)保持数据同步,并做出判断。当"可销售库存＞0"时,这一商品可供购买,前台网站则会显示产品可销售;而一旦"可销售库存＜0"时,前台网站则会显示商品缺货。一般所说的缺货并不等于库房中没有库存了,而只是没有可销售库存。

大部分的公司只会在前台显示是否有库存,但这实际上可以做到更细致。例如在京东的前台上,客户在选择不同收货区域时,系统会根据各个分仓的库存数据做出显示,是否有现货,以帮助客户购买,达到更好的客户体验。

而在卓越亚马逊的系统中,当可用库存数量很少时,会在前台提示客户数量很少,请客户加紧购买,提高转化率。

而顾客选购完商品,确认订单时,前台网站会首先向后台系统发出要求,检查订单产品数量与当前可销售库存数量。若可销售库存数量大于订单产品数量,则通知前台网站成功,否则会通知前台库存不足,提醒客户。

2. 订单占用库存(order occupied inventory,记为 O)

当生成订单时,可用库存数量减少,订单占用库存数量增多,变化的数量即订单中的产品数量。

设立订单占用库存的原因在于:订单的生成和库房的发货在时间上是异步的。这样做的优点在于:保证已经生成订单的库存,这部分客户可以顺利收货;而且客户在下订单时,能够保证有产品发货。若不设立订单占用库存,则会产生客户下订单后,发现仓库无货可发的尴尬情况。

而处理订单时,针对的只是已经被订单所占用的库存,与前台的销售无关。订单出库后,系统中扣减的也只是订单所占用库存。

3. 不可销售库存(unsellable inventory,记为 U)

不可销售库存是指由于某种原因,例如包装破损、性能故障、型号标错等,而无法作正常销售处理的库存。在系统中也会定义出这一部分的库存为不可销售状态。

不可销售库存在系统中的标注方法有两类。一类是使用不同的 SKU 代号来区别,例如某一正常商品的 SKU 编码是 351038,它所对应的不可销售库存的 SKU 编码则是351038U;另外一种方式是使用同一种 SKU,但是专门开辟一个不可销售库存区,所有不可销售的库存统一管理。

4. 锁定库存(locked inventory,记为 L)

在销售中,经常会使用的一种促销方式是降价,这一方式的效果非常明显,成功的降价促销可以在很短时间内将商品一售而空,可销售库存直接转化为订单占用库存。

但是有一些情况下,销售方并不希望这么快就将所有的库存都售出。有的时候是因为所有库存全部作降价促销的成本很高,有的时候是防止竞争对手的恶意采购,更多的情况下,则是希望将这一产品的降价作为引子,带动网站的流量和整体销售,这就需要将促销分批次进行。

为达到以上的目的,会采用锁定库存的方式。库存被锁定后,无法直接销售。促销进行一段时间后,可用库存为0,无法继续销售,必须在解除锁定后才能转化为可销售库存,继续进行销售。

由上可知,电子商务总库存(I)＝可销售库存(S)＋订单占用库存(O)＋不可销售库存(U)＋锁定库存(L)。

5. 虚库存(virtual inventory,记为 V)

以上所说的,都是指实物在库房中的库存。但库房的总容积量是一定的,不可能无限制地扩展。而依据长尾理论,电子商务的最大优势则是几乎无限的商品展示和销售能力。如何将有限的库房处理能力和无限的可销售商品联系起来呢?那就是虚库存。

有一些产品,虽然库房中并没有,或者并没有很多,但是供应渠道非常通畅,可以在很短的时间内送到库房中,变为库存;另外一些产品,销售量少,库存的管理难度大,只有当产生订单后,才向供应商采购。这部分不在实际的库存中,但是可以很快采购到的货品就叫作虚库存。

虚库存的存在,是为了使前台网站的可销售数量大于实际可销售数量。当存在虚库存时,电商库存公式会变为

$$S=I-O-U-L+V$$

6. 调拨占用库存(transport inventory,记为 T)

很多 B2C 企业有着一个以上的库房。多个库房的设置,主要是因为规模发展到一定程度后,库存量很大,很难在一个单独的库房中存储,另外,也经常会在客户聚集地附近设立库房,以满足当地客户的需求。

各个库房之间,必然存在着库存的分派和调拨。当产生调拨计划后,调出地库房的某一部分库存就会被占用,这部分库存被称为调拨占用库存。调拨占用库存和订单占用库存的性质相似。当存在调拨占用库存后,电商库存公式变为

$$S=I-O-U-L+V-T$$

7. 调拨中库存(air inventory,记为 A)

库存的调拨,必然会存在一段时间,库存既不存在于调拨出库房,也不存在于调拨入库房,这一部分库存就像漂在空中一样,称为调拨中库存。设1号库房为调拨出库房,2号库房为调拨入库房,在调拨发货前,这两个库房的库存结构为

$$I_1=S_1+O_1+U_1+L_1-V_1+T_1$$
$$I_2=S_2+O_2+U_2+L_2-V_2+T_2$$
$$I=S+O+U+L-V+T$$

若从1号库房调拨出量为 A 的库存到2号库房,在1号库房调拨发出后,2号库房收到调拨前,两库房的库存结构为

$$I_1 = S_1 + O_1 + U_1 + L_1 - V_1 + T_1 - A$$
$$I_2 = S_2 + O_2 + U_2 + L_2 - V_2 + T_2$$
$$I = S + O + U + L - V + T - A$$

可以看到,两个库房的总库存减少了,调拨中库存在路上,只能计在财务库存中,而并不能计入实物库存。只有当调拨完成后,库存进入 2 号库房,总库存才会恢复。

$$I_1 = S_1 + O_1 + U_1 + L_1 - V_1 + T_1 - A$$
$$I_2 = S_2 + O_2 + U_2 + L_2 - V_2 + T_2 + A$$
$$I = S + O + U + L - V + T$$

以上是通用性的一些库存结构综述,在各家公司不同的商业模式和运营流程中,有着各自的特殊性,会使用到更加复杂的库存结构方式,以适应本公司的实际情况。

三、库存的作用与弊端

(一)库存的作用

企业持有库存的作用主要体现在以下 5 个方面。

1. 获得规模经济效益

一个组织要想实现在采购、运输和制造等方面的规模经济,拥有一个适当的库存是必要的。大批量的订货能够使企业在众多方面获得优势:降低原材料的采购价值和运输费用;降低单位产品制造成本;减少因缺货而形成的订单损失和信誉下降等。

2. 平衡供求关系

季节性的供给和需求使企业不得不持有库存。例如在节日,产品的需求量剧增,这就要求企业能够有充足的货源来迅速满足市场需要;另外,某些产品的需求在一定的时期中可能相对比较平稳,但其原材料的供给和需求变化较大,这同样会要求企业能够保留适当的原材料库存以保持生产的连续性,避开不利的价格变动。

3. 有助于物流系统的合理化

合理的库存可以带来诸多方面的便利,减少消耗在运输配送方面的时间和费用。原材料能够从库存中被合理地送到生产基地,满足生产的需要;产成品能够被迅速运出,然后配送到各地满足顾客的需求,同时极大地节省运输环节的费用。

4. 预防需求和订货周期的不确定性

由于市场需求情况的瞬息万变以及订货周期的不确定性,常常使产品的供应不足,从而导致缺货损失,这时库存就十分重要。存储生产所需要的原材料不仅能够保持正常生产的连续性,而且常常会在未来原材料价格上涨或短缺时赚取额外的利润。

5. 在某些关键领域起到缓冲、调节的作用

库存在整个供应链的某些关键环节起到缓冲、调节的作用。它可以缓和由于物资供

应的延迟、短缺而造成的对生产过程的冲击;可以作为配送环节的中介,调节生产过程中因原材料、半成品的不足而可能发生的比例失调。

(二)库存的弊端

企业持有库存是为了平衡客户资源、生产资源和运输资源,解决资源冲突问题。但是,库存本身又会影响企业的经营过程。主要表现在:

1. 占用大量资金

在大多数企业里,资金都是有限的,如果资金用在库存上面,则用于改进企业设施、给股东支付红利、开发新产品以及其他方面的资金就会减少。过量的库存没有用处,而只是束缚了资金。

2. 发生库存成本

库存成本是指企业为持有库存所需花费的成本。库存成本包括资金的利息、储藏保管费(仓库费用、搬运费用、管理人员费用等)、保险费、库存物品价值损失费用(丢失或被盗、库存物品变旧、发生物理化学变化导致价值的降低)等。

3. 掩盖企业经营中存在的问题

过量库存会掩盖企业经营中的各种问题。例如,设备故障造成停机,工作质量低造成废品或返修,横向扯皮造成工期延误,计划不周造成生产脱节等,都可以动用各种库存,使矛盾钝化,问题被掩盖。表面上看,企业运营仍在平稳进行,实际上整个运营系统可能已是千疮百孔。

四、库存控制决策

企业在运营过程中,一方面,运营系统在不断地耗用库存物资,提供社会需要的产品,库存物资呈逐渐减少的态势;另一方面,企业又不断地购进物资,补充库存,满足经营的需要,因此,企业的物资库存量处于不断变化的状态。如何在保证企业运营正常进行的前提下,不过多地积压物资,即如何将库存水平控制在合理的水平上,是库存控制的核心。

(一)库存控制的基本决策

在需求水平一定的条件下,平均库存水平是由每次的订货量决定的,如果每次订货数量较大,则订货次数虽然相应减少,但平均库存水平会比较高。平均库存量与需求速度和进货速度有关,当需求速度一定时,运营系统的管理者可以通过对进货速度的控制,将运营系统的库存水平维持在一个预期的水平上。而进货速度是由进货批量与频度共同决定的。因此,从本质上说,库存控制的基本决策主要包括以下内容:

(1)确定相邻两次订货的间隔时间。

(2)确定每次订货的订货批量。

（3）确定每次订货的提前期。

（4）确定库存满足供货的服务率，即满足用户需求的服务水平。

库存控制决策的目标是在企业现有资源约束下，以最低的库存成本满足预期的需求。

（二）库存控制决策的影响因素

在制订库存控制决策时需要考虑诸多影响因素，在这些影响因素中，运营系统对物资的需求特性需要优先考虑。

1. 需求特性因素

需求分为确定性需求与非确定性需求两大类。如果运营系统对物资的需求是可以预先确定的，则称之为确定性需求，反之则称为非确定性需求。相比之下，确定性需求的运营系统的库存控制比较容易，管理者只要保证进货的速度与需求消耗的速度保持同步，便能维持合理的库存水平；而非确定性需求的运营系统的库存控制较为复杂，管理者在考虑正常需求的同时，还要考虑保持一定的安全库存储备。

需求还可分为有规律变化需求与随机变化需求两大类。如果运营系统中物资需求的变化有规律可循，管理者可以根据需求的变化规律准备库存物资，需求旺季增大库存量，淡季则降低库存量，使得系统的整体库存水准处于合理水平。如果运营系统对物资的需求是随机的，根本无法较为准确地预测，则需在设定经常性库存的基础上，进一步建立额外的安全库存，以应付突然出现的需求变化。

需求是否具有可替代性，也是库存控制决策必须考虑的因素之一。如果一种物资可以用多种其他物资替代，且替代物资很容易获得，则该物资的库存量可以少些。反之，该物资的库存量应该多设一些。

2. 订货提前期因素

订货提前期是影响库存控制决策的另一重要因素，订货提前期是指从发出生产或订货订单到订购物资交货入库需要的时间间隔。订货提前期可以是确定的，也可以是不确定的，因此，在考虑何时订货的决策时，该物资的订货提前期是一项必须考虑的重要因素。

3. 自制与外购因素

许多情况下，企业在选择物资来源时既可以考虑外购，同时也可以考虑自制。一般的，如果采用从专业生产厂家购买企业经营所需物资的方式，那么由于专业厂家的生产规模较大，生产成本较低，生产效率较高，从经济性角度讲，完全可能获得良好的效果。如果企业采用自制方式生产所需的物资，便可以自己控制生产过程，按期交货的可能性较大，同时也能够发挥企业的闲置生产能力，为企业分担部分固定成本的支出。自制的缺点是增加了在制品库存，占用了部分宝贵的资金。因此，选择自制还是外购途径进货，也是企业进行库存控制的调节手段之一。

4. 服务水平因素

服务水平是指顾客提出订货要求时,企业能够满足用户需求的可能性。如果整个运营系统任何时候均能满足全部用户的订货需求,则其服务水平为100%,如果能满足95%的需求,则其订货服务水平为95%,也可以称此时的运营系统的缺货概率为5%。由于用户需求通常无法准确预测,企业如果要提高系统的服务水平,常采用增大库存储备的方法。当用户需求急剧增加时,企业生产可能一时无法满足用户需求的增长,可以通过动用库存来满足用户需求。库存量越多,及时满足供货的可能性越大,同时也意味着企业要占用更多的资金,付出更高的库存成本。因此,对企业而言,盲目地提高服务水平并不一定会给企业带来期望的经济效益,如何将服务水平定位到一个合理的水平,是企业进行库存控制决策时必须考虑的重要因素。

5. 库存成本因素

与库存相关的成本基本上有4类:持有成本、订货成本、缺货成本和购置成本。

(1) 持有成本(存储成本)

库存持有成本是储存物品的成本。某段时间内的库存水平越大,持有成本越高。持有成本通常有两种表示方法:一是将持有成本表示为每年单位产品的价值,如10美元/年;二是将持有成本表示为单位商品价值的百分比,或者为平均库存价值的百分比。据估计,持有成本通常是单位制成品价值的10%～40%。

(2) 订货成本

订货成本是与补充库存持有量有关的成本。这些成本通常被表示为一次订货所花费的金额,并且独立于订货量的大小。因此,订货成本随下达的订单数的大小而变化(即随着订单数的增加,订货成本也相应增加)。一般的,订货成本与持有成本呈反方向变化。随着订货量大小的增加,所需的订货次数将减小,因此,单位时期内的订货成本将减少。然而,订货量越大将会产生越高的库存水平和持有成本。

(3) 短缺成本(缺货成本)

短缺成本是指由于现有库存量不够充足而使顾客需求不能得到即时满足而产生的成本。缺货成本包括:①由于缺货导致的现有需求流失而导致的销售损失;②由于缺货导致的顾客不满意和商誉的损失,以及由此可能导致的顾客和未来销售量的永久损失;③由于不能够满足顾客需求或较晚满足需求而带来价格折扣或回扣形式的特定惩罚。

(4) 购置成本(物料成本)

购置成本,即购买物资耗费的货款。当运营系统外购物资时,如果供应商采用差别定价策略,为用户提供批量折扣,则采购方可以通过增加每次订货的批量,获得价格优惠,降低总购置成本。此时,购置成本是库存成本的组成部分,影响订货决策。

在上述库存成本中,在需求确定的前提下,增大每次的订货批量有利于降低订货成本、购置成本、缺货成本,但是订货批量的增加通常会导致库存量的增加,引起存储成本的上升。如何合理控制库存,使库存总成本最低,是库存控制决策的目标。

第二节　库存管理策略

由于库存有利有弊,在企业运营管理中,必须对库存加以控制,使其既能为企业经营有效利用,又不为企业带来太多的负面影响。因此,制定正确的库存管理策略就非常重要。这里讨论几个库存管理中的基本策略问题。

一、库存管理的衡量指标

管理学中有一种说法:管理是从衡量开始的。因此,在库存管理中,管理者也需要用一些指标对库存进行监控和衡量,使其保持在一个适当的水平。衡量库存的方法有多种,例如,库存物品的种类、数量、重量等,但是,在库存管理中具有重要意义的衡量指标有三个:平均库存值、可供应时间和库存周转率[1]。

(一)平均库存值

一般指某一时期全部库存物品的价值之和。一般来说,制造企业的库存平均占用的资金比例大约是 25%左右,而批发、零售业有可能占到 75%左右。管理人员可根据历史数据或同行业的平均水平从纵横两方面评价自己企业的这一指标是过高还是过低。但是,一个不可忽视的因素是市场需求,也就是说,必须从满足市场需求的角度来考虑库存管理的好坏。为此,下面的两个指标可能更重要。

(二)可供应时间

可供应时间是平均库存值除以相应时间段内单位时间(如每周、每月等)需求值的结果。可供应时间是指现有库存能够满足多长时间的需求;也可以分别用每种物料的平均库存量除以相应时间段内单位时间的需求量来得到。在有些情况下,后者更具现实意义。例如,在有些企业,根据物料可获得性的不同,有些物料的库存量为两周的用量,而另外一些物料的库存量可能只是两三天的用量。

(三)库存周转率

$$库存周转率=(年销售额 \div 年平均库存值) \times 100\%$$

库存周转越慢,意味着库存占用资金量越大,保管等各种费用也会大量发生;反之亦然。同时,库存周转率对企业经营中至关重要的资金周转率指标也有极大的影响。但究

---

① 刘丽文. 服务运营管理[M]. 第 2 版. 北京:清华大学出版社,2004.

竟库存周转率多大为最好,难以一概而论。很多西方制造企业的库存周转次数为一年6～7次;有些日本企业可达一年40次之多。

二、降低库存的基本策略

大多数企业都面临着库存风险问题。库存物资需要占用资金和场地,还需派人维护,因此会带来成本。库存过多,易造成积压,不仅占用大量资金,花费过多的保管费用,如果通过借贷支持所需的库存资金,还会加重企业的利息负担。同时,长期存放使物品因损坏、变质或意外事故而陈旧过时,失去原有的价值。如果库存过少,易造成缺货,不仅影响生产的正常进行,还会丧失销售机会,进而丢失客户,减少企业利润。因此,如何降低库存风险,使库存经常处于合理水平是每个企业都十分关心的问题,企业总是不断地寻求降低库存的方法。表 8-1 列出了仅从库存作用的角度出发降低库存的基本策略和具体措施。

表 8-1　降低库存的策略

库存类型	采取策略	具体措施
安全库存和调节库存	预测与控制库存产生的原因	• 改善需求预测工作 • 准确分析需求量与需求时间 • 加强过程控制 • 增加设备和人员的柔性 • 采取供应链管理模式
周转库存	在需要的时候供应与生产	• 与供应商和客户建立合作伙伴关系,采取供应链管理模式 • 降低订货费用 • 生产采取 JIT 生产方式
在途库存	缩短运输时间	• 加强运输过程控制 • 加大运输能力
相关需求库存	用物料需求计划理论解决相关需求库存问题	• 运行 MRP 提高 BOM 的正确率提高库存记录的准确率

资料来源:刘丽文. 运营管理[M].北京:中国经济出版社,2002.

(一)降低周转库存策略

基本做法是减少库存批量,同时采取一些具体措施,寻求降低订货成本或作业交换成本的办法。此方面较为成功的经验是日本企业的"快速换模法",利用一人多机、成组技术和柔性制造技术,即尽量利用"相似性"来增大生产批量、减少作业交换。此外,还可以尽量采用通用零件来减少库存。

(二)降低在途库存策略

影响在途库存的变量有需求和生产—配送周期。由于企业难以控制需求,因此,降低这种库存的基本策略是缩短生产—配送周期。可采取的具体措施之一是标准品库存前置;第二个措施是选择更可靠的供应商和运输商,以尽量缩短不同存放地点之间的运输和存储时间。还可以利用计算机管理信息系统来减少信息传递上的延误,以及由此引起延误时间的增加。此外,还可以通过减小批量来降低在途库存。

(三)降低季节性库存策略

降低季节性库存的基本策略是尽量使生产速度与需求变化吻合。一种思路是尽力把需求的波动"拉平",针对性地开发新产品,使不同产品之间的需求"峰""谷"错开,相互补偿;另一种是在需求淡季通过价格折扣等促销活动转移需求。

(四)降低安全库存策略

降低安全库存的具体策略是使订货时间尽量接近需求时间,订货量尽量接近需求量。有以下 4 种措施可供使用:

(1)改善需求预测。预测越准,意外需求发生的可能性就越小,所以,可以采取一些方法鼓励用户提前订货。

(2)缩短订货周期与生产周期。这一周期越短,在该期间内发生意外的可能性也越小。

(3)减少供应的不稳定性。途径之一是让供应商知道企业的生产计划,以便及早做出安排;另一个途径是改善现场管理,减少废品或返修品的数量,从而减少由于这种原因造成的不能按时按量供应;还有一种途径是加强设备的预防维修,以减少由于设备故障而引发的供应中断或延迟。

(4)增加设备、人员的柔性。可以通过生产运作能力的缓冲、培养"多面手"人员等方法来实现。这种方法更多地用于非制造业,因为对于非制造业来说,服务无法预先储存。

三、ABC 分类法

由于企业的库存物资种类繁多,对企业需用的全部物资进行管理是一项复杂而繁重的工作,使管理者有限的精力过于分散,只能进行较落后的粗放式库存管理,管理效率低下。因此,在库存控制工作中,应该强调重点管理的原则,将管理重心放在重点工作上,对重点物资加强管理,"ABC 分类法"便是库存重点控制的常用方法之一。ABC 分类控制法的基本思路是,将企业的库存物资按其占用资金的多少,依次划分为 A、B、C 三大类,并通过对不同的库存物资采用不同的管理方法,增强管理的针对性,达到简化管理程序,提高管理效率的目的。通过对企业库存物资的情况调查统计,发现多数企业的库存物资中各类物资可按如下比例分类:A 类物资品种最少,但占用资金的比重最大;B 类物资品种比 A 类多,比 C 类少,占用的资金也比 A 类少,比 C 类多;C 类物资品种最多,但占用资金的比重最小。通常 ABC 分类情况如表 8-2 所示。

表 8-2 库存物品的 ABC 分类

类别	占库存资金	占库存品种
A	75%～80%	10%～20%
B	10%～15%	20%～30%
C	5%～10%	50%～65%

将库存物资进行 ABC 分类,就可以根据物资的不同特点采用不同的管理方法。对 A 类库存,在保证供应前提下,必须严格控制,重点管理;C 类库存虽然项目繁多,但占用资金很少,因此,不需要精确控制;B 类库存介于 A 类和 C 类之间,应视企业的具体情况进行一般管理。

ABC 分类法分析的步骤如下:

(1) 确定每种物品的年需求量;

(2) 根据每种物品的年需求量计算出年度总成本;

(3) 按年需求量价值的大小,将物品从高到低进行排序;

(4) 计算出年累计价值额和累计百分比;

(5) 观察年需求量的分布并将物品按年需求量的比重分成 A、B、C 三类。

【例 8-1】 某公司所需采购物品、年度使用量、单位成本以及年度使用金额见表 8-3,试确定该企业采购物资的 A、B、C 分类。

表 8-3 计算年度使用金额

序数	物品每年使用件数	单位成本/元	年度使用金额/元
F-11	40 000	0.07	2 800
F-20	195 000	0.11	21 450
F-31	4 000	0.10	400
L-45	100 000	0.05	5 000
L-51	2 000	0.14	280
L-16	240 000	0.07	16 800
L-17	16 000	0.08	1 280
N-8	80 000	0.06	4 800
N-91	10 000	0.07	700
N-100	5 000	0.09	450

解:按年度使用金额从高到低排列这些物品,并计算出累计年使用金额与累计百分数,见表 8-4。依表 8-2 所示标准,基本可确定物资的 A、B、C 分类。A 类包括第一与第二两种物品,占物品总数的 20%。第三到第五这 3 种物品则属 B 类物品,它们占物品总数的 30%。其余 50% 的物品属于 C 类物品。

表8-4　排序并计算累计百分数

物品	年度使用金额/元	累计年使用金额/元	累计百分数/%	类别
F-20	21 450	21 450	39.8	A
L-16	16 800	38 250	71.0	A
L-45	5 000	43 250	80.2	B
N-8	4 800	48 050	89.3	B
F-11	2 800	50 850	94.4	B
L-17	1 280	52 130	96.7	C
N-91	700	52 830	97.9	C
N-100	450	53 280	98.9	C
F-31	400	53 680	99.6	C
L-51	280	53 960	100	C

将分析结果归纳列表显示,见表8-5。如果把最大精力集中于A类物品管理,可使其库存资金大大压缩。

表8-5　物品ABC分类结果

分　　类	物品的百分数/%	每组的年使用金额/元	金额的百分数/%
A(F−20,L−16)	20	38 250	71.0
B(L−45,N−8,F−11)	30	12 600	23.4
C(其他)	50	3 110	5.6
总计	100	53 960	100

第三节　独立需求的库存控制

一、独立需求库存分析

(一)独立需求的特点

独立需求库存是指那些随机的、企业自身不能控制而是由市场所决定的需求的库存。很多企业都存在大量的这种库存。例如,批发和零售业的库存,医院的药品库存,制造业企业的成品库存,制造业和非制造业企业用于维护、修理、办公的各种用品等,都属于独立需求库存。

独立需求的一大特点是不确定性。来自任何一个个体顾客的需求通常都是随机的、时起时落的,但是需求总和的波动却远远小于个体需求的波动,这就要求对独立需求的预测和控制采取一些与相关需求不同的方法。

（二）独立需求物品的库存控制

独立需求物品是指物品的需求量之间没有直接的联系，也就是说没有量的传递关系。独立需求不是企业本身所能控制的，所以不能像相关需求那样来处理，只能采用"补充库存"的控制机制，将不确定的外部需求问题转化为对内部库存水平的动态监控与补充的问题，通过保持适当的库存水平来保证对外界随机需求的恰当服务水平。这种"补充库存"的控制模型可以形象地将它想象为一个水池，右下端是用户使用的水管开关，左上端是自来水公司。右下端用户对水池中水的需求完全是随机的，要达到对用户的一定服务水平，就是要维持一定的库存量，这便构成了两项任务：

（1）监控库存状态：确定何时需要补充库存；

（2）设置库存量，决定每次补充到多少，即确定订货批量。

解决了这两个问题便可以达到库存管理的基本目标：以最小库存保证一定水平的服务或者说在保持一定服务水平的条件下使库存水平更低。

二、确定性库存控制模型

这类模型是最简单的库存控制模型，即需求不随时间变化的确定性模型。模型中的有关参数如需求量、订货提前期是已知确定的值。而且在相当长的一段时间内稳定不变。显然这样的条件在现实经济生活中是很难找到的。实际上，只要我们所考虑的参数波动性不大。就可以认为是确定性的存储问题。经过数学抽象概括的模型虽然不可能与现实完全等同，但对模型的探讨将加深我们对库存控制问题的认识，其模型的解也将对库存控制的决策提供帮助。

（一）经济订货批量模型

经济订货批量（economic order quantity，EOQ）模型是一种在需求确定，不允许缺货的条件下，通过平衡进货费用和存储费用来确定一个最佳的订货数量以实现总库存成本最小的库存控制方法。

基本的经济批量模型基于以下前提假设：

（1）物料需求均衡，且一定时期的需求量已知，即单位时间的物料需求量（物料需求率）为已知的常数；

（2）物料补充瞬时完成；

（3）物料单价为常数，即不存在价格折扣；

（4）订货提前期确定，即不会发生缺货情况，意味着不考虑安全库存，缺货费用为 0；

（5）物料存储费用正比于物料的平均存储量；

（6）物料订货费用不因订货量大小而变动，即每次订货费用为已知常数；

（7）每次的订货量无最大最小限制；

（8）库存保管费用是库存量的线性函数。

根据以上假设，为了便于说明，我们定义模型中使用的符号：

TC：一年总的库存费用；

D：一年的总需求；

Q：订货批量；

K：订货一次的订货费用；

H：单位物料的年库存存储费用；

P：物料的单价。

在经济订货批量模型中，库存水平变动情况如图8-1所示。

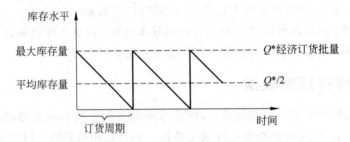

图 8-1　经济订货批量模型的库存水平变动情况

经济订货批量模型如图8-2所示，其中，一定时期的总库存费用由存储费用、订货费用和物料费用三部分构成。

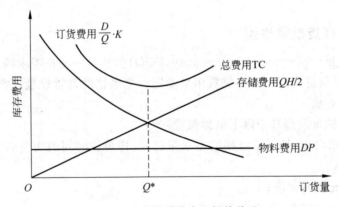

图 8-2　库存相关成本之间的关系

从图8-1和图8-2中不难发现，一年的总库存费用 TC 为年库存存储费用、年订货费用和年物料费用三者之和。一年内的平均库存量为 $Q/2$，则一年的存储费用为平均库存量与单位物料的年库存存储费用的乘积,即 $HQ/2$。一年的订货费用为单位订货费用与年订货次数的乘积,即 $\dfrac{D}{Q}\cdot K$。一年的物料费用为年需求量与物料单价的乘积,即 DP。由于年需求量和物料单价都为常量,年物料成本是固定不变的,因此,年物料费用的大小不会受到库存决策的影响,在制定库存决策时,常常不需要考虑年物料费用。因此,为了便于分析,年总库存费用 TC 可简化为年库存存储费用和年订货费用之和,即由公式(8-1)简化为公式(8-2)。

$$\text{TC} = D\cdot P + \frac{D}{Q}\cdot K + \frac{Q}{2}\cdot H \tag{8-1}$$

$$\text{TC} = \frac{D}{Q}\cdot K + \frac{Q}{2}\cdot H \tag{8-2}$$

在式(8-2)中,D、P、K、H 都为已知常量,Q 为决策变量,因此,总费用函数 TC 是关于 Q 的一元函数,模型为一元函数的最小值问题。根据微积分知识,为了总库存费用 TC 最小,需要对公式(8-2)求 Q 的导数,并令其值为零,得

$$\frac{\text{dTC}}{\text{d}Q} = -\frac{KD}{Q^2} + \frac{H}{2} = 0 \tag{8-3}$$

从公式(8-3)中可以求出最优订货批量 Q^*:

$$Q^* = \sqrt{\frac{2KD}{H}} \tag{8-4}$$

正如图 8-2 所示,公式(8-4)对应的最优订货批量 Q^* 正好是订货费用和存储费用相等时确定的订货批量。把公式(8-4)代入公式(8-1)可以求出最优订货批量 Q^* 对应的最小库存总费用。

$$\text{TC} = D\cdot P + \frac{D}{Q}\cdot K + \frac{Q^*}{2}\cdot H = D\cdot P + \sqrt{KDH} \tag{8-5}$$

最优的订货周期为

$$T = \frac{Q^*}{D} = \sqrt{\frac{2K}{HD}}$$

经济订购批量模型的特点是每次订货之前都要详细检查和盘点库存,检查是否降低到订货点,能够及时了解和掌握库存动态。每次订货数量固定,且是预先确定好的经济订货批量,方法简便。定量订货库存管理系统适用于品种少但占用资金大的 A 类库存。

【例 8-2】 某商业企业的 X 型彩电年消耗量 10 000 台,订货费用为 10 元/次,每台彩电平均年库存保管费用为 4 元/台。按经济订货批量原则,求解经济订货批量及订货周期。

解：根据题意有

$$K = 10\ \text{元/次}, D = 10\ 000\ \text{台/年}, H = 4\ \text{元/台}$$

根据公式(8-4)计算经济订货批量:

$$Q^* = \sqrt{\frac{2KD}{H}} = \sqrt{\frac{2 \times 10 \times 10\,000}{4}} = 223.6(台)$$

取整数为 224 台;

根据公式(8-5)计算经济订货批量对应的订货周期:

$$T = \frac{Q}{D} = \sqrt{\frac{2K}{HD}} = \sqrt{\frac{2 \times 10}{40\,000}} = 0.022\,3(年) = 0.022\,3 \times 365 = 8.16(天)$$

(二)允许缺货的经济订货批量模型

所谓允许缺货是指企业可以在存储降至零后,还可以再等一段时间后再订货,当顾客遇到缺货时不受损失,或损失很小,并假设当缺货发生时,顾客会耐心等待直到新的补充到来。当新的补充一到,顾客的缺货便立即得到满足。如果允许缺货,对企业来说除支付少量的缺货费外无其他损失,这样企业可以利用"允许缺货"这个宽松条件,少付几次订货的固定费用和存储费,从经济观点出发,允许缺货政策对于企业是有利的。

与 EOQ 模型相比较,需两个补充参数,g:单位产品的短缺成本;S:最大缺货量。允许缺货的经济订货批量库存模型如图 8-3 所示。

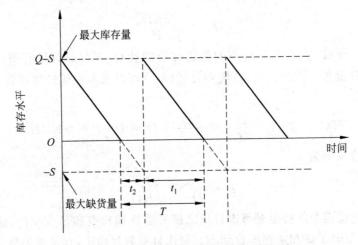

图 8-3 允许缺货的经济订货批量模型示意

在图 8-3 中,总的周期时间(是指两次订货的间隔时间)为 T,其中 t_1 表示 T 中不缺货的时间,t_2 表示 T 中缺货的时间。设 S 为最大缺货量,当库存水平降低到 $-S$ 时,订货将到达,此时库存量最大,为每次订货量 Q 与最大缺货量 S 的差,即 $Q-S$,因为每次得到订货之后就立即支付给顾客最大缺货量。

从图 8-3 中可看到,在不缺货时期内的平均库存量为 $(Q-S)/2$,而在缺货时期内的库存量都为 0，这样我们可以计算出一个周期的平均库存量：

平均库存量＝周期总库存量÷周期时间

＝（周期内不缺货时的总库存量＋周期内缺货时的总库存量）÷周期时间

$$= \frac{\frac{1}{2}(Q-S)t_1 + 0t_2}{t_1 + t_2} = \frac{\frac{1}{2}(Q-S)t_1}{T}$$

因为最大库存量为 $Q-S$，每天的需求为 d，则可求出周期中不缺货的时间 $t_1 = (Q-S)/d$。又因为每次订货量为 Q，可满足 T 时间的需求，即有 $T=Q/d$。因此，可以得到用 Q 和 S 表示的平均库存量公式：

$$平均库存量 = \frac{\frac{1}{2}(Q-S)\frac{(Q-S)}{d}}{\frac{Q}{d}} = \frac{(Q-S)^2}{2Q} \tag{8-6}$$

像计算平均库存量那样计算平均缺货量，即周期 T 内的平均缺货量，从图 8-3 可知，在 t_1 时间内不缺货，平均缺货量为 0，而在 t_2 时间内，半均缺货量为 $S/2$，即得

$$平均缺货量 = \frac{0 \times t_1 + \frac{1}{2}St_2}{T} = \frac{St_2}{2T} \tag{8-7}$$

因为最大缺货量为 S，每天需求为 d，则可求出周期中的缺货时间 $t_2 = S/d$。于是可得到用 Q 和 S 表示的平均缺货量公式：

$$平均缺货量 = \frac{St_2}{2T} = \frac{S\frac{S}{d}}{2\frac{Q}{d}} = \frac{S^2}{2Q} \tag{8-8}$$

在允许缺货的情况下，年库存总费用包括年订货费用、年存储费用和年缺货费用三个部分，即

年库存总费用＝年订货费用＋年存储费用＋年缺货费用

与经济订货批量模型一样，

$$年订货费用 = K\frac{D}{Q} \tag{8-9}$$

根据式(8-6)、式(8-8)和式(8-9)，可以得到年库存总费用为

$$TC = K\frac{D}{Q} + H\frac{(Q-S)^2}{2Q} + g\frac{S^2}{2Q} \tag{8-10}$$

在式(8-10)中，K、H、g 为已知参数，D 是常量，故 TC 是 Q 和 S 这两个未知量的二元函数，利用微积分的知识可知，当 TC 对 S 和 Q 的偏导数等于 0 时，TC 取最小值，对应的 Q 和 S 就是最优的订货量 Q^* 和最大缺货量 S^*。

$$\frac{\partial(TC)}{\partial Q} = \frac{2(Q-S) \cdot 2Q - 2(Q-S)^2}{4Q^2} \cdot H - \frac{D}{Q^2}K - \frac{S^2g}{2Q^2}$$

$$= \frac{HQ^2 - (H+g)S^2 - 2DK}{2Q^2} = 0 \tag{8-11}$$

$$\frac{\partial(\text{TC})}{\partial S} = \frac{-2(Q-S)}{2Q} \cdot H + \frac{2Sg}{2Q} \frac{1}{Q}[(H+g)S - HQ] = 0 \tag{8-12}$$

由式(8-12)计算得

$$S = \frac{HQ}{H+g} \tag{8-13}$$

把(8-13)代入(8-11)可以得到

$$\frac{HQ^2 - (H+g)\dfrac{H^2Q^2}{(H+g)^2} - 2DK}{2Q^2} = 0$$

$$\frac{HgQ^2}{(H+g)} = 2DK$$

$$Q^* = \sqrt{\frac{2KD(H+g)}{Hg}} \tag{8-14}$$

把式(8-14)代入式(8-13),可以得到最优的最大缺货量。

$$S^* = \left(\frac{H}{H+g}\right)Q^* = \sqrt{\frac{2KDH}{g(H+g)}} \tag{8-15}$$

式(8-14)和式(8-15)就是使年库存总费用最小的最优订货量 Q^* 和相应最大缺货量 S^*。再由 $T=Q/d$，$t_1=(Q-S)/d$ 和 $t_2=S/d$ 可以求出相应的周期 T,以及 T 中不缺货的时间 t_2 和缺货时间 t_1。

【例 8-3】 假如图书馆设备公司只销售书架而不生产书架,其所销售的书架是靠订货来提供的,所订的书架厂家能及时提供。该公司的一年的需求量为 4 900 个,存储一个书架一年的花费为 1 000 元,每次的订货费是 500 元,每年工作日为 250 天[1]。

(1) 当不允许缺货时,求出使一年总费用最低的最优每次订货量 Q_1^*,及其相应的周期、每年的订购次数和一年库存总费用。

(2) 当允许缺货时,设一个书架缺货一年的缺货费为 2 000 元,求出使一年总费用最低的最优每次订货量 Q_2^*,相应的最大缺货量 S^* 及其相应的周期 T,周期中不缺货的时间 t_1、缺货的时间 t_2、每年订购次数和一年的总费用。

解：(1)可以用经济订货批量的模型来求解此题,已知 $D=4\,900$ 个/年,$H=1\,000$ 元/个·年,$K=500$ 元/次,最优订货量计算如下:

$$Q^* = \sqrt{\frac{2DK}{H}} = \sqrt{\frac{2 \times 4\,900 \times 500}{1\,000}} = 70(\text{个})$$

订货周期 T 计算如下:

① 韩伯棠. 管理运筹学[M]. 第 2 版. 北京：高等教育出版社,2005.

$$T = \frac{250}{D/Q^*} = \frac{250}{4\,900/70} = \frac{250}{70} = 3.57(\text{个工作日})$$

每年的订货次数计算如下：

$$\frac{D}{Q_1^*} = \frac{4\,900}{70} = 70\,(\text{次})$$

一年的库存总费用计算如下：

$$\text{TC} = \frac{1}{2}Q_1^* H + \frac{D}{Q_1^*}K = \frac{1}{2} \times 70 \times 1\,000 + \frac{4\,900}{70} \times 500 = 70\,000(\text{元})$$

（2）在第（1）小题的基础上增加单位产品的年缺货费用：$g = 2\,000$ 元/个·年，用公式（8-14）求得最优订货批量

$$Q_2^* = \sqrt{\frac{2KD(H+g)}{Hg}} = \sqrt{\frac{2 \times 500 \times 4\,900(1\,000 + 2\,000)}{1\,000 \times 2\,000}} = 85(\text{个})$$

用公式（8-15），求得相应的最大缺货量

$$S^* = \left(\frac{H}{H+g}\right) \times Q_2^* = \frac{1\,000}{3\,000} \times 85 \approx 28(\text{个})$$

由公式 $T = Q/d$ 可求出订货周期 T

$$T = \frac{Q_2^*}{d} = \frac{85}{\dfrac{4\,900}{250}} \approx 4.34(\text{天})$$

由 $t_1 = (Q-S)/d$ 和 $t_2 = S/d$ 可以求出一个周期中的缺货时间 $t_2 = 1.43$（天），不缺货的时间 $t_1 = 2.91$（天）。

每年订货次数为

$$\frac{D}{Q_2^*} = \frac{4\,900}{85} \approx 57.6(\text{次})$$

最后，求出最少的年总费用 TC^*。

$$\text{TC}^* = K\frac{D}{Q_2^*} + H\frac{(Q_2^* - S)^2}{2Q_2^*} + g\frac{S^2}{2Q_2^*}$$

$$= 500 \times \frac{4\,900}{85} + 1\,000 \times \frac{(85-28)^2}{2 \times 85} + 2\,000 \times \frac{28^2}{2 \times 85}$$

$$= 19\,111.76 + 28\,823.53 + 9\,223.53 = 57\,158.82(\text{元})$$

从题（1）和题（2）两种情况比较可以看出允许缺货一般比不允许缺货有更大的选择余地，一年的库存总费用也可以有所降低，但如果缺货费太大，尽管允许缺货，管理者也会避免出现缺货，这时允许缺货也就变成不允许缺货的情况了。

（三）经济生产批量模型

经济生产批量模型（economic production quantity，EPQ）也是一种确定型库存模型。

这种库存模型与经济订货批量模型一样,它的需求率 d,单位存储费 H,每次生产准备费 K 以及每次生产量 Q 都是常量。同时此模型也不允许缺货,即当存储量为零时,可以立即得到补充。所不同的是,在经济订货批量模型中,全部订货同时到位,而在经济生产批量模型中,单位时间的产量即生产率 p 也是常量,当存储量为零时便开始进行生产,生产的产品中一部分用于满足当时的需求,剩余的部分则作为库存存储起来,存储量以 $(p-d)$ 的速度增加。当生产了 t_p 时间之后,库存的存储量达到最大(为 $(p-d)t_p$),此时,停止生产用库存来满足需求。当存储量再次降至零时,又开始生产,进入新的一个周期。经济生产批量的库存模型如图8-4所示。

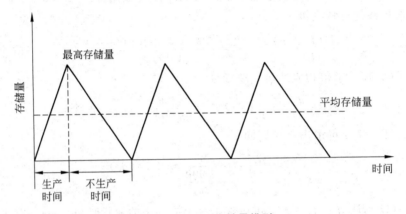

图8-4 经济生产批量模型

在经济生产批量模型中,年总费用由年存储费用和年生产准备费用构成。每次生产的准备费用是指为进行一次生产,在准备阶段(例如设备调整)所花费的人力、物力等成本,这与生产的数量无关。我们用 K 表示每次的生产准备费用。从上述描述可知,在每一个周期里,t_p 时间内总共生产的产品量为 Q,由于生产率是常量 p,则 Q 可表示为 $p \cdot t_p$。t_p 可用 Q 和 p 来表示:

$$t_p = \frac{Q}{p} \tag{8-16}$$

利用式(8-16)可以将最高存储量表示为

$$(p-d)t_p - (p-d)\frac{Q}{p} = \left(1 - \frac{d}{p}\right)Q \tag{8-17}$$

由于平均存储量为最高存储量的一半,年存储费为平均存储水平与每单位产品的年存储费用的乘积,因此,根据式(8-17),存储费可表示为

$$\frac{1}{2}\left(1 - \frac{d}{p}\right)QH \tag{8-18}$$

同 EOQ 模型一样,设 D 为产品的年需求量,则可知年生产准备费用为年生产次数与

每次生产准备费用的乘积,即为

$$\frac{D}{Q}K \tag{8-19}$$

根据式(8-18)和式(8-19),可以得到库存总费用 TC 与每批生产数量 Q 的函数关系为

$$TC = \frac{D}{Q}K + \frac{1}{2}\left(1 - \frac{d}{p}\right)QH \tag{8-20}$$

在式(8-20)中除了 Q 以外,K、H、d、D、p 都是常量,TC 是未知的最优生产批量 Q 的一元函数。当 $\frac{d(TC)}{dQ}=0$ 时,TC 取最小值。即

$$\frac{d(TC)}{dQ} = \frac{1}{2}\left(1 - \frac{d}{p}\right)H - \frac{DK}{Q^2} = 0$$

此时,

$$Q^* = \sqrt{\frac{2KD}{H\left(1 - \frac{d}{p}\right)}} \tag{8-21}$$

这就是最优经济生产批量公式。此时,年存储费用与年生产准备费用相等,都为

$$\sqrt{\frac{DH\left(1 - \frac{d}{p}\right)K}{2}}$$

年总费用为

$$TC = \frac{D}{Q^*}K + \frac{1}{2}\left(1 - \frac{d}{p}\right)Q^* H = \sqrt{2DH\left(1 - \frac{d}{p}\right)K} \tag{8-22}$$

生产周期为

$$T = \frac{Q^*}{D} = \sqrt{\frac{2K}{HD\left(1 - \frac{d}{p}\right)}} \tag{8-23}$$

【例 8-4】 某部门生产一种产品 A 的某一部件 X,该部门生产部件 X 的生产率为 100 件/天,装配线对部件 X 的使用率为 40 件/天,该部门一年有 250 个工作日,生产准备成本为每次 50 元,年存储成本为 0.5 元/件。求部件 X 的最优生产批量和生产周期。

解: $K=50$ 元/次,$H=0.50$ 元/件,$d=40$ 件/天,$p=100$ 件/天,$D=d\times250-40\times250=10\,000$(件/年)。

最优生产批量

$$Q^* = \sqrt{\frac{2KD}{H\left(1 - \frac{d}{p}\right)}} = \sqrt{\frac{2\times50\times10\,000}{0.50\left(1 - \frac{40}{100}\right)}} = 1\,826(件)$$

生产周期

$$T = \frac{Q}{D} = \sqrt{\frac{2K}{HD\left(1 - \frac{d}{p}\right)}} = \sqrt{\frac{2 \times 50}{0.50 \times 10\,000 \times \left(1 - \frac{40}{100}\right)}} = 0.182\,4(天)$$

三、单周期随机库存模型

前面介绍的库存模型把需求率看成常量,即把每年、每月、每周、甚至每天的需求都看成是固定不变的已知常量,然而在现实的世界中,更多的情况是需求为一个随机变量。单周期随机需求库存模型是解决需求为服从某种概率分布的随机变量的一种库存模型。

单周期库存问题分为两种情况:一种情况是诸如报纸、季节性的服装、月饼、圣诞树以及麦当劳店里的汉堡包等短周期、季节性和易变质产品的库存,这些产品都是按单一周期的方法处理的。另一种情况是最终订货问题,生产厂商为某一型号的产品完成一个最终的生产,之后他将停止生产这类产品转而生产新型号的产品,比如手机生产厂商对某款手机的最终生产。这两种情况都与典型的"报童问题"类似,这类库存问题的控制策略是在销售季节开始时确定使销售期期望利润最大的订货量。

单周期随机库存问题在实际的经济生活中有着广泛的应用,这类库存问题的特点是:商品的销售期是有限的,如果进货过多,商品在销售期内就不能全部销售出去,未能销售出去的产品降价销售出去甚至扔掉,而不能把产品储存起来等到下一周期里销售。如果进货不足,就会发生脱销,损失了顾客就等于损失了利润。所以,最好的办法就是订购刚好能满足需求的适当数量的商品。

(一)需求为一离散型随机变量的情况

报童问题:报童每天销售报纸数量是一个随机变量,每日售出 d 份报纸的概率是 $P(d)$,根据以往的经验 $P(d)$ 是已知的。报童每售出一份报纸赚 g 元,如果报纸未能售出,每份赔 h 元,问报童每日最好准备多少份报纸?

这是一个需求量为离散型随机变量的单周期库存模型。此模型就是要求出最优订货量 Q 的问题。如果订货量 Q 选得过大,报童就要因为不能售出报纸而造成损失。如果订货量 Q 选得过小,报童又会因为缺货失去了销售机会而造成了机会损失。如何适当地选择 Q 值,才能使这两种损失的期望值之和最小呢?

已知售出 d 份报纸的概率为 $P(d)$,则

$$\sum_{d=0}^{\infty} P(d) = 1$$

(1) 当供大于求时,即 $Q \geqslant d$ 时,因不能售出报纸而承担损失,每份损失为 h 元,其数学期望值为 $\sum_{d=0}^{Q} h(Q-d)P(d)$。

(2) 当供不应求时,即 $Q < d$ 时,因缺货而少赚钱造成机会损失,每份损失为 g 元,其期望值 $\sum\limits_{d=Q+1}^{\infty} g(d-Q)P(d)$。

综合(1)和(2)两种情况,当订货量为 Q 时,其损失的期望值为

$$E(L(Q)) = h\sum_{d=0}^{Q}(Q-d)P(d) + g\sum_{d=Q+1}^{\infty}(d-Q)P(d) \qquad (8\text{-}24)$$

决策变量就是要求出使 $E(L(Q))$ 最小的最优量 Q^*。这时其损失的期望值为最小,当然就有

$$E(L(Q^*)) \leqslant E(L(Q^*+1)) \qquad (8\text{-}25)$$
$$E(L(Q^*)) \leqslant E(L(Q^*-1)) \qquad (8\text{-}26)$$

式(8-25)和式(8-26)表示了订购 Q^* 份报纸的损失期望值要不大于订购 (Q^*+1) 份和 (Q^*-1) 份报纸的损失期望值。从式(8-25)出发进行推导,有

$$h\sum_{d=0}^{Q^*}(Q^*-d)P(d) + g\sum_{d=Q^*+1}^{\infty}(d-Q^*)P(d)$$
$$\leqslant h\sum_{d=0}^{Q^*+1}(Q^*+1-d)P(d) + g\sum_{d=Q^*+2}^{\infty}(d-Q^*-1)P(d) \qquad (8\text{-}27)$$

化简式(8-27)可得

$$\sum_{d=0}^{Q^*}P(d) \geqslant \frac{g}{g+h} \qquad (8\text{-}28)$$

从式(8-26)出发进行推导有

$$h\sum_{d=0}^{Q^*}(Q^*-d)P(d) + g\sum_{d=Q^*+1}^{\infty}(d-Q^*)P(d)$$
$$\leqslant h\sum_{d=0}^{Q^*-1}(Q^*-1-d)P(d) + g\sum_{d=Q^*}^{\infty}(d-Q^*+1)P(d) \qquad (8\text{-}29)$$

化简式(8-29)可得

$$\sum_{d=0}^{Q^*-1}P(d) \leqslant \frac{g}{g+h} \qquad (8\text{-}30)$$

结合式(8-28)和式(8-30)可知,报童所订购报纸的最优数量 Q^* 份可由下式确定:

$$\sum_{d=0}^{Q^*-1}P(d) \leqslant \frac{g}{g+h} \leqslant \sum_{d=0}^{Q^*}P(d) \qquad (8\text{-}31)$$

【例 8-5】 某报亭出售某种报纸,每售出 100 张可获利 15 元,如果当天不能售出,每 100 张赔 20 元,每日售出该报纸份数的概率 $P(d)$ 如表 8-6 所示。

表 8-6　报纸销售情况

销售量/百张	5	6	7	8	9	10	11
概率 $P(d)$	0.05	0.10	0.20	0.20	0.25	0.15	0.05

试问：报亭每日订购多少张该种报纸能使赚钱的期望值最大？

解： 要使其赚钱的期望值最大，也就是使其因售不出报纸的损失和因缺货失去销售机会的损失的期望值之和为最小，利用式（8-31）来确定 Q^* 值。

已知 $g=15$ 和 $h=20$，有 $\dfrac{g}{g+h}=\dfrac{15}{15+20}=0.4286$。

当 $Q=8$ 时，有

$$\sum_{d=0}^{Q^*-1} P(d) = P(5)+P(6)+P(7) = 0.05+0.10+0.20 = 0.35$$

$$\sum_{d=0}^{Q^*} P(d) = P(5)+P(6)+P(7)+P(8) = 0.05+0.10+0.20+0.20 = 0.55$$

满足

$$\sum_{d=0}^{7} P(d) < \frac{g}{g+h} < \sum_{d=0}^{8} P(d)$$

故最优订购量为 800 张报纸，此时其赚钱的期望值最大。

（二）需求为一连续型随机变量的情况

若假设报童每天面临的报纸需求量 r 为一连续型随机变量，密度函数为 $f(r)$，假设每份报纸的购进价为 b 元，零售价为 a 元，若报纸有剩余，处理价为 c 元，$a>b>c$。报童售出一份报纸赚 $g=a-b$ 元，处理一份报纸赔 $h=b-c$ 元。假设每天的购进量为 Q，显然，若 $Q>r$，则以 a 价售出 r 份报纸，以 c 价处理了 $Q-r$ 份报纸，若 $Q\leqslant r$，则全部 Q 以 a 价售出，故平均利润为

$$F(Q) = \int_0^Q \left[(a-b)r - (b-c)(Q-r)\right]f(r)\,\mathrm{d}r + \int_Q^{+\infty}(a-b)Qf(r)\,\mathrm{d}r$$

$$= (a-b)Q - (a-c)\int_0^Q (Q-r)f(r)\,\mathrm{d}r \tag{8-32}$$

根据微积分知识，当

$$\frac{\mathrm{d}F(Q)}{\mathrm{d}Q} = 0 \quad \text{且} \quad \frac{\mathrm{d}^2 F(Q)}{\mathrm{d}Q^2} < 0$$

时，存在一个唯一的 Q^* 使平均利润 $F(Q)$ 最大。对 $F(Q)$ 求关于 Q 的一阶导数和二阶导数，并令一阶导数等于零，得到式（8-33）和式（8-35）。

$$\frac{\mathrm{d}F(Q)}{\mathrm{d}Q} = (a-b) - (a-c)\int_0^Q f(r)\,\mathrm{d}r = 0 \tag{8-33}$$

变形式(8-33)得

$$\int_0^Q f(r)\mathrm{d}r = \frac{a-b}{a-c} = \frac{g}{g+h} \tag{8-34}$$

由于

$$\frac{\mathrm{d}^2 F(Q)}{\mathrm{d}Q^2} = -(a-c)f(Q) < 0 \tag{8-35}$$

从而可知存在一个唯一的满足式(8-34)的 Q^* 使平均利润达到最大。易知式(8-34)等价于

$$\frac{\displaystyle\int_0^Q f(r)\mathrm{d}r}{\displaystyle\int_Q^{+\infty} f(r)\mathrm{d}r} = \frac{a-b}{b-c} = \frac{g}{h} \tag{8-36}$$

式(8-36)左边是报童订购 Q 份报纸时,不能将它卖完的概率与能将它卖完的概率之比,右边则表示卖出一份报纸的盈利与处理一份报纸亏损之比,该式表明最优订货量是使这两个比相等的订货量。

【例8-6】 如 $a=1,b=0.6,c=0.3$,需求量 r 服从正态分布 $N(100,10^2)$,求使平均收益最大的订货量。

解:根据式(8-35)可以得到,当报童的订报量 Q 满足

$$\frac{\displaystyle\int_0^Q f(r)\mathrm{d}r}{\displaystyle\int_Q^{+\infty} f(r)\mathrm{d}r} = \frac{a-b}{b-c} = \frac{4}{3}, \quad \text{或} \quad \int_0^Q f(r)\mathrm{d}r = \frac{a-b}{b-c} = \frac{4}{7} \text{ 时,}$$

长期平均收益最大。不难计算得到 $Q=102$。

【例8-7】 某书店拟在年前出售一批新年挂历,每售出一本可盈利20元,如果在年前不能售出,必须削价处理,由于削价,一定可以售完,此时每本挂历要赔16元,根据以往的经验,市场的需求近似服从均匀分布,其最低需求为550本,最高需求为1 100本,该书店应订购多少本新年挂历,使其损失期望值为最小?

解:当需求为连续型随机变量时,最优订货量需满足下式:

$$p(d \leqslant Q^*) = \frac{g}{g+h}$$

已知 $g=20,h=16$,即有

$$p(d \leqslant Q^*) = \frac{20}{20+16} = \frac{20}{36} = \frac{5}{9}$$

而对在 $[550,1\ 100]$ 区间上的均匀分布的需求小于等于 Q^* 的概率为

$$p(d \leqslant Q^*) = \frac{Q^*-550}{1\ 100-550} = \frac{Q^*-550}{550}$$

则从公式 $p(d \leqslant Q^*) = \dfrac{g}{g+h}$ 得 $\dfrac{Q^* - 550}{550} = \dfrac{5}{9}$

求得 $Q^* = 856$（本），并从 $p(d \leqslant Q^*) = \dfrac{5}{9}$ 可知，这时有 $\dfrac{5}{9}$ 的概率挂历有剩余，有

$1 - \dfrac{5}{9} = \dfrac{4}{9}$ 的概率挂历脱销。

四、两类库存控制系统

库存控制系统是一个通过确定订购多少（补货水平）和何时订购来控制库存水平的结构。独立需求的库存系统有两种基本类型：连续库存系统（Q 系统）和周期库存系统（P 系统），这两类系统的主要区别是，在连续性盘存系统中，一旦现有库存量下降为某一特定水平时就进行一次固定数量的订货。而在周期性盘存系统中，经过一个固定的时间段后，就进行一次可变数量的订货。

（一）连续库存控制系统

在连续库存控制系统中，需要持续监测每种商品的库存水平。一旦现有库存量下降到一个预先确定的水平，又叫再订货点（reorder point）R，就进行一次订货以补充库存量。订货量是一个使库存持有成本、订购成本和缺货成本的总成本最小的固定数量 Q，这个固定订货量就是经济订货批量。经过一段时间（订购提前期 L），新订货到达，库存得到补充。连续库存控制系统有时又称再订货点系统，或固定订货量系统，或 Q 系统，其库存模型见图 8-5。

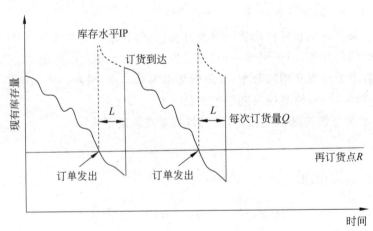

图 8-5　连续库存控制模型

　　一个连续库存控制系统的例子是许多超市和零售商店使用的带有激光扫描仪的计算机结账系统。在这个系统中，激光扫描仪读取产品包装上的通用代码（UPC）或条形码后，交易立刻被记录了下来，库存水平也被更新了。这种系统不仅快速和准确，而且还为管理人员连续提供最新的有关库存水平状态的信息。

　　在实际运用中，所谓连续观测并不是 24 小时不停地观测，而通常是以某一个频率进行，例如每天一次。这种控制系统很容易用计算机来做，每次观测之后，根据当时的库存水平（inventory position，IP）决定是否需要订货。IP 是衡量某库存产品能否满足未来需求的一个指标，取决于预计到货量（scheduled receipts，SR）和现有库存量（on-hand inventory，OH）和延误交货量或已分配出去的库存 BO（已确定要交货，但尚未实施的库存）。也就是说：

$$IP = OH + SR - BO \tag{8-37}$$

　　图 8-5 表示了该系统是如何运行的。向下的斜线表示现有库存量，它以相对稳定的速度被消耗，当到达再订货点时（即横线），一个新订单即被发出。订单发出之后，现有库存量继续被消耗，直至新订购的货物到达（该期间称为订货周期或订货提前期）。在新订货到达点，现有库存量直线增加 Q 个单位。库存水平 IP 也表示在图中，在订购周期 L 以外，它与现有库存量是相同的，而在订购周期的起点（即订单发出的时刻），它就马上增加 Q 个单位（预计到货量），所以在订购周期 L 内，IP 大于现有库存量。从这里可以得出要注意的一个重要问题，即决定是否该再订货时，应该看 IP，而不是 OH。一个常见的错误就是忽略预计到货量或延迟交货量，从而引起库存系统的不正常变化。

（二）周期库存控制系统

　　周期库存控制系统（fixed-period system）中，也叫作 P 系统，每隔预先规定的间隔 P（例如每周或每月末）对现有库存量进行一次盘查。在库存持有量确定后，进行一次使库存水平恢复至预期水平的补货。在这种系统中，库存水平不是被连续性地、而是被周期性地观测，且每两次观测之间的时间间隔是固定不变的。因此，它具有需要较少的观测或不需要连续监测的优点。然而，它的缺点是缺少直接的控制。通常，周期性库存控制系统需要比连续性库存控制系统更高的库存水平以预防在固定周期后期出现的预想不到的缺货情况。这种系统要求在每次进行周期性订货时确定新的订货量。由于需求是一个随机变量，所以订货批量是变化的，它是由当前库存量 IP 与规定库存量 S 的差值决定的，即 $S - IP$，但由于订货存在提前期，所以还必须加上订货提前期内的消耗量。周期库存控制系统的库存模型如图 8-6 所示。

　　周期库存控制系统需要两个主要控制参数：目标库存水平 S 和观测周期 P。在确定这两个参数之前需要先确定订货批量的计算公式。

　　如果需求速率和提前期都恒定不变，周期库存控制模型将会在特定时间间隔内下达

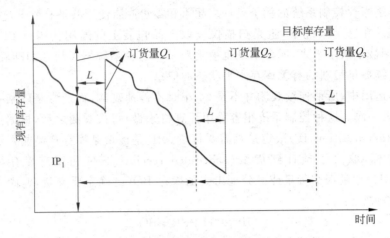

图 8-6　周期库存控制模型

固定的订货批量,这和类似情况下的经济订货批量模型(EOQ)相同。然而,当需求可变时,周期库存控制模型与经济订货批量模型有很大的不同。

假设日需求量可变,且服从正态分布,周期库存控制模型的订货量可由如下公式确定:

$$Q = \bar{d}(t_b + L) + Z\sigma_d \sqrt{t_b + L} - \text{IP} \tag{8-38}$$

此处,$\bar{d}$ 表示平均的需求率,t_b 表示各次订货之间的固定间隔时间,L 表示提前期,σ_d 表示需求标准差,Z 为安全系数,IP 表示库存现有量。公式(8-38)中的第一项,$\bar{d}(t_d + L)$ 是订货期和提前期内的平均需求。它反映了为防止在从此次订货到下一次订货,以及提前期直到收到订货的整个时间段内出现缺货而需要的库存量。第二项 $Z\sigma_d \sqrt{t_b + L}$ 是某一特定服务水平的安全库存。前两项之和就是目标库存水平 S 的值,即

$$S = \bar{d}(t_b + L) + Z\sigma_d \sqrt{t_b + L} \tag{8-39}$$

观测周期 P 的确定方法和 EOQ 模型中订货周期的确定方法相同,即

$$P = \frac{Q^*}{D} \tag{8-40}$$

其中,Q^* 是前面确定的周期库存模型的最优订货量;D 是年需求量。

【例 8-12】　某药店销售一种非常流行的遮光剂。遮光剂需求服从均值为 6 瓶/天,标准差为 1.2 瓶/天的正态分布。该药店每隔 60 天检查一次库存,在某一特定的检查时点,药店的库存量为 8 瓶,收到订单的提前期为 5 天,药店要求 95％的服务水平,求订货批量。

解：由题意可知,$\bar{d}=6$ 瓶/天;$\sigma_d=1.2$ 瓶;$t_d=60$ 天;$L=5$ 天;IP=8 瓶。

对于 95％的服务水平,查标准正态分布表可得,$Z=1.65$。

根据公式(8-38)可得

$$Q = \bar{d}(t_b + L) + Z\sigma_d \sqrt{t_b + L} - \text{IP}$$
$$= 6 \times (60 + 5) + 1.65 \times 1.2 \times \sqrt{60 + 5} - 8$$
$$= 398(瓶)$$

周期库存控制模型可以简化库存控制工作量,但由于库存消耗的不稳定性,有缺货风险存在,只适合于稳定性消耗及非重要性的独立需求物料。

在周期库存控制模型中,订货周期决定着订货的时机,相当于定量订货法的订货点R。订货周期的长短,直接决定着最高库存量的大小,即库存水平的高低,因而也决定了库存费用的大小,所以订货周期不能过长,否则就会使库存水平过高;也不能过短,否则订货批次过多会增加订货费用。

(三)两种库存控制系统的比较

不论是连续库存控制系统还是周期库存控制系统,都不可能是全部情况下的最好解决方案。表8-7列举了连续库存控制系统和周期库存控制系统的主要优势。在实际使用中,到底是选择Q系统还是P系统,其优势并不是绝对的,哪一个更有利,取决于这些优势中的哪一个对于企业来说更重要,在进行决策时必须仔细权衡这些不同特点及其相互的折中作用。有时候,还可以考虑综合使用两种系统。

表8-7 连续库存控制系统与周期库存控制系统的比较

周期库存控制系统的优势	连续库存控制系统的优势
固定补充间隔	严密持续监控库存水平,补充间隔是变化的
可以若干订货组合起来给一个供应商	更适于订购批量折扣或能力限制的情况
没有必要连续观测	安全库存较少

第四节 电子商务新型库存管理模式

随着市场竞争的不断加剧,传统库存控制模式的弊病显得更为突出:各节点企业为了应付需求的突发性变化和保护自己的利益,往往扩大库存水平以备不时之需,从而大大增加了供应链的总体库存成本,结果增加了供应链的运作成本,降低了其整体竞争优势。这在企业之间的竞争日益转变为供应链之间的竞争的情况下,无疑不利于供应链上的企业在竞争中取得主导优势地位。因此,企业有必要改革传统的库存控制方法,寻求新的库存控制模式来降低库存成本。供应商管理库存、联合库存管理等模式的提出为解决这一问题开辟了一条新的思路。

一、供应商管理库存

（一）供应商管理库存的含义

所谓供应商管理库存（vendor managed inventory，VMI）是一种以用户和供应商双方都获得最低成本为目的，在一个共同的协议下由供应商管理库存，并不断监督协议执行情况和修正协议内容，使库存管理得到持续改进的合作性策略。这种库存管理策略打破了传统的各自为政的库存管理模式。体现了供应链的集成化管理思想，适应市场变化的要求，是一种新的、有代表性的库存管理思想。

VMI 管理模式是从快速响应（quick response，QR）和有效客户响应（efficient customer response，ECR）基础上发展而来，其核心思想是供应商通过共享用户企业的当前库存和实际耗用数据，按照实际的消耗模型、消耗趋势和补货策略进行有实际根据的补货。由此，交易双方都变革了传统的独立预测模式，尽最大可能地减少由于独立预测的不确定性导致的商流、物流和信息流的浪费，降低了供应链的总成本。

（二）VMI 的基本原则

VMI 库存管理系统能够突破传统的条块分割的库存管理模式，以系统的、集成的管理思想进行库存管理。该策略的关键措施主要体现在以下几个原则中。

1. 合作性原则

合作性原则也称合作精神，在实施该策略时，相互信任与信息透明是非常重要的，供应商和用户（分销商、批发商）都要有较好的合作精神，才能够相互保持较好的合作。

2. 互惠原则

VMI 的实施关键不在于成本如何分配或由谁来支付的问题，而在于减少成本的问题。通过该策略的实施使供应商和零售商双方的成本都得到降低是其根本目的。

3. 目标一致性原则

合作双方在实施 VMI 时，都要明白各自的责任，在观念上达成一致。如库存放在哪里，什么时候支付，是否要管理费，要花费多少管理费等问题都要明确体现在框架协议中。

4. 连续改进原则

框架协议的不断修正可以使供需双方利益共享并消除浪费。

（三）VMI 的主要特点

1. 信息共享

零售商帮助供应商更有效地做出计划，供应商从零售商处获得销售点数据并使用该数据来协调其生产、库存活动以及零售商的实际销售活动。

2. 供应商拥有与管理库存

库存的管理责任和决策主体转移,供应商完全管理和拥有库存,直到零售商将其售出为止,用户的库存管理责任和费用由供应商承担。实施 VMI 有很多优点。首先,供应商拥有库存,对于零售商来说,可以省去多余的订货部门,使人工任务自动化,可以从过程中去除不必要的控制步骤,使库存成本更低,服务水平更高。其次,供应商拥有库存,供应商会对库存考虑更多,并尽可能进行更为有效的管理,通过协调对多个零售商的生产与配送,进一步降低总成本。

3. 需求预测更准确

供应商能按照销售时点的数据,对需求做出预测,能更准确地确定订货批量,减少预测的不确定性,从而减少安全库存量,存储与供货成本更小,同时,供应商能更快响应用户需求,提高服务水平。

(四)实施 VMI 应注意的问题

1. 信任问题

这种合作需要一定的信任,否则就会失败。零售商要信任供应商,不要干预供应商对发货的监控,供应商也要多做工作,使零售商相信他们不仅能管好自己的库存,也能管好零售商的库存。只有相互信任,通过交流和合作才能解决存在的问题。

2. 技术问题

只有采用先进的信息技术,才能保证数据传递的及时性和准确性,如利用 POS 技术将销售点信息和配送信息分别传输给供应商和零售商,利用条码技术和扫描技术来确保数据的准确性等。

3. 存货所有权问题

以前,零售商收到货物时,所有权也同时转移了,现在变为寄售关系,供应商拥有库存直到货物被售出。

4. 资金支付问题

过去,零售商通常在收到货物 1~3 个月以后才支付货款,现在可能不得不在货物售出后就要支付货款,付款期限缩短了,零售商要适应这种变化。

(五)VMI 的实施方法

实施 VMI 策略,首先要改变订单的处理方式。供应商和批发商一起确定供应商的订单业务处理过程所需的信息和库存控制参数,然后建立一种订单的标准处理模式,如EDI 标准报文,最后把订货、交货和票据处理等各个业务功能集成在供应商一边。对供应商来讲,库存状态是否透明是实施 VMI 的关键。供应商应能够随时跟踪和检查到销售商的库存状态,从而快速地响应市场的需求变化,对企业的生产(供应)状态做出相应的调整。为此,需要建立一种能够使供应商和用户(分销商或批发商)的库存信息系统透明连接的方法。供应商管理库存策略的实施应处理好以下问题。

1. 建立顾客情报信息系统

要想有效地管理销售库存,供应商必须能够获得顾客的有关信息。通过建立顾客的信息库,供应商能够掌握需求变化的有关情况,把由批发商(分销商)进行的需求预测与分析功能集成到供应商的系统中来。

2. 建立销售网络管理系统

供应商要很好地管理库存,必须建立起完善的销售网络管理系统,保证自己的产品需求信息和物流畅通。为此,首先必须保证自己产品条形码的可读性和唯一性;其次要解决产品分类、编码的标准化问题;再次要解决商品存储运输过程中的识别问题。目前已有许多企业开始采用 MRP Ⅱ 或 ERP 系统,这些软件系统都集成了销售管理的功能。通过对这些功能的扩展,可以建立完善的销售网络管理系统。

3. 建立供应商与分销商(批发商)的合作框架协议

供应商和分销商(批发商)一起通过协商,确定处理订单的业务流程以及控制库存的有关参数(如再订货点、最低库存水平等)、库存信息的传递方式(如 EDI/Internet)等。

4. 组织机构的变革

对于 VMI 的实施,组织机构的变革很重要。因为 VMI 策略改变了供应商的组织模式,引入 VMI 策略后,在订货部门产生了一个新的职能,即负责用户库存的控制、库存补给和提高服务水平。

一般来说,以下的情况适合实施 VMI 策略:零售商或批发商没有 IT 系统或基础设施来有效地管理它们的库存;制造商实力雄厚并且比零售商市场信息量大;有较高的直接存储交货水平,因而制造商能够有效地规划运输。

二、联合库存管理

(一)联合库存管理的含义

联合库存管理(joint managed inventory,JMI)是一种在供应商管理库存的基础上发展起来,上游企业和下游企业权利责任平衡且风险共担的库存管理模式。JMI 体现了战略供应商联盟的新型企业合作关系,强调了供应链企业之间的互利合作关系。联合库存管理是解决供应链系统中由于各节点企业的相互独立库存运作模式导致的需求放大现象,是提高供应链同步化程度的一种有效方法。

联合库存管理强调供应链中各个节点同时参与,共同制订库存计划,使供应链过程中的每个库存管理者都从相互之间的协调性角度进行考虑,使供应链各个节点之间的库存管理者对需求的预期保持一致,从而消除需求变异放大现象。任何相邻节点需求的确定都是供需双方协调的结果,库存管理不再是各自为政的独立运作过程,而是供需连接的纽带和协调中心。联合库存管理把供应链系统管理进一步集成为上游和下游两个协调管理中心,库存连接的供需双方从供应链整体的观念出发,同时参与、共同制订库存计划,实现供应链的同步化运作,进而部分地消除了由于供应链环节之间的不确定性和需求信息扭曲现象导致的供应链库存波动。

（二）JMI 的优点

JMI 模式与传统的库存管理模式相比,具有以下优点:

1. 为实现供应链的同步化提供了条件和保证。

2. 减少了供应链中的需求扭曲现象,降低了诸多不确定因素的影响,提高了供应链的稳定性。

3. 库存作为供需双方信息交流和协调的纽带,可以暴露供应链管理中的缺陷,为改进供应链管理水平提供了依据。

4. 为实现零库存管理、JIT 采购以及精细供应链管理创造了条件。

5. 进一步体现了供应链管理的资源共享和风险分担的原则。

（三）JMI 的实施过程

1. 建立供应链协调管理机制

为了发挥联合库存管理的作用,供应链各方应建立供应链协调管理的机制,建立合作沟通的渠道,明确各自的责任,为联合库存管理提供有效的保证机制。只有管理机制协调,才能进行有效的库存管理。建立协调的管理机制,应从以下几方面着手。

（1）建立供应链共同目标。要建立联合库存管理模式,首先供应链各方必须本着互惠互利的原则,建立共同的合作目标。因此,要理解供需双方在市场目标中的共同之处和冲突点,通过协商形成共赢目标。

（2）建立联合库存的协调控制方法。联合库存管理中心担负着协调供应链各方利益的角色,起到协调整个供应链的作用。联合库存管理中心需要确定库存优化的方法,包括库存如何在多个需求商之间调节与分配、库存的最大量和最低库存水平、安全库存的确定、需求的预测等。

（3）建立利益的分配激励机制。要有效运行基于协调中心的库存管理,必须建立一种公平的利益分配制度,并对参与协调库存管理中心的各个作业、各级供应部门进行有效的激励,防止机会主义行为,增加协作性和协调性。

2. 建立信息沟通渠道

为了提高整个供应链需求信息的一致性和稳定性,减少由于多重预测导致的需求信息扭曲,应增加供应链各方对需求信息获得的及时性和透明性。整个供应链通过构建库存管理网络系统,使所有的供应链信息与供应处的管理信息同步,提高供应链各方的协作效率、降低成本、提高质量。为此,应建立一种信息沟通的渠道或系统,以保证需求信息在供应链中的畅通和准确。可以将条码技术、扫描技术、POS系统和EDI集成起来,并且要充分利用Internet的优势,在供应链中建立畅通的信息沟通桥梁和联系纽带。

3.发挥第三方物流系统的作用

为更好地实现联合库存,可借助第三方物流,把库存管理部分功能代理给第三方物流公司,使企业更加集中于自己的核心业务,增加供应链的敏捷性和协调性,提高服务水平和运作效率。第三方物流系统起到了供应商和用户之间的桥梁作用,可以为企业提供很多好处。

4.选择恰当的联合库存管理模式

(1)集中库存模式。即各个供应商的零部件都直接存入核心企业的原材料库中,变各个供应商的分散库存为核心企业的集中库存。集中库存要求供应商要按核心企业的订单或订货看板组织生产,产品完成时,立即实行小批量多批次的配送方式直接送到核心企业的仓库中补充库存。在这种模式下,库存管理的重点在于核心企业根据生产的需要,保持合理的库存量,既要满足需要,又要使库存总成本最低。

(2)无库存模式。即供应商和核心企业都不设立库存,核心企业实行无库存的生产方式。供应商直接向核心企业的生产线上连续地、小批量地、多批次地补充货物,并与之实行同步生产和同步供货,从而实现在需要的时候把所需要的品种和数量的物料送到需要的地点的操作模式。这种准时化供货模式,由于完全取消了库存,所以效率最高、成本最低。同时,这种模式对供应商和核心企业的运作标准化、配合程度、协作精神要求也高,对操作过程要求也高,而且两者的空间距离不能太远。

(四)实施JMI时需注意的问题

1.要清楚地认识到JMI模式并非适合所有企业,企业要根据自己的实际经营状况进行选择。

2.要意识到在推行JMI过程中企业会面临许多问题。例如当材料供应商在制造商工厂附近建立库存时,其物流成本将比直接向制造商发货高得多,当供货量达不到一定规模时,供应商不会赞同这种方式。

3.要认识到JMI是一种管理思想,是对企业工作流程的调整。企业在实施JMI前,应对企业职工进行相应的培训,改变职工以前的管理观念和工作方法,提高职工的素质,为企业顺利实施JMI提供保证。

4.要重视分销商的角色转变。在实施JMI后,库存由供应商管理,分销商不再拥有库存,传统分销商不复存在。分销商作为服务合作网络中的一员,它将协助供应商管理产品库存。由于分销商不再掌握仓库,可以省去以前投入库存中的精力和风险,便于更有效地承担市场开发和营销的功能,使供应链更加完整和顺畅。传统分销商向服务提供商的角色转变是对JMI成功运行的一种有力支持。

5. 要注意保证零售商每日销售数据和库存数据的准确性也是JMI顺畅运行的基础。

三、零库存

(一)零库存管理的产生

虽然传统的仓储管理给企业带来了一系列好处,如:可以避免缺货,保障向客户供应;应对各种意外变化;保证生产与经营过程的连续进行;缩短供货周期;应对产品季节性需求波动;通过价格投机获取利润等。但是其弊端也是显而易见的:仓储占用大量资金,增加库存利息支出,为仓储而发生的不动产投资增大等,更有甚者可能会掩盖企业的管理缺陷,不利于责任明确以及提高管理水平。而与此同时,生产的发展,竞争的加剧,对企业降低成本的要求越来越迫切,因而"零库存"作为一个新的降低成本和提高管理水平的方式便应运而生。

(二)零库存管理概念

零库存是一种特殊的库存概念,零库存并不是等于不要储备和没有储备。所谓的零库存,是指物料(包括原材料、半成品和产成品等)在采购、生产、销售、配送等一个或几个经营环节中,不以仓库存储的形式存在,而均是处于周转的状态。它也并不是指以仓库储存形式的某种或某些物品的储存数量真正为零,而是通过实施特定的库存控制策略,实现库存量的最小化。所以"零库存"管理的内涵是以仓库储存形式存在的某些种物品数量为"零",即不保存经常性库存,它是在物资有充分社会储备保证的前提下,所采取的一种特殊供给方式。

(三)零库存管理的实现途径和方法

零库存实现的方式有许多,就目前企业实行的"零库存"管理,可以归纳为以下6类。

1. 无库存储备

无库存储备事实上是仍然保有储备,但不采用库存形式,以此达到零库存。有些国家将不易损失的铝这种战备物资作为隔音墙、路障等储备起来,以备万一,在仓库中不再保有库存就是一例。

2. 委托营业仓库存储和保管货物

营业仓库是一种专业化、社会化程度比较高的仓库。委托这样的仓库或物流组织储存货物。从现象上看,就是把所有权属于用户的货物存放在专业化程度比较高的仓库中,由后者代理用户保管和发送货物,用户则按照一定的标准向受托方支付服务费。采用这种方式存放和储备货物。在一般情况下,用户自己不必再过多地储备物资,甚至不必再单独设立仓库从事货物的维护、保管等活动,在一定范围内便可以实现零库存和进行无库存式生产。

3. 协作分包方式

主要是制造企业的一种产业结构形式。这种形式可以以若干企业的柔性生产准时供应,使主企业的供应库存为零,同时主企业的集中销售库存使若干分包劳务及销售企业的销售库存为零。

4. 采用准时制

准时制,即"在需要的时候,按需要的量提供所需的产品"。这是在日本丰田公司生产方式的基础上发展起来的一种先进的管理模式,它是一种旨在消除一切无效劳动,实现企业资源优化配置,全面提高企业经济效益的管理模式。看板方式是 JIT 生产方式中的一种简单有效的方式,也称传票卡制度或卡片制度。采用看板方式,要求企业各工序之间或企业之间或生产企业与供应者之间采用固定格式的卡片为凭证,由下一环节根据自己的节奏,逆生产流程方向,向上一环节指定供应,其主要目的是在同步化供应链计划的协调下,使制造计划、采购计划、供应计划能够同步进行。在具体操作过程中,可以通过增减看板数量的方式来控制库存量。

5. 按订单生产方式

在拉动生产方式下,企业只有在接到客户订单后才开始生产,企业的一切生产活动都是按订单来进行的,仓库不再是传统意义上的储存物资的仓库,而是物资流通过程中的一个"枢纽",是物流作业中的一个站点。物是按订单信息要求而流动的,因此从根本上消除了呆滞物资,从而也就消灭了"库存"。

6. 实行合理配送方式

一般来说,在没有缓冲库存情况下,生产和配送作业对送货时间不准更敏感。不论是生产资料还是成品,物流配送都在一定程度上影响其库存量。因此,通过建立完善的物流体系,实行合理的配送方式,企业可及时地将按照订单生产出来的物品配送到用户手中,减少库存。

企业可以通过采用标准的零库存供应运作模式和合理的配送制度,使物品在运输中实现储存,从而实现零库存。

(1)采用"多批次、少批量"的方式向用户配送货物。企业集中各个用户的需求,统筹安排、实施整车运输,增加送货的次数、降低每个用户、每个批次的送货量,提高运输效率。配送企业也可以直接将货物运送到车间和生产线,从而使生产企业呈现出零库存状态。

(2)采用集中库存的方法向用户配送货物。通过集中库存的方法向用户配送货物,增加库存,形成规模优势,降低单位产品成本。同时,在这种有保障的配送服务体系支持下,用户的库存也会自然日趋弱化。

（3）采用"即时配送"和"准时配送"的方法向用户配送货物。为了满足客户的特殊要求。在配送方式上，企业可采用"即时配送"和"准时配送"的方法向用户配送货物。"即时配送"和"准时配送"具有供货时间灵活、稳定、供货弹性系数大等特点，因此作为生产者和经营者，采用这种方式，库存压力能够大大减轻，甚至企业会选择取消库存，实现零库存。

本 章 小 结

库存管理是企业运营管理的重点内容。本章首先介绍了库存的含义、利弊和分类；接着介绍了库存管理的决策内容和影响因素；然后，就库存管理的基本策略，包括衡量指标、降低库存策略以及 ABC 分类法，进行了详细分析；在此基础上，对独立需求库存的管理问题进行了详细讨论，主要包括经济订货批量模型、允许缺货的经济订货批量模型、经济生产批量模型、单周期随机库存模型等；最后，介绍了供应商管理库存、联合库存管理以及零库存管理等几种新型的库存管理模式。

思 考 题

1. 库存对企业经营有何作用与弊端？

2. 简述减低库存的基本策略。

3. ABC 分类法的基本原理是什么？

4. 某公司对某种商品的年需求量为 3 600 吨，该商品每次订货成本为 200 元，购买费为 100 元/吨，存货费用为产品价值的 25%，求该公司的经济订货批量。

5. 某单位 2013 年某物资每单位物资的价格为 100 元，单位物资产生的年持有成本为其价值的 25%，单位订货费用为 100 元/次，通过预测，预计 2014 年该类物资的总需求量为 1800 单位。若 2014 年单位物资的价格、持有成本和单位订货费维持在 2013 年水平，请计算 2004 年的经济订购批量、经济订货周期和年总成本。

6. 海湾超级市场储存谷类甜点。这种甜点每年（365 天）的需求量为 4 000 箱。商店订购甜点的单位订购成本为 60 元/箱，甜点每年每箱的库存持有成本为 0.80 元。一旦商店下达这种甜点的订单，从食品分销商收到订货需花费 4 天的时间。求：最优订购批量、最小年库存总成本及再订货点。

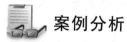 案例分析

凡客自救清库存　　反思规模大跃进

自 2011 年下半年开始，凡客就一直处于舆论的风口浪尖。一方面，凡客的规模在持

续猛涨,2011财年(2010年7月至2011年6月),凡客的营收接近20亿元,同比增长了300%。这是自其2008年以来持续的高速增长。另一方面,其库存规模也越来越大,一度曾达到十几亿元。同时亏损也日益严重,从2010财年到2011财年,凡客的亏损从6 800万元飙升到4.86亿元,同比增长600%。2011年底凡客IPO暂停,又使得凡客陷入资金链的危险境地。如今,面对管理短板,凡客开始紧急刹车,反思"大跃进"。此前,凡客CEO陈年在接受媒体采访时称,2012年,凡客面临的重要难题是回归产品,提升品质。

据了解,从2011年下半年开始,凡客就不断进行架构调整。而在这一轮调整中,凡客的核心就是提高效率,减少成本。"2012年,凡客一定会盈利。"2011年年初,陈年曾信心十足地表示,2012年要将包括仓储、物流、呼叫中心在内的运营费用控制在20%以内,毛利率要达到40%。

目前,凡客的企业规模已经突破1万人,如何管理好万人已是难题,更何况还需要伤筋动骨,进行调整。

2012年,时间已经过半,凡客又给业界交出了怎样的答卷?

一、回归基本款

回顾近几年凡客发展之路,它一直在不断通过品类扩张来获得成长。

创业初期,凡客只卖衬衫;2008年,开始卖T恤;2009年,开始卖童装、帆布鞋;自2010年起,凡客开始走多品类销售,VT(Vancl T恤)、羽绒服、化妆品等品类开始热卖。

2011年,凡客品类扩张达到巅峰,延伸到小家电、3C、化妆品、日用家居等领域。不仅如此,还创新了凡客达人、社区、无线客户端、凡客V+(开放平台)等新业务模式。

在电商高速成长的大环境下,凡客如此大干快上,自有道理。此前,陈年曾指出,电商只是刚开始,凡客是一个不断试错的过程。而凡客的用户数上升得很快,这表示刚开始的扩张策略没有错。

但是,快速扩张状态的凡客像一只高速运转的"陀螺",一直面临着较高风险。2011年,面对高库存积压量,凡客的扩张策略无以为继。

"之前,凡客做了很多品类的扩张。现在,在不断地做减法,回归基本款,也就是T恤。"凡客公关总监焦宏宇告诉记者,T恤是凡客起家的品类,针对T恤,今年做了很多创新。今年,在总共6个月的销售时间里,凡客一共推了2 000多款VT,这些创意的来源主要是一些"80后"的艺术家或者在校大学生。这样既深化了凡客在用户心中的品牌形象,又让凡客的VT不断有新变化。目前,凡客将产品线主要分为经典款、创新款、突破款。对于VT、衬衫等经典款,凡客主要是推陈出新。而对于童装、牛仔裤等创新款,凡客会逐步减少单位订单量,以满足快速、少量的要求。

对于化妆品、新兴服装等突破款,凡客的整理思路是"试水",一般每次只生产最小起订量(服装为500件),需要察看市场效果再来进行接下来的订产。

"跟随市场的变化,一旦创新款或突破款的销量逐渐增加,那么相应的产量会逐步调整。如果，变成了基础款，归属部门也会重新划分。"凡客助理总裁胡海深告诉记者。

二、库存周转率提升 2 倍

经过近一年的探索，凡客初步形成一种动态、灵活的供应链管理体系。陈年在 2011 年接受媒体采访时曾透露，与去年 9 月相比，凡客目前的库存周转率提高了 2 倍到 3 倍。

一般来说，供应链主要包括生产、库房、配送、客服等环节。在这几个方面，凡客都进行了针对性的调整。

比如生产环节，"经过一系列的调整，凡客精减了 20％的供应商。"胡海深告诉记者，之前，凡客的代工厂有 200 多家。现在，凡客的代工厂都是实力强劲的大型代工厂，能够将原料采买、备货、加工等生产之前的环节全部完成，一旦凡客需要加急生产，那么不会因为"缺少原料"而无法生产。

"这样做缩短了生产周期，尤其是 T 恤等产品。如果 T 恤加急，那么在很短的时间内就可以做出来。"胡海深告诉记者，凡客推出的一款乔布斯 T 恤，从设计到生产只用了两周时间。之前，凡客还会对畅销款进行适当的补货，而现在，无论是经典产品，还是创新产品，凡客大多采取"断货不补货"的原则。"对已经断货的款再补货，是很难进入排期计划的。因为，生产线也是按照计划来生产的，一周上一批新款。如果货被翻单，至少需要两周的时间。"胡海深告诉记者，这样的做法，让凡客更贴近"快时尚"，能够按照生产计划来生产。

胡海深告诉记者，一般来说，凡客一件商品的生产周期是 60～90 天，加急商品的生产周期是 30 天。但是，如若特殊，可以在几天内完成。供应链之间的各个层次是相互交织的，生产当中有一个"排期"的概念。一般来说，代工厂会预留一些生产能力。而凡客需要这些代工厂能够做到"当凡客需要生产时，这些代工厂能够进行排期"，这意味着，对供应商的灵活性的要求越来越高。

在配送上，凡客将在上海、广州等供应商处生产的货，进行质检之后，直接向北京、西安、成都的大区发货，而无须经过上海、广州这两个大仓中转。货到了大区之后，再从大区分批运往位于二线城市的分仓。

一般来说，从大仓到分仓只需要几小时到十几小时不等，最多需要 24 小时。并且，货品分批送到分仓，提高了货品配送、售卖的效率。

凡客主管供应链的助理总裁贾加举了一个例子，长沙的顾客下了单，如果没货，那么从武汉的大仓里取货，再送到客户手中，一共花费 24 小时。而之前的库存管理是，货运到大仓之后，直接分到各个分仓，这样长沙的分仓没货，那么需要从南昌的分仓调货，可能时间来不及。

并且，如果按照之前的货到分仓，由于各地区的销售情况不同，可能出现长沙仓的货没有卖出去，南昌的分仓却没货的情况。这种情况就不利于销售。

"现在，我们的快递承诺的'一日两送'、'次日达'，那么需要的是分仓的动态库存管理。让客户下单之后，能够以最快的速度将货送到。"贾加说道。

三、架构大调整

自 2011 年年底，凡客就开始逐步调整自己的组织架构，目前，基本架构已经完毕。在这个调整中，"产品"战略凸显。2011 年 9 月前，凡客的组织架构是两大产品事业部和营销中心，将各条产品线划分到两个事业部中。这让两个事业部沉重不堪，产品线复杂、涉及的环节较多。

经过近一年的摸索调试，目前，凡客组织体系的一级架构是 6 大事业部、6 条产品线、4 个生产中心、质检中心、市场推广部、品牌中心等部门。

其中，6 大事业部按照产品品类，把鞋类产品、运动、配饰及家居、女装卫衣内衣、羽绒服、衬衫及针织等分别归纳其中。此外，还单独辟出 6 条产品线，分别是童装、箱包、休闲裤、牛仔裤、化妆品，以便更清晰明了。

为了执行"一对一"式的服务，凡客又将辟出 4 大生产中心分别对应 6 大事业部。事业部提出下单需求，生产中心负责与各个供应商协调生产。其中，第一生产中心主要生产除针织外的所有服饰；第二生产中心负责鞋；第三生产中心主要是家居用品；第四生产中心主要是针织类。

在组织架构调整之前，质检员归事业部管理。现在，凡客将质检中心与生产中心、事业部独立开来，每件商品都经过 3 道质检最终入库。一旦在质检中出现问题，便能够很快明确责任，产品事业部或者生产中心都能够受到质量追责。

"通过将质检独立之后，因产品质量问题而引起的退货率从 10% 下降到了 7%，有的品类达到 5%。"凡客质检中心相关负责人告诉记者，以产品为中心后，凡客的整体退换货率下降了 50% 以上。

负责供应链中心的助理总裁贾加告诉记者，凡客今年年初开始将质检前置，把质检直接放到工厂。这样，只需要从代工厂到出厂之间进行质检。质检之后，再分拨出库、经过运输之后，分拨进入大仓。之后，从大仓到分仓都不需要再质检了。

"将质检前置后，从工厂出库到能够开始销售的时间只需要 2 天，比之前缩短了 4～8 天。现在，从代工厂出库到全国各地大仓入库，一般只需要 24 小时。"贾加告诉记者。

资料来源：21 世纪经济报道，2012-07-21，http://tech.163.com/12/0721/14/86UMQR6M000915BF.html。

【案例讨论】

1. 结合案例，讨论库存对电子商务企业经营的作用与弊端。
2. 凡客在运营中采用了哪些策略降低库存？

CHAPTER 9
第九章

电子商务物流配送管理

本章导读

- 物流与电子商务物流的概念
- 电子商务物流配送的概念、特点、构成要素等
- 电子商务物流配送模式及其选择方法
- 电子商务物流配送方案设计

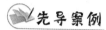 **先导案例**

京东"极速达"配送服务在京试水一日四送

电商大佬对于服务的争夺已进入白热化阶段。继腾讯旗下的易迅网推出一日三送后，京东宣布在京试水"极速达"配送服务，也就是一日四送，最快用 3 小时送达商品。据一位知情人士透露，京东内部甚至定下了 100 分钟送达的终极目标。

对于一日四送如何落实，京东相关负责人守口如瓶。在业界看来，无论是京东"极速达"，还是最终的 100 分钟送达，难点都在于中转网点的建立。据一位业内人士分析，京东在京储备的配送团队的人员、车辆能够承担一日四送的高节奏。但这种配送模式的关键点不是人，而是商品从库房到中转站之间的速度。"相比之下，具备线下实体店的苏宁、国美在实现商品高速配送上有先天优势。"

互相"攀比"配送速度已经成了大型电商的"习惯动作"。《北京商报》记者调查发现，目前在北京地区，各大电商的配送速度普遍为当日达或者次日达。其中，易迅网、1 号店在京提供一日三送；苏宁易购、国美在线凭借线下实体店的优势，也提供了"半日送"服务。业内人士指出，电商发力配送环节，最终目的就是为进一步提升"用户体验"。

业界认为，对于电商行业而言，由于品牌、业态趋同，实际上能够影响消费者购买选择的是各个服务环节。在这样的大背景下，从今年开始，电商价格战开始逐渐转化为"价值战"。"当价格战已成常态，服务才是比拼的关键。"

显然，在众多服务环节之中，配送速度和质量最具说服力。"速度快"是国内消费者对网购商品配送的最普遍要求，但商业专家同时指出，除了商品到达的快慢以外，消费者也希望能在合适的时间、方便的地点收到网购的货品。这也是业界对电商配送大幅提速之

后配送质量能否跟上的担心。

据《北京商报》记者了解，一日四送并不是国际上最快的配送速度。去年，eBay 在旧金山、纽约上线 eBay Now 服务，为消费者提供 1 小时送达服务。不过就整体的配送速度而言，中国电商配送速度世界领先。

资料来源：北京商报，2013-05-10.

随着电子商务行业竞争的白热化，物流这个电子商务中的瓶颈环节，已经成为电子商务巨头们决心打造的新的核心竞争力，甚至一度有人喊出，"得物流者得天下"。在电子商务环境下，物流环节联系着买家和卖家，物流服务水平直接关系到客户对卖家的评价，关系到客户的满意度和忠诚度，甚至直接关系到电子商务企业的生死存亡。在这种情况下，如何进行有效的物流与配送管理已经成为电子商务企业最为关心的问题之一。本章将在对物流与电子商务物流基本概念进行介绍的基础上，重点对电子商务物流配送进行介绍。

第一节　电子商务物流管理概述

一、物流的概念与特点

（一）物流的概念

传统物流指的是物质的存储与运输，主要包括运输、包装、仓储、加工、配送等。进入 20 世纪 90 年代，随着信息技术的发展，传统物流已向现代物流转变。现代物流指的是以现代信息技术为基础，整合运输、包装、装卸、发货、仓储、流通加工、配送、回收加工及信息处理等各种功能而形成的综合性物流活动模式。

近年来，关于现代物流的概念，产生了很多具有代表性的观点。

美国物流管理委员会对物流的定义：物流是指为满足客户需要而进行的原材料、中间库存、最终产品及相关信息从起点到终点间的有效流动，以及为实现这一流动而进行的计划、管理、控制过程。

日本工业标准的定义：物流是将实物从供应者物理性移动到用户这一过程的活动，一般包括输送、保管、装卸以及与其有关的情报等各种活动。

我国 2006 年颁布实施的《物流术语》国家标准（GB/T18354—2006）中的定义：物流（Logistics）是指物品从供应地到接收地的实体流动过程。根据实际需要，将运输、储存、装卸、搬运、包装、流通加工、配送、信息处理等基本功能实施有机结合。

我国有很多学者则认为，现代物流是指基于满足顾客需求，以及成本与效益的考虑而进行的涉及生产、销售、消费全过程的物品及其信息的系统流动过程。

（二）现代物流的特点

从以上物流的定义可以看出，现代物流具有以下特点。

（1）将向顾客提供的物流服务目标体现在现代物流的定义中，强调了物流顾客服务的重要性。

（2）现代物流的活动范围极其广泛，既包括原材料采购与供应阶段的物流，也包括生产阶段的物流、销售阶段的物流、退货阶段的物流及废弃物处理阶段的物流等整个生产、流通、消费过程的全部物流活动。

（3）现代物流不仅重视效率，更重视效果，即强调物流过程中的投入（成本）与产出（增加销售额或利润）之间的对比关系。

（4）现代物流强调利用信息技术将多种物流活动进行有机整合，不仅强调物流各构成要素的整体最佳，而且还强调物流活动与其他生产经营活动之间的整体最佳。

二、物流的构成要素

物流的构成六要素分别为流体、载体、流向、流量、流程和流速。

（一）流体——物流实体（产品）

流体包含以下两个属性。

1. 自然属性——物理、化学、生物学属性

物流管理的任务之一是要保护好流体，使其自然属性不受损坏，因而需要对流体进行检验、养护，在物流过程中需要根据物质实体的自然属性合理安排运输、保管、装卸等物流作业。

2. 社会属性——价值属性

有些关系国计民生的重要商品作为物流的流体还肩负着国家宏观调控的重要使命，因此在物流过程中要保护流体的社会属性不受任何影响。

（二）载体

载体指物流过程中流体借以流动的设施和设备。载体分成如下两类。

1. 固定基础设施——线路和场站，如铁路、公路、水路、港口、车站、机场等基础设施，它们大多是固定的。

2. 运载设备——移动设备，如车、船、飞机、集装器具等。

（三）流向

流向是指流体从起点到终点的流动方向。物流流向通常可以分为如下 4 种。

1. 自然流向。根据产销关系所决定的商品的流向。商品从其产地流向销地,表明对该产品的客观需要。

2. 计划流向。指根据流体经营者的商品经营计划而形成的商品流向,即商品从供应地流向需要地。

3. 市场流向。指根据市场供求规律由市场确定的商品流向。

4. 实际流向。指在物流过程中实际发生的流向。

在确定物流流向时,理想的状况是商品的自然流向与商品的实际流向相一致,但由于计划流向与市场流向都有其存在的前提,还由于载体的原因,导致商品的实际流向经常偏离自然流向。

(四) 流量

流量是指流体在一定流向上通过载体的数量表现。按流向可分为:自然流量、计划流量、市场流量和实际流量;按实际和理论发生的流量可分为:实际流量和理论流量。

从物流管理角度来看,理想状况的物流应该是在所有流向上的流量都均匀分布,这样,物流资源利用率最高、组织管理最容易。但是实际上,在一定的统计期间内,在一个流向上流量达到均衡的物流是不存在的,在流体之间、载体之间、流向之间、承运人和托运人之间的实际物流流量不可能出现均衡,这样,就需要从宏观物流管理的角度,通过资源的合理配置、采用合理的物流运行机制等手段消除物流流向和流量上的不均衡。

(五) 流程

流程是指流体通过载体在一定流向上实现空间位移的数量表现。流程的大小对物流成本水平及物流载体形式的选择等有重要影响。流程与流向、流量一起构成了物流向量的三个数量特征。

(六) 流速

流速是指流体通过载体在一定流程上的速度表现。流速与流向、流量、流程是构成物流的四大量化要素,是衡量物流效率和效益的重要指标。

物流的流体、载体、流向、流量、流程和流速六要素之间有极强的内在联系,如流体的自然属性决定了载体的类型和规模,流体的社会属性决定了流向和流量,载体对流向和流量有制约作用,载体的状况对流体的自然属性和社会属性均会产生影响,流体、载体、流向、流程等决定流速。因此,进行物流活动要注意处理好六要素之间的关系,否则就会使物流成本提高、服务水平下降。

此外,也可根据与物流有关的各种作业活动(功能),将其分为运输、储存、包装、装卸、流通加工、配送及物流信息等构成功能要素。

（1）运输（transport）。运输是利用设备或工具，在不同地域范围内（如两个城市、两个工厂之间），完成以改变人和物的空间位移为目的的物流活动。

（2）储存（storing）。储存即对物品（商品、货物、零部件等）的保存与管理。

（3）包装（packaging）。包装是指在物流过程中为保护产品，方便储运，促进销售，按一定技术方法采用容器、材料及辅助物等将物品包封并予以适当的装封标志的工作总称。

（4）装卸（loading and unloading）。所谓装卸是指随物品运输和保管而附带发生的作业。

（5）流通加工（distribution processing）。流通加工是指在流通阶段进行的不以改变商品的物理化学性能为目的的简单加工、组装、再包装、按订单做的调整等作业活动。

（6）配送（delivery）。配送是指在经济合理区域范围内，根据用户要求，对物品进行拣选、加工、包装、分割、组配等作业，并按时送达指定地点的物流活动。

（7）信息。信息是能反映事物内在本质的外在表现，如：图像、声音、文件、语言等，是事物内容、形式和发展变化的反映。

三、电子商务物流的概念

电子商务作为一种新的数字化商务方式，代表未来的贸易、消费和服务方式。因此，要完善整体商务环境，就需要打破原有工业的传统体系，发展建立以商品代理和配送为主要特征，物流、商流、信息流有机结合的社会化物流配送体系。电子商务物流的概念是伴随电子商务技术和社会需求的发展而出现的，它是电子商务经济价值实现不可或缺的重要组成部分。

目前对于电子商务物流尚无统一的定义，有人将其理解为与电子商务这一新兴商务模式相配套的物流，也有人理解为是物流企业的电子商务化。其实，可以从更广义的角度去理解这一个概念，既可以理解为"电子商务时代的物流"，即电子商务对物流管理提出的新要求，也可以理解为"物流管理电子化"，即利用电子商务技术（主要是计算机技术和信息技术）对传统物流管理的改造。因此，有人称其为虚拟物流（virtual logistics），即以计算机网络技术进行物流运作与管理，实现企业间物流资源共享和优化配置的物流方式。

四、电子商务物流的特点

电子商务时代的来临，给全球物流带来了新的发展，使物流具备了一系列新特点。

（一）信息化

电子商务时代，物流信息化是电子商务的必然要求。物流信息化表现为物流信息的商品化、物流信息收集的数据库化和代码化、物流信息处理的电子化和计算机化、物流信息传递的标准化和实时化、物流信息存储的数字化等。因此,条码技术(bar code)、数据库技术(data base)、电子订货系统(electronic ordering system,EOS)、电子数据交换(electronic data interchange,EDI)、快速反应(quick response,QR)及有效的客户反应(effective customer response,ECR)、企业资源计划(enterprise resource planning,ERP)等技术与观念在物流中得到越来越普遍的应用。信息化是一切的基础,没有物流的信息化,任何先进的技术设备都不可能应用于物流领域,信息技术及计算机技术在物流中的应用将会彻底改变世界物流的面貌。

(二) 自动化

自动化的基础是信息化,自动化的核心是机电一体化,自动化的外在表现是无人化,自动化的效果是省力化,另外还可以扩大物流作业能力、提高劳动生产率、减少物流作业的差错等。物流自动化的设施非常多,如条码/语音/射频自动识别系统、自动分拣系统、自动存取系统、自动导向车、货物自动跟踪系统等。

(三) 网络化

物流信息化的高层次应用首先表现为网络化。这里指的网络化有两层含义:一是物流配送系统的计算机通信网络,包括物流配送中心与供应商或制造商的联系要通过计算机网络,另外与下游顾客之间的联系也要通过计算机网络;二是组织的网络化,即所谓的企业内部网(Intranet)。物流的网络化是物流信息化的必然,是电子商务下物流活动的主要特征之一。当今世界 Internet 等全球网络资源的可用性及网络技术的普及为物流的网络化提供了良好的外部环境,物流网络化不可阻挡。

(四) 智能化

智能化是物流自动化、信息化的一种高层次应用。物流作业过程中大量的运筹和决策,如库存水平的确定、运输(搬运)路径的选择、自动导向车的运行轨迹和作业控制、自动分拣机的运行,物流配送中心经营管理的决策支持等问题都需要借助大量的知识才能解决。在物流自动化的进程中,物流智能化已成为电子商务物流发展的一个新趋势,需要通过专家系统、机器人等相关技术来解决。

(五) 服务化

电子商务物流以实现顾客满意为第一目标。具体来说,它通过提供顾客所期望的服务,在积极追求自身交易扩大的同时,强调实现与竞争企业服务的差别化,努力提高顾客满意度。

（六）柔性化

柔性化的物流正是适应生产、流通、消费的需求而发展起来的一种新型物流特征。它要求物流配送中心根据消费者消费需求"多品种、小批量、短周期"的特点,灵活组织和实施物流作业。

五、电子商务物流过程

电子商务物流作业的流程和普通商务大体上是一样的,都是为了将用户所订的货物送到其手上。其主要的作业环节和一般物流的作业环节大体上也是一致的,主要包括商品的包装、运输、存储、装卸搬运、配送以及物流信息管理等。但电子商务的物流作业流程和普通商务的物流作业流程又是有所区别的,如图 9-1 和图 9-2 所示[①]。

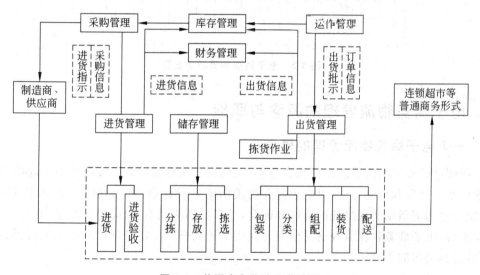

图 9-1 普通商务物流业务流程

因为电子商务要求每个订单都得送货上门,而有着实体店铺的普通商务则不同,所以,电子商务的物流成本相对来说会更高,更难实现配送路线的合理规划、配送时间的准确确定、配送车辆的合理调配。

---

① 资料来源:严建援.电子商务物流管理与实施[M].北京,高等教育出版社,2006.

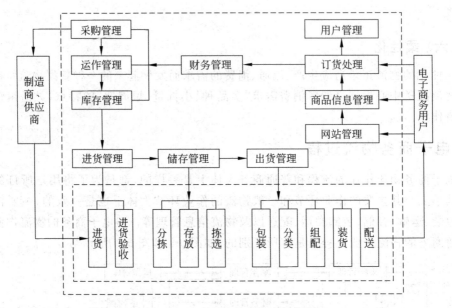

图 9-2　电子商务物流业务流程

六、电子商务物流管理的概念与职能

（一）电子商务物流管理的概念

所谓电子商务物流管理是指社会再生产过程中,根据物质资料实体流动的规律,应用管理的基本原理和科学方法,对电子商务物流活动进行计划、组织、指挥、协调、控制和决策,使各项物流活动实现最佳的协调和配合,以降低物流成本,提高物流效率和经济效益。简单来说,电子商务物流管理就是研究并应用电子商务物流活动规律对物流全过程、各环节、各方面进行的管理。

（二）电子商务物流管理的职能

电子商务物流管理和任何管理活动一样,其职能包括组织、计划、协调、指挥、控制、激励和决策。

1. 组织职能

组织职能的主要工作内容有:确定物流系统的机构设置、劳动分工和定额定员;配合有关部门进行物流的空间组织和时间组织的设计;对电子商务中的各项职能进行合理分工;对各个环节的职能进行专业化协调。

2．计划职能

计划职能主要包括：编制和执行年度物流的供给和需求计划；编制和执行月度供应作业计划；编制和执行物流各环节的具体作业计划以及与物流运营相关的经济财务计划等。

3．协调职能

协调职能对电子商务物流尤其重要，除物流业务运作本身的协调外，更需要进行物流与商流、资金流、信息流之间的协调，这样才能保证电子商务用户的服务要求。

4．指挥职能

指挥职能是物流供应管理的基本保证，它涉及物流管理部门直接指挥的下属机构和直接控制的物流对象，如产成品、在制品、待售产品和售后产品、待运货物和在运货物等。

5．控制职能

由于电子商务涉及面广，其物流活动参与人员众多、波动大，所以，物流管理的标准化、标准的执行与督查以及偏差的发现和矫正等控制职能具有广泛性和随机性。

6．激励职能

激励职能主要是指物流系统内员工的挑选与培训、绩效的考核与评估、工作报酬与福利、激励与约束机制的设计等。

7．决策职能

物流管理的决策职能更多地与物流技术挂钩，如库存合理定额的决策以及采购量与采购时间的决策等。

第二节　电子商务物流配送管理

一、配送的概念与内涵

配送是指在经济合理区域范围内，根据客户要求，对物品进行拣选、加工、包装、分割、组配等作业，并按时送达指定地点的物流活动。

配送是一种特殊的物流活动形式，几乎涵盖了物流中的所有要素与功能，是物流的一个缩影或某一范围内物流全部活动的体现。一般的配送集装卸、包装、保管、运输于一身，通过一系列活动将货物送达目的地。特殊的配送还要以加工活动为支撑，所以包括的范围更广。但是，配送的主体活动与一般物流还是有很大区别，如分拣配货就是配送的独特要求。

具体来讲，配送包含了以下内涵：

（1）配送的本质是送货；

（2）配送是一种小范围的综合性物流；

（3）配送是一种专业化的分工方式；

（4）配送是一种"中转"形式，依据客户需求反应；

（5）配送分为"配"和"送"两部分，配送利用有效的分拣、配货作业，使送货达到一定的规模，并利用规模优势取得较低的送货成本；

（6）配送以客户需求为出发点。

二、电子商务物流配送的概念与特点

（一）电子商务物流配送的概念

电子商务物流配送是指物流配送企业采用网络化的计算机技术和现代化的硬件设备、软件系统及先进的管理手段，针对客户的需求，根据用户的订货要求，进行一系列分类、编码、整理、配货等理货工作，按照约定的时间和地点将确定数量和规格要求的商品传递到用户的活动及过程。这种新型的物流配送模式带来了流通领域的巨大变革，越来越多的企业开始积极搭乘电子商务快车，采用电子商务物流配送模式。

（二）电子商务物流配送的特点与优势

1. 特点

与传统的物流配送相比，电子商务物流配送具有以下特征。

（1）虚拟性

电子商务物流配送的虚拟性来源于网络的虚拟性。通过借助现代计算机技术，配送活动已由过去的实体空间拓展到了虚拟网络空间，实体作业节点可以虚拟信息节点的形式表现出来；实体配送活动的各项职能和功能可在计算机上进行仿真模拟，通过虚拟配送，找到实体配送中存在的不合理现象，从而进行组合优化，最终实现实体配送过程达到效率最高、费用最少、距离最短、时间最少的目标。

（2）实时性

虚拟性的特性不仅能够辅助决策，让决策者获得高效的决策信息支持，还可以实现对配送过程实时管理。配送要素数字化、代码化之后，突破了时空制约，配送业务运营商与客户均可通过共享信息平台获取相应配送信息，从而最大限度地减少各方之间的信息不对称，有效地缩小配送活动过程中的运作不确定性与环节间的衔接不确定性，打破以往配送途中的"失控"状态，做到全程的"监控配送"。

（3）个性化

个性化配送是电子商务物流配送的重要特性之一。作为"末端运输"的配送服务，所面对的市场需求是"多品种、少批量、多批次、短周期"的，小规模的频繁配送将导致配送企业的成本增加，这就必须寻求新的利润增长点，而个性化配送正是这样一个"利润源泉"。

电子商务物流配送的个性化体现为"配"的个性化和"送"的个性化。"配"的个性化主要指通过配送企业在流通节点(配送中心)根据客户的指令对配送对象进行个性化流通加工，从而增加产品的附加价值;"送"的个性化主要是指依据客户要求的配送习惯、喜好的配送方式等为每一位客户制定量体裁衣式的配送方案。

（4）增值性

除了传统的分拣、备货、配货、加工、包装、送货等作业以外,电子商务物流配送的功能还向上游延伸到市场调研与预测、采购及订单处理,向下延伸到物流咨询、物流方案的选择和规划,库存控制决策,物流教育与培训等附加功能,从而为客户提供具有更多增值性的物流服务。

2. 优势

相对于传统的物流配送模式而言,电子商务物流配送模式具有以下优势。

（1）高效配送

在传统的物流配送企业内,为了实现对众多客户大量资源的合理配送,需要大面积的仓库来用于存货,并且由于空间的限制,存货的数量和种类受到了很大的限制。而在电子商务系统中,配送体系的信息化集成可以使虚拟企业将散置在各地分属不同所有者的仓库通过网络系统连接起来,使之成为"集成仓库",在统一调配和协调管理之下,服务半径和货物集散空间都放大了。这样,货物配置的速度、规模和效率都大大提高,使得货物的高效配送得以实现。

（2）适时控制

传统的物流配送过程是由多个业务流程组成的,各个业务流程之间依靠人来衔接和协调,这就难免受到人为因素的影响,问题的发现和故障的处理都会存在时滞现象。而电子商务物流配送模式借助于网络系统可以实现配送过程的实时监控和适时决策,配送信息的处理、货物流转的状态、问题环节的查找、指令下达的速度等都是传统的物流配送无法比拟的,配送系统的自动化处理、配送过程的动态化控制、指令的瞬间到达都使得配送的适时控制得以实现。

（3）简化

传统物流配送的整个环节由于涉及主体的众多及关系处理的人工化,所以极为烦琐。而在电子商务物流配送模式下,物流配送中心可以使这些过程借助网络实现简单化和智能化。比如,计算机系统管理可以使整个物流配送管理过程变得简单和易于操作;网络平台上的营业推广可以使用户购物和交易过程变得效率更高、费用更低;物流信息的易得性和有效传播使得用户找寻和决策的速度加快、过程简化。很多过去需要较多人工处理、耗费较多时间的活动都因为网络系统的智能化而得以简化,这种简化使得物流配送工作的效率大大提高。

三、电子商务物流配送系统的构成要素

电子商务物流配送系统主要由管理系统、网络系统和作业系统三部分组成。

（一）管理系统

管理系统是对电子商务物流配送系统进行组织、计划、协调、控制、指挥的系统。其主要确定系统的管理目标、功能目标、进行配送需求的预测和创造，并对网络系统及作业系统的正常运作进行管理。

（二）网络系统

电子商务物流配送离不开现代计算机技术和网络技术的支持。销售点网络管理系统（POS）、增值网系统（VAN）、电子订货系统（EOS）、管理信息系统（MIS）、电子数据交换（EDI）、决策支持系统（DSS）等越来越广泛地应用于电子商务物流配送。

（三）作业系统

1. 备货。备货是配送的准备工作或基础工作，备货工作包括筹集货源、订货或购货、集货、进货及有关的质量检查、结算、交接等。配送的优势之一，就是可以集中用户的需求进行一定规模的备货。备货是决定配送成败的初期工作，如果备货成本太高，会大大降低配送的效益。

2. 储存。配送中的储存有储备及暂存两种形态。配送储备是按一定时期的配送经营要求，形成的对配送的资源保证。这种类型的储备数量较大，储备结构也较完善，视货源及到货情况，可以有计划地确定周转储备及保险储备结构及数量。另一种储存形态是暂存，是具体执行日配送时，按分拣配货要求，在理货场地所做的少量储存准备。由于总体储存效益取决于储存总量，所以，这部分暂存数量只会对工作方便与否造成影响，不会影响储存的总效益，因而在数量上控制并不严格。

3. 订单处理。订单处理是指配送企业从接受用户订货或配送要求开始到货物发运交给客户为止，整个配送作业过程中的有关订单信息的工作处理。其中包括，接受用户订货或配送要求，审查订货单证，核对库存情况，下达货物分拣、配组、输送指令，填制发货单证，登记账簿，回应或通知用户，办理结算，退货处理等一系列与订单密切相关的工作活动。

4. 分拣及配货。是配送不同于其他物流形式的功能要素，也是配送成败的一项重要支持性工作。分拣及配货是完善送货、支持送货的准备性工作，是不同配送企业在送货时进行竞争和提高自身经济效益的必然延伸，所以，也可以说是送货向高级形式发展的必然要求。有了分拣及配货就会大大提高送货服务水平，所以，分拣及配货是决定整个配送系

统水平的关键要素。

5. 配装。在单个用户配送数量不能达到车辆的有效载运负荷时，就存在如何集中不同用户的配送货物，进行搭配装载以充分利用运能、运力的问题，这就需要配装；和一般送货不同之处在于，通过配装送货可以大大提高送货水平及降低送货成本，所以，配装也是配送系统中有现代特点的功能要素，也是现代配送不同于以往送货的重要区别之处。

6. 配送运输。配送运输属于运输中的末端运输、支线运输，和一般运输形态主要区别在于：配送运输是距离较短、规模较小、额度较高的运输形式，一般使用汽车做运输工具。与干线运输的另一个区别是，配送运输的路线选择问题是一般干线运输所没有的，干线运输的干线是唯一的运输线，而配送运输由于配送用户多，一般城市交通路线又较复杂，如何组合成最佳路线，如何使配装和路线有效搭配等，是配送运输的特点，也是难度较大的工作。

7. 送达服务。配好的货运输到用户还不算配送工作的完结，这是因为货物送达和用户接货往往还会出现不协调，使配送前功尽弃。因此，要圆满地实现运到之货的移交，并有效地、方便地处理相关手续并完成结算，还应讲究卸货地点、卸货方式等。送达服务也是配送独具的特殊性。

8. 配送加工。在配送中，配送加工这一功能要素不具有普遍性，但是往往是有重要作用的功能要素。主要原因是通过配送加工，可以大大提高用户的满意程度。配送加工是流通加工的一种，但配送加工有它不同于一般流通加工的特点，即配送加工一般只取决于用户要求，其加工的目的较为单一。

9. 回程。在执行完配送任务车辆返回时，车辆回程往往是空驶，这是影响配送效益、增加配送成本的主要因素之一。为提高配送效率及效益，配送企业在规划配送线路时，回程路线应当尽量缩短，同时回程车可将包装物、次品运回集中处理，或将用户的产品运回配送中心。作为配送中心的配送货源，也可以在配送服务对象所在地设立一个货物联络点，顺路带回货物，提高车辆利用率。

四、电子商务物流配送的作业目标

（一）服务性目标

服务性目标是电子商务配送系统所要达到的一个主要目标，是指电子商务配送系统能向用户所提供多种服务。服务性目标主要有以下几个。

（1）能向用户提供多种信息服务。

（2）能向企业的不同部门、不同层次和不同环节提供多种信息服务。

（3）具有信息的及时反馈功能。

（二）快捷性目标

电子商务配送系统要能依据客户的要求，把货物按质按量准时地送到用户所指定的地点。这就要求企业在配送系统中设立快捷反应系统，以实现快捷性目标。快捷性目标的构成主要包括以下几个方面。

（1）快捷的配发货系统。

（2）快捷灵活的运输系统。

（3）自动化的库存管理系统。

（4）自动化的分拣、理货系统。

（5）快捷、灵活的进货系统。

（6）方便、灵活、及时的信息服务系统。

（三）低成本性目标

低成本性目标有以下几个。

（1）要有效地利用配送面积与空间。

（2）要科学合理地选择运送工具和线路。

（3）要保持合理的库存规模和结构。

（4）要选择合适的系统软件。

（5）要坚持科学的管理。

（四）安全性目标

据调查，电子商务用户目前最关心的问题就是网上交易的安全问题。这说明了进行电子商务配送的一个重要的前提就是必须保证电子商务配送系统的安全性，保证用户的商业机密不受到侵犯。电子商务系统的安全性目标主要包括以下几个方面。

（1）操作系统的安全性目标。

（2）防火墙系统的安全性目标，主要包括防火墙产品是否安全，功能是否完善，设置是否错误等。

（3）操作人员以及内部人员的安全性目标。

（4）内部网用户的安全性目标。

（5）程序的安全性目标。

（6）数据库的安全性目标等。

第三节 电子商务物流配送模式及选择

一、电子商务物流配送模式

配送模式是企业对配送所采用的基本战略和方法,它是指构成配送运动的诸要素的组合形态及其运动的标准形式,是适应经济发展需要并根据配送对象的性质、特点及工艺流程而相对固定的配送规律。根据国内外的发展经验及我国配送理论与实践,目前主要的电子商务物流配送模式有自营配送、第三方物流配送、共同配送、互用配送、合作配送等几种典型形式。

(一)自营配送模式——垂直一体化

自营配送模式是指企业物流配送的各个环节由企业自身筹建并组织管理,实现对企业内部及外部货物配送的模式,即是从配送中心到运输队伍,全部由企业自己整体建设。

垂直一体化模式,改变了传统电子商务企业过于注重平台运营而轻视物流配送的状况,将较多的资金和精力转投物流体系建设,希望以在物流方面的优势加大在电子商务业务上的竞争力。

目前,在中国,采取自营模式的电子商务企业主要有两类:一类是资金实力雄厚且业务规模较大的电子商务公司,如京东商城。第二类是传统的大型制造企业或批发企业经营的电子商务网站,由于其自身在长期的传统商务中已经建立起初具规模的营销网络和物流配送体系,在开展电子商务时只需将其加以改进、完善,即可满足电子商务条件下对物流配送的要求,如苏宁电器等。

选用自营物流,可以使企业对物流配送环节有较强的控制能力,易于与其他环节密切配合,全力服务于该企业的运营管理,使企业的供应链更好地保持协调、简洁与稳定。此外,自营物流配送能够保证供货的准确和及时,保证顾客服务的质量,维护了企业和顾客间的长期关系。但自营物流配送所需的投入非常大,建成后对规模的要求很高,大规模才能降低成本,否则将会长期处于不盈利的境地,而且投资成本较大、时间较长,对于企业柔性有不利影响。另外,自建庞大的物流体系,需要占用大量的流动资金。更重要的是,自营物流需要较强的物流管理能力,建成之后需要工作人员具有专业化的物流管理能力。

此外,与完全垂直一体化相对应,半一体化模式也被广大电子商务企业广泛应用。相对于完全垂直一体化过于复杂和庞大,半一体化是比较经济而且相对可控的模式,它也被称为半外包模式,即电商企业自建物流中心和掌控核心区域物流队伍,而将非核心区物流业务进行外包。

（二）第三方配送模式——轻公司轻资产模式

第三方配送模式是指交易双方把自己需要完成的配送业务委托给第三方来完成的一种配送运作模式。

随着 JIT 管理方式的普及，越来越多的企业逐渐把配送业务交由相对独立的第三方进行管理。第三方配送企业根据采购方的小批量和多批次的要求，按照地域分布密集的情况，决定供应方的取货顺序，并应用一系列的信息技术和物流技术，保证 JIT 取货和配货。对电子商务经营企业而言，这种配送模式可以看成为一种轻公司轻资产模式，即电子商务企业着重在于管理好业务数据，管理好物流信息，而租赁物流中心的地盘，并把配送环节全部外包。这是电子商务企业的传统运作模式，也就是说，电商企业真正实现"归核化"和"服务外包"。

轻公司轻资产模式，减轻了电子商务企业在物流体系建设方面的资金压力，但对与其合作的第三方依赖度很高，如果第三方的服务出现问题，势必连累电子商务企业本身。曾有统计数据称，第三方物流的投诉率是电子商务企业自建物流的 12 倍。因此，这种合作模式需要具备较高的合作风险管控能力。

（三）共同配送模式

共同配送是物流配送企业之间为了提高配送效率以及实现配送合理化所建立的一种功能互补的配送联合体。它是一种物流配送经营企业之间为实现整体配送合理化，以互惠互利为原则，互相提供便利的物流配送服务的协作型配送模式，也是电子商务发展到目前为止最优的物流配送模式之一，包括配送的共同化、物流资源利用共同化、物流设施设备利用共同化以及物流管理共同化。共同配送模式是合理化配送的有效措施之一，是企业保持优势常在的至关重要的课题，是企业的横向联合、集约协调、求同存异和效益共享，有利于发挥集团型竞争优势的一种现代管理方法。

（四）互用配送模式

互用配送模式是指几个企业为了各自利益，以契约的方式达成某种协议，互用对方配送系统而进行的配送模式。其优点在于企业不需要投入较大的资金和人力，就可以扩大自身的配送规模和范围，但需要企业有较高的管理水平及与相关企业的组织协调能力。

（五）基于合作的配送模式

纯粹的在线电子商务经营者所缺乏的是传统商店的实体，在随时随地以顾客服务为中心的环境下，仅有在线功能远远不够。在这种情况下，以实物商品交易的电子商务企业可以与拥有实实在在经营场所的企业进行战略联盟，形成"互补"，从而产生了基于合作的

配送模式 。

上述各种配送模式的比较如表 9-1 所示。

表 9-1　各种配送模式比较

配送模式	优点	缺点	适用范围
自营配送	有利于企业供应、生产和销售的一体化作业,系统化程度相对较高	增加投资负担,抵御市场风险能力弱;配送规模较小的情况下很难实现规模效应,成本较高;专业化程度较低	一类是资金实力雄厚且业务规模较大的电子商务公司。第二类是传统的大型制造企业或批发企业经营的电子商务网站
第三方配送	集中精力于核心业务;减少固定资产投资;提供灵活、多样的顾客服务	不能直接控制物流;不能保证供货的准确与及时;难以维护与顾客的长期关系	自身物流业务处理能力较低的企业;中小型电子商务公司
共同配送	提高物流作业效率,降低企业营运成本;企业可以集中精力经营核心业务;可实现社会资源的共享和有效利用	各商品的特点和配送要求不同使得共同配送存在一定的难度;企业间的规模、经营意识、客户圈等存在差异很难协调一致;在配送组织、费用分摊方面存在难度,有泄露商业机密的可能	运输企业和家电连锁企业;物流企业与中小型连锁公司
互用配送	不需投入大量的资金和人力就可扩大配送规模	需要较高管理水平及组织协调能力,稳定性差	电子商务下的 B2B 交易方式
合作配送	实现优势互补、互利共赢	需明确合作目标和责任分配,需要较高的协调管理能力	纯电子商务企业与物流企业的合作

另外,近年来,借鉴目前热门的云计算、云制造等概念,云物流、云配送模式也逐渐受到大家的关注。

云物流、云配送模式,顾名思义,就是指充分利用分散、不均的物流资源,通过某种体系、标准和平台进行整合,为我所用、节约资源,相关的概念还有云快递、云仓储。

从理论上讲,云物流实现了"三化":一是社会化,快递公司、派送点、代送点等成千上万的终端都可以为我所用;二是节约化,众多社会资源集中共享一个云物流平台,实现规模效应;三是标准化,一改物流行业的散、乱,建立统一的管理平台,规范服务的各个环节。

云物流模式,希望利用订单聚合的能力来推动物流体系的整合,包括信息整合、能力整合。但问题在于,目前云物流只是提供了一个信息交换的平台,解决了供给能力的调配问题,但不能从根本上改变行业配送能力的整合问题、服务质量问题、物流成本及物流效率的控制问题。因此,如何整合和管理好云资源,是云物流、云配送需要解决的关键问题。

二、电子商务物流配送模式的选择决策——定性方法

物流配送模式决策作为电子商务企业一项主要的战略决策,其重要性不言而喻。开

展电子商务的企业在进行物流配送模式决策时,除传统的自营物流配送模式外,也可考虑其他物流配送模式。如何正确选择物流配送模式成为电子商务企业至关重要的一项战略决策。

(一)传统的决策方法

传统的决策依据是企业是否有能力自营物流配送,如果企业有设施、有技术就自营,方便控制;如果某项功能自营有一定困难就选择外购。决策模型如图9-3所示。

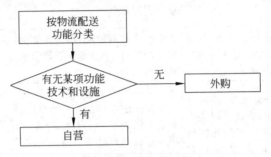

图9-3　传统物流配送决策模型示意

其主要缺陷是:企业在进行这种外购与自营决策时,对总成本与顾客服务水平的考虑是放在其次的,管理人员对核心物流配送功能认识不清,缺乏对物流配送战略进行战略分析的打算和信息。

(二)综合考虑多种因素的电子商务物流配送决策

1. 需考虑的因素

(1)物流配送的战略地位和企业对物流配送的管理能力

在进行物流配送模式决策时,首先要考虑物流配送的战略重要性,主要是看其是否构成企业的核心能力。要决定其是否构成企业的核心能力,一般可以从以下几个方面判断:

- 它们是否高度影响企业业务流程?
- 它们是否需要相对先进的技术?采用此种技术能否使公司在行业中领先?
- 它们是否是企业长期积淀的、在短期内不会被其他企业所模仿?

如果得到肯定的回答,那么就可以断定该系统在战略上处于重要地位。地位越重要,企业自营的可能性就越大;反之亦然。

除了物流对企业成功的影响度及战略地位之外,企业对物流的管理能力也是影响企业物流采取自营模式还是其他模式的重要因素。一般而言,在其他条件相同的情况下,如果企业在物流管理方面具有很强的能力,自营物流就比较可取。企业物流管理能力越强,自营物流的可行性就越大。而在企业对物流的管理能力较差的情况下,进行物流外包就比较可取。应当注意的是,具备了物流管理能力,并不意味着企业一定要自营物流,还要比较在满足一定的顾客服务水平下,企业与物流公司谁的成本更低,只有在企业的相对成本较低的情况下,选择自营的方式才有利;否则,企业应实行物流外包。如果物流系统是企业的非战略系统,企业还应寻找合作伙伴,向其出售物流服务,以免资源浪费。

综上所述,物流配送对企业成功的重要性和企业对物流配送的管理能力是企业进行物流配送模式选择的重要因素,二者共同影响决策的状态如图 9-4 所示。

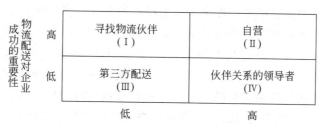

图 9-4　根据战略重要性和处理能力进行模式决策

如果物流在企业战略中起关键作用,但自身物流管理水平却较低,对这类企业(Ⅰ)来说,组建物流联盟将会在物流设施、运输能力、专业管理技巧上收益极大;对于物流在其战略中不占关键地位,但其物流水平却很高的企业(Ⅳ)来说,可以寻找伙伴共享物流资源,通过增大物流量获取规模效益,降低成本。处于Ⅰ、Ⅳ区间的企业可以建立物流联盟。如果企业有很高的顾客服务需求标准,物流成本占总成本的比重极大,自己对物流的管理能力强,这类企业(Ⅱ)一般不会选择外包物流服务,而采用自营的方式;对于那些物流在其战略中地位并不是很重要,自身物流管理能力也比较欠缺的企业(Ⅲ)来说,采用第三方物流是其最佳选择,因为这样能大幅度降低物流成本,提高服务水平。

(2)企业对供应链的要求

越是竞争激烈的产业,企业越是要强化对供应和分销渠道的控制,此时企业应该自营物流。

(3)企业自身产品的物流特点

对于大宗工业品原料的回运或鲜活产品的分销,应利用相对固定的专业物流服务提供商和短渠道物流;对于全球市场的分销,宜采用地区性的专业物流公司提供支援;对于产品线单一的或为主机厂做配套零件的企业,则应在龙头企业的领导下自营物流;对于技术性较强的物流服务如口岸物流服务,企业应采用委托代理的方式;对于非标准设备的制造商来说,企业自营虽有利可图,但还是交给专业物流服务公司更为有利。

(4)企业的规模与实力

一般来说,大中型企业由于实力较雄厚,有能力建立自己的物流系统,制定合适的物流需求计划,保证物流服务质量。另外,还可以利用过剩的物流网络资源拓展外部业务,为别的企业提供物流服务。而小企业则受人员、资金和管理资源的限制,物流管理效率难以提高。此时,企业为把资源用于核心业务,就应该把物流管理交给第三方专业物流代理公司。

（5）对企业的柔性要求

随着科技的进步与经济的发展,企业要根据市场不断调整自己的经营方向、经营重点、市场、产品,这就对企业的柔性提出了越来越高的要求。相对而言,外包物流能够使企业具有较大的柔性,能够比较容易地对企业业务的方向、内容、重点、数量等进行必要的调整。所以,处于发展变化较快行业中的企业,其商品种类、数量比较不稳定,呈现非规则化,变动较多、较大,需要根据情况调整其经营管理模式及相应业务作业。为保证企业具有足够的柔性,应采用外购物流服务。而业务相对稳定,物流商品种类比较稳定、数量大的企业,对于企业的柔性要求比较低,采用自营物流的可能性就比较大。

（6）物流系统总成本

在选择是自营还是物流外协时,必须弄清两种模式物流系统总成本的情况。计算公式为

$$D=T+S+L+F_w+V_w+P+C$$

式中,D 为物流系统总成本;

T 为该系统的总运输成本;

S 为库存维持费用,包括库存管理费用、包装费用以及返工费用;

L 为批量成本,包括物料加工费用和采购费用;

F_w 为该系统的总固定仓储费用;

V_w 为该系统的总变动仓储费用;

P 为订单处理和信息费用,指订单处理和物流活动中由于广泛交流等问题所发生的费用;

C 为顾客服务费用,包括缺货损失费用、降价损失费用和丧失潜在顾客的机会成本。

这些成本之间存在着二律背反现象:减少仓库数量时,可降低保管费用,但会带来运输距离和次数的增加而导致运输费用增加。如果运输费用的增加部分超过了保管费用的减少部分,总的物流成本反而增大。所以,在选择和设计物流系统时,要对物流系统的总成本加以论证,最后选择成本最小的物流系统。

（7）第三方物流的客户服务能力

在选择物流模式时,尽管成本很重要,但第三方物流为本企业及企业顾客提供服务的能力更为重要。也就是说,第三方物流满足企业对物料及时需求的能力和可靠性、对企业的零售商和最终顾客不断变化的需求的反应能力等方面应该作为首要的因素来考虑。因为,如果企业将物流业务外包给第三方物流公司,那么第三方物流公司与企业的顾客关系

密切,它们的服务质量会间接地成为顾客对企业服务质量的观察点。而在当今的市场环境下,服务的好坏与企业的生存具有重大的关联性。特别是在电子商务环境下,物流服务已成为顾客选择商家的关键因素之一。因此,现代企业应充分认识到物流服务质量的重要性,在进行第三方物流决策时从更高的服务角度来权衡取舍,而不是只将目光集中于价格上。

随着消费多样化、生产柔性化、流通高效化时代到来,社会和客户对物流服务的要求也越来越高,物流服务的优质化是现代物流今后发展的重要趋势。5个"right"的服务,即把好的产品(the right product)在规定的时间(at the right time)、规定的地点(in the right place)、以适当的数量(in the right quantity)、合适的价格(at the right price)提供给客户,将成为物流企业优质服务的共同标准。根据美国田纳西大学对51家领先的第三方物流提供者的调查研究所得出的结果,减少作业成本和改进服务水平被第三方物流服务使用者认为是最大的利益所在。因此,物流成本已不再是客户选择物流服务的唯一标准,人们更多的是注重物流服务的质量。对于物流服务提供者来说,服务优势已成为其成功经营的方向性特征,提高服务竞争力是物流活动的基本态势。因此,如果企业能够满足一定的顾客服务水平,则自营是可行的,而当企业不具备这种能力的时候,就应采用第三方物流或选择合适的伙伴组建物流联盟。

2. 物流配送模式决策流程

企业在具体选择物流配送模式时,应从物流配送在企业中的战略地位出发,在考虑企业能力的基础上,充分比较以上各方面因素,进行综合评价。具体决策程序如图9-5所示。

三、基于 AHP 法的物流配送模式决策

前面提出的物流模式决策方法,都只能从定性的角度进行分析。由美国运筹学家 T. L. Saaty 于20世纪70年代提出的层次分析法(analytic hierarchy process,AHP),是通过比较一系列待选方案而帮助决策者在复杂环境中进行决策的一种有效方法。该方法直观,较易于公式化,在目标结构复杂且缺乏必要数据的情况下更为实用,是一种定性与定量分析相结合的多目标决策分析方法。其具体步骤如下。

(一) 构建物流模式决策评价指标体系框架

从物流的功能出发,电子商务企业的物流战略主要追求以下几个目标:

(1) 以尽可能低的成本达到一定的客户服务水平;

(2) 以准确配送的服务来保持顾客的忠诚度;

(3) 维持物流系统的稳定性;

(4) 使物流子系统与企业其他子系统保持良好的协调性;

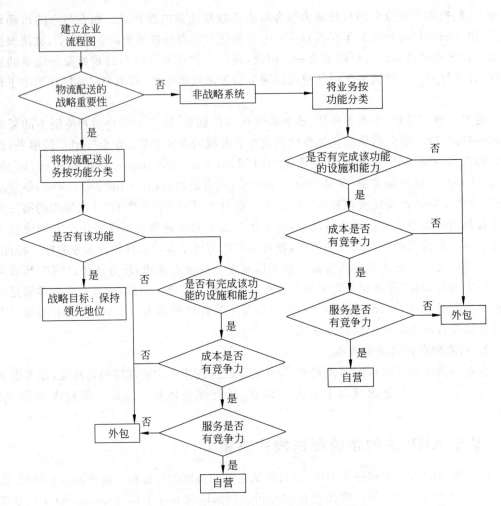

图 9-5　电子商务物流配送模式决策流程示意

(5) 控制物流活动中出现的污染和浪费,追求环保。

对电子商务企业的物流战略目标进一步分解,形成如图 9-6 所示的物流模式决策评价指标体系。

(二)用层次分析法确定各指标所占权重

1. 对 A_1, A_2, A_3, A_4, A_5 这 5 个评价指标的权重确定

各指标权重如表 9-2 所示。

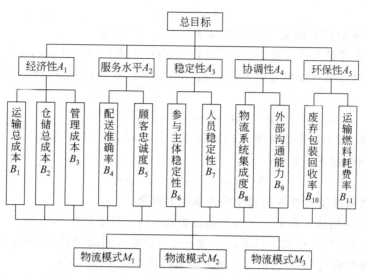

图9-6　物流模式决策评价体系

资料来源：方磊.电子商务物流管理［M］.北京：清华大学出版社，2011.

表9-2　A层判断矩阵元素列表

A	A_1	A_2	A_3	A_4	A_5
A_1	a_{11}	a_{12}	a_{13}	a_{14}	a_{15}
A_2	a_{21}	a_{22}	a_{23}	a_{24}	a_{25}
A_3	a_{31}	a_{32}	a_{33}	a_{34}	a_{35}
A_4	a_{41}	a_{42}	a_{43}	a_{44}	a_{45}
A_5	a_{51}	a_{52}	a_{53}	a_{54}	a_{55}

其中，a_{ij}表示A_i对A_j的相对重要性，如$a_{13}=2$，表示A_1的重要性为A_3的2倍。然后，对判断矩阵的一致性进行检验。公式为

$$CR=CI/RI \tag{9-1}$$

式中$CI=(\lambda_{max}-n)/(n-1)$（$\lambda_{max}$表示判断矩阵的最大特征值）；

RI表示平均随机一致性指标，RI的值见表9-3。

表9-3　平均随机一致性指标 RI 的值

阶数 n	1	2	3	4	5	6	7	8	9	10
RI	0.00	0.00	0.58	0.96	1.12	1.24	1.32	1.41	1.45	1.49

若得出$CR\leqslant0.1$，则认为判断矩阵具有满意的一致性。

最后，在判断矩阵满足一致性的基础上，用特征向量法确定指标权重，公式为

$$A\boldsymbol{\omega} = \lambda_{max}\boldsymbol{\omega} \qquad\qquad (9\text{-}2)$$

式中，λ_{max} 是判断矩阵 A 的最大特征值；$\boldsymbol{\omega}$ 表示权重分配向量。

求得判断矩阵最大特征值 λ_{max} 后将其代入矩阵中，求出其对应的特征向量，再将每个特征向量去除以这组特征向量的和，即得出如式（9-3）所示权向量，具体计算时，可采用 Matlab 软件。

$$B_1 = \boldsymbol{\omega} = [\omega_1, \omega_2, \omega_3, \omega_4, \omega_5]^{\mathrm{T}} \qquad\qquad (9\text{-}3)$$

即为 A_1, A_2, A_3, A_4, A_5 各指标所对应的权重。然后以此为基础再由上述方法确定 B_1，$B_2, \cdots, B_{11}$ 各指标权重集如下：

$$B_2 = \boldsymbol{\omega} = [\omega_1, \omega_2, \cdots, \omega_{11}]^{\mathrm{T}} \qquad\qquad (9\text{-}4)$$

2. 求每种物流模式对 B 层每个评价指标的权重

同样，可以采用特征向量法求每种物流模式对每个评价指标的权重。为此，应对每个指标成对比较这些物流模式。以运输总成本这一指标为例加以说明，如表 9-4 所示。

m_{ij} 表示物流模式 M_i 在运输总成本上相对物流模式 M_j 的评分。

同理，可以得到其他评价指标的判断矩阵，进行一致性检验后，可以求得每个判断矩阵的最大特征值和特征向量。各特征向量的值构成以下决策矩阵 B_3：

表 9-4　运输总成本判断矩阵元素列表

M	M_1	M_2	M_3
M_1	m_{11}	m_{12}	m_{13}
M_2	m_{21}	m_{22}	m_{23}
M_3	m_{31}	m_{32}	m_{33}

$$B_3 = \begin{array}{c} M_1 \\ M_2 \\ M_3 \end{array} \begin{bmatrix} \omega_{11} & \omega_{12} & \cdots & \omega_{110} & \omega_{111} \\ \omega_{21} & \omega_{22} & \cdots & \omega_{210} & \omega_{211} \\ \omega_{31} & \omega_{32} & \cdots & \omega_{310} & \omega_{311} \end{bmatrix} \qquad\qquad (9\text{-}5)$$

其中，ω_{ij} 表示物流模式 i 对应评价指标 j 的评分。

（三）最佳模式选择

由下面的公式可以计算每种物流模式的总分值向量 M：

$$M = B_3 B_2 = [M_1, M_2, M_3]^{\mathrm{T}} \qquad\qquad (9\text{-}6)$$

分值最大的物流模式即为要选的最佳物流模式。

开展电子商务的企业采用 AHP 法进行物流模式决策时，各评价指标的判断矩阵应由企业的物流决策者根据实际情况和经验给出，而且决策者需要掌握各种物流模式下企业物流运作过程中的有关数据，因此，此方法在数据比较充分时才能获得满意的结果。在没有相关数据的情况下，决策者也可通过经验来比较各物流模式对每一评价指标的相对重要性来获得权重,但这只能算是定性的决策,决策的结果受决策者的主观影响较大。

第四节　电子商务物流配送方案设计

配送方案是配送中心针对某个项目制作的指导运营活动的文件。这个项目可以是一个客户的配送业务,也可以是许多客户的配送业务;可以是一个物品的配送业务,也可以是许多物品的配送业务。配送方案一旦制定,对客户和配送中心就具有一定的约束力。实践中,无论是实体企业还是电商,在如何开展配送业务活动的问题上,首先要解决的问题就是如何制订配送方案。

配送方案设计程序如下:

制订配送计划——→选择配送路线——→配送合理化分析——→配送成本分析

一、配送计划的制订与决策

配送计划是配送中心根据客户订单的需求制定的货物拼装、车辆选择与路线选择的具体方案,它直接影响配送中心的服务质量和成本。

(一)配送计划的内容

一份完整的、具有可操作性的配送计划由以下几方面内容构成。

1. 客户订单方面

客户需求的物品品名、规格、数量、交货时间、交货地点。

2. 配送作业方面

(1)送货车辆、送货线路与人员。尽可能优化车辆行走路线与送货批次,并将送货地点和路线在地图上标明或在表格中列出,配备合适人员全程、全车负责,完成对客户的送货。

(2)满足客户时间性需求,结合运输距离确定送货提前期。

(3)满足客户需求所选择的送达服务的具体组织方式和规范。包括货物卸下、搬运、放置,设施的安装、调试、维护、修理、更换,废弃物清理、回收,单据的填写、签章,货款的结算等方式和规范。

3. 配送预算方面

配送计划应对配送成本支出项目做出合理预算,包括:资本成本分摊、支付利息、员工工资福利、行政办公费用、商务交易费用、自有车辆设备运行费、外车费用、保险费或者残损风险、工具以及耗损材料费、分拣装卸搬运作业费、车辆燃油费等。

配送计划确定之后,还应将货物送达时间、品种、规格、数量通知客户,使客户按计划准备接货工作。

（二）配送计划的制订

1. 配送计划制订的依据

（1）客户订单。客户订单对配送商品的品种、规格、数量、送货时间、送达地点、收货方式等都有要求。因此，客户订单是拟订配送计划的最基本的依据。

（2）客户分布、送货路线、送货距离。客户分布是指客户的地理位置分布，客户位置离配送中心的距离长短、配送中心到达客户收货地点的路径选择，直接影响到配送成本。

（3）物品特性。配送货物的体积、形状、重量、性能、运输要求，是决定运输方式、车辆种类、载重、容积、装卸设备的制约因素。

（4）运输、装卸条件。道路交通状况、送达地点及其作业地理环境、装卸货时间、气候等对配送作业的效率也起相当大的约束作用。

（5）根据分日、分时的运力配置情况，决定是否要临时增减配送业务。

（6）调查各配送地点的物品品种、规格、数量是否适应配送任务的要求。

2. 配送计划制订的影响因素

配送计划作为指导配送活动的方案，在配送方案设计中具有重要意义。配送计划的制定受以下因素的影响。

（1）配送对象（客户）

客户是分销商、配送中心、个人消费者或连锁店铺、百货公司、便利店、平价商店等业态中的一种或几种。不同的客户其订货量不同，出货形态也不尽相同。比如分销商、配送中心及连锁门店等的订货量较大，它的出货形态可能大部分为整托盘出货，小部分为整箱出货；而一般消费者的订货量很小，绝大部分属于拆箱出货。

出货形态不一致，会影响到理货、拣货、配货、配装、包装、送货、服务与信息等作业在人员、设备、工具、效率、时间和成本等方面的不同，也就是配送计划的内容会有所不同。

（2）配送物品种类

配送中心处理的货物品项数，多则几千甚至上万种，少则数百种甚至数十种，品项数不同，复杂性与困难性也不同。另外，配送中心所处理的货物种类不同，其特性也不完全相同。

（3）配送数量或库存量

配送中心的出货数量、库存量、库存周期，影响到配送中心的作业能力和设备的配置，也影响到配送中心的面积和空间的需求。因此，应对库存量和库存周期进行详细的分析。

（4）配送物品价值

配送计划预算或结算时，配送成本的计算往往会按物品的比例进行计算。如果物品的价值高则其百分比相对会比较低，客户能够负担得起；如果物品的单价低则其百分比相对会比较高，客户会感觉负担较重。

（5）物流渠道

物流渠道大致有以下几种模式：

① 生产企业→配送中心→分销商→零售商→消费者。

② 生产企业→分销商→配送中心→零售商→消费者。

③ 生产企业→配送中心→零售商→消费者。

④ 生产企业→配送中心→消费者。

制订物流配送计划时，根据配送中心在物流渠道中的位置和上下游客户的特点进行规划。

（6）物流服务水平

衡量物流服务水平的指标主要包括：订货交货时间、货品缺货率、增值服务能力等。配送中心应该针对客户的需求，制订一个合理的服务水准，使配送服务与配送成本均衡，实现客户满意。

（7）物流交货期

物流交货期是指从客户下订单开始，经过订单处理、库存查询、集货、流通加工、分拣、配货、装车、送货到达客户手中的这一段时间。

（三）配送计划的决策问题

1．基本配送区域划分

首先对客户所在地的具体位置作系统统计，并将其作区域上的整体划分，再将每一客户包括在不同的基本配送区域之中，以作为配送决策的基本参考。例如，按行政区域或交通条件划分配送区域。

2．车辆配载

由于配送货物品种、特性差异，为提高送货效率，确保货物品质，在接到客户订单后，应首先对货物分类，决定采取不同的送货方式和运输工具，比如根据常温食品、冷冻食品、服装、图书等进行分类配载。最后，根据货物轻重缓急之分，做好车辆的初步配装工作。

3．暂定配送先后次序

根据客户订单的交货期要求，将送货的先后次序作大致的预定，为后续车辆记载做准备工作，有效保证送货时间，提高运作效率。

4．车辆安排

车辆安排要解决的问题是安排什么类型、吨位的配送车辆，是使用自用车还是外雇车。首先要了解有哪些车辆可供调派且符合要求；其次，分析订单物品信息，如重量、数量、体积、装卸要求、包装要求、运输要求等。综合考虑各方面影响因素后，做出合适的车辆安排。

5．决定每辆车负责的客户

做出配送车辆的安排，每辆车所负责的客户点数也就有了决定。

6．路线选择

知道了每辆车需负责的客户点后，根据各客户点的位置关联性及交通状况来做送货路线的选择,以最快的速度完成这些客户点的配送。除此之外,对于有些客户或所在环境有其送达时间的限制也要加以考虑,像有些客户不愿中午收货,或是有些道路在高峰时间不准卡车进入等,都必须尽量在选择路线时避开。

7. 确定最终送货顺序

做好车辆的调配安排及配送路线的选择后,根据各车辆的配送路线先后即可将客户的配送顺序确定。

8. 车辆装载方式

确定了客户的配送顺序,接下来就是如何将货品装车,以什么次序上车的问题。原则上,知道了客户的配送顺序先后,只要将货品依后送达先上车的顺序装车即可,但有时为妥善利用空间,可能还要考虑货品的性质(怕震、怕撞、怕湿)、形状、容积及重量等来做弹性置放。

配送计划的决策因素总结如图 9-7 所示。

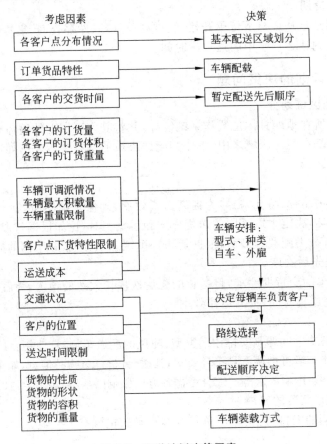

图 9-7　配送计划决策因素

二、配送路线的优化与选择

（一）配送路线优化与选择的原则

配送路线是指各送货车辆向各个客户送货时所要经过的路线。配送路线合理与否对配送速度、成本、效益影响很大，采用科学合理的方法来优化配送路线，是配送活动中非常重要的一项工作。

一般采取各种数学方法和在数学方法基础上发展演变出来的经验方法来对配送路线进行定量分析与定性分析。但对复杂的配送路线的确定最好是利用数学模型转换成计算机程序软件来求出最优配送路线方案。

但无论采用何种方法，必须明确试图达到的目标以及实现此目标的各种限制因素（即客观约束条件），才能找出最佳方案。

1. 确定目标

目标的选择是根据配送的具体要求、配送企业的实力及客观条件来确定的。有以下多种目标可以选择。

（1）成本目标

成本和配送路线之间有着比较密切的关系，易于建立合适的数学模型，但计算各配送路线的配送成本仍比较复杂。

（2）距离目标

假设成本与路程相关性较强，而与其他因素是微相关时，可以采取路程最短的目标，这样可以大大简化计算，避免许多不易计算的影响因素。但需要注意的是，由于道路状况、道路收费等因素影响成本，有时候路程最短并不见得成本最低，这时以最短路程为最优解就不合适了。

（3）吨公里目标

吨公里数最低是长距离运输时选择的目标。在多个发货站和多个收货站的条件下，以及整车发到的情况下，选择吨公里数最低为目标是可以取得满意结果的。但是在配送路线选择中，除共同配送方式外，一般情况下是不适用的。在"节约里程法"的计算中所确定的配送目标，采用的是吨公里数最低。

（4）时间性目标

准时性是配送中重要的服务指标，以准时性为目标确定配送路线就是要将各用户的时间要求和路线先后到达的安排协调起来，这样有时难以顾及成本问题，甚至需要牺牲成本来满足准时性要求。当然，在这种情况下成本也不能失控，应有一定限制。

（5）运力利用最合理目标

在运力非常紧张，运力与成本或效益又有一定相关关系时，为节约运力，充分利用现有运力,而不需外租车辆或新购车辆,此时也可以运力安排为目标,确定配送路线。

（6）消耗性目标

以油耗最低、司机人数最少、司机工作时间最短等消耗为目标确定配送路线也有所应用,这主要是在特殊情况下(如供油异常紧张,油价非常高、意外事故引起人员减员、某些因素限制了配送司机人数等)所要选择的目标。

2. 确定配送路线的约束条件

以上目标在实现时都受到许多条件的约束,配送路线的约束条件一般有以下几项:

（1）满足所有收货人对货物品种、规格、数量的要求。

（2）满足收货人对货物发到时间范围的要求。

（3）在允许通行的时间内进行配送。

（4）各配送路线的货物量不得超过车辆容积和载重量的限制。

（5）在配送中心现有运力允许的范围内。

（二）配送路线优化与选择的方法

优化与选择配送路线的方法有许多种,要根据配送货物的数量、种类、客户的地理位置和距离、交通状况、运送成本、客户对配送服务的时间要求等因素具体确定。以下是常见的选择方法。

1. 经验判断法

经验判断法是指利用司驾人员的经验来选择配送路线的主观判断方法。一般是以司机习惯行驶路线和道路行驶规定等为基本标准,拟订出几个不同方案,通过倾听有经验的司机和送货人员的意见后作出判断,或者直接由配送管理人员凭经验作出判断。

这种方法的质量取决于决策者对运输车辆、客户地理位置与交通路线情况的掌握程度和决策者的分析判断能力与经验。该方法尽管缺乏科学性,易受掌握信息的详尽程度限制,但运作简单、快速、方便。通常在配送路线的影响因素较多,难以用某种确定的关系表达时,或难以以某种单项依据评定时采用。

2. 综合评分法

能够拟订出多种配送路线方案,并且评价指标明确,只是部分指标难以量化,或对某一项指标有突出的强调与要求时,可通过采用加权评分的方式来确定配送路线。

综合评分法的步骤如下:

（1）拟订配送路线方案。

（2）确定评价指标。

（3）对方案进行综合评分。

【例 9-1】 荣华配送中心在优化与选择配送路线时,采用综合评分法:该方案的评价指标共有 10 项,分别是:①配送全过程的配送距离;②行车时间;③配送准时性;④行车难易；⑤动用车辆台次数；⑥油耗；⑦车辆状况；⑧运送量；⑨配送客户数；⑩配送总费用。每个评分标准分为 5 个档次并赋予不同的分值，即极差（0 分）、差（1 分）、较好（2 分）、良好（3 分）、最优（4 分）；满分 40 分。已知某配送线路方案的评分情况如表 9-5 所示，则该方案的得分为 32 分（4＋4＋2＋3＋3＋3＋4＋4＋3＋2＝32），为满分（理想方案）的 80%，各项平均得分 3.2 分。

表 9-5　路线方案评分表

编号	评价指标	极差	差	较好	良好	最优
		0 分	1 分	2 分	3 分	4 分
1	配送全过程的配送距离					√
2	行车时间					√
3	配送准时性			√		
4	行车难易				√	
5	动用车辆台次数				√	
6	油耗				√	
7	车辆状况					√
8	运送量					√
9	配送客户数				√	
10	配送总费用			√		

3. 数学计算法

假设配送路线的影响因素可用某种确定的数学关系表达时，则采用数学计算法对路线方案进行优化。目前，已经出现了一些解决配送路线问题的软件，使得确定配送路线问题变得更加简便。

目前，常用的基本理论和方法可分为精确算法、传统启发式算法和现代启发式算法。

（1）精确算法

精确算法指可求出其最优解的算法。精确算法主要有：分支定界法（branch and bound approach）、割平面法（cutting planes approach）、网络流算法（network flow approach）、动态规划方法（dynamic programming approach）。

（2）启发式算法（heuristic algorithm）

启发式算法是相对于最优化算法提出的。一个问题的最优算法求得该问题每个实例的最优解。启发式算法可以这样定义：一个基于直观或经验构造的算法，在可接受的花费（指计算时间和空间）下给出待解决组合优化问题每一个实例的一个可行解，该可行解与最优解的偏离程度一般不能被预计。启发式算法解决问题时强调"满意"，而不强求"最优"。配送路线优化中常用的传统启发式算法有：节约算法（saving method）、邻接算法、插入算法、扫除算法（sweeping method）、改进/交换算法等。

（3）现代启发式算法（metaheuristic）

现代启发式算法是一组利用不同启发式算法探索搜索空间的高级策略。其一个重要的思想就是多样化搜索（diversification）和集中搜索（intensification）之间的动态平衡机制。多样化搜索是指探索搜索空间，而集中搜索则是指利用搜索过程累积的经验知识在特定的区域进行深度发掘。这种搜索策略一方面快速地探索搜索空间中包含高质量解的区域，另一方面又不浪费太多的时间在一些以前探索过的或者不能发现高质量解的区域探索。常用的现代启发式算法有：禁忌搜索算法（tabu search）、遗传算法（genetic algorithm）、模拟退火算法（simulated annealing algorithm）、蚁群算法（ant colony optimization）等。

（三）配送车辆调度问题

配送车辆的运行是在点多、面广、纵横交错、干支相连的运输网络中分散流动的，涉及多个部门、多个环节，工作条件较为复杂，这就需要建立一个具有权威性的组织指挥系统——车辆调度部门，进行统一领导、统一指挥，且能灵活、及时地处理问题。

1. 车辆调度工作的作用

车辆调度工作的作用主要有：

（1）保证运输任务按期完成。

（2）能及时了解运输任务的执行情况。

（3）促进运输及相关工作的有序进行。

（4）实现最小的运力投入。

2. 车辆调度工作的特点

（1）计划性。坚持合同运输与临时运输相结合，以完成运输任务为出发点，认真编制、执行及检查车辆运行作业计划。

（2）预防性。在车辆运行组织中，经常进行系统预防性检查，发现薄弱环节，及时采取措施，避免运输生产的中断。

（3）机动性。加强信息沟通，机动灵活地处理有关部门的问题，准确及时地发布调度命令，保证生产的连续性。

3. 车辆调度的原则

（1）车辆调度的基本原则

1）坚持统一领导和指挥，分级管理，分工负责的原则。

2）坚持从全局出发，局部服从全局的原则。

3）坚持以均衡和超额完成生产计划任务为出发点的原则。

4）最低资源(运力)投入和获得最大效益的原则。

车辆运行计划在组织执行过程中常会遇到一些事前难以预料的问题，如客户需求量变动、装卸机械发生故障、车辆运行途中发生技术障碍、临时性桥断路阻等，这就要有针对性地加以分析和解决。调度部门应随时掌握货源状况、车况、路况、气候变化、驾驶员思想状况、行车安全要求等，确保运行作业计划顺利进行。

（2）车辆调度的具体原则

1）宁打乱少数计划，不打乱多数计划。

2）宁打乱局部计划，不打乱整体计划。

3）宁打乱次要环节，不打乱主要环节。

4）宁打乱当日计划，不打乱以后计划。

5）宁打乱可缓运物资运输计划，不打乱急需物资运输计划。

6）宁打乱整批货物运输计划，不打乱配装货物运输计划。

7）宁使企业内部工作受影响，不使客户受影响。

4. 车辆调度的方法

车辆调度的方法有多种，根据客户所需货物、配送中心站点及交通线路的布局不同，简单的可采用定向专车运行调度法、循环调度法、交叉调度法等。在运输任务繁重、交通网络较复杂时，为合理调度车辆的运行，可运用运筹学中线性规划的方法，如最短路径法、表上作业法、图上作业法等。

三、配送合理化

（一）配送合理化的判断标志

配送合理化是判断配送方案优劣的标准，而对于配送合理化的判断，是配送决策系统的重要内容，目前国内外尚无一定的技术经济指标体系和判断方法，按一般认识，以下标志应当纳入考虑范围。

1. 库存标志

库存是判断配送合理化的重要标志。具体指标有以下两方面。

（1）库存总量

在一个配送系统中，货物从分散于各个用户库存中转移到配送中，配送中心库存数量加上各用户在实行配送后库存量之和应低于实行配送前各用户库存量之和。

从各个用户角度判断，各用户在实行配送前后的库存量比较，也是判断配送合理与否的标准。但要注意，随着客户的不断生产，库存总量的上升也反映了经营的发展，必须扣除这一因素的影响，才能对库存总量是否下降做出正确判断。

（2）库存周转

由于配送中心的调剂作用，以低库存保持高的供应能力，库存周转一般总是快于原来各客户的库存周转。此外，从各个用户角度判断，各用户在实行配送前后的库存周转比较，也是判断配送合理与否的标志。

2. 资金标志

配送应有利于资金占用降低及资金运用合理化。具体判断标志有以下三方面。

（1）资金总量

用于进货以及所占用流动资金总量，随库存量的不断降低及供应方式的改变会有一个较大的降低。

（2）资金周转

从资金运用来讲，由于整个节奏加快，资金充分发挥作用，同样数量的资金，过去需要较长时期才能满足一定供应要求，实行配送后，在较短时期内就能达此目的。所以，资金周转是否加快，是衡量配送合理与否的标志。

（3）资金投向的改变

资金分散投入还是集中投入，是资金调控能力的重要反映。实行配送后，资金必然应当从分散投入改为集中投入，以增加调控作用。

3. 成本和效益

对于不同的配送方式、不同的主体，可以有不同的判断侧重点。对于配送中心而言（投入确定的情况下），企业利润反映配送合理化程度。

对于客户而言，在保证供应水平或提高供应水平（产出一定）前提下，供应成本的降低，反映了配送的合理化程度。

成本及效益对配送合理化的衡量，还可以具体到储存、运输等配送环节，判断更为精细。

4. 供应保证标志

实行配送后，客户担心的是供应保证程度是否会降低，因此配送必须提高对客户的供应保证能力，这就是配送的合理化。供应保证能力从以下方面判断。

（1）缺货次数

实行配送后，对客户来讲，该到货而未到货以致影响生产及经营的次数，必须下降才算合理。

（2）配送中心集中库存量

对每一个客户来讲，配送中心所形成的保证供应能力高于配送前单个企业保证程度才算合理。

（3）即时配送的能力及速度

客户出现特殊情况的供应保障能力，这一能力必须高于未实行配送前客户紧急进货能力及速度才算合理。

特别需要强调一点，配送中心的供应保障能力是一个科学的、合理的概念，而不是无限的概念。具体来讲，如果供应保证能力过高，超过了实际的需要，则属于不合理，所以追求供应保证能力的合理化是有限度的。

5. 社会运力节约标志

目前，末端运输是运能、运力使用不合理，浪费较大的领域，因而人们寄希望于通过配送来解决这个问题，这也成了配送合理化的重要标志。

运力使用的合理化是依靠配送运力的规划和整个配送系统的合理流程及与社会运输系统合理衔接实现的。配送运力的规划是任何配送中心都需要花力气解决的问题，而其他问题有赖于配送及物流系统的合理化，判断起来比较复杂。可以从以下方面简化判断：

（1）社会车辆总数减少，而承运量增加为合理。

（2）社会车辆空驶减少为合理。

（3）一家一户自提自运减少，社会化运输增加为合理。

6. 物流合理化标志

配送必须有利于物流合理化，这可以从以下几方面判断：

（1）是否降低了物流费用。

（2）是否减少了物流损失。

（3）是否发挥了各种物流方式的最优效果。

（4）是否有效衔接了干线运输与末端运输。

（5）是否不增加实际的物流中转次数。

（6）是否采用了先进的技术手段。

物流合理化的问题是配送要解决的大问题，也是衡量配送本身是否合理的重要标志。

（二）配送不合理的表现

由于物流活动存在二律背反现象，在追求物流合理化的同时，会派生一些不合理的物流活动现象。配送活动也是如此，实际配送活动中，有以下不合理的表现。

1. 经营理念不合理

配送中心的目标是以较低的配送成本合理组织对客户的配送，提高客户服务水平，使客户满意。但实际中，服务与成本的关系，是一个很难处理的问题。配送中心为了缓解库存压力，往往会强迫客户接货，或占用客户资金，或挪用客户资源，这些问题在我国配送中心经营过程中相对普遍。

2. 不合理的集货

在配送业务的组织过程中，配送中心通过规模化集货、理货、备货，使配送成本低于客户自己进货成本，进而取得优势。但实际中，却存在以下问题：

（1）配送中心的进货不是集中多个客户的需求进行批量备货，而是仅为少数几个客户代购代筹，导致客户费用增加。

（2）配送计划不周，进货要么过多、要么过少。

（3）与供应商缺乏长期稳定的合作伙伴关系，供需衔接存在风险。

3．不合理的库存决策

配送实现集中库存，库存总量低于各客户分散库存量之和，从而降低客户实际平均分担的库存费用。这取决于集中库存模型决策的合理性。在配送活动中面临以下几方面问题：

（1）库存量决策问题。仅转移了客户的分散库存，却导致库存总量增加。

（2）储存量不足，供应保证不及时，特别是对一些随机需求的反应能力较差。

4．送货中不合理运输

配送中采用共同配送模式，把许多小客户的订货集中配装和送货，会大大节省运力和运费。反之，由客户自提，则会失去配送优势，因为这种情形不能达到车辆的积载。这也是一种不合理的配送。除这些外，各种不合理运输在配送中也都可能出现。

5．配送直达决策不合理

客户需求量较大时，是由配送中心中转配送，还是由厂商或社会物流系统直达送货，这是配送合理化的一项重要决策内容。因为，如果配送中心组织配送，增加了一个中间环节，会直接增加费用支出；而由厂商送货则不会有此项支出。在这种情况下，就产生了不合理配送。

6．价格不合理

一般来说，配送中心的配送价格应低于客户单独进货时的买价、进货费用、订货费用和运输费用之和。但实际上，配送中心定价时，往往违背这一原则，经常高于客户进货价格，损害了客户利益，也影响了配送中心的经营。

（三）配送合理化的途径

国内外推行配送合理化，有一些可供借鉴的办法，主要如下。

1．推行一定综合程度的专业化配送

通过采用专业设备、设施及操作程序，取得较好的配送效果并降低配送过分综合化的复杂程度及难度，从而追求配送合理化。

2．推行加工配送

通过加工和配送结合，加工借助于配送，使加工目的更明确，与客户联系更紧密，避免了盲目性。两者有机结合，投入增加不多却可追求两个优势、两个效益，是配送合理化的重要经验。

3．推行共同配送

通过共同配送，可以以最近的路程、最低的配送成本完成配送。

4．实行送取结合

配送中心与客户建立稳定、密切的协作关系。配送中心不仅成为客户的供应代理人，而且成为客户的储存据点，甚至成为产品代销人。在配送时，将客户所需物品送到，再将该客户生产的产品用同一车运回，这种产品也成了配送中心的配送产品之一，或者作为代存代储，免去了生产企业库存包袱。这种送取结合，使运力充分利用，也使配送中心功能有更大的发挥。

5．推行准时配送

准时配送是配送合理化的重要内容。配送做到了准时，客户才有了资源把握，可以放心地实施低库存或零库存，可以有效地安排接货的人力、物力，以追求最高效率。另外，保证供应能力，也取决于准时配送。从国外的经验看，准时配送系统是现在许多配送中心追求配送合理化的重要手段。

6．推行即时配送

即时配送是最终解决客户担心断供之忧，大幅度提高供应保证能力的重要手段，是配送中心快速反应能力的具体化，是配送中心能力的体现。即时配送成本较高，但它是整个配送合理化的重要保证手段。此外，客户实行零库存，即时配送也是重要保证手段。

四、配送成本分析

（一）配送成本构成

配送活动需要资本和劳动的投入，这些资本和劳动的投入成为配送成本。配送成本主要由配送中心建设与配送设施购置、配送中心运营两个环节的成本组成。配送作为一个整体活动有着共同的成本支出，但每个环节都有各自的成本构成。总的来说，配送成本包括：资本成本分摊、支付利息、员工工资福利、行政办公费用、商务交易费用、自有车辆设备运行费、保险费或者残损风险、工具以及耗损材料费、分拣装卸搬运作业费、车辆租赁费等。以上各项成本可归类为固定成本和变动成本两类。

1．固定成本

固定成本是指短期内必须支出的成本，它不随经营量发生变化，只要开展配送经营，就有固定成本支出，如资本成本分摊、固定员工工资、行政办公费用等。固定成本是由企业规模、生产方式、资金成本所确定的。规模越大、生产的技术手段越先进、资本越密集，其固定成本也就越高。

2．变动成本

变动成本是指随配送量的变化而发生变化的成本，如商务交易费、设备运行费、租赁费、装卸搬运作业费、保险费等。在没有经营时,没有变动成本支出。变动成本主要由劳动力成本、固定资产的运行成本和社会资源的使用成本确定。

变动成本和固定成本会因为经营方式的不同发生转化,如自购车辆配送时,购车成本为固定成本;而采用租车运输时,使用车辆的租金成了变动成本。

(二) 配送成本的影响因素

1. 与产品相关的因素

(1) 物品的数量、重量

物品的数量和重量增加虽然会使配送作业量增加,但大批量的作业往往使配送效率提高。配送的数量和重量是客户获得折扣的理由。

(2) 货物种类及作业过程

不同的货物种类可能造成配送作业的要求不同、难度不同,承担的责任也不一样,因而对成本会产生较大幅度的影响。采用原包装配送显然成本支出要比配装配送低,因而不同的配送作业过程直接影响到成本。

(3) 外部成本

配送经营时或许要使用到配送企业以外的资源,比如当地的起吊设备租赁市场具有垄断性,则配送企业就需要对租用起吊设备增加成本支出;当地的路桥收费普遍且无管制,则必然使配送成本剧增。

2. 与市场相关的因素

(1) 时间

配送时间越长,占用配送中心的固定成本越高。但是这种成本往往表现为机会成本,也就是配送中心不能提供其他配送服务获得收入或者在其他配送服务上增加成本。

(2) 距离

距离是构成配送运输成本的主要内容。距离越远,也就意味着运输成本增加,需要更多的运输设备和送货员工,从而导致配送成本增加。

(三) 配送成本控制

配送成本的控制应从以下 4 个方面进行。

1. 加强配送的计划性

在配送活动中,临时配送、紧急配送或无计划的随时配送都会大幅度增加配送成本,因为这些配送会使车辆不满载,浪费运力。为了加强配送的计划性,需要加强与客户的沟通,建立与客户共享的基于 EDI 或 Internet 的配送信息网络。

2. 确定合理的配送路线

采用科学的方法确定合理的配送路线是配送活动中的一项重要工作。确定配送路线的方法很多,既可采用方案评价法,拟订多种方案,以使用的车辆数、司机数、油耗、行车的难易度、装卸车的难易度及送货的准时性等作为评价指标,对各个方案进行比较,从中选出最佳方案,又可以采用数学模型进行定量分析。

3. 进行合理的车辆配载

每个客户的销售情况不同,订货也就不大一致,因此一次配送的货物可能有多个品种。这些商品不仅包装形态、储运性质不同,而且密度差别较大。一辆车上如果只装容重大的货物,往往是达到了载重,但容积空余很多;只装容重小的货物则恰恰相反,看起来车装的满,实际上并未达到车辆的额定载重量。这两种情况实际上都造成了浪费。实行合理的轻重配装、容积大小不同的货物搭配装车,就可以不但在载重方面达到满载,而且也充分利用车辆的有效容积,取得最优效果。

4. 建立计算机管理信息系统

在物流作业中,分拣、配货占全部劳动的 60%,而且容易发生差错。如果在分拣配货中运用计算机管理系统,应用条形码等技术,就可使拣货快速、准确,配货简单、高效,从而提高生产率,节省劳动力,降低物流成本。

(四)配送成本合理化的策略

配送成本合理化策略就是在一定的配送成本下尽量提高服务水平,或是在一定的服务水平下使配送成本最小。一般来说,要想实现在一定的服务水平下使配送成本最小化,有以下策略可供参考。

1. 混合策略

混合策略是指配送业务一部分由企业自己完成,一部分外包给第三方物流企业完成的配送策略。这种策略的基本思想是:尽管采用单一策略容易形成一定的规模经济,并使管理简化,但由于产品品种多变、规格不统一、销售量不均衡的情况,采用单一策略的配送方式不仅不能获得规模效应,反而还会造成规模不经济。而采用混合策略,合理安排企业自己完成的配送和外包给第三方物流企业的配送,能使配送成本最低。

2. 差异化策略

产品特征不同,顾客服务水平也不同,这就是差异化策略的指导思想。差异化策略会降低配送资源利用效率,增加配送成本。因此,当企业拥有多种产品线时,应按产品的特点、销售水平来设置不同的库存、不同的运输方式以及不同的存储地点,不能对所有产品都按同一标准的服务水平来配送。例如,叮采用 ABC 分类法,对 Λ 类产品,在各销售网点都应备有库存;B 类产品只在地区分销中心备有库存而在各销售网点不备有库存;C 类产品连地区分销中心都不设库存,仅在工厂的仓库才有存货。这样,通过区分产品重要性来分别进行配送管理。

3. 合并策略

（1）配送方法上的合并

配送成本形成的一个原因在于配货时由于货物的体积、重量、包装、储运性能及目的地各不相同导致一定的车辆空载率。如前所述，通过合理的车辆配载不但可以在载重方面达到满载，而且也能充分利用车辆的有效容积，取得最优效果。

（2）共同配送

共同配送是几个企业联合集小量为大量共同利用同一配送设施的配送方式，它不仅可以减少企业的配送费用，配送能力得到互补，而且也提高了车辆实载率及配送效率，有利于降低配送成本。

4. 延迟策略

传统的配送计划安排中，大多数的库存是按照对未来需求量的预测设置的，这样就存在着预测风险，当预测量与实际需求量不符时，就出现库存过多或者过少的情况，从而增加了配送成本。延迟策略的基本思想就是对产品的外观、形状及其生产、组装，应尽可能推迟到接到客户订单后再确定。一旦接到订单就要快速反应，因此采用延迟策略的一个基本前提条件是信息传递要非常快。

实施延迟策略常采用两种方式：生产延迟（或称形成延迟）和物流延迟（或称时间延迟）。同时，配送中往往存在着加工活动，所以实施配送延迟策略既可采用形成延迟方式，也可以采用时间延迟方式。具体操作时，常常发生在诸如贴标签（形成延迟）、包装（形成延迟）、装配（形成延迟）和发送（时间延迟）等领域。

5. 标准化策略

标准化策略就是尽量减少因品种多变而导致附加配送成本，尽可能多地采用标准部件、模块化产品。例如服装制造商按统一规格生产服装，直到顾客购买时才按顾客的身材调整尺寸大小。采用标准化策略要求厂商从产品设计开始就要站在消费者的立场去考虑怎样节省配送成本，而不要等到产品定型生产出来后才考虑采用什么技巧降低配送成本。

本 章 小 结

物流配送是制约电子商务发展的瓶颈之一。本章首先对电子商务物流的概念、特点、过程等进行介绍；然后，对电子商务物流配送系统的构成要素、作业目标等进行了分析；随后，介绍了电子商务物流配送的一般模式及电子商务物流配送模式的选择决策方法；最后，从配送计划的制定与决策、配送线路的优化、配送合理化以及配送成本分析四个步骤介绍了电子商务物流配送方案的设计。

思　考　题

1. 简述电子商务物流配送的定义及特点。
2. 电子商务物流配送的模式有哪些？各有什么优缺点？
3. 电子商务物流配送模式选择时需考虑哪些因素？
4. 电子商务物流配送方案如何设计？

 案例分析

电子商务配送流程揭秘

电子商务可以节省企业的仓储和店面成本，却对物流技术和效率提出了更高甚至更苛刻的要求。近日，笔者考察了当当、卓越和京东商城三家较有规模的电子商务企业，实地体验了它们的货物配送全流程，以此作为观察中国电子商务发展的一个切入口。

一、下单：京东不留"后悔时间"

2月6日晚上10点，家住团结湖中路的纪元在卓越网下了自己的订单——《书店的灯光》《日本四季》《南方的海》《失落》，4本书共计74.5元。半小时后，他的订单传输到了卓越的库房。"这半个小时，是给顾客修改、撤销订单留出的时间。"卓越公关总监高超告诉记者。

新修建的卓越库房几乎可以用"豪华"来形容。这座4万平方米的崭新库房完全是按照亚马逊的要求设计修建的，包括里面的一切设备和系统。据介绍，这里面储藏了超过1 000万件货品。

2月7日晚6点半，在海淀区知春路工作的曾丽在当当网下了订单，她要购买的是《求医不如求己》。1个小时后数据传至当当库房ERP系统（这一小时同样是留给顾客"后悔"的时间），制单房开始将包含曾丽订单的40份订单打印成一份拣货单。

1月17日上午10点多，家住石景山古城的乐书鹏在京东商城下了自己的订单——一台索尼α350W单反双头相机。这是他买给朋友的新年礼物，在他点击"提交订单"后，新订单生成并将订单编号传递到系统。系统确认有货后，自动进入订单打印程序。南五环，1.5万平方米的京东商城北京仓库里，三台高速打印机正在24小时不断打印新到的订单。

京东没有留给顾客"后悔时间"，但在出货前，顾客可随时取消订单。

二、摆放：卓越采用"乱序排放"

卓越的库房分为三部分，最主要的部分是图书区，占据了约1.4万平方米左右的面积，另外两部分是百货区和处理中心。

无论百货区或是图书区,所有的货物都是随机存储的。手提包和芭比娃娃躺在一个货架上,电饭锅的旁边是加湿器和切菜板。这样杂乱无章的摆放,很难想到拣货员是如何高效寻找到订单上货品的。

秘密就在亚马逊收购卓越后采用的物流系统,这一系统借助电脑和定位系统实现了"看似无序,实则有序"。在货架和商品上贴着的条码就是各件商品的"定位仪"。员工上货时,手持扫描枪先扫描货品条码,再扫描货架条码,计算机就将这一货品和存储的货架牢牢"记住"。

这样一来,上货员的效率大大提高,因为他不必寻找特定的货架,只需要推着商品见缝插针——反正什么样的商品都可以堆放在一起。这样大大节约了存储空间。

当当的北京库房位于西南五环外,这也是当当在全国最大的物流中心。3.5 万平方米的库房总面积,其中 3 万平方米用于存储图书,另外 5 000 平方米为百货区。

和卓越不同,当当遵循着分类码放原则,并将 20 个区按照商品畅销程度分为 ABC 三类。"A 类代表畅销;B 类代表一般;C 类代表滞销。"当当网的全国仓储高级总监姜胜青介绍。

京东商城 1.5 万平方米的仓库内,1.8 万余种商品并没有按产品类别摆放(比如显示器和显示器放在一起,冰箱和冰箱放在一起),而是根据销量分区摆放。最畅销的货品都摆放在靠近通道的货架上。

三、取货:卓越一次拣出 20~50 份订单

6 日晚上 10 点半,卓越的一名拣货员进入库房,他一次性需要拣出 50 份订单的货品,其中就有纪元的书单。而电脑已经就这些订单为其设计好一条最短路线,并通过拣货员手中的扫描枪告知。"我其实更像机械,因为扫描枪会一一告诉我下一步怎么做。"他举例说,扫描枪上首先显示订单中距离他最近的一份商品所处货架,在取出这一商品后,扫描枪又会根据拣货员所处的新位置定位出另一最近商品的货架。

由于曾丽的送货地点正在北京,晚上 10 点会有配送车前来提走运往北京市区的商品,因此曾丽的订单立刻就被拣货员带走了。在库里转一圈需要拣出 40 份订单的商品,这也是当当一名拣货员入库一次的任务。

资料来源:物流沙龙,http://www.logclub.com/forum.php。

【案例讨论】

1. 结合案例讨论物流成本控制的措施。
2. 结合案例与实践讨论如何进行电子商务物流配送方案的优化设计。

Part 4

第四篇

电子商务运营系统的维护与改进

CHAPTER 10
第十章

电子商务安全管理

本章导读

- 电子商务的安全问题和安全体系
- 电子商务的安全要求
- 电子商务安全的常用技术

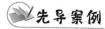 **先导案例**

网络病毒与信息安全

2006 年 12 月初,我国互联网上大规模爆发"熊猫烧香"病毒及其变种。一只憨态可掬、领首敬香的"熊猫"在互联网上疯狂"作案"。在病毒卡通化的外表下,隐藏着巨大的传染潜力,短短三四个月,"烧香"潮波及上千万个人用户、网吧及企业局域网用户,造成直接和间接损失超过 1 亿元。

2007 年 2 月 3 日,"熊猫烧香"病毒的制造者李俊落网。李俊向警方交代,他曾将"熊猫烧香"病毒出售给 120 余人,而被抓获的主要嫌疑人仅有 6 人,所以不断会有"熊猫烧香"病毒的新变种出现。

随着中国首例利用网络病毒盗号牟利的"熊猫烧香"案情被揭露,一个制"毒"、卖"毒"、传"毒"、盗账号、倒装备、换钱币的全新地下产业链浮出了水面。中了"熊猫烧香"病毒的电脑内部会生成带有熊猫图案的文件,盗号者追寻这些图案,利用木马等盗号软件,盗取电脑里的游戏账号密码,取得虚拟货币进行买卖。

李俊处于链条的上端,其在被抓捕前,不到一个月的时间至少获利 15 万元。而在链条下端的涉案人员张顺目前已获利数十万元了。一名涉案人员说,该产业的利润率高于目前国内的房地产业。

有了大量盗窃来的游戏装备、账号,并不能马上兑换成人民币。只有通过网上交易,这些虚拟货币才得以兑现。盗来的游戏装备、账号、QQ 账号甚至银行卡号资料被中间批发商全部放在网上游戏交易平台公开叫卖。一番讨价还价后,网友们通过网上银行将现金转账,就能获得那些盗来的网络货币。

李俊以自己出售和由他人代卖的方式,每次要价为 500～1 000 元不等,将该病毒销售给 120 余人,非法获利 10 余万元。经病毒购买者进一步传播,该病毒的各种变种在网上大面积传播。据估算,被"熊猫烧香"病毒控制的电脑数以百万计,它们访问按流量付费的网站,一年下来可累计获利上千万元。

资料来源:作者根据相关资料整理。

第一节　电子商务安全概述

电子商务大量的商务活动是运作在公开的网络上,支付信息、订货信息、谈判信息、机密的商务往来文件等商务信息在计算机系统中存放、传输和处理,计算机诈骗、计算机病毒等造成的商务信息被窃、篡改和破坏,以及机器失效、程序错误、误操作、传输错误等造成的信息失误或失效,都严重危害着电子商务系统的安全。尤其是基于因特网之上的电子商务活动,对安全通信提出了前所未有的要求。

一、电子商务的安全问题

考察分析电子商务运作过程,从电子商务的主体角度看,可能会遇到下列安全问题。

(一) 商家可能面临的安全问题

(1) 交易系统被侵袭,入侵者假冒合法用户改变商品送达地址,解除用户订单或生成虚假订单等。

(2) 竞争者冒名订购商品,企图了解商家有关商品的递送状况和库存信息等。

(3) 消费者提交订单后不付款。

(4) 他人冒名损害企业声誉。

(二) 客户可能面临的安全问题

(1) 冒名者用别名订购并收到商品,而要求被假冒的客户付款或返还商品。

(2) 付款后收不到商品。

(3) 客户可能将私密数据或自己的身份数据发给冒名商家,或私密数据在传递过程中受到窃听或威胁。

(4) 服务要求被拒绝。攻击者可能向销售商服务器发送大量的虚假订单来挤占资源,从而使合法用户得不到正常服务。

(三) 银行可能面临的安全问题

(1) 银行专用网络系统硬件、线路等被破坏,使文件系统不能正常工作。

(2) 银行网络信息被搭线窃听造成信息泄密。

（3）银行专用网络中的数据内容被篡改。

（4）将伪造的虚假消息输入银行专用网络或冒名合法人员介入网络以实现非法目的、否认消息的接收和发送等。

（四）电子商务安全问题的方面

上述情况反映出在电子商务活动中面临着信息的安全问题、信用的安全问题、安全的管理问题以及安全的法律法规保障问题。

1. 信息的安全问题

信息安全问题主要来自信息被冒名偷窃、数据被篡改、信息传递丢失等问题。

冒名偷窃，如黑客为了获取重要的商业秘密、资源和信息，常常采用源 IP 地址欺骗攻击，冒名他人窃取信息。

篡改数据是攻击者未经授权进入电子商务系统，使用非法手段删除、修收数据等，从而败坏数据的完整性，损害他人利益。

信息的丢失可能有 3 种情况：一是因为线路问题造成信息丢失；二是因为安全措施不当而丢失信息；三是信息在网络上传递时，受计算机病毒的侵袭、"黑客"的非法侵入等造成重要数据在传递过程中泄露，从而威胁电子商务交易的安全。

2. 信用的安全问题

信用安全问题主要来自买方信用安全、卖方信用安全和买卖双方抵赖的情况。买方信用安全如消费者在网上使用信用卡时恶意透支或使用伪造的信用卡欺骗卖方；集团购买者可能拖延货款使卖方为此承担安全风险。卖方信用安全如卖方不能按质、按量、按时送寄消费者购买的货物，或不能完全履行与集团购买者签订的合同，造成买方的安全风险。买卖双方都有可能抵赖曾经发生过的交易行为。

3. 安全的管理问题

在网络中介交易的过程中，客户进入交易中心，买卖双方签订合同，交易中心不仅要监视买方按时付款，还要监督卖方按时提供符合要求的货物。在这些环节上都存在着大量的管理问题。

4. 安全的法律保障问题

随着电子商务的迅猛发展，各种违法行为不断出现，相应的法律条文有待于不断完善。因此，在网上交易可能会承担由于法律滞后而造成的安全风险。

二、电子商务的安全体系

电子商务的安全体系由实体安全、运行安全和信息安全三部分组成，如图 10-1 所示。

（一）系统实体安全

所谓实体安全，是指保护计算机设备、设施（含网络）以及其他媒体免遭地震、水灾、火

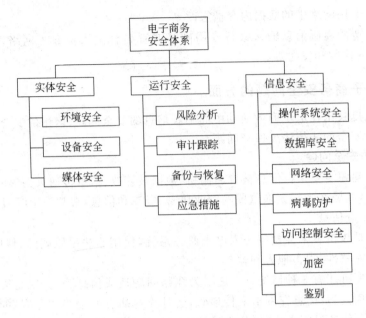

图 10-1　电子商务安全体系

灾、有害气体和其他环境事故(如电磁污染等)破坏的措施、过程。实体安全具体包括环境安全、设备安全和媒体安全三部分。

1. 环境安全

环境安全主要是对电子商务系统所在的环境实施安全保护,包括受灾防护和特定区域防护。

2. 设备安全

设备安全是对电子商务系统的设备进行安全保护,主要包括设备防盗、设备防毁、防止电磁信息泄露、防止线路截获、抗电磁干扰及电源保护等。

3. 媒体安全

媒体安全是对媒体数据和媒体本身的安全保护,包括媒体和媒体数据的防盗、媒体和媒体数据的防毁等。

(二)系统运行安全

运行安全是指为保障系统功能的安全实现,提供一套安全措施来保护信息处理过程的安全。具体包括风险分析、审计跟踪、备份与恢复、应急措施四个方面。

1. 风险分析

风险分析就是对电子商务系统进行自动或人工的风险分析,以找出潜在的安全隐患。

包括系统设计的安全漏洞分析、系统运行的安全漏洞分析以及通过对系统运行结果的分析,查找系统的安全隐患。

2. 审计跟踪

审计跟踪就是记录和跟踪各种系统状态的变化,以便实现对各种安全事故的定位,及时发现违反系统安全功能的行为,并保存、维护和管理审计日志。

3. 备份与恢复

备份与恢复是指对系统设备和有关数据提供必要的备份和恢复。包括:提供场点内高速度、大容量、自动的数据存储、备份和恢复;提供场点外的数据存储、备份和恢复;提供对系统设备的备份。

4. 应急措施

应急措施就是在紧急事件或安全事故发生时,提供保障电子商务系统继续运行或紧急恢复所需的策略。应急措施包括提供应急计划辅助软件和应急设施等。

(三)信息安全

所谓信息安全,是指防止信息财产被故意地或偶然地非授权泄露、更改、破坏或者信息被非法的系统辨识、控制,即信息安全要确保信息的保密性、完整性、认证性、可控性和不可否认性(基本特征)。

信息安全包括:操作系统安全、数据库安全、网络安全、病毒防护安全、访问控制安全、加密和鉴别等。

1. 操作系统安全

操作系统安全是指要对电子商务系统的硬件和软件资源实行有效的控制,为所管理的资源提供相应的安全保护。操作系统的安全由两个方面组成:安全操作系统和操作系统安全部件。

2. 数据库安全

数据库安全包括:安全数据库系统和数据库系统安全部件。

3. 网络安全

网络安全包括:网络安全管理、安全网络系统和网络系统安全部件。

4. 病毒防护安全

计算机病毒是指编制或者在计算机程序中插入的破坏计算机功能、毁坏数据、影响计算机使用并能自我复制的一组计算机指令或程序代码。病毒防护安全包括单机系统病毒防护和网络系统病毒防护。

5. 访问控制安全

访问控制包括出入控制和存取控制。出入控制主要用于阻止非授权用户进入机构或组织;存取控制主要是提供主体访问客体时的存取控制。

6. 加密

通过加密实现对数据的保密。加密要素主要包括加密算法和加密密钥。

7. 鉴别

鉴别主要包括身份鉴别、完整性鉴别和不可否认性鉴别。身份鉴别主要用于阻止非授权用户对系统资源的访问；完整性鉴别主要用于证实信息内容未被非法修改或遗漏；不可否认性鉴别用于证实发送方所发送的信息确实被接收方接收了和证实接收方接收到的信息确实是发送方发送的。

三、电子商务的安全需求

电子商务安全问题的核心和关键是电子商务交易的安全性。由于 Internet 本身的开放性以及目前网络技术发展的局限性，使网上交易面临着种种安全威胁，也由此提出了相应的安全要求。

1. 信息的保密性

信息的保密性是指信息在传输过程或存储中不被他人窃取。因此，信息需要加密以及在必要的节点上设置防火墙。例如信用卡号在网上传输时，如果非持卡人从网上拦截并知道了这个号码，他也可以用这个号码在网上购物。因此，必须对要保密的信息进行加密，然后再放到网上传输。

2. 信息的完整性

信息的完整性是从信息传输和存储两个方面来看的。在存储时，要防止非法篡改和破坏网站上的信息。在传输过程中，接收端收到的信息与发送的信息完全一样，说明在传输过程中信息没有遭到破坏。尽管信息在传输过程中被加了密，能保证第三方看不到真正的信息，但并不能保证信息不被修改。例如，如果发送的信用卡号码是"9821"，接收端收到的却是"9864"，这样，信息的完整性就遭到了破坏。

3. 信息的不可否认性

信息的不可否认性是指信息的发送方不能否认已发送的信息，接收方不能否认已收到的信息。由于商情的千变万化，交易达成后是不能否认的，否则，必然会损害一方的利益。例如，买方向卖方订购钢铁，订货时市场的价格较低，收到订单时价格上涨了，如果卖方否认收到订单的时间，甚至否认收到订单，那么买方就会受到损失。再例如，买方在网上买了光盘，不能说没有买，谎称寄出的订单不是自己的，而是信用卡被盗用。

4. 信息的可认证性/交易者身份的真实性

交易者身份的真实性是指交易双方确实是存在的，不是假冒的。网上交易的双方相隔很远，互不了解，要使交易成功，必须互相信任，确认对方是真实的，对商家来说要考虑客户不是骗子，对客户来说要考虑商店不是黑店，有信誉。

5. 信息的可控性

可控性是指保证系统、数据和服务由合法人员访问,保证数据的合法使用。对电子商务商家来说,为保证网站的正常运营,必须建立起内部政策来管理自身对消费者信息的使用,必须保护消费者的信息不被非法或未经授权使用、修改,并可通过相关技术达到对数据访问的控制。

6. 系统的可靠性

电子商务系统的可靠性是指防止计算机失效、程序错误、传输错误、自然灾害等引起的计算机信息失效或失误。

7. 信息的有效性

要对各种事项进行防范和控制,以保证交易数据在确定的时刻、确定的地点是有效的。

四、电子商务安全措施

适当设置防护措施可以降低或防止安全问题的发生。电子商务中的安全措施包括以下几类:

(一)保证交易双方身份的真实性

常用的处理技术是身份认证,依赖某个可信赖的机构(CA 认证中心)发放证书,并以此识别对方。目的是保证身份的精确性,分辨参与者身份的真伪,防止伪装攻击。

(二)保证信息的保密性

保护信息不被泄露或被披露给未经授权的人或组织,常用的处理技术是数据加密和解密,其安全性依赖于使用的算法和密钥长度。常见的加密方法有对称式密钥加密技术(如 DES 算法)和公开密钥加密技术(如 RSA 算法)。

(三)保证信息的完整性

保证信息的完整性常用数据杂凑等技术来实现。例如,通过散列算法来保护数据不被未授权者(非法用户)建立、嵌入、删除、篡改、重放。

(四)保证信息的真实性

常用的处理手段是数字签名技术。目的是为了解决通信双方相互之间可能的欺诈,如发送用户对他所发送信息的否认、接收用户对他已收到信息的否认等,而不是对付未知的攻击者,其基础是公开密钥加密技术。目前,可用的数字签名算法较多,如 RSA 数字签名、ELGamal 数字签名等。

（五）保证信息的不可否认性

通常要求引入认证中心进行管理，由认证中心发放密钥，传输的单证及其签名的备份发至认证中心保存，作为可能争议的仲裁依据。

（六）保证存储信息的安全性

规范内部管理，使用访问控制权限和日志，以及敏感信息的加密存储等。当使用WWW服务器支持电子商务活动时，应注意数据的备份和恢复，并采用防火墙技术保护内部网络的安全性。

第二节　电子商务安全的常用技术

一、信息加密技术

信息加密技术是通过使用代码或密码来保障信息数据的安全性。加密的目的是防止他人破译信息系统中的机密信息。信息加密技术是电子商务中其他安全技术的基础。

（一）加密与解密

加密是指将数据按照一定的规则进行编码，使它成为一种按常规不可理解的形式，这种不可理解的内容叫密文。解密是加密的逆过程，即将密文还原成原来可理解的形式。

加密处理过程比较简单，它依据加密公式（即算法），把明文转化成不可读的密文，然后再把密文翻译回明文。加密的核心是一个称为密钥的数值，它是加密算法的一个组成部分，引导整个加密过程。下面我们通过一个例子来理解加密、解密、算法和密钥。

例如，将字母的自然顺序保持不变，但使之分别与相差4个字母的字母相对应。这条规则就是加密算法，其中4为密钥。若原信息为How are you，则按照这个加密算法和密钥，加密后的密文就是Lsa evi csy。算法和密钥在加密和解密过程中是相互配合的，二者缺一不可。一般来说，加密算法是不变的，存在的加密算法也是屈指可数的（主要有四大类：序列密码、分组密码、公开密钥密码、Hash函数），但是密钥是变化的。因此，加密技术的关键是密钥。这样做的好处是：

（1）设计算法很困难，而密钥的变化解决了这一难题；

（2）信息的发送方只需使用一个算法，用不同的密钥就可以向多个接收方发送密文；

（3）如果密文被破译，换一个密钥就能解决问题。

（二）密钥的长度

密钥的长度就是指密钥的位数。密文的破译实际是经过长时间的测算来破译密钥，破获密钥后,解开密文。使用长钥,才能使加密系统牢固。例如,一个 16 位的密钥有 2^{16} (65 536)种不同的密钥。顺序猜测 65 536 种密钥对于计算机来说是很容易的。如果是 100 位的密钥,计算机猜测密钥就需要很长时间了。因此,密钥的位数越长,加密系统就越牢固。

他人虽然不知道系统所用的密钥,但可能从所截获的密文或其他信息推断出明文所用的密钥,这一过程称作密码分析。为了保护信息的保密性,抵抗密码分析,一个加密体制至少应满足以下要求:

(1)从截获的密文或明文—密文对,要确定密钥或任意明文在计算上是不可行的;

(2)系统的保密性不依赖于对加密体制的保密,而依赖于密钥;

(3)系统易于实现和使用方便。

(三)对称密钥系统

对称密钥系统,又称常规密钥密码体制或单钥加密体制,是使用相同的密钥加密解密,发送者和接收者有相同的密钥。这样就解决了信息的保密性问题,其过程如图 10-2 所示。这是最早的加密方法。其典型代表如美国的数据加密标准(DES)。

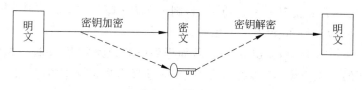

图 10-2 对称密钥系统

根据明文的加密方式的不同,又可将单钥加密体制分为两类:一类是流密码(又称流加密),在这类体制中,明文按字符逐位地被加密;另一类是分组密码(又称块加密),在这类体制中,先将明文分组(每组含有多个字符),然后逐组地加密。

对称密钥系统的优点是:容易实现,加密速度快。缺点是:密钥的分发与保管复杂;密钥管理困难,如 n 个人之间需要相互保密通信,就需要 C_n^2 个密钥,密钥管理困难;例如,多人共用同一密钥,又会失去保密性;无法验证消息的发送者和接收者的身份。

(四)非对称密钥系统(公开密钥系统)

非对称密钥系统最主要的特点就是加密和解密使用不同的密钥,每个用户保存着一对密钥——公钥和私钥,给别人用(可以公开)的就叫公钥,给自己用(秘密)的,就叫私钥,由收信人保管,如果一个用于加密,另一个可用于解密,非对称密码体制又称双钥密码体制、公钥密码体制。其过程如图 10-3 所示。

较著名的非对称加密算法是 RSA 算法,是由 Rivest、Shamir 和 Adleman 三人发明

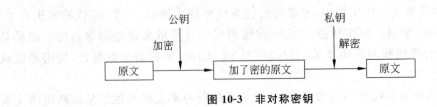

图 10-3 非对称密钥

的。RSA 算法如下:

(1) 选取两个足够大的质数 P 和 Q;

(2) 计算 $n = P \cdot Q$ 和 $z = (P-1) \cdot (Q-1)$;

(3) 找出一个小于 n 的数 e,使其符合与 z 互为质数;

(4) 另找一个数 d,使其满足 $(e \cdot d) \text{ MOD } z = 1$,其中 MOD(模)为相除取余。

加密和解密的运算方式为:

加密过程:密文 $C = M^e (\text{MOD } n)$(其中 M 为明文,C 为密文)。

解密过程:明文 $M = C^d (\text{MOD } n)$。

这里 (n, e) 为公钥;(n, d) 为私钥。

RSA 的算法举例:假定 $P = 3$,$Q = 11$,则 $n = P \cdot Q = 33$,$z = (P-1) \cdot (Q-1) = 20$,选择 $e = 3$,因为 3 和 20 没有公共因子。

$(3 \times d) \text{ MOD } (20) = 1$,得出 $d = 7$。从而得到 $(33,3)$ 为公钥;$(33,7)$ 为私钥。加密过程为将明文 M 的 3 次方模 33 得到密文 C,解密过程为将密文 C 的 7 次方模 33 得到明文。表 10-1 显示了运用该算法的一些加密解密例子。

表 10-1 运用 RSA 算法加密解密示例

明文 M			密文 C		解密	
字母	序号	M^3	$M^3(\text{MOD } 33)$	C^7	$C^7(\text{MOD } 33)$	字母
A	01	1	01	1	01	A
E	05	125	26	8031810176	05	E
N	14	2744	05	78125	14	N
S	19	6859	28	13492928512	19	S
Z	125261	17576	20	128000000	26	Z

非对称密钥体质有如下特点:

(1) 密钥是成对生成的,这两个密钥互不相同,一个用于加密,另一个则用于解密;反之亦然;

(2) 不能根据一个密钥推算得出另一个密钥;

（3）一个密钥对外公开，称为公钥，另一个仅持有人知道，称为私钥；

（4）每个用户只需一对密钥即可实现与多个用户的保密通信。

对称密码系统的缺陷之一是通信双方在进行通信之前需要通过一个安全信道事先交换密钥。这在实际应用中通常是非常困难的。而双钥密码体制可使通信双方无须事先交换密钥就可建立起保密通信。但是双钥体制算法要比单钥算法慢得多，因此，在实际通信中，一般利用双钥体制来保护和分配（交换）密钥，主要用于认证（比如数字签名、身份识别等），而利用单钥体制加密消息。

二、信息认证技术

信息的认证性是信息安全性的另一个重要方面。认证的目的有两个：一是验证信息的发送者是真正的，而不是假冒的；二是验证信息的完整性，即验证信息在传递或存储过程中未被篡改、重放或延迟等。

（一）信息摘要

信息摘要是确保信息完整性的技术，它采用单向散列函数（Hash 函数）对文件中若干重要元素进行某种变换运算得到固定长度的摘要码（也称数字指纹，finger print），并在传输信息时将之与原文件（明文）一同传给接收方。

不同的信息其摘要不同，相同信息摘要相同，摘要成为信息"指纹"，以验证信息是否是"真身"。发送端将信息和摘要一同发送，接收端收到后，运用 Hash 算法对收到的信息产生一个摘要，与收到的摘要对比，若相同，则说明收到的信息是完整的，在传输过程中没有被修改，否则，就是被修改过，不是原信息，其过程如图 10-4 所示。

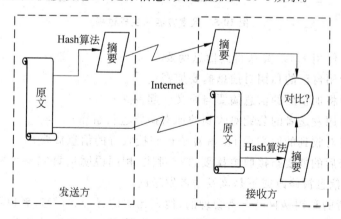

图 10-4　信息摘要

（二）数字签名

政治、军事、外交等活动中签署文件,商业上签订契约和合同,日常生活中在书信以及从银行取款等事务中的签字,传统上都采用手写签名或印章。随着信息时代的来临,人们希望通过数字通信网络进行远距离的贸易合同签名,数字或电子签名技术应运而生,并开始用于商业通信系统,如电子邮递、电子转账、办公自动化等系统中。

一个数字签名算法至少应满足三个条件:

(1) 数字签名者事后不能否认自己的签名;

(2) 接受者能验证签名,而任何人都不能伪造签名;

(3) 当双方关于签名的真伪发生争执时,使用验证算法得出"真"或"假"的回答。

一个数字签名算法主要由两个算法组成,即签名算法和验证算法。签名者能使用签名算法签一个信息,所得的签名可以通过公开的验证算法来验证。给定一个签名,使用验证算法得出"真"或"假"的回答。目前已有大量的签名算法。比如 RSA 数字签名算法、椭圆曲线数字签名算法等。数字签名过程如图 10-5 所示。

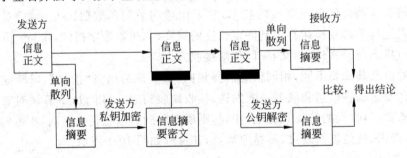

图 10-5　数字签名的生成过程

(1) 对原文使用 Hash 算法得到信息摘要;

(2) 发送者用自己的私钥对信息摘要加密;

(3) 发送者将加密后的信息摘要与原文一起发送;

(4) 接收者用发送者的公钥对收到的加密摘要进行解密;

(5) 接收者对收到的原文用 Hash 算法得到接收方的信息摘要;

(6) 将解密后的摘要与接收方摘要进行对比,相同说明信息完整且发送者身份是真实的,否则说明信息被修改或不是该发送者发送的。

由于发送者的私钥是自己严密管理的,他人无法仿冒,同时发送者也不能否认用自己的私钥加密发送的信息,所以数字签名解决了信息的完整性和不可否认性问题。

（三）数字时间戳

交易文件中,时间和签名一样是十分重要的证明文件有效性的内容。数字时间戳就是用来证明信息的收发时间的。用户首先将需要加时间戳的文件用 Hash 函数加密形成摘要,然后将摘要发送到专门提供数字时间戳服务的权威机构,该机构对原摘要加上时间后,进行数字签名(用私钥加密),并发送给用户。原用户可以把它再发送给接收者。

打上时间戳就是将一个可信赖的日期和时间与数据绑定在一起的过程,需要一个第三方来提供可信赖的且不可抵赖的时间戳服务。

数字时间戳的特点:

(1) 数据文件加盖的时间戳与存储数据的物理媒体无关;

(2) 对已加盖时间戳的文件不可能做丝毫改动;

(3) 要想对某个文件加盖与当前日期和时间不同的时间戳是不可能的。

（四）数字证书

1. 认证中心

怎样证明公钥的真实性? 即一个公钥确实属于信息发送者,而不是冒充信息发送者的另一个人冒用他的公钥,这就要靠第三方证实该公钥确实属于真正的信息发送者。认证中心(certificate authority,CA)就是这样的第三方,它是一个权威机构,专门验证交易双方的身份。验证方法是接受个人、商家、银行等涉及交易的实体申请数字证书、核实情况、批准/拒绝申请、颁发数字证书。认证中心除了颁发数字证书外,还具有管理、搜索和验证证书的职能。通过证书管理,可以检查所申请证书的状态(等待、有效、过期等),并可以废除、更新证书;通过搜索证书,可以查找并下载某个持有人的证书;验证证书可帮助确定一张证书是否已经被其持有人废除。

2. 数字证书

数字证书又称为数字凭证、数字标识。它含有证书持有者的有关信息,以标识他们的身份。证书包括以下的内容:证书拥有者的姓名;证书拥有者的公钥;公钥的有效期;颁发数字证书的单位;颁发数字证书单位的数字签名;数字证书的序列号。

3. 数字证书的类型

数字证书有三种类型:个人数字证书、企业(服务器)数字证书、软件(开发者)数字证书。

个人数字证书仅仅为某个用户提供凭证,一般安装在客户浏览器上,以帮助其个人在网上进行安全交易操作;访问需要客户验证安全的因特网站点;用自己的数字证书发送有自己签名的电子邮件;用对方的数字证书向对方发加密的邮件。

企业(服务器)数字证书为网上的某个 Web 服务器提供凭证,有服务器的企业就可以用具有凭证的 WEB 站点进行安全电子交易：开启服务器 SSL 安全通道，使用户和服务器之间的数字传送以加密的形式进行；要求客户出示个人证书，保证 WEB 服务器不被未授权的用户入侵。软件（开发者）数字证书为软件提供凭证，证明该软件的合法性。

4. 认证中心的树形验证结构

在双方通信时，通过出示由某个认证中心（CA）签发的证书来证明自己的身份，如果对签发证书的 CA 本身不信任，则可验证 CA 的身份，逐级进行，一直到公认的权威 CA 处，就可确信证书的有效性。每一个证书与数字化签发证书的认证中心的签名证书关联。沿着信任树一直到一个公认的信任组织，就可确认该证书是有效的。例如，C 的证书是由名称 B 的 CA 签发的，而 B 的证书是由名称为 A 的 CA 签发的，A 是权威的机构，通常称为根（ROOT）CA。验证到了根 CA 处，就可确信 C 的证书是合法的。

（五）防火墙

1. 概念

防火墙技术是内部网最重要的安全技术之一，是一个由软件系统和硬件设备组合而成的在内部网和外部网之间的界面上构造的保护屏障，它可以提供接入控制。所有的内部网和外部网之间的连接都必须经过该保护层，在此进行检查和连接。只有被授权的通信才能够通过此保护层，从而使内部网络与外部网络在一定意义上隔离，防止非法入侵、非法使用系统资源，执行安全管制措施，记录所有可疑的事件。防火墙能保证只有授权的人才可以访问内部网（Intranet），且保护其中的资源和有价值数据不会流出 Intranet。Intranet 和 Internet 连接会有几个方面的威胁：①信息可能被窃、被损坏；②资源可以受损或被滥用；③公司名誉可能因其 Intranet 不安全而受损。即使在一个单位内部，各部门之间往往也需要相互隔离，例如在大学校园中，管理网和学生的计算机网要有一定的隔离，医院的管理网和病人病历记录网也要分开，以保护病人的隐私和人权，这些都要由防火墙来解决。

2. 防火墙设计的基本原则

（1）由内到外或由外到内的数据流均经过防火墙；

（2）只允许本地安全政策认可的数据流通过防火墙，对于任何一个数据组，当不能明确是否允许通过时就拒绝通过，只让真正合法的数据组通过；

（3）尽可能控制外部用户访问内部网，应当严格控制外部人进入内部网，如果有些文件要向 Internet 用户开放，则最好将这些文件放在防火墙外；

（4）具有足够的透明性，保证正常业务流通；

（5）具有抗穿透攻击、强化记录、审计和告警能力。

3. 防火墙的分类

防火墙软件通常是在 TCP/IP 网络软件的基础上进行改造和再开发形成的。目前使用的防火墙产品可以分为两种类型：包过滤型和应用网关型。

包过滤型防火墙可以动态检查流过的 TCP/IP 报文头,检查报文头中的报文类型、源 IP 地址、目的 IP 地址、源端口号等,根据事先定义的规则,决定哪些报文允许流过,哪些报文禁止通过。

应用网关型防火墙使用代理技术,在内部网和外部网之间设置一个物理屏障。对外部网用户或内部网用户的 telnet,ftp 等高层网络协议的服务请求,防火墙的代理服务机制对用户的真实身份和请求进行合法性检查,决定接受还是拒绝。对于合法的用户服务请求,代理服务机制连接内部网和外部网,并作为通信的中介。保护内部网络资源不受侵害的代理服务机制是应用服务,称为代理服务程序,是根据需要编写的。因此,大部分应用网关型防火墙只能提供有限的基本应用服务。若要增加新的应用服务,则必须编写新的程序。

防火墙的安全策略有两种：

（1）没有被列为允许访问的服务都是被禁止的。这意味着需要确定所有可以被提供的服务以及它们的安全特性,开放这些服务,并将所有其他未列入的服务排斥在外,禁止访问。

（2）没有被列为禁止访问的服务都是被允许的。这意味着首先确定那些被禁止的、不安全的服务,以禁止它们被访问,而其他服务则被认为是安全的,允许访问。

4. 防火墙不能对付的威胁

（1）来自内部的攻击

防火墙不能防止 Intranet 内部用户对资源的攻击,防火墙只是设在 Intranet 和 Internet 之间,对其间的信息流进行干预的安全措施,在一个单位内部,各部门之间设置的防火墙也具有类似特点,都不能用于防范内部的攻击。这些要由内部系统的认证和接入控制机构来解决。

（2）直接的 Internet 数据流如果 Intranet 中有些资源绕过防火墙直接与 Internet 相通,则得不到防火墙的保护,因此,必须保证 Intranet 中任何用户没有直通 Internet 的通道。

（3）病毒防护

一般防火墙不提供防护外部病毒的侵犯。病毒可以通过 FTP 或其他工具传至 Intranet,如果要实现这种保护,防火墙中应设置检测病毒的逻辑。

三、计算机病毒及其防治

（一）计算机病毒的概念

计算机病毒（computer virus）的概念是由 Fred Coben 在 1983 年 11 月 3 日的一次计

算机安全学术讨论会上首次提出的。当时,他对计算机病毒的定义是:能够通过修改程序,把自身复制进去而"传染"其他程序的程序。这一定义强调了病毒的两大特征:首先,病毒是人为编制的程序;其次,病毒具有传染性。1987年10月,世界上第一例计算机病毒(Brian)在美国发现,它是一种系统引导型病毒,并以强劲的势头蔓延开来。与此同时,世界各地的计算机用户也发现了形形色色的计算机病毒,如"大麻"、"IBM圣诞树"、"黑色星期五"等。

(二)计算机病毒的分类

1. 按病毒的表现性质分

计算机病毒按其表现性质可以分为良性病毒和恶性病毒。良性病毒的危害小,不破坏系统和数据,但大量占用系统开销,使机器陷入瘫痪而无法正常工作。例如,国内出现的圆点病毒就是良性的。恶性病毒可能会毁坏数据,也可能使计算机停止工作。

2. 按病毒的激活时间分

若按激活的时间划分,病毒可分为定时病毒和随机病毒。定时病毒仅在某一特定时间才发作,而随机病毒一般不是由时钟来激活。

3. 按侵入方式分

按侵入方式,病毒可分为操作系统型病毒、源码病毒、外壳病毒和入侵病毒。

(1)操作系统型病毒

"大麻"病毒就是典型的操作系统病毒,这种病毒具有很强的破坏力(用它自己的程序意图加入或取代部分操作系统进行工作),可以导致整个系统瘫痪。

(2)源码病毒

在程序被编译之前插入到FORTRAN、C语言或PASCAL等语言编制的源程序中。

(3)外壳病毒

常附在主程序的首尾,对源程序不做修改。这种病毒较常见,易于编写,也易于发现,一般测试可执行文件大小即可知。

(4)入侵病毒

侵入到主程序之中,并替代主程序中部分不常用的功能模块或堆栈区,这种病毒一般是针对某些特定程序而编写的。

按照计算机病毒的特点及特性,计算机病毒的分类还有其他的方法,例如,按攻击的程度分、按寄生方式分等等。因此,同一种病毒可以有不同的分法。

(三)计算机病毒的特点

从已经发现的计算机病毒来看,不管哪种病毒,它们往往都具有一些共同的特性。

1. 破坏性

凡是由软件手段能触及计算机资源的地方均可能受到计算机病毒的破坏。其表现：占用 CPU. 的时间和内存开销，从而造成进程堵塞；对数据或文件进行破坏；打乱屏幕的显示等。

2. 隐蔽性

病毒程序大多夹在正常程序之中，很难被发现。

3. 潜伏性

病毒侵入后，一般不立即活动，需要等条件成熟后才发作。

4. 传染性

对于绝大多数计算机病毒来说，传染是它的一个重要特性。它通过修改别的程序，并把自身的拷贝包括进去，从而达到扩散的目的。

（四）计算机感染病毒后的一般表现

一般来说，当计算机出现以下不正常现象时，就应当怀疑其是否感染了病毒：文件的大小和日期变化；系统启动速度比平时慢；没做写操作时出现"磁盘有写保护"的提示信息；系统运行速度异常慢；键盘、打印、显示有异常现象；有特殊文件自动生成；磁盘空间自动产生坏簇或磁盘空间减少；文件莫名其妙丢失；系统异常死机的次数增加；COMMAND. COM 文件被修改；AUTOEXEC. BAT、CONFIG. SYS 被修改；程序装入时间比平时长，访问磁盘时间比平时长；用户并没有访问的设备出现"忙"信号；出现莫名其妙的隐藏文件，等等。

（五）计算机病毒的防范

计算机病毒的防范可以从以下几个方面进行：

（1）备份：对所有的软件（甚至操作系统）进行备份，并制定应付突发情况的应急方案。

（2）预防：提高警惕性，实行安全制度，例如，使用正版软件等。

（3）检测：使用杀毒软件来检测、报告并杀死病毒。

（4）隔离：确认并隔离携带病毒的部件。

（5）恢复：杀毒或清除被病毒感染的文件。

四、电子商务交易标准

近年来，金融界与信息业共同推出了多种有效的安全交易标准。目前，Internet 上有几种加密协议在使用，对应七层网络模型的每一层都有相应的协议。对应用层有 SET 协议、S-HTTP 协议、S/MIME 协议，对会话层有 SSL 协议。

（一）安全超文本传输协议

安全超文本传输协议（S-HTTP）用密钥对来加密，以保障 WEB 站点上的信息的安全。也就是说，S-HTTP 支持超文本传输协议，为文档提供安全和鉴别，保证数据的安全。例如，在申请数字凭证的过程中，Verisign 的每个页面的 URL 为 HTTPS：//开始，这就表示该站点的 Web 页面是安全的，能够保证申请人的个人信息、信用卡信息在 Web 站点上是安全的。

（二）安全套接层协议

如果说 S-HTTP 保证了站点数据的安全，那么安全套接层协议（secure sockets layer，SSL）则保证了 Web 站点之间通信信道的安全，面向网络协议栈的低层通道进行安全监控。该协议由 NETSCAPE 公司提出，提供加密、认证服务和保证报文的完整性。SSL 被用于 NETSCAPE 浏览器和 IE 浏览器。

SSL 是对计算机之间整个会话进行加密的协议。在 SSL 中，采用了公开密钥和私钥两种加密方式：在建立连接过程中采用公开密钥；在会话过程中使用专有密钥。

加密的类型和强度则在两端之间建立连接的过程中判断决定。在所有情况下，服务器通过以下方法向客户机证实自身：

（1）给出包含公开密钥的、可验证的证明；

（2）演示它能对用此公开密码加密的报文进行解密。

有时，客户机可以提供表明它本身（用户）身份的证明。会话密钥是从客户机选择的数据中推导出来的，该数据用服务器的公开密钥加密。在每个 SSL 会话（其中客户机和服务器都被证实身份）中，要求服务器完成一次使用服务器私钥的操作和一次使用客户机公开密钥的操作。

（三）安全电子交易协议

安全电子交易协议（secure electronic transaction，SET）是为了解决用户、商家和银行之间通过信用卡支付的交易而设计的。SET 包含多个部分，解决交易中不同阶段的问题。1995 年，信用卡国际组织、信息服务商及网络安全团体等开始组成策略同盟，共同研究开发电子商务的安全交易。SET 在 1996 年 2 月由 VISA 和 MasterCard 提出，加入 SET 协议的包括微软、Netscape、GTE、IMB、SAIC、Terisa 和 Verisign 等公司。SET 是基于 RSA 数据安全的加密和身份认证技术，使用数字签名和持卡人证书，对商户进行认证；使用加密技术确保交易数据的安全性；使用数字签名确保支付信息的完整性和各方对有关交易事项的不可否认性；使用双重签名保证购物信息和支付信息的私密性，使商户看不到持卡人的信用卡号。

SET 交易分以下三个阶段进行：

（1）购买请求阶段。用户与商家确定所用支付方式的细节。

（2）支付认定阶段。商家与银行核实，随着交易的进展，他们将得到付款。

（3）受款阶段。商家向银行出示所有交易的细节，然后银行以适当方式转移货款。

用户只和第一阶段交易有关，银行与第二、第三阶段有关，而商家与三个阶段都要发生关系。每个阶段都涉及 RSA 对数据加密，以及 RSA 数字签名。因此，使用 SET 协议，在一次交易中要完成多次加密与解密操作。

本 章 小 结

电子商务安全是电子商务运营的基础和保障。本章首先对电子商务安全问题、安全体系进行了介绍；然后分析了电子商务的安全要求和安全措施；最后对电子商务安全的常用技术进行了介绍，主要包括加密技术、认证技术、病毒防治技术以及电子商务交易标准等。

思 考 题

1. 电子商务的安全体系如何构成？

2. 电子商务有哪些安全需求？针对这些需求应采取怎样的安全措施？

3. 什么是数字签名？简要说明数字签名的工作原理。

4. 什么是计算机病毒？可采取哪些措施预防计算机病毒？

 案例分析

天威诚信构建支付宝 CA 认证系统

一、项目背景

阿里巴巴是全球领先的网上贸易市场，在阿里巴巴这个虚拟的世界中，来自 200 个国家的 700 万个进口商与 200 万家中国企业每天聚集在这里进行商业活动。旗下的支付宝（www.alipay.com）是国内领先的独立第三方支付平台。为中国电子商务提供"简单、安全、快速"的在线支付解决方案。支付宝不仅要从产品上确保用户在线支付的安全，同时让用户通过支付宝在网络间建立起相互信任。

随着支付宝业务的发展，其安全性变得越来越重要。一开始使用的单向 SSL（secure socket layer，安全套接层协议）认证方式解决了支付宝网站真实性和防止网络窃取等安全需求，但没有真正解决对支付宝用户的身份认证，非法用户仍然可以通过各种途径盗取或猜测用户的登录 E-mail 地址和登录密码,假冒合法用户身份,登录支付宝进行消费。

二、解决方案

为了解决支付宝平台面临的安全隐患,支付宝公司在综合考虑了动态口令双因素认证等安全认证方式后,决定采用成熟的基于 PKI/CA 技术的数字认证系统来保证平台安全,随即启动了"支付宝系统安全证书项目",即在目前支付宝单向 SSL 认证的基础上,增加客户端数字证书认证方式,支付宝用户登录支付宝账户时可通过数字证书来认证用户的身份。通过"支付宝系统安全证书项目"的实施,希望实现:

(1) 在凡是能引起账户变动和交易状态变化的关键业务点上实现 SSL 的双向认证;

(2) 考虑系统的可扩充性原则,在今后增加数字签名功能时,保证现有的 CA 系统能够很好地满足需求,方便灵活地进行扩充。

经过严格的考察和论证,支付宝最终选择了天威诚信作为"支付宝系统安全证书项目"的合作伙伴。针对支付宝的建设思路和要求,天威诚信为其设计了合理的技术方案。天威诚信在设计和实施支付宝项目时,充分考虑了支付宝目前应用的实际需要和未来应用需求的扩展,提供了如图 10-6 所示的解决方案。

三、实施效果

采用天威诚信 iTrusCA2.0 系统,为支付宝应用建设了一套完整的 CA 系统,面向支付宝当前的业务应用,提供用于支付宝登录身份认证的用户证书服务。

考虑到系统的可扩充性原则,在今后增加数字签名功能时,保证现有的 CA 系统能够很好地满足需求,方便灵活地进行扩充,同时满足《中华人民共和国电子签名法》的要求。

整个项目还支持银行的证书,支付宝将定期同步银行 CA 的 CRL 和 LDAP。为了方便支付宝用户完成证书的有关操作,天威诚信开发了"证书助手"工具,通过证书助手能够很方便地完成证书生命周期管理、证书管理、客户端签名和签名验证、完成其他人证书管理和客户端签名日志保存等其他功能。

未来支付宝系统扩展电子签名的应用时,将直接采用天威诚信"证书助手"实现客户端签名和签名验证的功能,同时通过"证书助手"用户可以将签名日志进行保存。

四、带来的价值

1. 安全登录问题

支付宝通过建立数字认证平台解决了长期制约其进一步前行的安全支付问题,用户名加密码的传统方式被数字证书替换,增强了整个系统的可靠性。拥有数字证实的客户,可以提升相应的安全信用级别,完成更大数额的安全转账交易,一个可信的安全服务平台逐步在支付宝上得以实现。客户安全观念也相应得到了普及,数字证书正在悄悄地改变客户以往的操作方式,安全交易的信心正在用户中扎根。

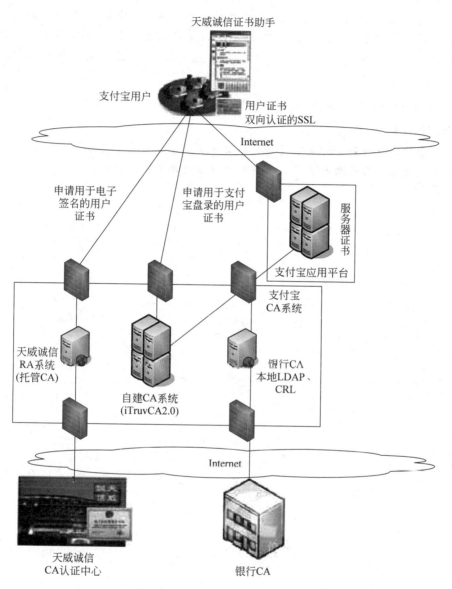

图 10-6　支付宝 CA 认证解决方案

2. 电子签名证据保全服务功能

　　为了支付宝未来的发展,天威诚信为支付宝设计的系统不但可以实现其安全登录的功能,更为重要的是天威诚信设计的系统未来还可以为交易各方提供可供追溯的交易签名证据保全系统。随着支付宝数字认证系统的升级,未来通过天威诚信 CA 认证中心，完成电子签名证据的保全服务。在发生法律纠纷时，天威诚信可作为公证第三方配合支付宝为司法机关提供法律认可的、有效的交易签名证据。该项服务对 B-B 间的大宗交易尤为重要，可大大降低支付宝运营的法律风险，帮助阿里巴巴构建有法可依的诚信体系。

资料来源：http://www.grabsun.com/article/2012/404155.html.

【案例讨论】

1. 结合案例说明安全对电子商务交易及电子商务企业的重要性。

2. 可用哪些方法保障电子商务安全？支付宝使用了哪些方法？

CHAPTER 11
第十一章
电子商务服务质量管理

本章导读

- 服务质量的概念
- 电子商务服务质量的范围与构成因素
- 电子商务服务质量评价模型
- 电子商务服务质量的改进

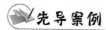 **先导案例**

奢侈品电商发展受阻　定制与服务成发展方向

在经历过去一年的寒冬之后，我国奢侈品市场在今年似乎出现了回暖迹象。2015年，中国消费者全球奢侈品消费达到 1 168 亿美元，同比增长 9%，全球约 46% 的奢侈品被国人买走。其中，中国本土奢侈品消费额有所回升，为 258 亿美元，同比上升 3%，而传统零售则继续遭受重创。

经营了 12 年的 LV 广州首家门店突然关门，在业界引起不小的震动。有业内人士预测，今后，除了开店速度放缓外，越来越多的奢侈品品牌将会选择关闭国内经营不佳的店面。到 2016 年，将有 95% 以上的奢侈品品牌会策略性关闭部分门店。

与传统店面经营不佳相对，近一年里，奢侈品电商却得到了更多资本的关注。今年 5 月，走秀网获得了怡和联创领投的 3 000 万美元 C 轮融资；同月，奢侈品电商珍品网完成了 A 轮 6 000 万元人民币融资；同年 7 月，寺库网获得平安创新投资基金领投的 5 000 万美元的 E 轮融资；此外，魅力惠还获得阿里巴巴过亿美元的投资。

然而，奢侈品权威研究机构财富品质研究院在上海发布了一年一度的《中国奢侈品报告》，报告显示，虽然中国奢侈品电商最近一年备受资本市场青睐，但是在消费市场的机会仍旧渺茫。而事实上，一些没有资金输血的奢侈品垂直电商已经处于倒闭的边缘。

"影响奢侈品电商的最主要原因除了价格外，假货问题依旧困扰着行业健康发展。"奢侈品电商寺库网前商务总监刘栋在接受《中国产经新闻》记者采访时表示，目前奢侈品电商缺乏好的运营方式，电商卖的产品在价格上越来越没有优势可言，而高仿 A 货又进一步搅乱了行业价格。他告诉记者，从有电商平台开始，假货问题就一直扰乱着市场正常发展。许多电商平台价格低得离谱,则可能销售的是高仿产品,而由于消费者在电商上买的产品很难在传统店面得到验证,造成国内奢侈品电商假货横行。

财富品质研究院院长周婷曾在接受媒体采访时表示,中国个别奢侈品电商的假货率高达90%,甚至拥有自己的假货工厂。爱马仕CEO也曾公开声明称,网上销售的爱马仕产品80%都是假货。由于奢侈品的客单价几倍于普通商品,使得消费者对奢侈品假货的容忍度极低,这也导致消费者不敢轻易尝试奢侈品电商,也就限制了奢侈品电商的发展。

在全球奢侈品消费水平下降的同时,如何提高盈利点成为奢侈品电商迫在眉睫需要解决的问题。

近一年来,在奢侈品传统销售表现欠佳的同时,专业化定制已经显山露水,越来越多的奢侈品交易发生在私人定制上。此外,依靠销售打造奢侈品服务全产业链则成为今后的主要发展方向。

刘栋表示,在价格优势逐渐消退之时,奢侈品品牌应该在服务上做得更好,可以将回收、保养、鉴定融合在一起,使奢侈品的盈利方式更加多元化。可以预计,今后的奢侈品市场竞争将更加激烈,谁能在服务与运作方式上领先一步,谁就能在残酷的商战中立足。

资料来源:搜狐资讯,http://roll.sohu.com/20151219/n431851335.shtml。

互联网的出现预示着消费者主权时代的到来,消费者必将成为商业活动的主宰。电子商务的发展使得商业竞争空前激烈,越来越多的企业已经认识到"客户"比"竞争"更为重要,"最大限度地为客户提供满意的服务"成了电子商务成功的基本准则。与此同时,互联网的发展为服务提供了前所未有的理想平台,如何利用这个平台为客户提供简单、实用、可靠、个性化的服务已经成为众多企业关注的中心。可以说,服务是电子商务的基石,电子商务的成败取决于服务。

第一节 电子商务服务质量管理概述

一、服务质量

(一)服务质量的内涵

服务质量是指服务能够满足规定和潜在需求的特征和特性的总和,是指服务工作能够满足被服务者需求的程度,是企业为使目标顾客满意而提供的最低服务水平,也是企业保持这一预定服务水平的连贯性程度。

鉴于服务交易过程的顾客参与性和生产与消费的不可分离性,服务质量必须经顾客认可,并被顾客所识别。服务质量的内涵应包括以下内容:

(1)服务质量是顾客感知的对象;

(2)服务质量既要有客观方法加以制定和衡量,更多地要按顾客主观的认识加以衡量和检验；

（3）服务质量发生在服务生产和交易过程之中；

（4）服务质量是在服务企业与顾客交易的真实瞬间实现的；

（5）服务质量的提高需要内部形成有效管理和支持系统。

（二）服务质量的构成要素

服务质量的构成要素如图 11-1 所示。服务质量既是服务本身的特性与特征的总和，也是消费者感知的反应，因而服务质量既由服务的技术质量、功能质量、形象质量和真实瞬间构成，也由感知质量与预期质量的差距所体现。

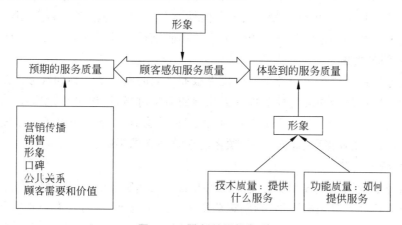

图 11-1 服务质量的构成

1. 技术质量

技术质量是指服务过程的产出，即顾客从服务过程中所得到的东西。例如宾馆为旅客休息提供的房间和床位，饭店为顾客提供的菜肴和饮料，航空公司为旅客提供的飞机、舱位等。对于技术质量，顾客容易感知，也便于评价。

2. 功能质量

功能质量是指服务推广的过程中顾客所感受到的服务人员在履行职责时的行为、态度、穿着、仪表等给顾客带来的利益和享受。功能质量完全取决于顾客的主观感受，难以进行客观的评价。技术质量与功能质量构成了感知服务质量的基本内容。

3. 形象质量

形象质量是指消费者企业在社会公众心目中形成的总体印象。它包括企业的整体形象和企业所在地区的形象两个层次。企业形象通过视觉识别、理念识别、行为识别等系统多层次地体现。顾客可从企业的资源、组织结构、市场运作、企业行为方式等多个侧面认识企业形象。企业形象质量是顾客感知服务质量的过滤器。如果企业拥有良好的形象质量,些许的失误会赢得顾客的谅解;如果失误频繁发生,则必然会破坏企业形象;倘若企业形象不佳,则企业任何细微的失误都会给顾客造成很坏的印象。

4. 真实瞬间

真实瞬间则是服务过程中顾客与企业进行服务接触的过程。这个过程是一个特定的时间和地点,这是企业向顾客展示自己服务质量的时机。真实瞬间是服务质量展示的有限时机,一旦时机过去,服务交易结束,企业也就无法改变顾客对服务质量的感知;如果在这一瞬间服务质量出了问题也无法补救。真实瞬间是服务质量构成的特殊因素,这是有形产品质量所不包含的因素。

服务生产和传送过程应计划周密,执行有序,防止棘手的"真实的瞬间"出现。如果出现失控状况并任其发展,出现质量问题的危险性就会大大增加。一旦真实的瞬间失控,服务质量就会退回到一种原始状态。服务过程的功能质量更是深受其害,进一步恶化质量。

5. 预期服务质量

预期服务质量即顾客对服务企业所提供服务预期的满意度。预期服务质量是影响顾客对整体服务质量的感知的重要前提。如果预期质量过高,不切实际,则即使从某种客观意义上说他们所接受的服务水平是很高的,他们仍然会认为企业的服务质量较低。预期质量受市场沟通、企业形象、顾客口碑、顾客需求等因素的影响。

6. 感知服务质量

感知服务质量则是顾客对服务企业提供的服务实际感知的水平。如果顾客对服务的感知水平符合或高于其预期水平,则顾客获得较高的满意度,从而认为企业具有较高的服务质量,反之,则会认为企业的服务质量较低。从这个角度看,服务质量是顾客的预期服务质量同其感知服务质量的比较。

二、电子商务服务质量

(一)电子商务服务质量的范围

全面观察电子商务服务系统对于识别电子商务服务质量指标是十分必要的。一般应从内容、过程、结构、结果和影响 5 个方面来考察电子商务服务质量[①]。

1. 内容

从内容方面考察电子商务服务质量是指电子商务服务是否遵循了标准程序。对日常服务而言,标准作业流程已经制定,希望服务人员能够遵守这些既定程序。

2. 过程

从电子商务服务过程考察电子商务服务质量是指电子商务服务中的事件顺序是否恰

---

① 梁春晓等. 电子商务服务[M]. 第 2 版. 北京:清华大学出版社,2015.

当。客户和服务人员之间的交互过程应得到监控,也包括服务人员之间的交互作用和沟通。其基本的原理是要保持活动的逻辑顺序和对服务资源的协调利用。

3. 结构

从电子商务服务的结构考察电子商务服务质量是指有形设施和组织设计是否完备。对电子商务服务而言,有形设施和辅助设备只是结构的一部分,人员资格和组织设计也是其重要的质量因素。通过与设定的质量标准相比较,就可以确定有形设施是否完备。反映组织控制质量效果的一个指标是采用主动地自我评估程序,如人员雇佣、晋升资格等所要达到的标准。

4. 结果

要观察电子商务服务会导致哪些状况改变,电子商务服务质量的最终测量要反映最终结果。通过跟踪一些指标,如顾客投诉数量,就可以监视电子商务服务结果质量的变化。

5. 影响

要考察电子商务服务对顾客的长期影响。电子商务服务的影响包括电子商务服务的适应性、可获性、易接近性等方面。可以通过民意测验的结果来衡量电子商务服务工作的影响。

(二)电子商务服务质量的要素

感知电子商务服务质量的好坏主要由电子商务服务产品的性质来体现。服务质量是一个复杂的话题,需要从五个方面来定义:可靠性、响应性、保证性、移情性和有形性。服务质量的评估是在服务传递过程中进行的。顾客对服务质量的满意可以定义为:将对接受的服务的感知与对服务的期望相比较。当感知超出期望时,服务被认为具有特别质量,顾客会表示满意;当服务没有达到期望时,服务注定是不可接受的;当期望与感知一致时,质量是满意的。如图 11-2 所示,服务期望受到口碑、个人需要和过去经历等的影响。

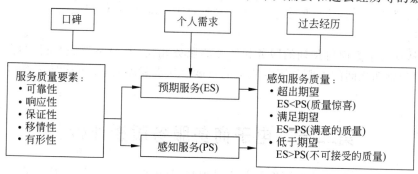

图 11-2 电子商务服务质量要素

1．可靠性

可靠性是可靠地、准确地履行服务承诺的能力。可靠的服务行为是顾客所期望的，它意味着服务以相同的方式、无差错地准时完成。可靠性实际上是要求企业避免在服务过程中出现差错，因为差错给企业带来的不仅是直接意义上的经济损失，而且可能意味着失去很多的潜在顾客。

2．响应性

响应性是指帮助顾客并迅速有效提供服务的愿望。让顾客等待，特别是无原因的等待，会对质量感知造成不必要的消极影响。出现服务失败时，迅速解决问题会给质量感知带来积极的影响。对于顾客的各种要求，企业能否给予及时的满足将表明企业的服务导向，即是否把顾客的利益放在第一位。同时，服务传递的效率还从一个侧面反映了企业的服务质量。研究表明，在服务传递过程中，顾客等候服务的时间是一个关系到顾客感觉、顾客印象、服务企业形象以及顾客满意度的重要因素。所以，尽量缩短顾客等候时间，提高服务传递效率将大大提高企业的服务质量。

3．保证性

保证性是指员工所具有的知识、礼节以及表达出自信和可信的能力。它能增强顾客对企业服务质量的信心和安全感。当顾客同一位友好、和善并且学识渊博的服务人员打交道时，他会认为自己找对了公司，从而获得信心和安全感。友好态度和胜任能力两者是缺一不可的。服务人员缺乏友善的态度会使顾客感到不快，而如果他们的专业知识懂得太少也会令顾客失望。保证性包括如下特征：完成服务的能力、对顾客的礼貌和尊敬、与顾客有效的沟通、将顾客最关心的事放在心上的态度。

4．移情性

移情性是设身处地地为顾客着想和对顾客给予特别的关注。移情性有以下特点：接近顾客的能力、敏感性和有效地理解顾客需求。

5．有形性

有形性是指有形的设施、设备、人员和沟通材料的外表。有形的环境是服务人员对顾客更细致的照顾和关心的有形表现。对这方面的评价可延伸到包括其他正在接受服务的顾客的行动。

顾客从这五个方面将预期的服务和接受的服务相比较，最终形成自己对服务质量的判断，期望与感知之间的差距是服务质量的量度。从满意度看，既可能是正面的也可能是负面的。

第二节　电子商务服务质量评价

电子商务服务质量评价是了解服务质量现状，找出服务质量差距，从而采取措施改进电子商务服务质量的重要途径。下面介绍服务质量评价方法：SERVQUAL 模型和服务质量差距模型。

一、SERVQUAL 模型

（一）模型简介

SERVQUAL 为英文"service quality"（服务质量）的缩写，该词最早出现在 1988 年由美国市场营销学家 Parasuraman、Zeithaml 和 Berry 三人合写的一篇题目为《SERVQUAL：一种多变量的顾客感知的服务质量度量方法》的文章中。

SERVQUAL 理论是依据全面质量管理（total quality management，TQM）理论在服务行业中提出的一种新的服务质量评价体系，其理论核心是"服务质量差距模型"，即：服务质量取决于用户所感知的服务水平与用户所期望的服务水平之间的差别程度（因此又称为"期望－感知"模型），用户的期望是开展优质服务的先决条件，提供优质服务的关键就是要超过用户的期望值。其模型为：SERVQUAL 分数＝实际感受分数－期望分数。

SERVQUAL 将服务质量分为五个层面：有形性、可靠性、响应性、保证性、移情性。每一层面又被细分为若干个问题，通过调查问卷的方式，让用户对每个问题的期望值、实际感受值及最低可接受值进行评分。并由其确立相关的 22 个具体因素来说明它（具体 SERVQUAL 量表见表 11-1）。然后通过问卷调查、顾客打分和综合计算得出服务质量的分数。

表 11-1　SERVQUAL 量表

层面	具体因素
有形性	（1）有现代化的服务设施 （2）视觉上吸引人的设备 （3）员工仪表整洁、专业 （4）视觉上吸引人的服务相关资料
可靠性	（5）提供承诺的服务 （6）可靠的解决客户在服务中遇到的问题 （7）第一次就能履行服务 （8）在承诺的时间提供服务 （9）保证无错误的记录
响应性	（10）使客户了解何时能够提供服务 （11）向客户提示服务 （12）愿意帮助客户 （13）准备好响应客户的需求
保证性	（14）员工是值得信赖的 （15）在从事交易时客户会感到安全放心 （16）员工是有礼貌的 （17）员工可从公司得到恰当的支持，以提供更好地服务

层面	具体因素
移情性	(18) 公司会针对不同客户提供个别服务 (19) 员工以关怀的方式与客户互动 (20) 员工了解客户需求 (21) 公司优先考虑客户利益 (22) 方便的服务时间

资料来源：梁春晓等. 电子商务服务[M]. 第2版. 北京：清华大学出版社,2015.

（二）SERVQUAL 计算公式

$$SQ = \sum_{i=1}^{22} (P_i - E_i)$$

式中：SQ 为感知服务质量；

P_i 为第 i 个因素在顾客感受方面的分数；

E_i 为第 i 个因素在顾客期望方面的分数（$i = 1,2,3,\cdots,22$）。

由上式获得的 SQ 是在五个层面各因素同等重要条件下的单个顾客的总感知质量，但是在现实生活中，顾客对决定服务质量的每个属性的重要性的看法是不同的。

因此，通过顾客调查后应确定每个服务质量属性的权重，然后加权平均就得出了更为合理的 SERVQUAL 分数。此时，SQ 计算公式为

$$SQ = \sum_{j=1}^{5} W_j \sum_{i=1}^{22} (P_i - E_i)$$

式中，W_j 为第 j 个属性的权重。

（三）SERVQUAL 模型的运用

SERVQUAL 模型广泛运用于服务性行业，用以理解目标顾客的服务需求和感知，并为企业提供了一套管理和度量服务质量的方法。研究表明，SERVQUAL 适合于测量信息系统服务质量，SERVQUAL 也是一个评价服务质量和用来决定提高服务质量行动的有效工具。在企业内部，用 SERVQUAL 模型来理解员工对服务质量的感知，从而达到改进服务的目的。

二、服务质量差距模型

（一）模型简介

服务质量差距模型（service quality model），也称 5GAP 模型，是 SERVQUAL 模型的理论核心，专门用来分析质量问题的根源。顾客差距（差距5）即顾客期望与顾客感知

的服务之间的差距——这是差距模型的核心。要弥合这一差距,就要对以下4个差距进行弥合:差距1——不了解顾客的期望;差距2——未选择正确的服务设计和标准;差距3——未按标准提供服务;差距4——服务传递与对外承诺不相匹配。具体见图11-3。

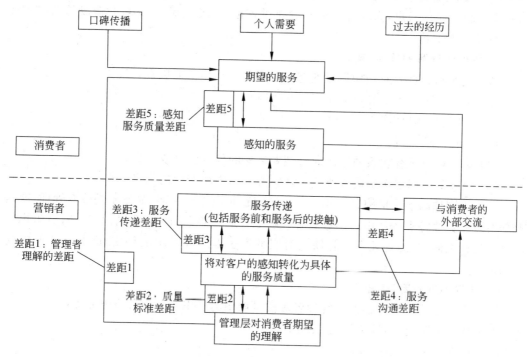

图 11-3　服务质量差距模型

首先,模型说明了服务质量是如何形成的。模型的上半部涉及与顾客有关的现象。期望的服务是顾客的实际经历、个人需求以及口碑沟通的函数。另外,也受到企业营销沟通活动的影响。实际经历的服务,在模型中称为感知的服务,它是一系列内部决策和内部活动的结果。在服务交易发生时,管理者对顾客期望的认识,对确定组织所遵循的服务质量标准起到指导作用。

当然,顾客亲身经历的服务交易和生产过程是作为一个与服务生产过程有关的质量因素,生产过程实施的技术措施是一个与服务生产的产出有关的质量因素。

分析和设计服务质量时,这个基本框架说明了必须考虑哪些步骤,然后查出问题的根源。要素之间有五种差异,也就是所谓的质量差距。质量差距是由质量管理前后不一致造成的。最主要的差距是期望服务和感知(实际经历)服务差距(差距5)。

（二）差距分析

服务质量是服务质量差距的函数,测量企业内部存在的各种差距是有效地测量服务质量的手段,差距越大,顾客对企业的服务质量就越不满意,因此,差距分析可以作为复杂的服务过程控制的起点,为改善服务质量提供依据。5个差距以及它们造成的结果和产生的原因分述如下。

1. 管理者理解的差距（差距1）

这个差距指管理者对期望质量的感觉不明确。产生的原因有:

（1）对市场研究和需求分析的信息不准确;

（2）对期望的解释信息不准确;

（3）没有需求分析;

（4）从企业与顾客联系的层次向管理者传递的信息失真或丧失;

（5）臃肿的组织层次阻碍或改变了在顾客联系中所产生的信息。

针对不同原因解决措施各不相同。如果问题是由管理引起,显然不是改变管理,就是改变对服务竞争特点的认识。不过后者一般更合适一些。因为正常情况下没有竞争也就不会产生什么问题,但管理者一旦缺乏对服务竞争本质和需求的理解,则会导致严重的后果。

2. 质量标准差距（差距2）

这一差距指服务质量标准与管理者对质量期望的认识不一致。原因如下:

（1）计划失误或计划过程不够充分;

（2）计划管理混乱;

（3）组织无明确目标;

（4）服务质量的计划得不到最高管理层的支持。

第一个差距的大小决定计划的成功与否。但是,即使在顾客期望的信息充分和正确的情况下,质量标准的实施计划也会失败。出现这种情况的原因是,最高管理层没有保证服务质量的实现。质量没有被赋予最高优先权。解决的措施自然是改变优先权的排列。今天,在服务竞争中,顾客感知的服务质量是成功的关键因素,因此在管理清单上把质量排在前列是非常必要的。

总之,服务生产者和管理者对服务质量达成共识,缩小质量标准差距,远要比任何严格的目标和计划过程重要得多。

3. 服务传递差距（差距3）

这一差距指在服务生产和交易过程中员工的行为不符合质量标准,它是因为:

（1）标准太复杂或太苛刻;

（2）员工对标准有不同意见,例如一流服务质量可以有不同的行为;

（3）标准与现有的企业文化发生冲突；

（4）服务生产管理混乱；

（5）内部营销不充分或根本不开展内部营销；

（6）技术和系统没有按照标准为工作提供便利。

可能出现的问题是多种多样的，通常引起服务传递差距的原因是错综复杂的，很少只有一个原因在单独起作用，因此解决措施不是那么简单。差距原因粗略分为三类：管理和监督；职员对标准规则的认识和对顾客需要的认识；缺少生产系统和技术的支持。

4. 服务沟通的差距（差距 4）

这一差距指服务沟通行为所做出的承诺与实际提供的服务不一致。产生的原因是：

（1）服务沟通计划与服务生产没统一；

（2）传统的市场营销和服务生产之间缺乏协作；

（3）服务沟通活动提出一些标准，但组织却不能按照这些标准完成工作；

（4）有故意夸大其词，承诺太多的倾向。

引起这一差距的原因可分为两类：

一是外部营销沟通的计划与执行没有和服务生产统一起来；

二是在广告等营销沟通过程中往往存在承诺过多的倾向。

在第一种情况下，解决措施是建立一种使外部营销沟通活动的计划和执行与服务生产统一起来的制度。例如，至少每个重大活动应该与服务生产行为协调起来，达到两个目标：

第一，市场沟通中的承诺要更加准确和符合实际；

第二，外部营销活动中做出的承诺能够做到言出必行，避免夸夸其谈所产生的副作用。

在第二种情况下，由于营销沟通存在滥用"最高级的毛病"，所以只能通过完善营销沟通的计划加以解决。治疗措施可能是更加完善的计划程序，不过管理上严密监督也很有帮助。

5. 感知服务质量差距（差距 5）

这一差距指感知或经历的服务与期望的服务不一样，它会导致以下后果：

（1）消极的质量评价（劣质）和质量问题；

（2）口碑不佳；

（3）对公司形象的消极影响；

（4）丧失业务。

第五个差距也有可能产生积极的结果，它可能导致相符的质量或过高的质量。感知服务差距产生的原因可能是本部分讨论的众多原因中的一个或者是它们的组合。当然，也有可能是其他未被提到的因素。

第三节　电子商务服务质量的改进与优化

一、改进电子商务服务的措施

服务是决定电子商务成败的关键因素,企业管理者应予以高度重视。从大的方面看可以采取以下措施改进电子商务服务,提高客户满意水平[①]。

(一)加强员工培训,重视员工授权

客户服务水平很大程度上取决于为客户提供服务的员工的素质,而高素质的员工必须依靠系统、全面的培训,并通过必要的员工授权才能慢慢培养起来。培养的内容主要有以下五个方面:

(1)有关本企业产品和服务的基本知识。

(2)与客户打交道的各种技巧,包括如何处理粗鲁无礼的、难以应付的、愤怒的客户的各种方法和态度。

(3)处理网上问讯的各种方法,如何正确快速地回复电子邮件,如何处理客户的商业信息等。

(4)如何处理客户投诉及倾听客户意见。

(5)如何培养团队精神等。

培训的内容应不断调整、完善,以适应企业业务发展的需要。企业应把培训作为一种制度,成为提高员工素质的一种有效手段。

授权是与培训紧密相关的,因为没有适当的授权,培训就无法产生相应的效果。授权是对提高员工的客户服务水平至关重要,但有时较难正确把握的一项工作。正确授权的关键是在坚持"最大限度地让客户满意"的原则下,规定员工具体的工作权限和相应的责任,保证权力的正确运用。

(二)想方设法留住老客户

老客户对企业的作用十分重要,因为老客户的重复购买可以缩短购买周期,减少企业的各种不确定因素,降低营销费用,扩大宣传面,为企业提供真实的产品信息等。研究表明,老客户的再次购买率提高 5%,利润就可以增加 25% 以上。因此,维系老客户是客户服务的重要内容。更好地维系老客户可从以下几方面着手。

(1)不断提高产品和服务质量。提高产品和服务质量,一方面,必须通过持续不断的

---

① 梁春晓等. 电子商务服务[M]. 第 2 版. 北京:清华大学出版社,2015.

创新,保证产品和服务具有较强的市场竞争力;另一方面,应利用电子商务形成的有利条件,让客户参与产品的开发和设计,充分尊重客户的意思,让客户体会到自己的利益得到了足够的关注。

(2) 提供价格优惠。价格优惠是维系老客户的惯用手段,也是被实践证明的、行之有效的措施。在老客户的每一次购买之前,企业都必须让其明确相应的优惠标准,保证其随着购买次数和数量的上升,优惠的幅度不断提高,使其"舍不得"放弃现有的"购买业绩"去投奔你的竞争对手。

(3) 适当的感情投入。这是一种"投资少,见效快"的维系老客户的方式。感情投资可采用答谢、祝贺和参与等形式。例如,定期向一些老客户寄送礼品予以答谢;对老客户的生日等以电子贺卡的形式予以祝贺;定期走访老客户、了解客户在产品使用过程中的各种问题等。

(4) 提供人性化的服务。因为普通老百姓对电子商务往往心存疑虑,作为一个致力于利用电子商务开展业务的企业,就必须想客户之想,通过自己扎扎实实的服务赢得客户长期的信任。

(三) 正确对待客户投诉

正确对待客户投诉对企业发现经营中存在的问题、防止客户流失具有重要意义。正确对待客户投诉应注意以下问题。

(1) 应把客户的投诉看作争取留住更多客户的机会;

(2) 虚心倾听客户的抱怨,发现问题的症结所在,及时给出满意的处理方案;

(3) 在处理客户投诉的过程中应真诚向客户道歉,请求客户的谅解,及时化解客户的抱怨;

(4) 牢记"客户不一定是正确的,但你最好认为他们是正确的",对客户的错误不应横加指责,而应坚持"有则改之,无则加勉"的原则,改正自己的不足之处,保留自己正确的做法。

(5) 不要随意责怪员工,要分析造成投诉的原因,帮助员工改进、提高。

(四) 营造客户服务文化

服务文化是企业文化的重要组成部分,它反映了公司对待客户的基本理念及公司员工共同遵守的价值观和信念。它根植于员工的心中,并通过自身的言行表现出来,反映了一个公司对待客户的精神风貌和基本态度。健康有益的客户服务文化应树立起满意的客户是企业生命力的源泉、满意的利润来源于满意的客户、员工是公司的内部客户等基本思想。

二、电子商务物流服务优化

对于电子商务特别是 B2C 电子商务来看,物流优化可以为其提供更为完善的物流服务、减少物流成本、减少顾客投诉等,能够为电子商务企业的发展提供有力的支持,直接推动电子商务的发展。

B2C 电子商务物流牵涉物流产业和电子商务企业两个主体的利益,所以对于电子商务物流的优化也要结合这两个方面进行[①]。

(一)明确物流联盟的各种法律关系

物流联盟是目前 B2C 电子商务物流的基本方式,这个方式符合了电商层次水平不一致的现状。从长远来看,电商发展水平不一致的情况将长期存在,所以对于 B2C 电子商务来说,物流联盟将是一个长期存在的物流方式,并且这种方式也将继续扩大化。需要注意的是,由于市场竞争的加剧,电商运营的不确定性也在逐渐增加,所以对于联盟伙伴的选择及联盟深入合作的方式要在法律意义上进行进一步的明确,联盟责任分明、资源共享的特点将有利于电子商务物流的顺畅进行,并推进电子商务物流的进一步优化。

(二)发展自营物流

对于 B2C 电子商务来说,能够拥有自营物流将为电子商务的顺利开展奠定坚实的基础,这也是电商企业激烈竞争中的优势项目之一。虽然自营物流对于大多数电商企业来说在资金和管理方面都是很大的困难,但是对于有条件的电商企业来说,发展自营物流可以解决当前物流水平对于电子商务的制约,有助于增强企业本身的竞争优势,同时电商发展自营物流对于第三方物流也是一个促进。

(三)关注云物流的推广

云物流是借鉴云计算、云制造所推出的概念。云物流模式,顾名思义就是指充分利用分散、不均匀的物流资源,通过某种体系、标准和平台进行整合,为我所用、节约资源,这种模式希望用订单聚合的能力推动物流体系的发展。

(四)减少逆向物流

电子商务相对于线下实体店,由于顾客对产品的期望落差及冲动消费、产品本身问题、物流破损等原因,退换货的情况更为突出。这样的现象不仅增加了电商企业的业务量,同时返货造成物流成本大量增加。要减少这种物流成本,就要对货品的质量予以严格

---

① 梁春晓等. 电子商务服务[M].第 2 版.北京:清华大学出版社,2015.

保证,同时加强与客户沟通的力度,减少返货;同时对于物流方面来说,尽量保证货品的完好无损,按时送达可以减少返货的比例。

(五)多种物流方式整合

对于电子商务企业来说,货品发送的地区遍布全国各地,各地区的物流状况差异很大:一、二线城市交通便利,虽然物流服务商集中,但是成本较高;一些偏远地区客户较少,自建物流可能入不敷出;同时处于这二者之间的城市物流服务比较便利,客户需求相对稍多。综合物流成本和区域物流分布情况及客户需求情况,对于部分有实力的电商来说,可以采用自营物流、第三方物流及其他物流方式相结合的情况进行,多种物流方式同步进行有助于降低物流成本,更适应目前电子商务企业的发展水平。

(六)使用先进的物流信息服务系统

从现阶段物流发展的状况看,很少有企业使用先进的物流信息系统,这样的结果造成了物流过程不透明、物流效率较低的结果。对于电子商务企业来说,由于对物流过程不清楚,在和客户的沟通过程中及采取相应措施方面都处于相对被动的地位。所以不论是自营物流或者第三方物流及其他物流,采取先进的物流信息服务系统都是物流模式优化的一个重要方向。

三、电子商务运营过程作业优化

(一)提供丰富准确的产品信息

顾客在网站上寻找产品信息,就是出于对网络浏览信息快和信息丰富的考虑。因此,电子商务运营中要尽可能提供丰富的产品信息,便于顾客方便地针对产品性能、价格等进行参照对比,使顾客获得性价比最佳的商品。同时,产品的多元化也能更好地满足顾客的不同需求。

另外,电子商务运营中所提供的产品信息描述要清楚准确,由于顾客对产品的了解只能通过图片和文字描述来完成,因此产品的描述语言不能模棱两可,可以建立顾客社区和网上聊天室及 BBS 等来讨论和推荐相关产品,以帮助顾客做出购买决策。

(二)优化推广手段

1. 推广手段差异化

推广手段的差异化主要表现在营销策划、营销工具应用和广告投放三个方面。要通过差异化的推广手段,引起消费者的注意,强化消费者的印象。

2. 搜索引擎的优化

不同访问来源的网购用户,在电子商务网站的购物行为不尽相同,所带来的订单量及转化率也有差别。准确计量各访问来源所带来的订单量和转化率,能为电子商务运营的推广策略提供重要信息,搜索引擎的优化分析显得十分重要。

搜索引擎作为当前最重要的店铺流量来源,搜索引擎优化是新增顾客的主要途径,在进行搜索引擎优化时,应重点关注能带来较高转化率的流量,结合市场推广成本等因素,增加特定关键字的曝光度和能见度,增加销售机会。

3. 销售渠道的平衡发展

电子商务发展至今,出现了多种多样的电商模式,如 B2B、B2C、C2C 等,甚至 B2C 又进一步细化为垂直型 B2C、平台式 B2C 和综合式 B2C,它们在运营中展现出的特征各不相同,各有优势。同时线上、线下渠道的融合发展已成为一种重要趋势。因此,为争取更大的市场份额,企业应综合运用多种方式,实现销售渠道的平衡发展。

4. 用户体验的优化

电子商务运营模式在用户体验上有不同于传统模式的特有优势,但是在目前的运营中,这些优势并没有被完全地挖掘利用,电子商务企业可通过提供特色服务、满足顾客个性化需求以及提供便利的沟通渠道等进一步优化用户体验。

5. 物流配送体系优化

物流配送是电子商务运营的一个重要环节,也是对顾客满意度影响较大的一个环节。优化物流配送体系,要提升物流配送的专业化水平,在物流网点布局上进行统一规划和合理设置,加强各配送中心之间的横向联系,将物流配送的覆盖范围扩大,使得电子商务运营真正达到打破时空限制,体现电子商务运营模式在购物体验中的及时、准确、安全和不受时空限制的优势。

四、电子商务服务链优化

快速准确的信息是服务链管理优化的基础。利用电子信息技术,通过网络平台能更好地优化服务链管理,使服务链的各节点,各功能实现最佳配合与完美协调,保证实现服务链管理的目标。

(一)倡导合作,实现服务链节点企业共赢

电子商务环境下的服务链管理目标是寻求提高用户服务水平和降低总的物流成本之间的平衡,最大限度地发挥服务链的整体力量,实现参与企业整体收益最大化,同时也为客户创造更大的剩余价值。

(二)转变服务链管理模式,实现服务链管理"横向一体化"

利用现代信息技术改造并集成业务流程,是目前企业朝向"横向一体化"的服务链管理模式转变的主要途径。通过协调供应链中的信息流、资金流、物流,实现与供应商和客

户建立互动的业务伙伴关系。

（三）努力实现服务链管理信息网络化

信息时代,企业战略管理的一个重要内容就是建立适用于服务链运作的信息交易平台,通过信息技术改进服务链信息精度及速度。

（四）完善电子金融业在电子商务中的服务

在线电子支付是电子商务得以顺利发展的关键环节和基础条件,随着电子商务在电子交易环节上的突破,网上银行、银行卡支付网络、银行电子支付系统,以及电子支票、电子现金等服务,将传统的金融业带入了一个全新的领域。

本 章 小 结

服务是电子商务成败的关键。本章在对服务质量的基本知识进行介绍的基础上,首先对电子商务服务质量管理的范围和构成因素进行了分析;然后,重点介绍了服务质量管理的 SERVQUAL 模型和服务质量差距模型;最后,从改进服务措施、物流服务优化、运营作业优化以及服务链优化四个方面简要介绍了电子商务服务质量的优化措施。

思 考 题

1. 电子商务服务质量的构成要素有哪些?
2. 如何评价电子商务服务质量?
3. 如何优化电子商务服务质量?
4. 如何进行服务质量差距分析?

 案例分析

物流下沉,顺丰的另一面

在电商产业链中,物流是产业链条中必不可少的环节,紧随着电商爆炸式发展,民营快递公司逐渐成为电商物流配送的主力。随着电商化进程的不断演进,过去消费者对电商价格的关注度,正进一步提升到电商服务的关注度上。作为影响电商消费体验的环节,由于物流服务的提升几乎等同于成本的上涨,在选择要服务还是守成本的问题上,电商企业往往陷入一个较为纠结的境地。

在产业链的另一端,以"四通一达"为代表的老牌民营快递公司基本是以中低端电商客户为目前电商配送的主流企业。而以顺丰速运为代表的快递企业，则以"有别于传统服务水平"的标准化服务，占据着中高端的配送市场。但这种市场的分割方法可能正在经历变化。

一、细分趋势明显

2013年"双十一"，顺丰速运首推的电商特惠系列，被外界视作其试图锚定电商用户的信号。这种猜测到了今年5月15日，基本被证实是正确的。顺丰在去年电商特惠系列的基础上，更新升级了"商盟惠"、"顺丰小盒"、"绿色通道"等不同形式的产品，细分趋势十分明显。

顺丰速运电商物流事业部副总裁龚涛告诉《天下网商》，在面对复杂的电商客户时，只靠一种服务产品，是无法满足所有电商客户需求的。

以"顺丰小盒"为例，它本身是一个细节产品，重量小于200克、体积小于1 200立方厘米的小件，同城8元，跨省12元，时效与标准快递一样，这是一个价格上的亮点，吸引一些品类贵、要求速度快的小件商品电商用户。

针对一些定量稳定又讲究实效的大客户，顺丰推出了"绿色通道"，与商家约定一个作业标准，省去一定后续环节，把成本返还给商家，"这对规模较大的电商来说是很有意义的"。龚涛告诉记者，类似的思路发散开，设计出的"商盟惠"则可能更适合一些对服务比较敏感，又相对零散的电商客户。

"商盟惠"的产品设计的宗旨是让这些规模小的客户就近"抱团"，形成"千单"的量级就可享受电商特惠。

与大客户的稳定性不同，龚涛认为这些注重服务体验的商家有很大的成长空间，在追求品质和快捷中两者一拍即合。

二、降价还是降服务？

打通双方配送模式的细节，根据不同电商的需求细分市场，去配合客户类型，寻求双方利益契合点，保证服务质量的同时，通过中间环节共同来降低成本，是顺丰基于电商市场设计配送服务时的出发点。在实际操作过程中，用户对于"降价约等于降服务"的习惯性思维，仍然很难突破。

对比顺丰标准快递，2013版的电商特惠寄件改走汽车，降低运输成本，让利电商的同时，却延长了运输时间，服务质量一度被质疑，顺丰之前积累的市场定位更是被恶意猜测——占据物流行业20％市场份额的顺丰是否企图通过价格来抢占"四通一达"的中低端客户群。龚涛坦率地表示，"价格从来就不是我们的优势"。

这次顺丰的发力点寻求到位，用结构更加完整的升级版"电商惠"深入电商市场，弥补了之前在运输时间上的短板，更在细节上满足了不同商家对于物流服务的要求，让商家在享受服务的同时节省了运输成本。"让多步烦琐的流程与商家配合完成，压缩时间差，把服务做到双赢。"龚涛透露，"电商惠"推出至今，商家改变运营体系需要时间，对于顺丰来说，目前仍是一个学习和观望的时期。

"物流行业的淡旺分季，直接和电商的销售量挂钩。选择在这个时间段密集地推出这些产品，一方面是前期铺垫已经到位；另一方面则是目前恰好是淡旺季的交叉阶段，可以让商家有一个适应和磨合的时间。"龚涛如是说。

资料来源：天下网商，http://i.wshang.com/Post/Default/Index/pid/34629.html，2014-05-28.

【案例讨论】

1. 结合案例，分析电子商务服务管理的重要性。

2. 电子商务服务质量优化的措施有哪些？

3. 顺丰是如何优化其服务质量的？

CHAPTER 12
第十二章
电子商务网站维护管理与性能优化

本章导读
- 电子商务网站维护的模式、目标和层次
- 电子商务网站维护管理的内容
- 电子商务网站性能优化

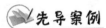 **先导案例**

"天猫"的店铺管理

"天猫"(英文 Tmall,亦称淘宝商城、天猫商城)原名淘宝商城,是一个综合性购物网站。2012 年 1 月 11 日上午,淘宝商城正式宣布更名为"天猫"。2012 年 3 月 29 日天猫发布全新 Logo 形象。2012 年 11 月 11 日,"天猫"借"光棍节"大赚一笔,宣称 13 小时卖100 亿元,创世界纪录。"天猫"是马云淘宝网全新打造的 B2C(business-to-consumer,商业零售)网络。其整合数千家品牌商、生产商,为商家和消费者之间提供一站式解决方案。提供 100% 品质保证的商品,7 天无理由退货的售后服务,以及购物积分返现等服务。

"天猫"的店铺管理主要分为六大内容:店铺设置、商品管理、交易管理、商城服务、账户设置和品牌维护。

(1) 店铺设置。根据喜好进行店铺基本设置,包括设置店铺外观风格、店铺招牌、促销专区、店铺首页商品展示;同时可对自己店铺中的商品进行分类管理和图片管理。

(2) 商品管理。

(3) 交易管理。包括订单管理、评价管理以及运费设置等内容。

(4) 商城服务。包括销售结算、订购服务、保证金、账务明细、应付账单等内容。

(5) 账户设置。主要指的是针对 E-mail 的管理。

(6) 品牌维护。授权于条件成熟的商家,被授权商家可以自行在品牌展示页面做更新维护。

资料来源:根据 http://wenku.baidu.com/view/eef67c6a7e21af45b307a8b6.html? re=view 资料整理。

第一节 电子商务网站维护管理概述

一、电子商务网站维护管理的作用

为了电子商务网站的正常运行,网站的管理人员需要对构成网站的网页、网站的软硬件、客户及商业的各种信息进行管理,目的就是要保证电子商务系统中的信息流有序、快速并且安全地流动。网站管理在网站运作和维护中都发挥着举足轻重的作用,而且在促进网站信息有序化、提高信息安全性、使网站信息多样化以及提高企业人员的工作效率等方面都有着重要的意义。

(一)促使网站信息有序和规范

在网站的运行过程中,企业和客户之间会有大量的信息来往,企业需要及时发布企业产品和服务的相关信息,并且还需要迅速地响应来自客户的订单信息、交易信息及反馈信息等,同时还要做到快速响应客户发送的请求,因而会有各种各样的信息杂乱无章地频繁来往于企业网站和客户之间,使这些信息流可以井然有序地在网站和客户之间流动就是网站信息的有序化。

电子商务网站管理是对网站信息有序化管理的重要途径,它根据信息管理科学有效地进行信息的发布、收集、组织、储存和传递,确保电子商务系统的正常运行,为企业可以实现电子商务目标保驾护航。

(二)确保电子商务网站的安全性

确保电子商务网站的安全性是网站管理工作的重点。网站的安全性管理工作需要按照交易信息的层次进行信息加工与储存,并对交易信息中包含的商业秘密进行数据加密与解密的管理,对于不同的用户和管理员还会分配不同的访问权限。通过对电子商务网站科学有效的安全管理,可以确保网上商务活动在安全的环境中顺利地进行。

(三)提高企业品牌声誉

良好的电子商务网站管理会对丰富企业网站信息、开展多样的商务活动提供帮助,对提高企业品牌声誉起到很好的促进作用。任何形式的在线商务活动的开展都是建立在一个良好的网站管理的基础上的。在有了稳定可靠的网站管理之后,企业就可以游刃有余地运作它的网上商务活动,可以顺理成章地收集各种商业信息,实现企业的各种商业设想,企业会逐步地从电子商务上获得利益,从而达到促进整个企业发展的目的。

（四）提高管理人员的工作效率

良好的电子商务网站管理会对提高管理人员的工作效率起到很好的促进作用。对专业的网站维护人员而言，他们可以通过很复杂的工作程序，完成网站在技术方面的维护工作。但是这样的专业网站维护人员一般不会参与网站内容更新等日常管理工作，而且有时这样的专业人员也不能很好地贯彻企业的商务意图。这样就需要具备更多商务知识的人员完成这些工作，然而这些人员在网站维护上的专业程度是不够的。这就需要有一个良好的网站管理来帮助他们工作，这样既减轻了他们管理维护网站的工作量和复杂程度，又提高了电子商务网站管理的效率。

二、网站维护管理的模式

伴随着电子商务网站的大量出现，网站的管理模式也在逐步地改进。

（一）手工型管理

在早期的电子商务网站维护过程中，由于网站的规模较小，数据量也不大，没有很多复杂的工作，大多数的网站管理工作用手工的方式即可以完成。网站的管理人员也没有考虑采用更先进的网站管理技术或使用具有强大功能的网站管理软件。但是随着社会进步和网络技术的发展，网站维护的工作量迅猛增加，这种笨拙的手工型管理模式很快就被淘汰了。

（二）半自动化管理

意识到手工管理的弊端后，人们发现使用模板技术可以减少很多重复性的设计工作，网站的维护人员在选定了模板以后，只需要进行简单的内容更新，就可以很快地完成一个新网页的制作，避免了网站的管理者整天被同样的网页设计工作所困扰。

目前常用的网页制作工具都拥有这样的模板功能，如 FrontPage、Dreamweaver 等。不过虽然这种管理在一定程度上方便了管理人员的网站维护，但是它依然采用跟手工型管理相同的工作流程，并且当需要维护的网页种类很多和数据量很大的时候，同样会给管理人员带来很多问题。因此这种管理模式适用于页面数量不多而且不需要频繁改版的小型电子商务网站。

（三）数据库支持型管理

如今的电子商务网站在运行中都会涉及大量的数据，手工型或半自动化的数据管理已经无法适应繁重的网站管理任务，利用数据库技术来储存和管理大量数据信息的网站管理模式应运而生。

在数据库支持型网站管理模式中,网页的内容、样式都可以很容易地加以改变,网页的样式可以是多种多样的,并且可以实现与客户的交互。但是,这样的模式决定了网站的层次结构想要经常更改很不容易,网站管理使用的也是一个很简单的内容发布系统,这种网站所能承受的点击量很有限。因此,这样的管理模式适用于不经常进行大量网站改版而网站上涉及的信息却需要频繁更新的中小型网站。

(四)网页动态管理

如今,人们已经不再满足于浏览网站事先设计好提供给用户使用的信息,而是更多地需要根据自己的需求去定制适合于自己的网页。这样一来网站以前使用的管理模式已经不再适应用户的这种需要,要求网站采用一种动态的网站管理模式来实时地响应用户所发出的请求。

现在这样的网站制作技术已经有很多,如 ASP、PHP、JSP,以及与这些技术对应的同HTML 结合的 script 脚本语言等。网站的管理者可以采用这些技术进行网页制作,在网页中嵌入同数据库连接的程序代码,当用户发出页面请求之后,网页的模板就可以直接调用数据库中的数据自动生成网页响应用户的请求。这种模式适用于用户需求各异而且访问量很大的网站。但这样的管理模式也有自身的一些局限,例如,由于网站的设计人员不可能考虑到所有的问题,从而在一定程度上会影响网站功能的全面性和使用的便利性。

(五)智能化管理

这是一种最高层次的网站管理模式。它同样是用数据库技术来完成对数据的管理,但与前面提到的四种模式不同的是,它将网站的内容彻底格式化,并且配备了各种完善的流程管理和远程办公功能来保障网站数据信息的准确性和可靠性。它还可以通过智能化的手段,提供各种类型的关键索引和目标定位,提供与信息内容相关的各种商业信息,能够自动进行网站的管理、调度和重构,也可以进行动态的信息发送。电子商务网站的管理人员通过这种管理模式能够实现全面、系统的网站综合管理。

三、网站维护管理的目标与层次

有效的使用需要有效的管理作为保证。随着网络使用的不断普及以及电子商务概念逐渐地融入人们的生活中,人们对电子商务网站的要求不断提高,同时依赖性也在增强,这就要求电子商务网站花费在网站管理上的时间和成本越来越多。只有保证了网站运行的高效稳定,才能够吸引更多的客户在网站上从事更多的商业活动,网站的管理成了一个网站运作的核心问题。

（一）网站维护管理的目标

1. 内部管理目标

网站的内部网络要畅通无阻，网站架构各部分要保持正常稳定的运行，这是保证网站可以高质量应用及提供优质服务的前提条件。

2. 外部管理目标

网站所提供的应用服务要可以通过互联网迅速、准确地传递给客户，这是用户可以享用高质量服务和应用的关键。

（二）网站维护管理层次

要达到电子商务网站管理的目标，需要从多个层次进行管理：网站的软硬件维护、网站文件管理、网站内容管理、网站安全管理和网站统计管理。

1. 网站的软硬件维护

网站的软硬件维护通常包括服务器、操作系统和互联网连接线路等，以确保网站的24小时不间断正常运行。

2. 网站文件管理

网站文件管理是指对构成网站资源的文件在应用层层面上进行管理，以及对企业与客户之间数据信息往来的文件传输系统和电子邮件系统的管理。由于电子商务网站的资源是由服务器端一个个的网页代码文件和其他各类资源文件组成的。一般来讲，文件管理包括：网站文件的组织、网站数据备份、网站数据恢复和网站垃圾文件处理等。

3. 网站内容管理

网站内容管理是基于业务应用层的管理，即面向电子商务活动中的具体业务而进行的对输入和输出信息流的内容管理。网站内容管理是网站管理的核心，是保证电子商务网站有序和有效运作的基本手段。网站内容管理可分为信息发布管理、企业在线支持管理、在线购物管理和客户信息管理等。

4. 网站安全管理

电子商务网站的安全是电子商务网站可靠运行和有效开展电子商务活动的基础和保证，也是消除客户安全顾虑、扩大网站客户群的重要手段。网站安全管理贯穿在其他三个层次的管理之中。一般地，网站安全管理主要是分析网站安全威胁的来源，并采取相应的措施。同时，网站安全管理还必须与其他的计算机安全技术结合起来，如网络安全、信息系统安全等。

5. 网站统计管理

网站统计管理是指除文件管理、内容管理、安全管理之外，网站还需要对网站的运行情况、用户的使用情况等很多方面进行统计，统计的结果将对网站的管理、更新、升级等工作有很好的指导意义。

第二节　电子商务网站维护管理的内容

电子商务网站的管理是指通过监控和管理网站的各种软硬件资源和网站输入/输出信息流,来确保整个网站内容的完整性和一致性,保证企业的在线交易业务可以安全顺利地进行,从而为企业的电子商务运营提供良好的服务。如前所述,电子商务网站管理的内容包括多个层面,下面从网站文件管理、网站内容管理、网站安全管理和网站统计管理四个方面进行简要介绍。

一、网站文件管理

（一）网站文件分类

网站文件包括各种不同种类、不同使用目的的文件,而网站文件的管理贯穿于电子商务网站的建设、运行、维护及商务活动的各个环节。在电子商务网站中涉及的文件主要分为以下两大类。

（1）网站资源文件。这是一些跟网站的建设和开发有关的文件,其中包括网站内容和信息发布的各种网页及相关的网页资源文件,如声音文件、图像文件、视频文件和动画文件等。

（2）业务文件。这是企业在开展电子商务的活动过程中产生的文件,包括企业之间、企业与用户之间、企业与政府之间相互交易产生的各种业务文件。

（二）网站目录管理

目录结构设计的好坏,不会影响用户前台界面的显示,也不会影响浏览者浏览网页,但是对于网站的管理人员来说,在对站点进行上传维护、内容扩展和移植等网站管理工作的时候会有重要的影响。如果网站目录拥有一个更合理的布局和结构,会使网站工作人员的管理工作更加高效。

网站目录结构的设计原则是以尽可能少的目录层次来提供最清晰最易于访问管理的目录结构。为了使建立的网站目录能够帮助网站管理有效运行,一般情况下,在构建网站目录的时候需要充分考虑以下问题:

（1）根目录下少放文件;

（2）按照功能内容建立子目录;

（3）在每个独立的目录下建立一个独立的 images 目录;

（4）减少目录的层次;

（5）目录名和文件名要统一规范；

（6）利用文件组织管理工具。

（三）网站数据备份与恢复

1. 数据备份的内容

一个电子商务网站的数据备份一般会涉及以下数据内容：

（1）网站中企业用户和个人用户的基本资料、电子邮件地址、联系方式等重要的用户信息，网站的主页文件及相关资源。

（2）员工的个人网页及相关信息。

（3）最近被修改的网页和内容。

2. 数据备份的类型

按照工作方式的不同，数据备份可以分成三种常见类型：完全备份、增量备份和差异备份。

（1）完全备份

完全备份是指备份指定目标的所有数据，这种备份方式的优点是可以完整复制数据，并且在需要恢复时可以快速访问备份数据。但是其缺点也很明显，由于每次都对指定目录进行完全备份，因此在备份数据中有大量的重复内容，会占用较大磁盘空间，备份所需的时间也较长。

（2）增量备份

增量备份是指对指定目标的数据首先进行一次完全备份，以后的每次备份只更新与前一次备份相比有变动的数据。增量备份的每一次增量都源自前一次备份后的变动部分，这种备份方式的优点是没有重复数据，备份的数据量相对较小，所需的时间也较短。但增量备份的数据恢复比较麻烦，用户必须恢复完全备份和其后的所有增量备份数据，一旦丢失或损坏其中的一次增量备份数据，就会导致数据恢复的失败，并且增量备份数据恢复的时间也相对较长。

（3）差异备份

差异备份是指首先进行一次完全备份，以后的每次备份只备份与完全备份相比有变动的文件。在进行数据恢复时，只需要第一次完全备份和最后一次差异备份的数据即可进行恢复。差异备份避免了完全备份和增量备份的缺陷，同时又具备了它们各自的优点。首先，它具有增量备份需要时间短、占用空间小的优势；其次，它又具有完全备份恢复所需存储介质少、恢复时间短的特点。

3. 数据恢复

针对网站上由于错误操作或其他原因造成的数据破坏，很多的备份软件都提供了很好的恢复功能，使用备份软件提供的专业数据恢复功能就可以解决这些问题。

数据恢复功能通过备份在本地的压缩文件对网站进行恢复,在进行恢复前系统会自动列出该压缩文件在网站上的原始目录。数据恢复方法很简单,通过在网站的数据备份软件上设置一个恢复按钮,然后点击,就可以选择本地机器内的压缩文件,由于这些文件有精确到分钟的基于备份时间的文件名,所以想要恢复何时损坏的文件就会一目了然。由于文件是以压缩格式传输的,因此耗时很少。

（四）文件传输管理

电子商务网站运营期间,企业与客户之间可以进行在线的商务谈判,进行交易等。这样企业和客户之间就会产生大量的商务文件,文件的类型有文本文件、图片文件和视频文件等等,这些文件的格式类型繁多,而且大多需要进行远程传输。如果可以建立一个高效、便捷的文件传输系统,那么将为电子交易的顺利进行开通一条顺畅的通道。

企业与用户间的往来文件通过电子商务网站进行传输处理的时候,主要基于以下三种技术方案。

1. 基于电子邮件和邮件附件的方式进行的文件传输,其优点是收发双方都能比较好地保密。

2. 基于 FTP 或类似的方式进行的文件传输,其优点是具备针对性,当作为匿名 FTP 服务时开放性更强。

3. 基于数据库的方式进行的文件传输,共优点是能动态地根据特定用户的需求提供服务。

（五）网站垃圾文件处理

在网站的建设、运行、维护过程中,不可避免地会产生一些垃圾文件。这些垃圾文件不仅对网站的运行毫无帮助,而且会占用大量的系统资源,增加服务器的负担,降低网站的运行速度,同时也给网站的管理和维护带来很大的不便。清除垃圾文件的工作非常繁重,是件非常令人头疼的事。因为网站的管理人员很难分辨哪些是垃圾文件,哪些不是。因此,需要一个网站垃圾文件处理系统。

网站垃圾文件处理系统的实现原则是:检索网站目录的整个文件系统,同时根据几个网站入口页面,找出网站使用的文件和图片结构图,根据以上结果,整理出网站垃圾文件报表,系统管理员使用这个报表对网站中的垃圾文件进行处理。网站垃圾文件处理系统提供自动处理功能,将把垃圾文件自动移动到设定好的目录中,其目录结构与原有的网站目录结构一样。此外,网站垃圾文件处理系统还可以检查网页中链接的错误,并报告存在网页链接错误的页面,以及链接文件名称列表。

二、网站内容的维护管理

（一）网站内部信息管理

1. 产品信息的更新维护

产品信息是电子商务网站需要为顾客提供的首要内容。而产品信息的管理一般需要网站管理员根据不同的分类标准对产品进行分类，按照不同的层次对商品进行展示，可以随时对产品的信息进行更新、修改、添加和删除等，从而保证客户可以及时地获得最新的产品信息，企业一般还会将最新的、畅销的或特价的商品放在特殊类别进行管理。

产品信息维护管理的主要工作包括：

（1）新产品信息的发布；

（2）对已发布产品信息的更新、查询、删除等；

（3）根据产品的不同特性，设置相应栏目，如最新产品、畅销产品、特价产品等。

商品信息是电子商务网站的主体，随着外在条件的变化，商品的信息（如商品的价格、种类、功能等）也在不断地变化，网站必须追随其变化，不断地对商品信息进行维护更新，反映商品的真实状态。

2. 企业信息的更新维护

企业信息主要包括两种：一种是对企业发展历史、组织结构、经营状况等信息的基本介绍，这部分一般不会频繁地更新；另一种是企业的新闻动态。这是企业向外界介绍、宣传自己的重要窗口，它应将企业的重大活动、产品的最新动态、企业的发展趋势、客户服务措施及时而真实地呈现给客户，新闻栏目应成为网站的亮点，吸引更多的客户前来浏览、交易。这部分内容需要随时更新。

企业信息管理的内容主要包括在线发布信息、动态更新和维护信息、管理和删除过期冗余信息、建立信息检索系统等。

（二）网站流入信息管理

1. 用户信息管理

电子商务网站的用户信息管理需要实现企业用户、个人用户、供应商用户的创建、审批、授权和认证等功能。用户信息管理包括用户基本信息管理、身份认证管理和用户反馈信息管理三部分。

（1）用户基本信息管理。用户基本信息管理包括用户注册管理、找回密码等。

（2）身份认证管理。认证管理包括：认证中心、数字签名、数字授权、信息加密、公钥体系与密钥管理等。

（3）用户反馈信息管理。对用户反馈信息进行分类存档、管理、查询和统计。

2. 在线交易管理

在线交易管理可以分为购物车管理、订单管理、系统权限管理等。

（1）购物车管理

拥有购物车管理权限的管理员可以对正在进行购物活动的顾客进行跟踪管理，能够看到客户进行购买、挑选和退货的全过程，对客户的购买行为进行实时监测，处理客户在购买过程中出现的错误或不当的操作，及时地反馈用户的问题或请求。

（2）订单管理

管理人员通过该功能对在线交易产生的所有订单进行跟踪管理，可以对订单进行浏览、查询、修改等操作，对订单合同进行分析，对订单从发生到完成的全过程进行监督。

（3）系统权限管理

作为系统安全管理的一部分，系统的权限管理主要负责为不同等级的用户分配不同的权限，从而可以很好地控制用户对管理系统的访问和操作。

三、网站安全管理

电子商务网站是对外开放的，这便于企业发布商务信息和客户选择所需商品，但同时也给网站的安全带来了威胁，保证网站的安全运营是网站维护不可缺少的一部分。为了维护网站的良好形象，保证网站业务系统的正常运行和商务信息秘密的不外泄，网站的管理人员应该不断查找网络中的薄弱环节和安全漏洞，及时进行修复和改进。

四、网站统计管理

网站统计管理是指跟踪用户的访问情况和网站服务器的运行情况，进行统计分析，生成全面的网络统计报告，从而更好地改进网站服务。

（一）用户访问情况统计

用户的访问情况统计具体应包括统计的日报表、时段报表、日访问量、当前排名、客户情况分析等。主要包括以下内容：

（1）统计管理在线情况。包括当前正在访问本站的人数，客户个人情况等。

（2）统计管理每日访问情况。以日为单位统计访问量、成交情况等。

（3）统计管理总访问量。

（4）统计分析网站资料。包括浏览器、操作系统、屏幕分辨率、日报表、时段报表、每日访问量、当前排名、访问者来源分析、访问者 IP 地址分析、地域分析等。

（二）网站服务器运行情况统计

网站服务器运行情况统计的主要内容包括：

（1）网站总体使用统计。如时间跨度、传输总字节数、访问请求总数、HTML 请求数、失败的请求数、不同的服务程序数等。

（2）网站的图形资源使用情况统计。

（3）网站的具体网页使用统计。

（4）网站被各类浏览器的访问情况统计。

第三节　电子商务网站性能优化

一、网站测试

网站测试的内容主要包括用户界面测试、功能测试、接口测试、设计语言测试、兼容性测试、负荷强度测试和安全测试。

（1）用户界面测试。主要测试站点地图、导航条、内容、颜色、背景、图像、表格等。

（2）功能测试。主要测试站点中的链接、表单、数据、cookies。

（3）接口测试。主要检查本地系统是否能够正确地调用外部服务接口。

（4）设计语言测试。网页设计语言版本的不同可能引起在客户端浏览器上的严重显示问题，比如使用不同版本的 HTML 等。

（5）兼容性测试。主要检验应用能否在不同的客户端浏览器上使用。

（6）负荷强度测试。检验系统能否处理大量的并发用户。

（7）安全测试。检验系统能否正确、可靠和安全地进行处理。

二、网站性能优化

电子商务网站要想充分地发挥作用，除了要对网站的内容、功能进行很好的设计和实现之外，一个可靠的、稳定的运行环境，软硬件及网络的很好配合，是网站性能可以得到充分发挥的重要保障。在网站正常运作的前提下，网站的维护人员以尽可能提高系统的效率为网站性能优化的目的。

（一）影响网站性能的因素

影响网站性能的主要因素包括打开网页的平均等待时间、与其他网站的链接数、有效的访问次数、访问时间、网站的更新频率、访问者的分布状况以及网页的实用性与艺术性等。

1. 用户打开网页的平均等待时间

用户打开网页的平均等待时间是衡量网站性能的一个非常重要的指标，企业的网站必须让用户无论在何时何地都可以方便快捷地登录网站。如果一个用户进入公司的页面需要很长的等待时间,用户将逐渐失去登录企业电子商务网站的耐心,并且开始对公司的工作能力、实力及信誉产生怀疑。如果网站的性能始终得不到改善,那么用户会对企业失去信心,进而转移去使用其他公司的网站。一般要求打开网页的平均时间不要超过10秒。

2. 与其他网站的链接数

与其他网站的链接数是衡量网站性能的一个重要指标,也是网站进行宣传活动的重要手段。每个企业都会尽可能地让自己的网站在各种搜索引擎中获得一个很好的排名,同时网站也会争取自己同其他知名网站或访问量大的网站建立链接,以扩大企业网站的影响力。

3. 有效的访问次数

有效的访问次数是指所有的稳定访问者访问网站次数的总和。所谓稳定访问者是指对网站进行两次或两次以上访问的用户。根据有效的访问次数,网站可以确定和平衡网站的并发和负载能力,从而确保客户在任何时候的访问都畅通无阻。

4. 网站的更新频率

一个电子商务网站需要为客户、投资者提供最新的企业信息,这样才能让他们感受到这个企业网站在运作,这个企业值得信赖。有些企业虽然建立了自己的电子商务网站,但是这个网站就像是一个摆设,内容很少更新,网站很少升级,让顾客感受到这个企业是一个陈旧的企业,没有活力,顾客访问过一两次就不再问津。

(二) 网站性能的测评指标

影响网站性能的因素很多,不过对于网站性能的测评往往主要考虑响应时间和数据流量这两个方面的指标。

1. 响应时间

响应时间是指对于网络应用,通过测试工具捕获对话的最大和平均响应时间。响应的时间主要分为三类:应用响应时间、事务响应时间及 SQL 响应时间。

2. 数据流量

数据流量代表应用、对话和网络组件发送和接收的字节数,显示了 Web 网络应用数据的流动和使用情况。

对于一个电子商务网站而言,要想达到响应时间和数据流量这两个硬性指标都是最优是非常困难的。企业在对待网站性能的问题上需要根据客户的具体需求对这两个指标做出调整,不一定是最好的,但要尽力做到最合适。

三、网站优化策略

（一）利用分析工具

进行网站性能优化的基础和出发点是分析程序行为。可以通过一些分析工具来完成对网站性能的分析。

利用分析工具，可以判断影响网站性能的原因，找到影响电子商务网站性能的瓶颈，分析造成系统性能低下的瓶颈到底是服务器、应用程序还是其他网络设备。

利用分析工具可以监控网站的性能。当网站性能与预先设定好的指标相比发生偏差时，分析工具就会发出警告，网站的管理人员就可以随时了解网站性能的变化。

（二）进行网站优化设计

网站的优化设计是指通过对网站功能、结构、布局和内容等关键要素进行合理设计，以使得网站的功能和表现形式达到最优，并有利于网站信息的传播和推广。进行网站的优化设计是提高网站运行效率和有效开展网站推广的前提和基础，它主要包括用户优化、网络环境优化和网站运营优化。

1. 用户优化

网站优化应坚持用户导向的原则，因为网站的内容和服务是否有价值最终是由用户的使用情况和用户的反馈来评判的。优化工作在网站建设之初就应该开始了，在网站正式发布之前就应该已经基本完成。从用户的角度而言，网站的管理人员需要对网站的导航进行优化，使之为用户提供更加清晰的导航，方便用户对信息的检索及阅读，很快地找到自己需要的服务。另外，提高网页的下载速度也是网站优化的主要项目。

2. 网络环境优化

基于网络环境的优化应利用搜索引擎抓取网站的关键信息，当用户通过搜索引擎检索时，企业电子商务网站应有一个较理想的排名，企业期望的网站摘要信息可以出现在理想位置，使用户能够发现有关信息并引发兴趣，进而点击搜索结果来访问电子商务网站。

3. 网站运营优化

从网站运营维护的角度而言，经过优化之后的网站应使得管理人员更加方便地进行网站的日常管理和更新维护，更加方便企业积累更多的网络营销资源。

除了上述的优化方法以外，优化网络性能指标可以采取的措施还有：提高关键应用流量的优先级、优化网络设备配置、改变服务器在网络中的位置、增大带宽以及优化应用程序等。

本 章 小 结

　　电子商务网站的维护管理是保证电子商务网站正常运营的基础。本章首先介绍了电子商务网站维护管理的作用、维护管理的模式以及网站维护管理的目标与层次；然后，从网站文件管理、网站内容的维护管理、网站安全管理以及网站统计管理四个方面介绍了网站维护管理的基本内容；最后，简要介绍了网站性能优化的方法和策略。

思 考 题

1. 电子商务网站的维护管理有哪些模式？
2. 电子商务网站维护管理的目标是什么？有哪些层次？
3. 电子商务网站内容的维护管理包括哪些内容？
4. 网站统计管理的具体内容有哪些？
5. 影响网站性能的主要因素有哪些？如何进行网站性能优化？

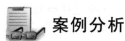 案例分析

通用电气（中国）网站维护案例

一、案例介绍

　　通用电气（GE）中国网站首建于 1999 年 8 月，是 GE 在全球的第一个当地语言的门户网站。网站将 GE 能为中国客户提供的各种服务和产品的类别都直接放置在首页。作为扁平化设计结构的结果，从主页进入任何 GE 在中国的有关部门和各类企业及其产品的页面都只需要一到两次的点击。GE 中国董事长兼首席执行官王建民（David C. Wang）先生说："互联网不仅是 GE 的第一个工作重点，而且是第二、第三和第四个工作重点。作为 GE 在中国的门户，GE 中国网站连接 GE 各集团的电子商务网站和它们在中国现有的和潜在的客户。更重要的是，访问者在通过这里登录不同的电子商务网站时，可以感受到 GE 作为一个著名品牌的影响力。"www.ge-china.com 作为展现 GE 公司形象的一个重要窗口，GE 十分重视其日常的维护工作。通用电气（中国）有限公司相关人士表示："www.ge-china.com 作为通用在中国的门户网站，具有很多功能，而要让所有的功能都得到充分的显现，其日常的维护工作无疑非常重要和繁重，因此我们决定选择一家专业的网络服务商来进行维护。"

　　在获知 GE 的这一需求后，上海乃至华东地区很多知名的大公司都投入竞标的行列中。在众多实力超群的网络应用技术服务商中，上海火速网络信息技术有限公司（www.

hotsales.net,以下简称"火速")凭借一流的技术实力和快速周到的服务响应,最终脱颖而出,受托完成这一大型网站的日常维护工程。

二、网站维护

计算机互联网发展到今天,已经成为一个真正的商业工具,企业要成功地运用这个现代化工具,必要的维护保养,可以保证企业网络的易用性和安全性。

1. 网站改版

通用电气公司(GE)是世界上最大的多元化服务性公司,其网站结构庞大,栏目众多,所以网站栏目的规划及框架排布就显得极其重要。

GE原有网站在设计上比较粗糙,网站结构布局、色彩搭配都不尽如人意,这样不仅不能很好地展示企业的品牌形象、推广企业的产品及服务,而且还有可能产生负面影响。

GE新网站重新创意了网站的设计风格,以充分体现GE的整体形象;重新规划网站的功能,使供应商登录、诚信投诉、新闻查找更加快捷方便。这样企业各业务集团的电子商务服务都能更快、更好地延伸到中国的客户和供应商;此外,还重新设计网站的导航,使内容规划简洁有序,重点突出,让浏览者能够迅速找到相关资料。

2. 硬件维护

维护是指对网站运行状况进行监控,发现运行问题及时解决,并将网站运行的相关情况进行统计,向我们的客户进行汇报。

GE中国网站数据多,访问量大,每天都有众多客户和代理商、经销商通过GE中国网站获取GE中国最新资讯,因而网站的数据服务显得特别重要。上海火速网络信息技术有限公司对GE中国网站进行全程托管服务,GE中国网站服务器位于上海各项条件最好的机房,以确保数据安全、服务器环境和访问出口带宽。

GE中国网站原来构建在LINUX平台下,接入带宽为10M,为保证网站安全、稳定地运行,上海火速网络为GE中国网站制订了服务器更换平台计划,实现零间断的无缝转移,服务器接入将由10M升级到100M,并且将以前在LINUX平台下开发的部分程序在WIN2000平台下重新开发了一遍。GE中国网站硬件升级之后,网站访问性能显著提高,能够更加有效地为网站访问者提供服务。

此外,上海火速对于网络硬件维护还做出了网络连通性保证、电力的持续供应保证、紧急情况报告保证、技术支持保证、技术操作保证、投诉保证、机房开放保证7项服务承诺,以保证GE中国网站能够安全、稳定、高效地运行。

3. 网站维护更新

网站维护包括网页内容的更新,通过软件进行网页内容的上传,目录的管理,计数器文件的管理;网站的定期推广服务等。更新是指在不改变网站结构和页面形式的情况下,为网站的固定栏目增加或修改内容。

域名作为现代企业的网上商标,在互联网时代具有十分重要的地位。但域名是有时效性的，即到期不续费会被域名主管机构注销，这无疑给众多的域名投机者提供了可乘之机！

火速为 GE 中国网站进行维护更新服务从做好域名管理服务开始，免费对每个客户的所有域名进行整理，在每个域名到期前的一个月，提醒对域名进行续费，避免通用公司在忙于经营时，忽视了公司域名跟踪续费工作，由此带来诸如网站不能访问、空间被停乃至域名被人抢注等众多麻烦。

火速的维护更新工作为 GE 中国网站的有效运行提供了保证。从明确 GE 网站规范（网站 CSS、目录结构等）开始，到每周 WWA 报告（网站访问统计报告）发送给 GE 中国网站，GE 中国的新闻页面制作并同步发布到互联网上，定期发送网站维护工作报告等等，事无巨细，火速均为 GE 中国网站进行周到服务，确保网站维护更新的及时性和有效性。

GE 中国网站的新闻发布和新活动介绍是 GE 中国网站日常更新维护工作的重要内容，上海火速公司为 GE 中国网站的及时更新做了大量的工作。

上海火速为保障 GE 中国网站的安全、有效运行，建立了网站维护快速反应机制，同通用电气（中国）公司的工作人员保持密切的联系，规范化操作各类网站维护工作，将责任具体落实到每一个人身上，取得了理想的效果，整个网站维护工作受到通用电气（中国）公司的高度评价。一次 GE 总部网站修改了 GE 股价显示的 CGI 接口，致使 GE 中国网站首页的股价显示出现问题，火速专职维护发现后，立即报告给公司和 GE 相关人员，并火速同总部网站进行联系，获取最新的股价 CGI 接口，在很短的时间内解决了股价不能正常显示的问题。

GE 中国网站的推广加注亦是上海火速为其做的维护更新工作内容之一。在火速开始进行 GE 中国网站维护工作前，通过搜索引擎搜索"通用电气"关键词，GE-CHINA.COM 并没有排在第一，而是排在第六、七位的位置，搜索"GE 开关、金融服务、照明工程"等关键词，GE-CHINA.COM 相关网页更是排得很后面，甚至在第一页都没有。GE-CHINA.COM 每天有大约 500 人来访，有大量的访问者是通过搜索引擎过来的，所以必须高度重视登录搜索引擎的工作。火速公司为 GE 中国网站重新登录了各大搜索引擎，并且每 6 个月进行登录一次搜索引擎，对 GE 的 11 个集团公司的各个页面都单独登录搜索引擎，使用户能很方便地通过搜索引擎找到 GE 各个业务部门的相关信息，从而达到"GE 在中国的信息门户"的网站定位。

4. 网站新增栏目或系统功能规划

GE 中国网站的正常运营中，根据实际工作需要会要求开发一些新的网站栏目或系统功能，火速在获知信息后，及时同 GE 中国进行沟通，明确需求，快速进行了这些新增项目的规划，在双方确认后，组织项目组，立即进行了新增栏目或系统功能的开发制作。像 GE 中国网站中的供应商的表单管理，期刊订阅管理等，均为 GE 中国网站的维护过程中上海火速为网站进行规划后新增的内容。上海火速对于 GE 中国网站的新增栏目或系统功能开发,是严格按照项目开发的流程来操作的。整个过程运作高效,使 GE 中国网站在短时间内就成功增加了工作上十分需要的新栏目和功能,为火速的网站维护工作记下了浓厚的一笔。GE 中国网站供应商档案系统是火速为 GE 中国网站规划开发的新增内容之一,其主要作用在于记录供应商在线登记的信息,方便管理人员查找、联系供应商。供应商在 GE 中国网站上点击"供应商登录",就可以进入供应商在线登记页,填写公司名称、地址、联系人、联系人职位、电话、传真、电子信箱、企业性质、年销售额、产品应用领域等基本信息。为了让 GE 更全面地了解,供应商还可填写能提供的每项产品信息,包括:产品名、年产量、可供货量、备注等。系统将供应商的基本信息和产品信息都记录在数据库中,并且可以直接从后台管理中进行查找、修改、删除等操作。

新闻中心是 GE 中国网站内容最吸引人、更新最频繁的栏目,为了让访问者能够便利地找到需要的新闻材料,火速在网站维护的工作中,根据实际需要,主动为 GE 中国网站提供了新闻搜索引擎系统。新闻搜索引擎系统对新闻稿、公司动态、媒体素材、公司简要、公司大事记、公司排名、GE 字典、演讲稿、访谈录、深度报道等内容提供了关键字搜索功能,访问者可按照新闻内容的发生时间、发生地点、内容等关键词来查询,极大地方便了访客在 GE 中国网站进行信息查询浏览。

资料来源:http://www.docin.com/p-226468595.html。

【案例讨论】

1. 结合案例分析网站维护管理工作的内容有哪些?
2. 结合案例分析网站维护管理对于企业运营的重要性。

参 考 文 献

[1] 陈联刚,甄小虎,邬兴慧. 电子商务网站建设与管理[M].北京：北京理工大学出版社,2010.

[2] 陈荣秋,马士华. 生产运作管理[M].第2版.北京：机械工业出版社,2008.

[3] 崔立标. 电子商务运营实务[M].北京：人民邮电出版社,2013.

[4] 丁宁. 服务运营管理[M].第2版.北京：清华大学出版社,北京交通大学出版社,2015.

[5] 方磊.电子商务物流管理[M].北京：清华大学出版社,2011.

[6] 高劲松,张自然. 电子商务网站的规划、设计与管理[M].北京：高等教育出版社,2011.

[7] 黄海滨. 新编电子商务教程[M].上海：上海财经大学出版社,2011.

[8] 李海刚. 电子商务管理[M].北京：中国人民大学出版社,2010.

[9] 李洪心,王东. 电子商务网站建设[M].北京：电子工业出版社,2010.

[10] 李勇建,张建勇. 企业运作管理[M].上海：华东师范大学出版社,2010.

[11] 梁春晓等.电子商务服务[M].第2版.北京：清华大学出版社,2015.

[12] 刘丽文. 服务运营管理[M].北京：清华大学出版社,2004.

[13] 骆年蓓. 电子商务管理[M].北京：对外经济贸易大学出版社,2009.

[14] 马克·J.施尼德詹斯,曹青. 电子商务运营管理[M].王强译.北京：中国人民大学出版社,2005.

[15] 淘宝大学. 流程化管理[M].北京：电子工业出版社,2015.

[16] 徐天宇. 电子商务系统规划与设计[M].第2版.北京：清华大学出版社,2010.

[17] 严建援. 电子商务物流管理与实施[M].北京：高等教育出版社,2006.

[18] 杨雪雁. 电子商务概论[M].北京：北京大学出版社,2010.

[19] 张宝明. 电子商务运作与管理[M].北京：清华大学出版社,2014.

[20] 张人斌. 电子商务系统分析与设计[M].武汉：华中师范大学出版社,2010.

[21] 张建勇. 物流系统分析[M].北京：北京交通大学出版社,2013.

教师服务

感谢您选用清华大学出版社的教材！为了更好地服务教学，我们为授课教师提供本书的教学辅助资源，以及本学科重点教材信息。请您扫码获取。

》》 教辅获取

本书教辅资源，授课教师扫码获取

》》 样书赠送

电子商务类重点教材，教师扫码获取样书

 清华大学出版社

E-mail: tupfuwu@163.com
电话：010-83470332 / 83470142
地址：北京市海淀区双清路学研大厦 B 座 509

网址：http://www.tup.com.cn/
传真：8610-83470107
邮编：100084